Feios, sujos e malvados sob medida

A utopia médica do biodeterminismo
São Paulo (1920-1945)

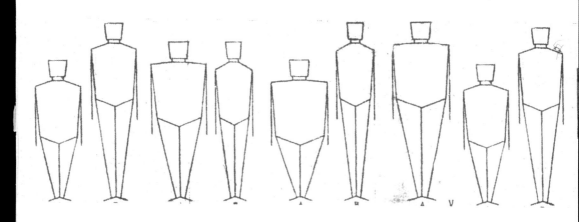

Feios, sujos e malvados sob medida

A utopia médica do biodeterminismo
São Paulo (1920-1945)

Luis Ferla

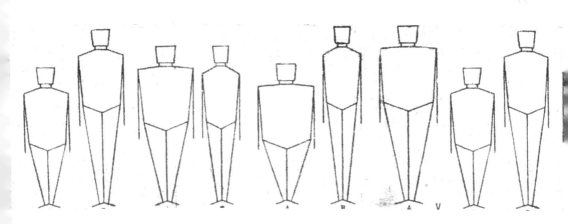

Copyright 2009 © Luis Ferla

Edição: Joana Monteleone
Assistente Editorial: Marília Chaves
Projeto gráfico e diagramação: Pedro Henrique de Oliveira
Revisão: Gabriela Ghetti de Freitas

Dados Internacionais de Catalogação na Publicação (CIP)
(Sindicato Nacional dos Editores de Livros, RJ, Brasil)

CIP-BRASIL. CATALOGAÇÃO-NA-FONTE
SINDICATO NACIONAL DOS EDITORES DE LIVROS, RJ
F394f

Ferla, Luis
   Feios, sujos e malvados sob medida : a utopia médica do biodeterminismo, São Paulo (1920-1945) / Luis Ferla. - São Paulo : Alameda, 2009.
   il.

Inclui bibliografia
ISBN 978-85-98325-99-6

1. Medicina legal - Brasil. 2. Criminologia. I. Título.

09-2087.   CDD: 614.10981
                            CDU: 340.6(81)

05.05.09   12.05.09   012515

ALAMEDA CASA EDITORIAL
Rua Conselheiro Ramalho, 694 – Bela Vista
CEP 01325-000 – São Paulo - SP
Tel. (11) 3862-0850
www.alamedaeditorial.com.br

Sumário

Prefácio   9

Introdução   15

I. A criminologia biodeterminista: origem, projeto e recepção no Brasil   21

1. A Escola Positiva: a prisão como hospital   23
2. O surgimento da Escola Positiva   25
3. O lado escuro da lua   31
4. O "mal estar da civilização"   34
5. O discurso e o projeto positivistas e a pertinência de Michel Foucault   36
6. A pertinência de Bruno Latour   43
7. Ciência ou pseudociência   44
8. A recepção da Escola Positiva no Brasil – o terreno fértil   50

II. O universo de produção, reprodução e circulação da criminologia positivista   61

1. A chegada da Escola Positiva ao Brasil   64
2. A abrangência da medicina legal   65
3. A Escola Positiva em sala de aula   77
4. A Sociedade de Medicina Legal e Criminologia de São Paulo   108

5. Os laboratórios de antropologia criminal	132
6. As revistas especializadas	149
7. Ideias vivas	152

III. O exame médico-legal — 155

1. Sua introdução no ambiente jurídico	158
2. A arquitetura do exame médico-legal	161
3. O exame médico legal enquanto discurso competente	206
4. A busca da generalização do exame médico-legal	228

IV. Os grupos sociais privilegiados pelo projeto positivista — 237

1. Os trabalhadores urbanos	240
2. Os menores	264
3. Os homossexuais	295
4. Menores, trabalhadores e homossexuais, ou a população enquanto bem da nação	314

Caderno de imagens — 317

V. Um balanço: conquistas e resistências — 333

1. As conquistas	335
2. As resistências	366

Conclusão — 385

Bibliografia — 389

Anexo 1 – As diretorias da Sociedade de Medicina Legal e Criminologia de S. Paulo — 413

Anexo 2 – Esquema de exame médico legal — 421

Agradecimentos — 425

Prefácio

Esmeralda Blanco B. de Moura

*Ó, se a medicina quisesse e pudesse
fazer tudo o que lhe compete!*[1]

A afirmação de Flamínio Fávero que, por encerrar o derradeiro capítulo desta obra serve, intencionalmente, de epígrafe a este prefácio, é clara quanto ao apreço que ele devota ao papel da medicina na sociedade, por mais que reconheça limites em seu poder. Suas palavras inserem-se perfeitamente no contexto dos anos da década de 1940, em que o médico, expoente da medicina legal, permitia-se eternizar o desalento que sentia frente à dimensão utópica de suas próprias convicções. É, no entanto, afirmação que transcende o tempo, por fazer sentido em outros contextos, além e aquém de meados do século XX, momento em que idéias, princípios, propósitos da medicina biodeterminista pareciam esgotar-se em meio ao esgotamento do Estado Novo e de um mundo dilacerado pela guerra. A menção, portanto, que faz o autor deste livro, ao presente, não é casual. Das primeiras às últimas páginas, o presente está sempre a perseguir o leitor, senão de forma explícita, como marca d'água a insinuar-se em linhas e entrelinhas. Os tempos que interessam especificamente ao autor, tempos demarcados pela inauguração do Curso de Medicina Legal da Faculdade de Medicina de São Paulo (1918), pela criação da Sociedade de Medicina Legal e Criminologia de São Paulo (1921), pela fecundidade dos anos de 1930 nesses campos do conhecimento, pela aprovação do novo Código Penal (1940) e pela Era Vargas, não deixam, no entanto, de se impor

---

1. Fávero, Flamínio. Novos rumos do tratamento penitenciário. *Arquivos da Polícia Civil de São Paulo*, São Paulo, v. 6, 1943, p. 295.

ao leitor, sobretudo mediante a contundência de idéias e procedimentos que foram acolhidos e postos em prática em seu transcorrer.

Ao deslocar, momentaneamente, a atenção do leitor para o presente, mediante a constatação de que, ao relacionar corpo e comportamento, o conhecimento que o faz pode ser fecundo social e historicamente, o autor não se afasta da busca que o move como historiador, ou seja, analisar a influência da Escola Positiva de Direito Penal sobre a medicina legal e a criminologia, em São Paulo, nos decênios entre as grandes guerras mundiais, o que o leva a estabelecer o diálogo entre a história da medicina e a história do direito. Nessa trajetória, ao se familiarizar com as respostas formuladas por médicos, convencidos da distinção de seu papel social, ao mundo do trabalho, ao submundo do crime, ao universo dos comportamentos que consideravam como anti-sociais, deparou-se com seres humanos aprisionados e traduzidos, em teorias e tratos médicos, como feios, sujos e malvados, permitindo-lhes encontrar, nestas páginas, uma forma de redenção. Se a medicina não poderia deixar de ter em conta os criminosos, os trabalhadores, os homossexuais e, particularmente, aqueles em cujo semblante a sociedade brasileira imprimiu o estigma da menoridade, ao considerá-los, deixou como legado a perturbadora advertência de que o passado não deve ser negligenciado, pois o conhecimento a que dá ensejo tem a capacidade de nos guiar em meio às evidências e latências em cada atualidade. A alusão do autor ao presente é, portanto, um alerta quanto aos resíduos, no momento atual, do ideário que embasa o pano de fundo de sua análise. Resíduos, a demonstrar que nem tudo é inteiramente desconhecido ou novo no presente da medicina, desoladores, por abrigarem possibilidades indesejadas e, por isso mesmo, a imprimir sentido à pesquisa histórica.

Em seu percurso como pesquisador, que pude acompanhar no decorrer da orientação de sua tese de doutorado, o autor mostrou-se receptivo à interlocução com a historiografia, o que agregaria, a seu trabalho, o suporte de ampla bibliografia nacional e internacional, além de atento, verdadeiramente meticuloso, quanto à densa documentação a que teve acesso. A análise da Escola Positiva de Direito Penal o fez retomar as idéias de Darwin, de Morel, de Beccaria, Benthan e Von Feuerbach, de Lombroso e de tantos outros. Exigência que lançou o autor e lança, agora, o leitor no pleno fluir das idéias, dos debates que motivaram e das opiniões que as sustentaram, no afã de desvendar os chamados desvios comportamentais nos dois últimos séculos. No intenso movimento de circulação dessas idéias, o leitor assiste ao arrefecer dos pressupostos da Escola Clássica, da importância atribuída à ação criminosa, ao deslocamento dessa importância para aquele que a havia praticado, enfim, ao processo de atribuição de maior significado ao criminoso, transformado em objeto científico, em detrimento do objeto jurídico do crime. Livre arbítrio e corolários – culpa e punição

– cediam frente à transposição da doença para o ato anti-social, em que delinqüente, crime e pena passavam a ser observados, respectivamente, como doente, sintoma e tratamento, ideário que não deixaria de encontrar acolhida no Brasil, onde conheceria o auge após perder prestígio na Europa.

Em 1920, momento escolhido pelo autor para dar início à análise, Cesare Lombroso já havia desaparecido, mas suas idéias, ainda que transformadas, sobreviviam no pensamento e nas práticas de seus seguidores. Corpo e comportamento, núcleos desse pensamento, articulados entre si, tornaram-se articuladores das teses que, emanadas do determinismo biológico, "atualizavam" a medicina legal e a criminologia. Ou, como diz o autor,

> As ações humanas seriam determinadas pela estrutura bio-antropológica de cada um, portadora de tendências que iriam se desenvolver mais ou menos conforme o meio social. As ações 'anti-sociais' corresponderiam a desvios biológicos em relação a um padrão estabelecido como normal. Isso fez dos médicos atores centrais na nova criminologia.

Mais do que isso, é possível afirmar que os médicos tornaram-se, igualmente, atores centrais no mundo urbano. A cidade de São Paulo, em sua experiência inicial como metrópole, ao surpreender os contemporâneos com o crescimento demográfico derivado da imigração e com o diferencial de sua economia, caudatário da expansão da cafeicultura, viveu, por intermédio de seus habitantes e da administração municipal, intensa interlocução com a medicina e com os médicos. Época de prestígio intelectual e político da medicina, a primeira metade do século XX a viu experimentar renovado vigor ou, como demonstra o autor, tornar-se capaz de orientar seu olhar para a cidade, seus habitantes, as práticas e os problemas sociais que nutriam a dinâmica de seu cotidiano, com apoio em conhecimentos mais sofisticados e plenos de sutilezas. Sofisticação e sutilezas mescladas ao caráter por vezes sem requintes de fórmulas da medicina legal e da criminologia. Afinal, se ao industrializar-se, se ao agregar expressão urbana a seus desígnios, o mundo apresentava novos desafios aos médicos, o pensamento lombrosiano oferecia-lhes a possibilidade de contar com uma resposta confortável – porque legitimada pela Ciência – para as questões afeitas à criminalidade, a de identificar o criminoso no universo plural da multidão, antes mesmo que se deixasse seduzir pelo crime. A multidão e, com ela, a propensão ao crime, abrigada em seu interior, exerceram, assim, enorme fascínio sobre a medicina biodeterminista, decidida a aprimorar o processo de identificação criminal. Além disso, a década de 1930, na ambiência da idéia de profilaxia criminal, iria conferir significado especial ao devotamento médico às crianças. Herança de Lombroso, a noção de predisposição ao crime manteria o olhar dos positivistas particularmente atento à problemática da infância, aspecto em que considero, uma vez mais, oportuno recorrer às palavras do autor:

> (...) o discurso em torno da menoridade se tornou uma espécie de núcleo duro do discurso dos positivistas, onde estes pareciam menos propensos a acordos e concessões. Além disso, a política que defendiam para tratar a menoridade servia como laboratório e como paradigma para toda a questão da criminalidade e da defesa social.

O debate entre juristas, que buscava situar modos de agir do chamado menor – conceito, então, não mais afeito à estrita menoridade jurídica – em termos da existência ou não de discernimento, colaborava para torná-lo objeto da Escola Positiva de Direito Penal e para condenar, ao ostracismo, a noção de livre arbítrio sustentada em teses da Escola Clássica.

No intercurso desse processo, criminosos, delinqüentes, na fase adulta da vida ou não, somaram-se ao homossexual que, por sua vez, galgaria o *"status"* de "anormal" biológico por excelência, expressão de problema médico a demandar estudo e tratamento, o comportamento "anti-social" entendido como exteriorizado à revelia da vontade, sujeito a imposições de origem orgânica, em sua maioria, de caráter hormonal. Uma, enfim, entre tantas outras "patologias sociais" a intrigar a medicina.

Não obstante a centralidade desses pontos na arquitetura de discursos e projetos da medicina biodeterminista, o que norteava seu interesse, em larga medida, em direção às ruas e às prisões, não foi possível a ela ignorar o espaço da produção – caro à ideologia e à política do Governo Vargas – e, em seu interior, o trabalhador. Nos casos anteriores, saiu em busca de fisionomias, de traços particulares, de sinais apontados, a partir das pesquisas de Lombroso, como marcas indeléveis do perigo social e do criminoso nato. Neste caso, adentrou a fábrica, voltou-se para a possibilidade das doenças e dos acidentes, assim como para a potencialidade das energias sediadas no corpo do trabalhador, em busca de estratégias laborais que pudessem oferecer contrapartidas favoráveis à ordem racionalizada que deveria prevalecer no mundo do trabalho.

No espaço por vezes exíguo das fábricas, o trabalhador passou a estar, assim como o criminoso, sob a observação do olhar especializado da medicina, disposta a disciplinar o ambiente de trabalho, a evitar, com sua intervenção, a ocorrência de acidentes, com vistas a preservar a saúde da indústria e da economia do país. A par das condições de exploração da mão-de-obra fabril, ainda vigentes nos anos de 1930, da degradação de seu nível de vida, a acentuar-se após a crise de 1929, a prevenção dos acidentes do trabalho esboçava-se em meio a concepções em que prevalecia no discurso médico, a tendência a atribuir culpa ao "patrimônio genético da vítima". A valorização do ato produtivo como recurso médico, mais do que simplesmente disciplinar para a tão requerida estabilização social – inclusive como possibilidade de regenerar criminosos –, foi acompanhada de intensa preocupação, no terreno das teorias e das práticas, com a chamada vadiagem e de posturas que situavam o trabalhador em plano externo a sua integridade como pessoa.

Ao encontrar condições receptivas no Brasil, as idéias da Escola Positiva de Direito Penal, "apropriadas criativamente", conforme ressalta o autor, tornaram-se, em mãos da medicina, o sustentáculo de uma teia verdadeiramente insidiosa. Teoria e teia, interativas mais do que simplesmente articuladas, para proceder ao "tratamento adequado" de corpos em suposta desarmonia, a denunciar desarmonias outras, afeitas ao intelecto e à moral. Passo a passo, esclarece este estudo, a medicina biodeterminista atribuiu-se capacidade diretiva frente ao processo de modernização do país e acabou por estabelecer, para si mesma, a missão de impor, ao conjunto da sociedade, a identificação civil.

Vertido, assim, para um programa de ação, o plano discursivo do projeto positivista tornou-se vetor de práticas médicas direcionadas para grupos da população identificados, por questões particulares, como portadores de "anomalias" necessárias de serem entendidas e, portanto, estudadas e pesquisadas, a partir da infância para que pudessem ser contidas e evitadas. Estratégias de controle social a encontrar solo fértil, ambiente intelectual propício, em meio à prevalência de tendências totalitárias, propensas a moldar inimigos objetivos ou em potencial. Idéias, conforme elucida o autor, diretamente relacionadas às novas necessidades do Estado.

À medida que procede à análise, Luis Ferla retoma os meados do século XIX, as origens da Escola Positiva de Direito Penal, seu ideário e a receptividade que encontrou no Brasil, sua introdução e circulação no ambiente jurídico, sua conformação às instâncias das práticas médicas direcionadas a grupos específicos, não sem aportar em resistências ora institucionais, ora difusas a seus pressupostos e elucidar, para o leitor, a medida de suas conquistas.

Nesse sentido, essa não é uma história linear, mas uma história permeada por embates seja na explícita batalha travada, no âmbito do poder, entre médicos e juristas em torno desse ideário e do projeto a que dá ensejo, no Brasil, seja em ambientes velados, no trato com "pacientes" nem sempre receptivos a práticas médicas ansiosas em dar-lhes sustentação.

Ao percorrer as páginas que seguem, o leitor poderá (re)conhecer o programa positivista ao ser discutido e cultivado em salas de aula, assim como ao ser aplicado em delegacias, em instituições prisionais, em laboratórios de antropologia criminal, no espaço da produção e conferir, ao acompanhar o pensamento do autor, o balanço de sua intervenção em São Paulo.

Cumpre, no entanto, adiantar que, em seu percurso analítico, apóia-se, o autor, na obra de Michel Foucault, útil, em seu entender, à análise do campo discursivo em que está impresso o ideário da Escola Positiva de Direito Penal, não sem admitir a necessidade de se estar atento às linhas argumentativas que buscam equacionar a medida da chamada "medicalização" da sociedade ou seu alcance real, pois os projetos em que as concepções biodeterministas viram-se contempladas nem sempre se mostraram viáveis.

O arrefecimento que conheceriam os determinismos biológicos, ao final da década de 1940, frente à mais decisiva acolhida, após a segunda grande guerra, das teses do relativismo cultural, não impediria que seus fundamentos mantivessem certo vigor nas duas décadas seguintes e experimentassem uma espécie de restauração na passagem para o século XXI com o desenvolvimento da Ciência Genética. Situações a comprovar não só o prestígio de autores e de escolas em momentos anteriores, mas a capacidade desse ideário em manter-se, por assim dizer, adormecido na constância com que as ciências médicas se vêem seduzidas a buscar, em bases biológicas, por uma ou outra razão, a possibilidade de decifrar comportamentos sociais.

Contudo, o que há de mais insólito nessa história é o quanto o prestígio da medicina biodeterminista e de seus seguidores, visível em suas incursões nos meandros da sociedade brasileira, da política à arte, assim como em sua capacidade de influenciar gerações que lhe são extemporâneas, perde expressão para o prestígio às avessas que confere a feios, sujos e malvados. Meros espécimes, nessa busca por certezas que orienta a medicina legal e a criminologia, transformam-se, no decorrer das intervenções médicas a que se vêem submetidos, em indivíduos historicamente relevantes por sua negativa em colaborar. Por mais que, a essa atitude tenha correspondido, como demonstra o autor, certa "acomodação reativa dos médicos" – irritações e impaciências a que se atribuía caráter patológico, silêncios interpretados como reconhecimento da culpa – ao ver-se diante dela, esses tomaram conhecimento de seus próprios limites.

Assim, se na dimensão mais íntima do desalento de Flamínio Fávero, para quem a medicina não fora adequadamente compreendida em *sua finalidade sublime e divina*[2], as convicções biodeterministas encontravam um modo de preservação no ocaso de seu otimismo - e na raiz desta "incompreensão" - não estavam somente os juristas e sua oposição, mas outros personagens, em nada reverenciados, a imprimir à linguagem dos próprios corpos a força da contestação e da recusa.

---

2. Fávero, Flamínio. Op.cit., loc.cit.

Introdução

Em 1942, Afrânio Peixoto era professor da Faculdade de Medicina do Rio de Janeiro havia já 26 anos. Então, quase um patriarca da medicina legal brasileira, conjecturava: "Se Napoleão não fosse um pituitário, não derramaria tanto sangue".[1] Nas entranhas do corpo do imperador, Peixoto identificava a chave do devir histórico. Conhecer a biologia do corpo humano poderia aliviar a sociedade dos seus males sociais. As disfunções e desequilíbrios do corpo poderiam ajudar a explicar as disfunções e desequilíbrios da sociedade. E quanto mais prematuro o reconhecimento do que pudesse estar fora da norma no corpo, melhor para a sociedade. Nas palavras de Leonídio Ribeiro, um famoso discípulo de Peixoto:

> Na criança de um ano é, às vezes, possível já reconhecer o futuro criminoso. É na primeira infância, ou na puberdade, que se revelam as primeiras tendências para as atitudes anti-sociais, que se concretizam e agravam progressivamente, sob a influência geral do ambiente. Existem, na criança, os chamados 'sinais de alarme' de tais predisposições e tendências ao crime, sinais que podem ser de natureza morfológica, funcional ou psíquica.[2]

Por isso, impunha-se a tarefa de identificação dos "corpos perigosos". Prevenir o crime antes que ele acontecesse, conhecer o criminoso antes que ele atuasse. A defesa social, assim, exigia dos médicos a sua versão do "fardo do homem branco": examinar os corpos da sociedade, e quanto mais corpos, melhor – mais fácil a tarefa onde os homens estivessem aglomerados e tivessem a obediência por ofício:

---

1. Peixoto, A. Atualidade e futuro da Medicina Legal. *Arquivos da Polícia Civil de São Paulo*, São Paulo, n. 3, 263-268, 1942, p. 265.
2. Citado por Corrêa, Mariza. Antropologia & medicina legal: variações em torno de um mito. In: Vogt, Carlos et al. *Caminhos Cruzados: linguagem, antropologia e ciências naturais*. São Paulo: Brasiliense, 1982, 53-63, p. 60 e 61.

O que se pode incontestavelmente aceitar da aplicação dos conhecimentos endocrinológicos à antropologia criminal é o conselho de estudar e classificar, nas grandes massas (exército, marinha, escolas, fábricas, etc), os vários tipos humanos, fichando-os segundo regras já estabelecidas e usadas, em vários países, como a Alemanha e os Estados Unidos. Dessa maneira, consegue-se separar, especialmente, os tipos que, pela constituição e tendências, podem ser considerados como 'pré-delinqüentes', a fim de serem objetos de um tratamento e educação especiais, visando atenuar-se ou corrigir os distúrbios patológicos e as reações anti-sociais.[3]

Dessa forma, para a melhor defesa da sociedade, deviam os médicos se lançar ao grande projeto do *conhecimento* do corpo humano, mais especificamente do corpo do delinqüente. Havia todo um saber a ser construído sobre o criminoso, que chegava a ser considerado manifestação de um tipo de humanidade um pouco diferente, ainda não bem conhecido, que vivia fora da norma porque seu corpo possuía algo de anormal:

A segunda finalidade que a Secção de Anatomia Patológica [que o autor propunha criar na Penitenciária do Estado] preencherá é, indiscutivelmente, a de terminar, quando seja o caso, o estudo do homem criminoso. (...) Não colherá [sucesso], sem dúvida, a argumentação contrária que se queira levantar ao dizer que o homem criminoso já é suficientemente estudado em vida, durante o seu estágio nas penitenciárias, através do seu estudo biotipológico. Da mesma forma, também o homem doente é estudado pelos clínicos antes da morte e, nalguns casos, quando haja sobrevida, também a vítima dos crimes poderá ser observada antes do êxito letal. Entretanto, quer num caso como noutro, a necroscopia esclarecerá pontos de dúvida e ensinará duma forma objetiva e insofismável quais as exatas alterações e desvios que apresenta o ser humano. A clínica criminal será assim completada pela anatomia patológica criminal, da mesma sorte que a clínica médica geral é instruída pela anatomia patológica geral.[4]

---

3. Torres, Gonzalez; Paranhos, Ulysses. Endocrinologia e crime. *Revista Penal e Penitenciária*, São Paulo, v. 1, n. 1, 113-128, 2. sem. 1940, p. 123. Nesta, e em todas as demais citações em que se fez necessário, houve a transposição para a ortografia atual da língua portuguesa, visando uma melhor compreensão.

4. Carvalho, Hilário Veiga de. Anatomia Patológica Criminal. *Arquivos da Polícia Civil de São Paulo*, São Paulo, n. 4, 485-490, 1942, p. 486.

Voltaremos a essas citações e a seus autores ao longo de nosso estudo. Estes eram médicos eminentes das décadas de 30 e 40, trabalhando no Rio de Janeiro e em São Paulo. Como se depreende do que dizem, militavam no campo da medicina legal e da criminologia. E também pelas mesmas palavras, pode-se concluir que se identificavam com doutrinas claramente biodeterministas. No terreno das disciplinas voltadas ao combate ao ato anti-social, tais idéias eram articuladas ao redor da chamada Escola Positiva.[5]

O presente estudo buscará abordar a influência desta Escola junto à medicina legal e à criminologia que se praticavam em São Paulo no período que vai de 1920 a 1945. Mais que isso, tencionaremos inventariar que conseqüências concretas trouxeram suas teses centrais não apenas para o sistema penal da época como também para o restante da organização social. O conceito de utopia que aplicamos ao projeto positivista faz alusão ao seu caráter ousado e totalizante, em última análise visando o conjunto da sociedade, e não a uma suposta esterilidade com relação ao que foi efetivamente concretizado.

Para atingir esses objetivos, mapearemos o universo de criação, reprodução e circulação das idéias biodeterministas da Escola Positiva em São Paulo. Para que tivessem implicação concreta na realidade, tais idéias precisavam da sustentação de uma rede de interesses que dependessem, de alguma forma, delas, conforme concepções de Bruno Latour nas quais buscaremos suporte. Nesse exercício, identificaremos as instituições e os agentes sociais que interagiram de forma mais ou menos simbiótica com o núcleo da medicina legal.

A seguir, analisaremos o papel que o exame médico-legal cumpriu na transferência das concepções teóricas do biodeterminismo para o plano concreto das realidades cotidianas do aparelho repressivo do Estado e do destino de indivíduos por ele enquadrados.

Trataremos, então, dos grupos sociais que o olhar da Escola Positiva privilegiava. Além dos delinqüentes propriamente ditos, veremos como os menores, os homossexuais e os trabalhadores urbanos constituíam o centro da atenção daqueles que pretendiam normalizar a sociedade a partir das teses biodeterministas.

Por fim, faremos um balanço entre os sucessos e os fracassos da implementação do programa da Escola Positiva, identificando tanto os objetivos que se transformaram em realidade e em algumas permanências que chegaram ao século XXI quanto os obstáculos e as resistências que impediram que outros tantos o fizessem.

---

5. Ao longo de todo o livro, as denominações "positiva" e "positivista" se referem à dita escola penal, e não à filosofia identificada com Augusto Comte, salvo quando explicitado ou estiver evidente o contrário.

Como a pesquisa buscará recuperar o programa-utopia da medicina legal em São Paulo, a ser reconhecido a partir de seu discurso, as fontes documentais privilegiadas serão as revistas oficiais relacionadas com o universo do crime e da medicina, abrangendo as principais instituições envolvidas: a Sociedade de Medicina Legal e Criminologia, a Polícia Civil de São Paulo e a Penitenciária do Estado. As revistas selecionadas para a pesquisa fornecerão, dessa maneira, não apenas o "pensamento oficial" de instituições e categorias profissionais centrais dedicadas ao tema do ato anti-social, como possibilitarão o contraste entre as diferentes perspectivas.

Uma coisa ainda sobre os objetivos deste estudo. Mesmo que não de forma direta, o propósito último da pesquisa, do que a produção historiográfica não tem muito como fugir, é ajudar a lançar alguma luz sobre o nosso próprio tempo presente. A história da influência das idéias biodeterministas é bem mais difusa no tempo e no espaço do que muitas vezes seria confortável supor. As revivescências atuais por conta dos extraordinários desenvolvimentos da ciência genética apenas confirmam esse fato. A repercussão do tema na grande imprensa pode ajudar a compor o cenário do retorno triunfante dos determinismos biológicos: "Pioneiro do DNA defende a nova eugenia"[6]; "Burrice é genética, arrisca James Watson"[7] (ambas as manchetes se referem ao Nobel de biologia co-proponente da estrutura do DNA); "Temor de eugenia influencia decisão na Alemanha"[8] (sobre veto da clonagem humana); "Possível gene da agressão"[9]; "A seleção humana: fantasma em gestação"[10]; "Conselho critica seleção de comportamento", com o subtítulo: "Organização britânica con-

---

6. Connor, Steve. Pioneiro do DNA defende a nova eugenia. *Folha de S. Paulo*, São Paulo, 18 abr. 2001. Folha Ciência, p. A14.

7. Leite, Marcelo. Burrice é genética, arrisca James Watson. *Folha de S. Paulo*, São Paulo, 04 mar. 2003. Folha Ciência, p. A10.

8. Gerhardt, Isabel. Temor de eugenia influencia decisão na Alemanha. *Folha de S. Paulo*, São Paulo, 01 ago. 2001. Folha Ciência, p. A14.

9. Reis, José. Possível gene da agressão. *Folha de S. Paulo*, São Paulo, 04 mar. 2003. Suplemento Mais!, p. 11.

10. Guimarães, Maria Rita de Oliveira. A seleção humana: fantasma em gestação?. *Folha de S. Paulo*, São Paulo, 16 mar. 2001, p. A3.

dena teste genético de embriões para predizer características como inteligência"[11]; "Estudo busca influência de genes no suicídio".[12]

Um levantamento mais exaustivo encontraria certamente enorme quantidade e diversidade de material jornalístico voltado a questões do determinismo biológico redivivo. A perspectiva da história, ao recuperar experiências recentes em que idéias similares encontraram receptividade, legitimidade e conseqüência social, deve fazer parte desse debate. A intenção do presente estudo é colaborar nesse esforço.

---

11. Leite, Marcelo. Conselho critica seleção de comportamento. *Folha de S. Paulo*, São Paulo, p. A10, 02 out. 2002.

12. Gerhardt, Isabel. Estudos busca influência de genes no suicídio. *Folha de S. Paulo*, São Paulo, 30 jul. 2001. Folha Ciência, p. A12.

I. A criminologia biodeterminista: origem, projeto e recepção no Brasil

Neste capítulo, analisaremos as teses centrais e as origens do biodeterminismo na criminologia, o que nos levará a discutir a Escola Positiva de direito penal. Trataremos também do caráter científico que pleiteavam aquelas idéias e do projeto de intervenção social que delas derivou. Por fim, discutiremos alguns aspectos que facilitaram sua recepção e acolhimento no Brasil.

1. A Escola Positiva: a prisão como hospital

Transpunha-se o direito criminal em sintomas e a penalogia em remédios.
Afrânio Peixoto.[1]

A Escola Positiva de direito penal, também chamada de italiana, moderna ou científica[2], surgiu e se difundiu nas últimas décadas do século XIX, a partir dos trabalhos do italiano Cesare Lombroso, médico e professor universitário que viveu de 1835 a 1909. A escola se caracterizava por um discurso médico-científico que patologizava o ato anti-social.[3] Dessa forma, o delinqüente seria um doente; o crime, um sintoma; a pena ideal, um tratamento. Como será discutido, a Escola Positiva sofreu grandes transformações desde a época de Lombroso até o período aqui abordado, dentre elas o abandono do reducionismo simplista que centrava o julgamento do caráter a partir de elementos puramente morfológicos e o fortalecimento de perspectivas mais psicologizadas. No entanto, o que permite identificar uma linha de continuidade entre os dois períodos é a permanência da patologização do ato anti-social, ainda que orientada por conhecimentos médicos mais sutis e sofisticados.

Alicerçada sobre tal determinismo, a Escola acabava por negar a existência do livre-arbítrio, considerado por ela uma abstração metafísica. Daí iria derivar seu programa: a pena deveria ser concebida enquanto tratamento, e não punição; por

---

1. Peixoto, 1942, p. 263.

2. A denominação *antropologia criminal*, ainda que não tenha precisamente o mesmo significado, é recorrentemente intercambiada com *Escola Positiva*, tanto pelos seus contemporâneos quanto pelos estudiosos do assunto.

3. Para uma abordagem de Lombroso e a Escola Positiva, ver Peset, Jose Luis; Peset, Mariano. *Lombroso y la Escuela Positivista italiana*. Madrid: CSIC, 1975. Para um exercício comparativo sobre a mesma temática na Argentina, consultar Huertas, Rafael. *El delincuente y su patologia*: medicina, crimen y sociedad en el positivismo argentino, Madrid: CSIC, 1991; ou, para conhecer a história da influência dessas idéias no ambiente jurídico brasileiro, ver Alvarez, Marcos. *Bacharéis, criminologistas e juristas*: saber jurídico e nova escola penal no Brasil. São Paulo: Método, 2003.

isso, deveria ter sua duração e condições de aplicação indeterminadas, conforme as respostas personalíssimas do condenado-paciente ao "tratamento"; e a prevenção ao crime teria de receber maior ênfase e prioridade, fazendo uso dos recursos médico-científicos disponíveis para a identificação do indivíduo perigoso antes do aparecimento do crime.

Estas concepções estabelecem a diferenciação em relação à Escola Clássica, predominante até o advento de sua rival e decadente nas primeiras décadas do século passado[4], mas sempre competindo, disputando espaços e estabelecendo compromissos com ela. O eixo doutrinário dos clássicos se consolidou em torno das idéias de Beccaria, Bentham e Von Feuerbach, associando o crime ao livre arbítrio, a uma escolha do indivíduo, portanto assumindo, a partir disso, um discurso de culpa e punição. As causas do crime e do comportamento desviante deveriam ser encontradas na relação do indivíduo com a sociedade, e o fato do crime seria a ruptura do contrato social. A ação era o objeto privilegiado da Escola Clássica, não o sujeito da ação.[5]

Contrariamente, Lombroso e seus seguidores, ao transformar o crime numa expressão patológica, fazendo que o condenado demandasse tratamento terapêutico mais que punição, promoviam uma transferência de ênfase do objeto jurídico do crime para o objeto científico do criminoso. O crime em si deveria ser considerado apenas enquanto evento revelador de aspectos da personalidade anormal do criminoso. As ações humanas seriam determinadas pela estrutura bio-antropológica de cada um, portadora de tendências que iriam se desenvolver mais ou menos conforme o meio social. As ações "anti-sociais" corresponderiam a desvios biológicos em relação a um padrão estabelecido como normal. Isso fez dos médicos atores centrais na nova criminologia. O olho treinado e especializado do cientista médico seria o único capaz de identificar na multidão os sinais indicadores do desvio. A medicina adentrava no ambiente das instituições penais pela porta da frente e com a autoridade científica debaixo do braço. As delegacias, prisões, penitenciárias, manicômios, institutos disciplinares deveriam se transformar em instituições terapêuticas, de caráter científico, o que implicaria, dentre outras coisas, em produção de conhe-

---

4. Principalmente no entre-guerras, como mais uma das expressões da crise do liberalismo (Cancelli, Elizabeth . *O mundo da violência*: a polícia na era Vargas. Brasília: EdUnB, 1993, p. 77).

5. Cancelli, 1993, p. 27-28. Para uma perspectiva da sociologia sobre as diferenças entre as duas escolas, ver Ribeiro Filho, Carlos Antonio C. Clássicos e positivistas no moderno direito penal brasileiro: uma interpretação sociológica. In: Herschmann, Micael M.; Pereira, Carlos Alberto Messeder (Org.). *A invenção do Brasil moderno*: medicina, educação e engenharia nos anos 20-30. Rio de Janeiro: Rocco, 1994a.

cimento. Não se defendia mais apenas uma seqüestração para isolar o indivíduo criminoso do conjunto da sociedade, na intenção de protegê-la, mas um estudo rigoroso, criterioso, metódico e científico do corpo e da mente de cada indivíduo "desviante". Estudo que iria subsidiar a definição da melhor terapêutica, e que iria também aprimorar o próprio desenvolvimento científico da criminologia.

A defesa social, praticada até então pela seqüestração, se tornava um conjunto de estratégias muito mais complexas. A prevenção ganhava maior relevância. Se o ato criminoso era o resultado de desvios físicos e psíquicos do indivíduo delinqüente, o crime estaria presente no criminoso mesmo antes de ser cometido. É por isso que a Escola Positiva reivindicava toda uma rede de instituições disciplinadoras, que deveriam estruturar o corpo social muito além dos muros das prisões, e ainda uma intervenção médica cotidiana nas instituições já existentes, como escolas, quartéis e fábricas. É o que Foucault chama de *"continuum* carcerário".[6]

2. O surgimento da Escola Positiva

Não há como entender o surgimento e a popularidade da escola de Lombroso sem considerar o desenvolvimento da escola degeneracionista francesa, por sua vez, um desdobramento do reconhecimento da criminologia e também do alienismo ao longo do século XIX. Em 1857, surgia o "Tratado de degenerescências físicas, intelectuais e morais da espécie humana", de Auguste Morel. A obra teve um enorme impacto, dentro e fora da França. As teses de Morel derivavam do papel médico-patológico da hereditariedade, idéia que já era antiga em seu tempo, mas que ganhou atualidade científica sete anos antes de Morel publicar seu estudo, com o *"Traité de l'hérédité",* de Prosper Lucas.[7] Para Morel, "os transtornos psíquicos – e, em geral, todas as anomalias do comportamento humano – eram expressão da constituição anormal do organismo dos sujeitos que as apresentam."[8] Os elementos centrais de sua proposta teórica eram, portanto, hereditariedade, incurabilidade e caracteres físicos e constitucionais.[9]

---

6. Foucault, Michel. *Vigiar e punir*: história da violência nas prisões. 20. ed. Petrópolis: Vozes, 1999, p. 251.

7. Harris, Ruth. *Assassinato e loucura*: medicina, leis e sociedade no fin de siècle. Rio de Janeiro: Rocco, 1993, p. 58.

8. Campos Marín, Ricardo; Martinéz Pérez, José; Huertas, Rafael. *Los ilegales de la naturaleza*. Medicina e degeneracionismo en la España de la restauración (1876-1923). Madrid: CSIC, 2000, p. 4, tradução minha.

9. Campos Marín, Martinéz Pérez, Huertas, 2000, p. 4.

Ruth Harris, em seu livro *Assassinato e loucura: medicina, leis e sociedade no fin de siècle*[10], discute a formação da escola degeneracionista francesa e como ela se relacionava com os grandes "fenômenos perturbadores" das últimas décadas do século XIX, tais como a urbanização explosiva, o estilo de vida da classe operária, a superpopulação, o alcoolismo, a prostituição, a criminalidade e as agitações políticas.[11] A autora também trata das diferenças e semelhanças entre o degeneracionismo francês e a escola italiana de Lombroso. Aquele era considerado mais ambientalista, mas dentro de uma perspectiva ainda fortemente marcada pelo determinismo biológico. O seu ambientalismo estava impregnado de metáforas ligadas à microbiologia pasteuriana. Nelas, o criminoso era associado ao micróbio. Em ambientes nocivos, o que deve ser entendido sob uma perspectiva bastante ampla, que incluía aspectos higiênicos e morais, o *criminoso-micróbio* poderia acabar por transformar em realidade o seu potencial maléfico. Havia também, na França do período, forte influência do neolamarckismo.[12] Lamarck sobreviveu a Darwin na França, pelo menos até começos do século XX. O degeneracionismo de linha neolamarckiana acreditava que os efeitos deletérios de um ambiente perverso poderiam ser transmitidos à descendência. Na verdade, o hereditarismo tem posição central no pensamento degeneracionista de ambas as escolas, a italiana e a francesa.

Lombroso foi fortemente influenciado por essas idéias vindas da escola degeneracionista francesa, ainda que fosse disputar com ela os espaços científicos e institucionais de atuação da medicina legal e da criminologia.[13] Sua obra mais influente e que estabeleceu os marcos doutrinários da nova escola foi *O Homem Delinqüente*, de 1876.[14] Nela, Lombroso desenvolveu a teoria da origem atávica do comportamento anti-social e apresentou o personagem que traria popularidade e controvérsia a suas teorias: *o criminoso nato*. O atavismo seria o reaparecimento, em um descendente, de caracteres não presentes nos ascendentes imediatos, mas nos remotos.[15] Quando Lombroso escrevia *O Homem Delinqüente*, o evolucionismo já

---

10. Harris, 1993.

11. Harris, 1993, p. 21; sobre isso, ver também Herman, Arthur. *A idéia de decadência na história ocidental*. Rio de Janeiro: Record, 1999, p. 121.

12. Harris, 1993, p. 100 e seguintes.

13. Pierre Darmon refaz os percursos deste conflito em Darmon, Pierre. *Médicos e assassinos na "Belle Époque"*: a medicalização do crime. Rio de Janeiro: Paz e Terra, 1991.

14. Lombroso, César. *O homem delinqüente*. Porto Alegre: Ricardo Lenz, 2001 (traduzida da 2ª edição francesa).

15. Em novembro de 1870, Lombroso realizara a autópsia de um famoso criminoso, Villela, o "Jack Estripador" italiano, por décadas perseguido pela polícia, mas finalmente capturado e

gozava do estatuto de paradigma científico, ainda que experimentasse múltiplas interpretações e aplicações. Darwin já dera o passo decisivo para isso, com a publicação do Origem das espécies, em 1857. Sempre posicionando o homem branco europeu no começo da fila, os cientistas se lançavam à tarefa de hierarquizar as raças humanas. Na defensiva e em crise como visão de mundo, a ideologia religiosa não impediu que se ultrapassasse a barreira mais simbólica, a que diferenciava os homens dos animais, que se incorporavam à série. Lombroso não se detinha nem mesmo quando chegava ao mundo da botânica. Portanto, o atavismo poderia significar a manifestação de caracteres de estágios evolutivos muito anteriores, mais aquém do homem "selvagem" ou do homem "primitivo". As maneiras de pensar e sentir de etapas anteriores da evolução tinham grande probabilidade de fundamentar o ato anti-social quando retornavam fora de seu tempo e lugar.

Por isso, com uma perspectiva impregnada de antropocentrismo, Lombroso iria buscar em cada fase evolutiva sinais e manifestações da atitude criminosa, sob o ponto de vista da civilização branca européia. O que surpreende é a ousadia, para seus próprios contemporâneos, de iniciar este percurso, logo no começo de seu livro, pelas *plantas carnívoras*: "Todas essas plantas cometem verdadeiros assassinatos sobre os insetos."[16] Elas fornecem os primeiros sinais da criminalidade na natureza:

> Na *Dionea muscipula*, as contrações das sedas assassinas não são provocadas nem pelo ar nem pelos líquidos, mas apenas por corpos sólidos azotados e úmidos. (...) A *Genlisea ornata* surpreende os insetos da mesma forma que os pescadores quando capturam as enguias em armadilhas. (...) *Eu cito em detalhes esses fatos onde acredito entrever o primeiro esboço do crime* (...).[17]

O item seguinte significativamente se chama *Assassinatos entre os animais inspirados pela fome e ambição de liderança*. O autor enumera diversos casos supostamente empíricos:

---

executado. Ao examinar o crânio do criminoso, o médico percebera, na junção com a espinha, uma depressão muito encontrada em roedores: "Pareceu-me ver tudo de repente, iluminado como uma vasta planície sob um céu flamejante, o problema da natureza do crime – um ser atávico que reproduz em sua pessoa os instintos ferozes da humanidade primitiva e dos animais inferiores" (Citado por Herman, 1999, p. 120).

16. Lombroso, 2001, p. 49.

17. Lombroso, 2001, p. 50, grifos meus, com exceção dos nomes científicos.

> Um exemplo de assassinato por avidez nos é ofertado pelas formigas que criam e alimentam afidídeos para sugar-lhes a secreção adocicada. Outras vezes, preferem a rapinagem (...). Encontramos também exemplos de canibalismo simples (...).[18]

... em lobos, ratos do campo, ratos domésticos, peixes, grilos, serpentes, marsuínos, cães, coelhos, e várias outras espécies. Muitas delas, inclusive, seriam capazes de canibalismo mesmo se bem alimentadas. E, novamente, aparecem as formigas, que "(...) cuidam dos cadáveres de suas companheiras mortas em combate, mas dilaceram os das inimigas, sugando-lhes o sangue."[19]

O canibalismo animal poderia chegar ao infanticídio e ao parricídio. Aqui, Lombroso já encontrava identidades entre os animais e as escalas "inferiores" da humanidade:

> A fêmea do crocodilo come, às vezes, seus próprios filhotes que não sabem nadar. Mas é preciso notar que, em muitos animais, como entre alguns povos bárbaros, a má-conformação corporal provoca vergonha e desprezo. Eu vi uma galinha, da qual nasceram vários pintinhos fracos e estropiados, abandonar seu ninho com seus filhos mais robustos, sem se preocupar com os pobres pequenos que restaram.[20]

Além disso, os animais poderiam matar por antipatia, tornar-se sombrios e rabugentos com a idade, ter acesso de raiva (como teria se dado com uma vaca em pleno centro de Paris) ou mesmo manifestar "maldade pura". Também cometiam "delitos por paixão" e "assassinatos por amor", com destaque para o caso de uma gata angorá "excessivamente fecunda e ninfomaníaca".[21] Para Lombroso, nem mesmo a traição conjugal seria apanágio do ser humano:

> Também entre os animais observa-se o adultério, às vezes seguido – como nos homens – da morte do cônjuge. Charles Vogt conta que, durante alguns anos, um casal de cegonhas fazia seu ninho num vilarejo

---

18. Lombroso, 2001, p. 50.
19. Lombroso, 2001, p. 51.
20. Lombroso, 2001, p. 51.
21. Lombroso, 2001, p. 55-58.

perto de Salette. Um dia, notou-se que, quando o macho ia à caça, um outro, mais jovem, vinha cortejar a fêmea. Primeiramente ele foi repelido, depois, tolerado e, mais tarde, acolhido. No fim, os dois adúlteros voaram uma manhã para o prado, onde o marido caçava rãs, e o mataram a bicadas.[22]

O mundo animal, se observado com cuidado, poderia revelar um terrível desfile de atrocidades. Estaria repleto de crimes de ordem sexual, com "asnos sodomitas", formigas-macho que violentam as operárias, vacas que se comportam como touros, cópulas de cisnes com gansos, alces com vacas, um cão apaixonado por uma tigresa; ou "associações de malfeitores", "escroques", "ladrões" e, até mesmo, "alcoólatras"[23]:

> Uma outra causa de crime, comum aos homens e aos animais, é o uso de bebidas alcoólicas e de outras substâncias irritantes das células nervosas. Os animais inteligentes mostram maior tendência que os outros para o vício e tornam-se, como os homens, mais propensos aos atos criminosos. Assim falamos das abelhas ladras por inclinação natural. Ora, Buchner nos diz que é possível produzir artificialmente essas abelhas ladras com a ajuda de um alimento que consiste numa mistura de mel e aguardente. Como o homem, logo as abelhas tomam gosto por essa bebida que exerce sobre elas a mesma influência perniciosa: tornam-se irritáveis, bêbadas e cessam de trabalhar. A fome se faz sentir? Elas caem, como o homem, de um vício a outro, entregando-se, sem escrúpulos, à pilhagem e ao roubo.[24]

Depois de discutir o crime entre as plantas e os animais, Lombroso o fez entre os "selvagens" e as crianças. As identidades entre primitivo, selvagem e infantil significativamente permeiam toda a obra. Lombroso procedeu a esta recapitulação da suposta marcha evolutiva, em busca de manifestações de atitudes criminosas, para demonstrar que estava no atavismo a origem do ato anti-social do homem moderno. O indivíduo vítima de atavismo traria em seu corpo os estigmas denunciadores

---

22. Lombroso, 2001, p. 59.
23. Lombroso, 2001, p. 59-63.
24. Lombroso, 2001, p. 63.

de seu estado anômalo. Eram os "estigmas somáticos da degeneração", destinados a uma longa vida no mundo da criminologia: mandíbulas mais desenvolvidas, assimetria da face, orelhas em abano, frente fugidia, nariz disforme[25] etc.

A partir de formulações como estas, Lombroso constituiu uma escola de criminologia de enorme influência, havendo extrapolado as fronteiras de seu país e ganho grande parte do mundo, incluindo o Brasil. É fácil experimentar perplexidade ao verificar isso[26], o que nos coloca um problema: como teorias tão precárias cientificamente, com conceitos tão rudimentares e grosseiros puderam alcançar tanto reconhecimento? Deve-se lembrar que a precariedade era sentida mesmo por muitos dos contemporâneos de Lombroso, principalmente na França, onde estavam os seus maiores críticos.

O caráter visivelmente grosseiro de muitas formulações científicas da medicina legal e da criminologia também intrigou Michel Foucault. Para o pensador francês, tal característica não é exclusiva das teses lombrosianas: "Esses discursos cotidianos de verdade que matam e que fazem rir estão presentes no próprio âmago da nossa instituição judiciária".[27] De maneira mais explicada:

> Em sua ponta extrema, onde ela se dá o direito de matar, a justiça instaurou um discurso que é o discurso de Ubu, faz Ubu falar doutamente. Para dizer as coisas de uma maneira solene, digamos o seguinte: o Ocidente, que sem dúvida desde a sociedade, desde a cidade grega, não parou de sonhar em dar poder ao discurso de verdade numa cidade justa, finalmente conferiu um poder incontrolado, em seu aparelho de justiça, à paródia, e à paródia reconhecida como tal do discurso científico.[28]

O paradoxo que parece se impor aqui é o da "maximização dos efeitos do poder a partir da desqualificação de quem os produz". Para Foucault, assim se dava não por acidente ou por "falha mecânica"[29], mas por estratégias inerentes aos mecanis-

---

25. Lombroso, 2001, p. 172; 196-197; 278.

26. Particularmente a análise do comportamento criminoso dos animais é considerada por Stephen Gould como "a mais ridícula incursão ao antropomorfismo jamais publicada" (Gould, S. J. *A Falsa Medida do Homem*. São Paulo: Martins Fontes, 1999, p. 124).

27. Foucault, Michel. *Os anormais*. São Paulo: Martins Fontes, 2001c, p. 9. Tal avaliação foi subsidiada pelo estudo de um laudo de psiquiatria legal de 1974.

28. Foucault, 2001c, p. 18.

29. Foucault, 2001c, p. 15.

mos do poder, fosse este político, administrativo ou judiciário. O *ridículo* em Nero ou Mussolini, antes de limitar o seu poder, dava-lhe força, ao atribuir-lhe inevitabilidade e autonomia. O poder se mostrava independente do caráter *ubuesco* de seus agentes. Porém, é quando trata da burocracia administrativa que Foucault deixa mais claro seu raciocínio:

> (...) o grotesco é um procedimento inerente à burocracia aplicada. Que a máquina administrativa, com seus efeitos de poder incontornáveis, passa pelo funcionário medíocre, nulo, imbecil, cheio de caspa, ridículo, puído, pobre, impotente, tudo isso foi um dos traços essenciais das grandes burocracias ocidentais, desde o século XIX.[30]

A análise foulcaultiana de como esse discurso *científico-ubuesco* atua dentro do direito penal, principalmente na composição dos laudos periciais, nos será útil mais adiante, quando tratarmos justamente da produção desses laudos no ambiente médico-legal de São Paulo. Por enquanto, o reconhecimento da existência recorrente do grotesco no aparelho judiciário nos ajuda a compreender o sucesso das teses lombrosianas.

Por outro lado, sua pouca sofisticação científica, uma vez mais de forma paradoxal, podia representar também uma vantagem propagandística, pois facilitava seu manuseio por juízes, advogados, jornalistas e público em geral, todos atores, testemunhas e espectadores dos dramas cotidianos da criminalidade. As feições do criminoso nato se tornaram familiares a todos eles, reconhecíveis nos tribunais e nas fotos de jornais. Além disso, a doutrina lombrosiana poderia fornecer um extraordinário método de prevenção do crime e de defesa social, ao permitir a identificação do criminoso antes mesmo de este haver cometido o crime, e o fazendo a partir de alguma legitimidade científica.

No entanto, é possível que o sucesso da figura do criminoso nato possa ser melhor entendido pela sua conformação com alguns mitos do imaginário social da época, relacionados com o *inimigo interior oculto*.

3. O lado escuro da lua

A internalização de um mal desconhecido e insuspeitado em cada indivíduo, capaz de ameaçar a normalidade da vida, está presente no imaginário associado ao

---
30. Foucault, 2001c, p. 16.

decadentismo do século XIX.[31] Dr. Jekyll e Mr. Hyde, que são criados por Robert Louis Stevenson em 1886, expressam essas idéias de uma forma que se tornou emblemática. O médico sábio e investigador, tão ao gosto do século XIX, modelo de homem civilizado e inteligente, carregava dentro de si um verdadeiro monstro assassino e irracional, escondido ("Hyde") nas profundezas de seu próprio ser. Bram Stoker, em 1897, volta ao mesmo tema: a heroína Lucy Westenra – cujo nome poderia significar a "luz do ocidente"[32] –, durante o dia, era o próprio modelo de mulher meiga, doce e recatada, no melhor estilo vitoriano. As trevas da noite a transformavam em um ser repleto de lascívia e desejo, uma fera sedenta de sangue e cheia de sensualidade, portadora do mal e da morte.[33] É importante relembrar que também os atos de crueldade de Drácula relatados no livro representavam a expressão de apenas uma parte de seu ser, a parte má e obscura. Assim como havia se dado com os outros personagens vampirizados que alcançaram a verdadeira morte e finalmente tiveram liberadas suas almas, o conde também encontrou o descanso eterno quando teve seu corpo estacado no coração. Nas palavras de uma das personagens:

> A pobre alma que deu origem a toda essa infelicidade [Drácula] é o caso mais desolador de todos. Imaginem qual não será seu júbilo, se também ele for destruído, *em sua parte maligna*, permitindo assim que *sua essência mais nobre* alcance a imortalidade espiritual.[34]

Ao fim da história, a mesma personagem testemunhou esse momento:

> Eu sempre me sentirei feliz ao lembrar que, mesmo no momento da consumação da morte, as feições de Drácula se transformaram,

---

31. Sobre este tema, ver Herman, 1999.

32. Herman, 1999, p. 134.

33. De la Rocque e Teixeira chamam a atenção particularmente para a dualidade da representação feminina no romance, expressa por figuras associadas a anjos ou demônios (Rocque, Lucia de L.; Teixeira, Luiz A. Frankenstein, de Mary Shelley e Drácula, de Bram Stoker: Gênero e ciência na literatura. In: *História, Ciências, Saúde: Manguinhos*, Rio de Janeiro, v. 8, n. 1, p. 10-34, mar.-jun. 2001). Sobre as relações entre ciência e literatura envolvendo alguns dos mesmos personagens, ver também Villacañas, B. De doctores y monstruos: la ciencia como transgresión en Dr. Faustus, Frankstein y Dr. Jekyll and Mr. Hyde. *Asclepio*, Madri, v. 53, n. 1, p. 197-211, 2001.

34. Stoker, Bram. *Drácula*. São Paulo: Nova Cultural, 2002, p. 300, grifos meus.

refletindo uma paz imensa que eu jamais imaginaria ver naquele rosto trágico.[35]

Por sua vez, Freud procurou trazer o *eu oculto indômito* do terreno do imaginário e da mitologia para o campo científico, traduzindo-o no seu conceito de *inconsciente*.

Também o criminoso nato de Lombroso era um personagem deste tipo e deste tempo.[36] Lombroso traduzira o mito em linguagem médica voltada à criminologia, identificando no criminoso manifestações atávicas de fases anteriores da evolução humana – um "homem primitivo", ou mesmo um animal, preso no interior do corpo, escondido e à espreita.

Seria justamente o criminoso nato o grande referencial para a descrição literária das diversas modalidades do *mal interior*. Mr. Hyde é notoriamente uma expressão física do criminoso nato de Lombroso[37], como o é também o conde Drácula, na perspectiva de uma das personagens de Stoker: "O conde é um criminoso e se enquadra na tipologia de criminoso. Nordau e Lombroso o classificariam assim e, como criminoso, sua mente é de formação imperfeita."[38] Mais uma vez, era a descrição física que confirmava o diagnóstico, conforme a tabela 1:

---

35. Stoker, 2002, p. 364.

36. Ainda que a nomeação seja posterior, e dada pelo seu discípulo Enrico Ferri, o criminoso nato em essência já se encontrava na obra "O homem delinqüente", publicado em 1876.

37. Herman, 1999, p. 132.

38. Stoker, 2002, p. 332. Stoker escreveu Drácula logo após Max Nordau haver popularizado a obra de Lombroso para um público mais amplo, por meio de seu livro *Degeneração* (Herman, 1999, p. 133).

Tabela 1 – Comparação física entre o conde Drácula e o criminoso nato[39]

O conde Drácula de Stoker	O criminoso nato de Lombroso
Seu rosto era... aquilino, com o nariz afilado de ponta elevada e narinas peculiarmente arqueadas...	...o nariz do criminoso... é freqüentemente aquilino como o bico de uma ave de rapina.
Suas sobrancelhas eram muito espessas, quase se encontrando acima do nariz...	Suas sobrancelhas são hirsutas e tendem a se tocar acima do nariz.
...suas orelhas eram pálidas e muito pontudas na parte superior...	Com uma protuberância na parte superior da borda posterior... vestígio da orelha pontuda...

Nestas versões todas, não se tratava apenas de mais uma expressão da oposição natureza e cultura, ainda que, sem dúvida, também fosse isso. De certa forma, o reconhecimento do mal como parte indissociável de cada indivíduo é análogo à identificação das chagas, da decadência e da degeneração no interior mesmo da civilização ocidental, considerada o paroxismo evolutivo da história da humanidade. Tal percepção era a causa de um profundo "mal estar de fim de século".

4. O "mal-estar da civilização"

Estimulados pela força das idéias de evolução e progresso, e muitas vezes legitimados pelas diversas modalidades de darwinismos biológicos e sociais, os racismos científicos participaram do contexto ideológico ligado ao imperialismo *fin de siècle*. Seja pela via poligenista, que negava a origem comum de toda a humanidade, seja pela monogenista, que aceitava um Adão mais além da religião, todas as teorias racistas que a ciência sancionou colocavam o homem branco europeu como o

---

39. Extraído de Wolf, Leonard. *Annoted Dracula*, 1975, p. 300, apud Gould, 1999, p. 122.

produto mais avançado da evolução biológica e cultural. O "bárbaro exterior", representado estereotipadamente pelo negro africano, pelo índio americano ou pelo mongol asiático, encontrava-se assim satisfatoriamente explicado e localizado nos estágios primitivos da evolução.

Havia, no entanto, que dar conta do "bárbaro interior"[40], que cada vez mais povoava as grandes cidades industriais do século XIX.[41] Nelas, a miséria até então distante e dispersa na imensidão rural concentrava-se de forma cada vez mais ostensiva. A elite européia, culta e educada, podia aceitar satisfeita as teses que explicavam a posição privilegiada da Europa no mundo. Mas, ao fechar o livro e sair para uma caminhada, o mal-estar seria inevitável ao se deparar com a paisagem de sua própria cidade: o alcoólatra, a prostituta, o indigente, uma infinidade de tipos humanos decadentes.... *feios, sujos e malvados*. Como explicar a presença, e principalmente em tal abundância, do "degenerado" e do criminoso no seio da civilização ocidental? As classes perigosas assim eram consideradas porque portavam ameaças de diversas naturezas: criminal, sanitária, política. O meio em que vicejavam poderia originar a epidemia, o crime ou a rebeldia social.

Esse *Outro* acabava por representar uma perturbação não apenas na vida social da época, mas também nas formulações ideológicas.[42] Este "bárbaro doméstico" parecia negar as teorias racistas, porque sua mera existência denunciava uma contradição no esquema explicativo evolucionista: a perfeição não poderia se afirmar plenamente, e o *mal* agora não estava distante, no mundo colonial. Homens como Morel, Magnan e Lombroso vieram em socorro da ciência e da ideologia, propondo teses que pudessem solucionar a incômoda contradição. O degeneracionismo, seja pela via francesa de Morel ou pela italiana de Lombroso, iria incluir no pro-

---

40. Herman, 1999, p. 121. Freud estabelece a sincronia entre os processos psicológicos do indivíduo e da sociedade: "É impossível não ver em que extensão a civilização é construída sobre a renúncia do instinto, o quanto pressupõe precisamente a não satisfação (...) de instintos poderosos. Essa 'frustração cultural' é, como sabemos (...) a causa da hostilidade contra a qual todas as civilizações têm que lutar" (citado por Herman, 1999, p. 154).

41. Viena cresceu de cerca de 400 mil em 1846 para 700 mil em 1880; Berlim passou de 378 mil em 1849 para quase um milhão em 1875; Paris quase dobrou seu um milhão de habitantes de 1851 a 1881; Londres, no mesmo período, passou de 2,5 para 3,9 milhões de habitantes (Hobsbawm, Eric. *A era do capital:1848-1875*. 4. ed. Rio de Janeiro: Paz e Terra, 1988, p. 223).

42. Mais ou menos como o surgimento da burguesia na baixa idade média fizera com as "três ordens harmônicas" (*bellatore, oratore* e *laboratore*) por meio das quais a Igreja fornecia a ideologia de sua época.

cesso evolutivo a possibilidade de reversão, de decadência, de degeneração.[43] No caso de Lombroso, com a vantagem adicional que permitia não apenas entender a existência do degenerado como ajudar a identificá-lo em meio à multidão.

Nesse sentido, as idéias de Lombroso e sua escola acabaram por articular mitologias decadentistas com mecanismos de controle social de sua época, estruturados pelo conhecimento médico, o que nos leva de volta a Foucault.

5. O discurso e o projeto positivistas e a pertinência de Michel Foucault

As reflexões de Foucault, particularmente aquelas sistematizadas em "Vigiar e Punir"[44] e no curso "Os Anormais"[45], podem auxiliar na compreensão da constituição da criminologia e da Escola Positiva. Ao estudar os mecanismos de controle social, Foucault identifica uma ruptura advinda da industrialização. As práticas espetaculares do suplício deram lugar a dispositivos e tecnologias disciplinares de *adestramento do corpo*. A ação exemplificadora do Estado monárquico, concentrada sobre o corpo do criminoso, foi substituída por estratégias de controle muito mais sutis e disseminadas. Tratava-se então de disciplinar o conjunto da sociedade, estabelecendo padrões e vigiando os desvios.

Essa transformação foi uma necessidade da nova sociedade industrial. A produção de mercadorias tornou-se muito mais concentrada, com grandes massas manipulando grandes quantidades de matéria. Também a revolução comercial conseqüente criou grandes estoques e centros de distribuição. As cidades cresceram explosivamente. Enfim, a riqueza concentrada se encontrava muito mais vulnerável e ameaçada. Simultaneamente, o espectro da época era a multidão: desconhecida, irracional, violenta, irascível, vingativa... Além disso, o operário, **criatura da Revolução Industrial**, personagem recente e desconhecido, deveria ser domesticado, disciplinado e convenientemente *anulado*. Somente dessa maneira ele poderia se "adaptar" a um estilo de vida completamente novo e estranho para um herdeiro do mundo rural: o horário fabril, o uso instrumental de seu corpo, a destruição dos laços comunitários, o salário de subsistência[46]...

---

43. Deve-se indagar o papel que a Primeira Guerra Mundial teve na persistência, muito entrado o século XX, desta idéia da decadência da civilização ocidental a partir de seu próprio interior.

44. Foucault, 1999.

45. Foucault, 2001c. Curso proferido no Collège de France em 1974 e 1975.

46. Foucault, Michel. *Resumo dos Cursos do Collège de France (1970-1982)*. Rio de Janeiro: Zahar, 1997, p. 39-43.

Cada vez mais, as chamadas instituições totais[47] (prisões, escolas, hospitais, hospícios, etc) deveriam cumprir o papel de "normalização" do indivíduo. Estaria se formando assim um "poder individualizador". Aqui entra a ciência como auxiliar privilegiada, e mais que tudo a medicina. Nas palavras de Foucault:

> (...) ao interrogar as idéias morais a partir da prática e das instituições penais, descobre-se que a evolução da moral é, antes de tudo, a história do corpo, a história dos corpos. Pode-se compreender a partir daí (...) que a medicina, como ciência da normalidade dos corpos, tenha garantido seu lugar no âmago da prática penal (a pena deve ter por finalidade curar).[48]

O poder, portanto, *perpassa* os corpos, flui *através* deles, deslocando-se da concepção tradicional de um poder centralizado, que se exerce de cima para baixo, feito *propriedade*, para uma idéia de poder difuso, entendido como microfísica, feito *estratégia*. Faz-se necessário ater-se um pouco mais nas relações entre corpo e poder no pensamento foucaultiano:

> Este investimento político do corpo está ligado, segundo relações complexas e recíprocas, à sua utilização econômica; é, numa boa proporção como força de produção que o corpo é investido por relações de poder e de dominação; mas em compensação sua constituição como força de trabalho só é possível se ele está preso num sistema de sujeição (onde a necessidade é também um instrumento político cuidadosamente organizado, calculado e utilizado); o corpo só se torna força útil se é ao mesmo tempo corpo produtivo e corpo submisso. Essa sujeição não é obtida só pelos instrumentos da violência ou da ideologia; pode muito bem ser direta, física, usar a força contra a força, agir sobre elementos materiais sem no entanto ser violenta; pode ser calculada, organizada, tecnicamente pensada, pode ser sutil, não fazer uso de armas nem do terror, e no entanto continuar a ser de ordem física. Quer dizer que pode haver um 'saber' do corpo que não é exatamente a ciência de seu funcionamento, e um controle de suas

---

47. Conceito criado por Goffman em *Manicômios, Prisões e Conventos*. São Paulo: Perspectiva, 1974.

48. Foucault, 1997, p. 41-42.

forças que é mais que a capacidade de vencê-las: esse saber e esse controle constituem o que se poderia chamar a tecnologia política do corpo.[49]

No campo da medicina legal e da criminologia, a antropologia criminal era a principal ciência que iria sistematizar essa tecnologia.

Entretanto, vários questionamentos se impõem aqui: esse poder-saber socialmente onipresente se efetivou na prática? Em que extensão? E mesmo que o tenha feito alhures, por exemplo na França, ambiente preferencial dos estudos de Foucault, teria logrado o mesmo sucesso no Brasil? Teria aqui possibilitado a difusão de técnicas mais sutis e medicalizadas de dominação, em detrimento da repressão violenta direta, pura e simples? A mais importante referência bibliográfica que responde afirmativamente é a obra coletiva de Roberto Machado e equipe, o já clássico e ainda polêmico "Danação da Norma – Medicina Social e Constituição da Psiquiatria no Brasil".[50] Para estes autores,

> a partir do instante em que se esboça a constituição de um saber médico sobre a sociedade, desde que se inventariam, com o objetivo de normalização, os componentes dos espaços urbano, o objeto da medicina adquire uma dimensão de totalidade; o que é passível de intervenção da medicina passa a não possuir fronteiras no interior da vida social.[51]

A ação do Estado *sobre* a sociedade já não podia prescindir da medicina:

> O governo dos loucos – o governo dos presos, doentes, prostitutas, escolares, soldados, operários – permite a aplicação de técnicas médico-políticas de controle em proveito de um Estado cuja ação legal é medicamente orientada. A ação da norma se desencadeia tanto mais eficazmente quanto mais íntima for a relação entre medicina e Estado: é à luz da ordem normativa que se concebe o progresso da nação.[52]

---

49. Foucault, 1999, p. 25-26.

50. Machado, Roberto; Loureiro, Ângela; Luz, Rogério; Muricy, Katia. *Danação da Norma*: Medicina Social e Constituição da Psiquiatria no Brasil. Rio de Janeiro: Graal, 1978.

51. Machado; Loureiro; Luz; Muricy, 1978, p. 234.

52. Machado; Loureiro; Luz; Muricy, 1978, p. 492.

Elaborado na década de 70, época de ditadura militar e de negação das possibilidades de cidadania, "Danação..." reflete a preocupação em desnudar as estratégias históricas de dominação e controle social gerenciadas pelo Estado brasileiro. Os autores explicitam que sua análise do passado tem um comprometimento com o tempo em que vivem e escrevem: "Esse estudo tem a ambição de contribuir para essa crítica do presente, trazendo a dimensão da historicidade dessas formas de poder contra as quais se pretende lutar."[53]

A partir de então, toda uma produção historiográfica vai dialogar com essa obra. Cada vez mais, prevalecem as relativizações, matizações e mesmo recusas categóricas de suas formulações mais identificadas com o pensamento de Foucault.[54] Dentre as críticas mais recorrentes à "Danação...", passou-se a atribuir "carência de base empírica" e "reificação do instrumental teórico foucauldiano". Um erro metodológico original estaria na base desses descaminhos: a confusão entre discurso e realidade, no momento em que os autores tomaram "(...) como dado relevante da realidade social o que não passava de um projeto defendido por segmentos da corporação médica (...)."[55]

Mariza Corrêa, quando estuda Nina Rodrigues e a escola médico-legal que leva o seu nome, difusora da Escola Positiva no Brasil, também relativiza a utilização de Foucault para o caso do Brasil:

> Ao invés dos monumentais aparelhos de 'correção branda', voltados para a prevenção, descritos por Foucault (...), com os quais certamente também sonharam alguns médicos brasileiros, aqui se instalou vencedora a prática menos sutil da repressão simples, desde a prisão até o hospício.[56]

Ferreira Antunes, outro autor que trata da medicina legal brasileira das primeiras décadas do século passado, também vai na mesma direção, minimizando o poder médico:

---

53. Machado; Loureiro; Luz; Muricy, 1978, p. 13.

54. Uma síntese valiosa do percurso destas idéias na historiografia brasileira pode ser encontrada em Edler, F. C. A medicina brasileira no século XIX: um balanço historiográfico. *Asclépio*, Madri, v. 50, n. 2, 1998.

55. Edler, 1998, p. 174.

56. Corrêa, Mariza. *As Ilusões da Liberdade*: a Escola Nina Rodrigues e a Antropologia no Brasil. Bragança Paulista: EdUSF: 1998, p. 355.

> Se não podemos concluir que a sociedade tenha sofrido as modificações exigidas pelos médicos, ou que tenha experimentado um processo de transformação dirigido pela medicina, se não podemos concluir, também, que as várias propostas de mudanças apresentadas pelos médicos estivessem organizadas em um plano integrado, então como falar em 'medicalização' da sociedade?[57]

Sendo assim, que sentido tem a utilização de Foucault nessa pesquisa? Pretende-se aqui condicionar a resposta a essa pergunta a questões metodológicas. Por um lado, definindo dois objetos distintos, ainda que interdependentes: a sociedade como um todo e o discurso médico acerca da criminalidade. Por outro, admitindo, com respeito ao primeiro destes objetos, a possibilidade de uma resposta parcial, matizada, não categórica.

Se a pertinência desse pensador para entender a sociedade brasileira do período deva ser relativizada, talvez assim não seja quando o objeto do estudo não é a sociedade propriamente dita, mas o *discurso* dos médicos da Escola Positiva. Uma tal resposta quem ajuda a dar é, mais uma vez, Ferreira Antunes. Ao questionar a existência de uma real "medicalização" da sociedade, o autor reverte o sentido da expressão, conferindo a ela um novo significado, transformando sujeito em objeto:

> Cumpre, então, rediscutir o conceito de 'medicalização', tendo em vista o presente esforço em reconstituir o pensamento médico-legal aplicado ao crime. Seguindo essa diretriz (...) seríamos levados a deixar de compreender a 'medicalização' como processo de efetiva modificação social, para caracterizá-la, simplesmente, como uma nova atitude do médico perante seus objetos de estudo e de intervenção. Desse modo, a 'medicalização' traduziria somente uma mudança de atitude dos médicos perante seu objeto, a inclinação desses profissionais em se dedicar não apenas aos doentes e às doenças, mas em abranger tudo o que pudesse interferir sobre a vida humana.[58]

---

57. Antunes, José Leopoldo Ferreira. *Medicina, Leis e Moral:* pensamento médico e comportamento no Brasil (1870-1930). São Paulo: Unesp, 1999, p. 274. Para uma resenha desta obra, ver Maciel, Laurinda Rosa. Medicalização da sociedade ou socialização da medicina?: reflexões em torno de um conceito. *História, Ciências, Saúde: Manguinhos,* Rio de Janeiro, v. 8, n. 2, p. 464-468, 2001.

58. Antunes, 1999, p. 71.

...*como sonhavam alguns médicos brasileiros*, nas palavras de Mariza Corrêa já citadas.

Portanto, Foucault pode ser útil para iluminar o discurso da medicina legal e da criminologia no Brasil de 1920 a 1945. Em tese, conhecer os discursos de grupos sociais importantes da história brasileira pode ter em si suficiente pertinência acadêmica. Mas o discurso em questão era mais do que isso, era a base de um projeto, de um programa de ação. Em linhas gerais, ele pode ser assim resumido:

- *individualização e manipulação das condições e duração do cumprimento da pena*, em seus diversos estágios, atendendo às "particularidades terapêuticas" que exigia cada um dos condenados; tal reivindicação buscava retirar da esfera judiciária e transferir para o campo médico parcelas importantes do controle da vida do delinqüente; alguns dos dispositivos mais importantes que buscavam cumprir esse objetivo eram o Manicômio Judiciário, o livramento condicional e a medida de segurança;

- *classificação dos indivíduos*, por critérios "antropológicos e biopsíquicos", de forma a determinar a predisposição ao ato anti-social de cada grupo e a profilaxia ou terapêutica mais adequada, conforme se tratasse de um "delinqüente em potencial" ou já sentenciado, respectivamente;

- *criação ou aprimoramento de uma rede de instituições "totais"* que atendesse às peculiaridades de cada um dos grupos sociais "problemáticos", respeitando inclusive as classificações definidas acima. Dentre outras, mencionavam-se com freqüência: hospícios, manicômios judiciários, internatos juvenis e infantis, colônias penais agrícolas, presídios femininos, abrigos para "vadios e mendigos", etc;

- *estruturação de centros científicos* capacitados para o estudo do homem criminoso e para a realização de diagnósticos individuais; tal objetivo seria concretizado principalmente pela criação dos chamados "laboratórios de antropologia criminal";

- *racionalização do mundo do trabalho*, com o auxílio da medicina biodeterminista, de forma a "melhor alocar as energias humanas" e a "evitar perturbações e acidentes do trabalho";

- *imposição da identificação civil* ao conjunto da sociedade e aprimoramento da identificação criminal;

- *readequação do arsenal legal* do país, de forma a atender estes objetivos; tal reivindicação se concentrou principalmente na defesa de um novo código penal, finalmente promulgado em 1940 e vigente a partir de 1942.

Como se conclui deste programa, a impregnação dos determinismos biológicos no pensamento e na prática médico-legais no período estudado permitia e mesmo demandava uma atitude propositiva e reivindicativa dos profissionais da área. Sua amplitude buscava ultrapassar os limites das instituições carcerárias. Se os corpos "anômalos" podiam ser corpos de potenciais criminosos, cabia ao olhar especializado da medicina legal e da criminologia identificá-los em meio à multidão e destiná-los a "tratamento" adequado. Essa estratégia de controle social deveria ser aceita na perspectiva da prevenção ao crime e da defesa da sociedade. Assim, o programa ideado continha o conjunto de reivindicações de poder-saber da categoria, destacando-se a busca de prerrogativas, a criação e consolidação de instituições e principalmente a ampliação generalizada do direito de examinar, entendido aqui tanto como estratégia de sujeição e controle social como também de construção do conhecimento científico e de legitimação profissional.

Nesse sentido, o conhecimento do discurso ganharia outra relevância se a ele fosse atribuída a capacidade de impactar a realidade mais geral. Recolocam-se assim as questões apresentadas acima sobre o propósito da presença de Foucault nesse estudo, agora não apenas para analisar um corpus discursivo. Tal programa logrou efetiva aplicação, possibilitada pelo reconhecimento científico e social que porventura houvera angariado? Parcialmente é a resposta que estamos propondo. Do conjunto de reivindicações derivadas das concepções biodeterministas, algumas encontraram aplicação e outras permaneceram estéreis. Não há como discordar de Leopoldo Antunes e de Mariza Corrêa quando afirmam que a sociedade não foi medicalizada como um todo. Ao final de nosso percurso investigativo, e mesmo ao longo de todo ele, encontraremos os médicos estudados lamentando amargamente a incompreensão da necessidade e justeza de suas propostas. Mas, por muitas vezes, tiveram algo que comemorar... Apenas como exemplos, podem ser citadas a criação do Manicômio Judiciário, a generalização da identificação civil, ou a inclusão do dispositivo das medidas de segurança no Código Penal de 1940, todas reivindicações históricas da Escola Positiva. O levantamento destas vitórias e derrotas e um balanço que as avalie é uma das propostas deste estudo.

Assim, a abordagem aqui adotada implica na negação de dois atalhos sedutores: reconhecer a completa falência do programa-utopia positivista, ou, ao contrário, considerar sua vitória e implementação plena, sem concessões e mediações. Sem os atalhos, o caminho implicará no acompanhamento do destino do programa em cada um dos seus pontos.

Enfim, os objetivos pretendidos por esta pesquisa consistem, por um lado, em recuperar o discurso da medicina legal e da criminologia positivistas, reconhecer seus conceitos centrais e identificar o programa de ação que dele deriva, perseguindo a comprovação da hipótese de que esse programa foi uma utopia que buscou no poder-saber da ciência o controle social otimizado. Por outro lado, a tarefa que se impõe em seguida é o levantamento paciente das conquistas efetivamente realizadas na busca da realização deste programa-utopia e as derrotas, decepções e resistências encontradas.

Para essa tarefa, a metodologia proposta por Latour para seguir e compreender a "ciência em ação" pode ser de grande utilidade.

6. A pertinência de Bruno Latour

O programa-utopia da medicina legal e da criminologia positivistas partia do lastro científico fornecido pelas teorias que lhe justificavam. Por exemplo, a reivindicação da generalização do poder de examinar repousava na concepção de que o ato anti-social expressava uma perturbação patológica. Mais modestamente, a necessidade do laudo médico para a concessão do livramento condicional, como uma das estratégias da manipulação médica da pena, atendia à concepção de que o internamento na penitenciária era antes de tudo um *tratamento médico*. Há, portanto, uma série de "considerandos" científicos que sustentam o conjunto das reivindicações. Significa dizer que o sucesso ou não da implantação do programa residia no destino que as referidas teorias científicas tiveram na sociedade da época. Uma afirmação científica pode ser desde o início de sua existência ignorada, o que equivaleria dizer que não teve existência, ou então pode experimentar um percurso, uma trajetória, possuir uma *história*. Nesse caso, o seu destino vai depender do que *fizerem* com ela. Manipulada por uma série de agentes sociais, incluindo outros cientistas, mas não necessariamente se restringindo a eles, a afirmação científica vai sofrer um processo de valorização ou degradação, no primeiro caso aproximando-se do estatuto de verdade científica, no segundo de mera ficção. Para Latour, o destino

> (...) de uma afirmação, ou seja, sua definição como fato ou ficção, depende de uma seqüência de debates ulteriores. (...) *o status de uma afirmação depende das afirmações ulteriores*. Seu grau de certeza é tornado mais ou menos, dependendo da sentença seguinte que a retomar; essa atribuição retrospectiva se repete na nova sentença, que,

por sua vez, poderá ser tornada mais fato ou mais ficção por força de uma terceira, e assim por diante...[59] (Grifos do autor).

Quando retirada do centro das controvérsias e coletivamente estabilizada, a afirmação se torna fato, teoria científica, uma *caixa preta* disponibilizada para o mundo.[60] Latour sustenta que esse destino nobre é raro. De qualquer modo, a história da afirmação científica dependerá da mobilização de interesses e aliados que for capaz de aglutinar. Num exemplo particularmente interessante, por tratar justamente de determinismo biológico, Latour lembra que os eugenistas americanos conseguiram um grau de aceitação científica para suas idéias capaz de fazer passar no Congresso dos Estados Unidos medidas restritivas à imigração "de quem tivesse genes defeituosos."[61] E isso mesmo sem ter adquirido um estatuto de verdade científica incontestável, haja vista a controvérsia feroz protagonizada pelo antropólogo Franz Boas. De qualquer modo, a aliança com os congressistas aproximou aquelas idéias da categoria fato científico e, consequentemente, distanciou-as do limbo das ficções estéreis e candidatas ao esquecimento.

Para o caso de nossa pesquisa, as idéias dos médicos positivistas necessitariam também de aliados que fossem convencidos. Nem sempre isso aconteceria, outras vezes apenas de forma parcial. Por exemplo, a noção de periculosidade medicamente determinada iria seduzir muitos médicos, nem tantos juristas, mas ainda alguns políticos influentes, a ponto de poder ser reconhecida em alguns parágrafos do código penal promulgado em 1940, como veremos ainda neste estudo.

Enfim, a opção metodológica escolhida não nos deixa alternativas: dentro do possível, deve-se perseguir as teorias biodeterministas encampadas pelos médicos estudados, desde que deixavam os livros e laboratórios e passavam a "correr mundo", até um destino reconhecível, seja de ficção a ser descartada, de fato a ser sacralizado ou mesmo de algo entre as duas coisas, algo ainda prisioneiro de ambigüidades e controvérsias...

---

59. Latour, Bruno. *Ciência em ação*: como seguir cientistas e engenheiros sociedade afora. São Paulo: Ed. UNESP, 2000a, p. 49-50.

60. Latour, Bruno, 2000a, p. 72.

61. Latour, Bruno, 2000a, p. 179-180.

7. Ciência ou pseudociência?

Antes de iniciar esta jornada, um problema metodológico adicional se impõe aqui: o da cientificidade da medicina legal positivista. Torna-se necessário definir se estaremos nos movimentando em ambiente científico ou não. Outra utilidade do modelo latouriano é a de que ele apresenta as duas faces da ciência – a "ciência pronta" e a "ciência em construção" – como partes de um mesmo todo e resultantes de um mesmo tipo de atividade social.[62] A atividade científica não começa com o *fato científico* estabelecido, mas inclui o *processo do seu estabelecimento*. Assim, quando estudamos as controvérsias e a busca da construção e imposição de novos paradigmas, estamos nos movendo do lado de dentro das fronteiras da ciência. Essa definição é importante, pois a maior parte das idéias tratadas aqui pertencem a esta *região aquecida e cinzenta*, ambiente de controvérsias e negociações. Considerar como científica a medicina legal praticada nas décadas de 20 a 40 no Brasil significa reconhecer-lhe a autoridade de seu discurso junto à sociedade da época, com implicação concreta na vida de pessoas e de grupos sociais. Em uma palavra: *poder*.[63]

A sua legitimidade e penetração social eram diretamente proporcionais ao teor científico que lhe teria sido reconhecido. E a discussão evidentemente se torna mais complexa quando considerados o caráter *ubuesco* e rudimentar de muitas das acepções desta escola, como tratado mais acima. No entanto, e apesar destas sérias limitações, reconhecidas por sua própria época, a perspectiva desde a qual a presente pesquisa produziu seus resultados é aquela que confere à medicina legal, e a todos os saberes especializados subordinados a ela (as diversas formas de racismo científico, a psiquiatria, a antropologia e a biotipologia criminais, entre outros) e concernentes ao objeto pesquisado, o mérito do estatuto científico. A maioria das formulações e conceitos que serão aqui abordados é hoje considerada cientificamente obsoleta e, em alguns casos, mesmo eticamente condenável, como é o caso do racismo científico, o que muitas vezes faz que se considere que à época não eram ciência. O problema é que este pre-

---

62. Conceitos que guardam relação com os de "ciência normal" e "ciência revolucionária" ou "em crise", de Thomas Kuhn (ver Kuhn, Thomas. *A estrutura das revoluções científicas*. 5. ed. São Paulo: Perspectiva, 1998).

63. Mais genericamente, também significa admitir um olhar mais crítico sobre *toda* a produção científica, mesmo aquela ainda resguardada pelos cânones, como evidentemente é a dos dias de hoje.

conceito metodológico atinge também a historiografia, como observa Mariza Corrêa, analisando o caso brasileiro:

> Quando se fala em 'comunidade científica' para o Brasil de inícios deste século, a estreita relação mantida entre a ciência da época e os órgãos públicos de controle da população brasileira está sempre estranhamente ausente. A fundação de sociedades de criminologia, a criação de institutos médico-legais, ou as publicações dessas instituições parecem ser considerados sub-produtos da ciência, quando não relegados ao esquecimento por serem vistos como desvinculados da Ciência de que se trata. No entanto, esta 'outra ciência' foi produzida e era praticada e aceita dentro dos mesmos moldes de respeitabilidade intelectual, social e política em geral atribuída apenas à ciência com maiúscula.[64]

É essa mesma autora que vai apontar a lacuna historiográfica que a escassez de estudos sobre a medicina legal brasileira do período abordado representa. O destino das idéias científicas, se valorizadas e preservadas na sua legitimidade, ou descartadas e obsoletadas, também determina o olhar historiográfico sobre elas. A história escrita vai, portanto, ocupar-se muito mais do higienismo e sanitarismo do que da medicina legal do período correspondente:

> Oswaldo Cruz por esta época [1922] já era considerado o grande higienista brasileiro, tendo recebido vários prêmios internacionais e participado de convenções e exposições em vários países. A sua atuação, e a de seu grupo, oferecem um contraponto interessante ao do grupo de Medicina Legal: assegurando a sua presença na história da medicina brasileira e internacional através das mesmas táticas utilizadas pelos membros da 'escola baiana', o grupo de Manguinhos tem, no entanto, merecido uma atenção muito maior dos historiadores da ciência brasileira, e seu trabalho tem sido definido como legitimamente científico.[65]

---

64. Corrêa, 1998, p. 218-219.
65. Corrêa, 1998, p. 409.

O conceito de ciência e de sua natureza é algo polêmico entre os pensadores, sejam eles filósofos da ciência, historiadores da ciência, epistemólogos ou mesmo cientistas. De uma forma geral, duas concepções opostas competem entre si: aquela que considera a ciência resultado de um processo acumulativo e progressivo de conhecimento objetivo, e a que procura historicizar o processo de construção do conhecimento, admitindo os seus condicionantes históricos e sociais. A referência utilizada nesse estudo é a segunda, principalmente a partir das teses de Thomas Kuhn. Para esse autor, os *erros*, *mitos* e *superstições* não devem ser retirados *a posteriori* do reino sagrado da ciência, como não sendo resultantes do próprio esforço científico, da aplicação de suas regras, do investimento de suas instituições e dos seus pesquisadores, e da autoridade que a sociedade lhe emprestou, ainda que efemeramente. Nas palavras do próprio autor:

> Se essas crenças obsoletas devem ser chamadas de mitos, então os mitos podem ser produzidos pelos mesmos tipos de métodos e mantidos pelas mesmas razões que hoje conduzem ao conhecimento científico. Se, por outro lado, elas devem ser chamadas de ciências, então a ciência inclui conjuntos de crenças totalmente incompatíveis com as que hoje mantemos. Dadas essas alternativas, o historiador deve escolher a última. Teorias obsoletas não são acientíficas em princípio, simplesmente porque foram descartadas.[66]

Nas pegadas de Kuhn, quando analisa as doutrinas biodeterministas, Stephen Jay Gould reivindica que elas faziam parte da ciência, concebendo esta como construção social:

> Não é minha intenção afirmar que os deterministas biológicos eram maus cientistas ou que estavam sempre errados, mas, antes, a crença de que a ciência deve ser entendida como um fenômeno social, como uma empresa corajosa, humana, e não como o trabalho de robôs programados para recolher a informação pura.[67]

---

66. Kuhn, 1998, p. 21.
67. Gould, 1991, p. 5.

"A falsa medida do homem" é um estudo que merece ser analisado com mais vagar, já que seu objeto de análise é o determinismo biológico. O objeto de Gould são as concepções científicas do determinismo biológico ao longo da história. Seu objetivo, fazer a crítica dessas concepções, desde uma perspectiva também científica. Sua tese, a de que os preconceitos de cada época atuam sobre as formulações científicas, ainda que, na maioria das vezes, de forma inconsciente, e acabam por reforçar aqueles mesmos preconceitos, estabelecendo assim um ciclo fechado: preconceito – formulação científica – preconceito.

Gould refaz o percurso dos cientistas estudados, vasculha seus procedimentos, reordena seus dados, aponta lacunas, omissões, erros, fraudes, esquecimentos. Ao mesmo tempo, Gould discrimina os preconceitos que estão por trás daqueles erros e omissões. Eles se concentram nas questões de hierarquização racial e/ou social. Assim, o determinismo biológico fornecia a legitimação científica para o ordenamento social, invariavelmente justificando a oposição brancos/ricos x negros/pobres.

Sua investigação cobre as principais expressões científicas do determinismo biológico, indo desde os primeiros tempos da craniometria, de fins do século XVIII, até as inferências genéticas de comportamento e as formas sobreviventes dos testes de inteligência dos dias atuais. Mas é à história destes que o autor dedica a maior parte de sua atenção. Gould demonstra que tais testes sofrem de pecados originais desconsiderados e esquecidos: a reificação da inteligência, a aceitação de seu caráter hereditário e a possibilidade de sua quantificação, dando as condições para a construção de uma escala de hierarquização dos seres humanos. Um dos procedimentos metodológicos ilícitos mais difundidos e utilizados pelos cientistas nesse percurso é a *correlação não causal*, verdadeira "ruína da estatística".[68]

No que diz respeito à antropologia criminal, Gould faz sua gênese a partir da tese evolucionista da recapitulação, que afirmava que o "(...) desenvolvimento embriológico das formas superiores poderia servir de guia para se deduzir de forma indireta a evolução da árvore da vida".[69] Essa forma de tentar reconstituir os percursos da já consagrada tese da evolução das espécies abriu os caminhos para expandir a medição do corpo, indo do crânio para o resto – consolidava-se então a antropometria. Daí teria nascido a antropologia criminal de Lombroso,

---

68. Conforme o exemplo do próprio autor, o aumento do preço da gasolina pode ter um fator de correlação próximo de um com o avanço de sua idade, o que não implica que ambos os fenômenos tenham alguma relação de causalidade.

69. Gould, 1991, p. 112.

doutrina que iria se constituir na mais influente entre as herdeiras da antropometria.

Mesmo reafirmando os condicionantes sociais e culturais que ambientam o trabalho do cientista, e negando a concepção de ciência enquanto marcha gradual e inexorável à verdade absoluta, Gould não se atém às questões filosóficas da produção científica. Chega mesmo a explicitar uma diferença com alguns

> (...) determinados círculos de historiadores, defensores da (...) tese puramente relativista de que a modificação científica apenas reflete a modificação dos contextos sociais, de que a verdade é uma noção vazia de significado quando considerada fora de uma dada premissa cultural, e de que a ciência, portanto, não é capaz de fornecer respostas duradouras. Na condição de cientista praticante, compartilho o credo de meus colegas: acredito que existe uma realidade concreta e que a ciência pode nos fornecer informações sobre essa realidade, embora o faça muitas vezes de maneira obtusa e irregular.[70]

Essa posição particular dá a Gould uma perspectiva privilegiada. A distância histórica entre ele e seu objeto não é suficientemente grande para inviabilizar uma linguagem e um método científicos comuns entre ele e os cientistas que povoam seu trabalho. O que dá a esse seu estudo uma maior originalidade é que sua crítica se faz *desde o interior do ambiente científico*. Mais do que um sociólogo crítico, Gould se coloca na posição de um *par entre pares*. Isso lhe possibilita adentrar nos laboratórios dos cientistas estudados, refazer suas experiências, vasculhar suas gavetas, recompilar seus dados. Assim, os preconceitos sociais condicionantes daquela produção científica surgem com transparência renovada, fortalecida pelo próprio... método científico. Não que a crítica *interna* seja a única possível e legítima, até porque nem sempre ela teria sentido – imagine-se algo assim com relação à medicina galênica medieval, por exemplo – mas sem dúvida ela pode enriquecer a perspectiva do sociólogo e do historiador.

Por fim, Gould deixa claro que o seu trabalho de desconstrução dos diversos determinismos biológicos não os expulsa, retroativamente, das fronteiras canônicas da produção científica de suas respectivas épocas. Antes, toda produção científica, incluindo a que neste momento se pratica, acaba sendo passível de

---

70. Gould, 1991, p. 6.

impregnar-se de preconceitos sociais e culturais. Esse é o sentido da pergunta do autor: "Com que direito, além daquele derivado de nossas próprias inclinações, podemos apontar a incidência dos seus preconceitos e afirmar que a ciência hoje opera à margem de qualquer influência cultural ou de classe?"[71]

Voltando à medicina legal positivista do entre-guerras, se ela não deve ser portanto desconsiderada enquanto ciência apenas por ter sido a partir de dado momento desqualificada por obsolescência, fica ainda a questão: o que a tornou efetivamente uma ciência? De uma maneira geral, o reconhecimento social e institucional. Trata-se, então, de levantar empiricamente os índices desse reconhecimento, tais como: existência de revistas e periódicos especializados; participação em eventos nacionais e internacionais (congressos, seminários, Conferências); recebimento de prêmios outorgados por instituições legitimadoras nacionais e internacionais; organização de associações, sociedades, entidades corporativas; presença da produção intelectual no currículo do ensino superior; interação com outras instâncias legitimadoras do aparelho estatal, tais como parlamentos (por exemplo, para o fornecimento de subsídios técnicos para elaboração de legislação) e instituições judiciárias (como nas solicitações oficiais de laudos periciais para instruir julgamentos e decisões jurídicas).

Assim, muito mais do que uma suposta impregnação de verdades transcendentes e a-históricas, o que pode caracterizar a medicina legal daquela época como científica é, quase tautologicamente, o fato decisivo e suficiente de que era assim que sua época a caracterizava. Por isso, faz-se interessante ater-se um pouco à época aqui abordada, procurando identificar no seu cenário as condições para a aceitação e circulação das teses da Escola Positiva. Enfim, procurar determinar naquele contexto histórico o que demandava e favorecia a utilização de teorias do determinismo biológico para fins de estabilização social.

8. A recepção da Escola Positiva no Brasil – o terreno fértil

As razões que ajudam a explicar o sucesso na Europa das teorias dos racismos científicos e dos determinismos biológicos, o lombrosionismo dentre elas, não estavam ausentes no Brasil. A urbanização explosiva e a disseminação das *classes perigosas* também transtornaram as grandes cidades brasileiras, Rio de Janeiro e São Paulo principalmente.[72] Esta teve o crescimento mais impressio-

---

71. Gould, 1991, p. 66.

72. Mesmo que, no Brasil, não se desse o modelo clássico de urbanização das áreas centrais do capitalismo, mais intricadamente relacionado com a revolução industrial, conforme ressalva de

nante, passando de 35 mil a 600 mil habitantes em pouco mais de quatro décadas (de 1880 a 1924). Mas há que se buscar na história brasileira do período os "fatores endógenos" que facilitaram a apropriação criativa daquelas idéias.

A abolição e a República

A influência da Escola Positiva no Brasil viria a ser grande, desde as últimas décadas do século XIX até as primeiras décadas do século seguinte, paradoxalmente experimentando seu auge num momento em que já se encontrava em franca decadência na Europa.[73] A historiografia associa de forma recorrente esse sucesso ao advento da República e ao fim da escravidão.[74] Um e outro evento redimensionaram as representações das relações do povo com o Estado. A República queria significar a "(...) implantação de um sistema de governo que se propunha, exatamente, trazer o povo para o proscênio da atividade política".[75] Na conclusão de seu estudo sobre o tema, José Murilo de Carvalho reafirma que "a República, mesmo no Brasil, apresentou-se como o regime da liberdade e da igualdade, como o regime do governo popular".[76] Esse igualitarismo potencialmente perigoso demandava da elite intelectual ajustes ideológicos que justificassem exatamente o fracasso em sua implantação prática, donde a conveniência da importação de teorias científicas racistas e biodeterministas.

Por outro lado, o fim da escravidão também suscitou problemas referentes à hierarquia social e às idéias de cidadania. A massa de escravos libertos de repente se colocou no mesmo nível jurídico do resto da população, incluindo sua elite econômica e intelectual. Evidentemente, tanto a República quanto o fim da escravidão fracassaram categoricamente no cumprimento de tais promessas, que nunca lograram a superação do nível teórico. Os sonhos de uma cidada-

---

Emília Viotti da Costa (Costa, Emília Viotti da. *Da Monarquia à República*: momentos decisivos. São Paulo: Grijalbo, 1977, p. 179). Sobre o protagonismo das "classes perigosas" no Rio de Janeiro nos primeiros tempos da República, ver Carvalho, José Murilo de. *Os bestializados*: o Rio de Janeiro e a República que não foi. 3.ed. São Paulo: Cia. das Letras, 2004.

73. Alvarez, 1996, p. 30.

74. Salla, Fernando. *As prisões em São Paulo*: 1822 a 1940. São Paulo: Annablume, 1999, p. 151-152. Elizabeth Cancelli também associa as novas necessidades das "razões de Estado" com a aceitação da desigualdade entre os seres humanos a partir das teses do determinismo lombrosiano (Cancelli, Elizabeth. *A cultura do crime e da lei (1889-1930)*. Brasília: EdUNB, 2001, p. 16).

75. Carvalho, J. M., 2004, p. 11.

76. Carvalho, J. M., 2004, p. 161.

nia republicana democrática e igualitária desvaneceram desde logo, cedendo o espaço para o liberalismo conservador e autoritário que iria caracterizar todo o período da Primeira República. E a rigidez da hierarquia social que foi plasmada em séculos de sociedade escravista deram mostras de vitalidade que subsistiriam até o Brasil atual. No entanto, foi exatamente a contundência de tais fracassos que acabou por fragilizar perigosamente o discurso ideológico pelo qual a sociedade brasileira da virada do século justificava o seu ordenamento social. República e abolição, reduzidas a abstrações jurídicas, além de não corresponderem à realidade social do país, poderiam propiciar e justificar um clima de insatisfação e demandas sociais.[77] Idéias científicas que legitimassem a desigualdade natural e inevitável entre os homens encontravam, por isso, terreno propício no ambiente intelectual da época. Segundo Lilia Moritz Schwarcz, a elite brasileira encontrou pertinência nas teorias do determinismo biológico e do racismo científico porque "para além dos problemas mais prementes relativos à substituição de mão-de-obra ou mesmo à conservação de uma hierarquia social bastante rígida, parecia ser preciso estabelecer critérios diferenciados de cidadania".[78]

Mas não era apenas a população negra que preocupava. A decadência da escravidão e sua definitiva abolição estimularam o transição para o trabalho livre, subsidiado pelo fluxo imigratório. Em 1920, 36% da população de São Paulo eram constituídos de estrangeiros.[79] Tal influxo representava um impacto populacional preocupante para as elites, que cada vez mais demandavam iniciativas intervencionistas do Estado e a participação da criminologia com suas estratégias de defesa social. À medida que terminava o século XIX e avançava o século XX, as elites iriam crescentemente se desiludindo com a imigração, pelo menos no que dizia respeito a seu projeto "civilizacional". Inicialmente considerada como um mecanismo privilegiado para trazer a civilização européia ao país, por meio do recebimento de contingentes populacionais culturalmente mais "avançados" e pelo branqueamento progressivo do povo brasileiro, a imigração

---

77. Corrêa, 1998, p. 33.

78. Schwarcz, Lilia Moritz. *O espetáculo das raças*: cientistas, instituições e questão racial no Brasil (1870-1930). São Paulo: Cia das Letras, 2000, p. 18.

79. Porcentagem que chegou a ser de 55% em 1893 (Fausto, Boris. *Crime e cotidiano*: a criminalidade em São Paulo (1880-1924). São Paulo: Brasiliense, 1984, p. 10). Na mesma época, o Rio de Janeiro possuía 30% de estrangeiros no total de sua população, conforme o censo de 1890 (Carvalho, J. M., 2004, p. 79).

acabaria por fracassar nesses objetivos, e o imigrante começaria a aparecer aos olhos da elite como criminoso, vagabundo, desordeiro e subversivo.[80]

Além disso, a apropriação dessas idéias científicas racistas e discriminatórias atendia ao fortalecimento do projeto de construção do Brasil moderno. Após a proclamação da República, os cientistas ganhavam renovada autoridade na definição das prioridades nacionais.

A medicina legal e a modernização autoritária do Brasil

Os cientistas brasileiros da primeira metade do século XX se viam como os agentes privilegiados da modernização do país.[81] Construir a ponte que levaria das persistentes heranças do Brasil colonial à civilização branca européia seria impossível sem o altruísmo necessário da ciência. O cientificismo que então tomava conta do país não pode ser entendido sem o que ele tinha de redenção, de superação do atraso e de conquista civilizacional.

É também por isso que os homens de ciência não se conformavam com o pequeno tamanho de seus laboratórios frente à grandeza da tarefa e reivindicavam assento preferencial na tribuna dos pensadores sociais. Dentre eles, os médicos foram reconhecidamente os principais personagens dessa história, "os primeiros intelectuais da ordem burguesa".[82] E dentro do universo médico, aparecia com destaque a medicina legal, por ofício dedicada à normalização social, principalmente na perspectiva dos adeptos da Escola Positiva.

Para eles, as disputas com os juristas nas quais inevitavelmente suas idéias implicavam também possuíam a dimensão de luta contra o atraso e o arcaísmo. O projeto de construção de um Brasil moderno requeria a superação de heranças do colonialismo e dos tempos do Império, quando o bacharelismo constituía o eixo central da intelectualidade do país, em plena sintonia com os interesses da velha e tradicional oligarquia agrária.[83] O progresso do país demandava a substituição desse tipo de intelectual pelo cientista pragmático, e

---

80. Marques, Vera R. B. A *medicalização da raça*: médicos, educadores e discurso *eugênico*. Campinas: Ed. da Unicamp, 1994, p. 87. Ver também Salla, 1999, p. 117.

81. Sobre isso, ver Herschmann; Pereira, 1994a.

82. Herschmann, Micael M.; Pereira, Carlos Alberto Messeder. O imaginário moderno no Brasil. In: Herschmann, Micael M.; Pereira, Carlos Alberto Messeder (Org.). *A invenção do Brasil Moderno*: medicina, educação e engenharia nos anos 20-30. Rio de Janeiro: Rocco, 1994b, p. 47.

83. Cf. Herschmann, Micael M. A arte do operatório. Medicina, naturalismo e positivismo 1900-1937. In: Herschmann, Micael M., Pereira, Carlos Alberto Messeder (Org.). *A invenção*

da retórica vazia e estéril pelas prescrições embasadas por critérios científicos. De certa forma, os defensores da Escola Positiva se viam como representantes das novas concepções, destinados a uma confrontação militante contra as decadentes teses da Escola Clássica, recorrentemente consideradas por eles como "metafísicas" e pré-científicas. Como deixam transparecer as palavras de Flamínio Fávero, então presidente da Sociedade de Medicina Legal e Criminologia de S. Paulo:

> Surgia o equívoco da orientação da Escola Clássica, com o crime-entidade jurídica. Era verdadeiro empirismo. Eu iria mais adiante, falando linguagem médica: puro charlatanismo, porque o tratamento se fazia às cegas, com mezinhas estereotipadas em preceitos fixos, gerais, não individualizados, representados por uma punição retributiva; quase o Talião dos velhos tempos.[84]

Por isso, muitos dos juristas que se agarravam às idéias de livre-arbítrio e responsabilidade moral pareciam aos olhos dos positivistas como obstáculos incômodos ao triunfo das verdades científicas, portanto ao próprio progresso do país.[85]

Contudo, a medicina legal de cunho positivista participava do projeto de modernização do país não apenas porque reivindicava o referencial científico como o critério supremo de verdade, mas também porque o seu determinismo biológico implicava na *naturalização da sociedade,* para Latour uma das possibilidades de concretização da plena separação entre o pólo natural e o social que caracteriza o moderno. Uma vez sedimentada esta separação, os modernos têm basicamente três atitudes possíveis para lidar com ela:

> Os analistas que vão em direção à esquerda [pólo da natureza] serão chamados de realistas, enquanto os que forem para a direita [pólo da sociedade] serão chamados de construtivistas (...). *Outros,*

---

do Brasil Moderno: medicina, educação e engenharia nos anos 20-30. Rio de Janeiro: Rocco, 1994, p. 46.

84. Fávero, Flamínio. Novos rumos da criminologia. *Arquivos da Polícia Civil de São Paulo,* São Paulo, v. 2, 65-74, 2. sem. 1941b, p. 69.

85. Herschmann demonstra como essa rivalidade entre o bacharel e o médico-legista vinha desde os tempos fundadores de Nina Rodrigues (Herschmann, 1994, p. 50)

mais imperialistas, tentarão naturalizar a sociedade integrando-a na natureza, ou então socializar a natureza, fazendo com que seja digerida pela sociedade (ou, o que é mais difícil, pelo sujeito).[86]

A perspectiva positivista se apoiava nas ciências naturais, com destaque para a medicina e a biologia, para dar conta do mundo social. A denúncia sistemática da ilusão na liberdade individual e a conseqüente negação da existência do livre arbítrio depositavam no determinismo biológico cientificamente legitimado as chaves para a compreensão do funcionamento e das disfunções da sociedade. Por isso, a sua preocupação prevencionista requisitava o conjunto sociedade como seu objeto. Daí que a valorização permanente do papel do Estado na construção da modernidade[87], operando com o subsídio da ciência, se articulasse perfeitamente com o discurso autoritário e antiliberal da medicina legal.[88] Dessa forma, aparece mais compreensível o percurso *naturalização da sociedade – papel da ciência – papel do Estado – discurso autoritário*.

A associação entre determinismo biológico com o conservadorismo político também é salientada por Stephen J. Gould:

> Como o determinismo biológico é de evidente utilidade para os grupos detentores do poder, seria lícito suspeitar que (...) ele também se origina de um contexto político. Porque, se o *status quo* é uma extensão da natureza, então qualquer mudança importante – supondo que ela seja possível – destinada a impor às pessoas uma organização antinatural implicaria um elevado custo psicológico para os indivíduos e econômico para a sociedade.[89]

Gould prossegue seu raciocínio, apoiando-se em Gunnar Myrdal:

---

86. Latour, Bruno. *Jamais fomos modernos*. São Paulo: Ed 34, 2000b, p. 84, grifos meus.

87. Herschmann; Pereira, 1994a, p. 13.

88. Herschmann; Pereira, 1994b, p. 31.

89. Gould, 1991, p. 5. Deve-se ressalvar que a associação das idéias do determinismo biológico com Estados autoritários não significa que tradições de esquerda não compartilhassem, às vezes com entusiasmo, dessas mesmas idéias. O próprio Lombroso, que nisso seguiu o exemplo de seu discípulo Enrico Ferri, transitou pelo socialismo, de forma mais manifesta entre 1893 e 1903 (Peset; Peset, 1975, p. 42).

> Tanto nos Estados Unidos quanto no resto do mundo, elas [as argumentações biológicas e médicas acerca da natureza humana] se têm associado a ideologias conservadoras e até mesmo reacionárias. Durante sua longa hegemonia, a tendência tem sido aceitar a inquestionável causalidade biológica e admitir as explicações sociais somente nos casos em que as provas eram tão fortes que não havia outra saída. Em questões políticas, esta tendência favoreceu uma atitude imobilista.[90]

No Brasil, a influência da filosofia positivista nos primeiros tempos da República facilitou a consolidação da simbiose entre ciência e autoritarismo político, como assinala José Murilo de Carvalho:

> O positivismo, ou certa leitura positivista da República, que enfatizava, de um lado, a idéia de progresso pela ciência e, de outro, o conceito de ditadura republicana, contribuía poderosamente para o reforço da postura tecnocrática e autoritária.[91]

As relações entre doutrinas biodeterministas e autoritarismo político se tornaram mais explícitas e institucionalizadas no Brasil após a Revolução de 30, com a ditadura de Vargas. O ambiente político e social, de tendências totalitárias, passou a favorecer cada vez mais a discussão, elaboração e implementação de estratégias de controle social. A preocupação com a "defesa da sociedade", portanto, poderia ser mais naturalmente incorporada na atividade científica em tal contexto.

A Era Vargas e o determinismo biológico

Nesse período, a simbiose entre aparelho repressivo e modernização científica se aprofundava e terminava por favorecer as estratégias da Escola Positiva. Mais do que isso, as tendências totalitárias que o regime desenvolveu iriam privilegiar a *objetivação* de inimigos sociais, para o que os determinismos biológicos poderiam ser de grande utilidade. As reflexões de Hannah Arendt sobre

---

90. Citado por Gould, 1991, p. 5.
91. Carvalho, J. M., 2004, p. 35.

o totalitarismo e a aplicação delas para o caso brasileiro por Elizabeth Cancelli se fazem aqui necessárias.

O aprimoramento institucional dos aparelhos repressivos do Estado nos anos 30 é o objeto central da obra "O mundo da violência - A Polícia da Era Vargas", de Elizabeth Cancelli.[92] A autora trabalha com vários conceitos elaborados por Hannah Arendt, em "Origens do Totalitarismo".[93] No entanto, a definição estrita de governo totalitário de Arendt não caberia, à princípio, ao Governo de Vargas, o que Cancelli parece não levar em consideração. Para Arendt, apenas os regimes de Stalin e Hitler poderiam ser classificados como totalitários, o que excluiria até mesmo o fascismo italiano de Mussolini. Em "Origens...", o Governo Vargas não é objeto de análise, nem mesmo como exemplificação. Mas não é nenhuma temeridade colocá-lo ao lado das ditaduras unipartidárias não totalitárias que a autora enumera quando trata do período que antecede à Segunda Guerra: além da própria Itália, a Romênia, a Polônia, os Estados Bálticos, a Hungria, Portugal e, mais tarde, a Espanha.[94] Falta a estas ditaduras, por exemplo, a necessidade da superação do nacionalismo e a pretensão do poder universal: "A luta pelo domínio total de toda a população da terra, a eliminação de toda realidade rival não totalitária, eis a tônica dos regimes totalitários...".[95]

O que facilita a tarefa de Cancelli ao utilizar os conceitos de Arendt sobre totalitarismo ao tratar de Vargas é justamente um desses conceitos: o de *infecção totalitária*.[96] Tal opção metodológica flexibiliza bastante o arsenal conceitual disponível, saindo-se da rigidez de uma lógica de conceitos mutuamente excludentes para um *espectro de variação contínua*. Um governo pode não ser tipicamente totalitário, mas apresentar diferentes graus de *contaminação* totalitária. Isso permitiu a Cancelli operacionalizar vários dos conceitos de Arendt relacionados às características de um governo totalitário:[97] o apoio das massas[98], o culto ao Líder e seu papel central na mitificação totalitária[99], a preponderân-

---

92. Cancelli, 1993.

93. Arendt, Hannah. *Origens do Totalitarismo*. São Paulo: Cia das Letras, 1990.

94. Arendt, 1990, p. 358-359.

95. Arendt, 1990, p. 442.

96. Arendt, 1990, p. 312.

97. As notas 98 a 103 apontam para passagens das obras referidas de Arendt e Cancelli que explicitam os conceitos citados, mas evidentemente esses se encontram disseminados e operacionalizados ao longo de todo o conjunto das respectivas obras.

98. Arendt, 1990, p. 339-356, e Cancelli, 1993, p. 19.

99. Arendt, 1990, p. 347 e 425, e Cancelli, 1993, p. 23-24 e 36.

cia da polícia na hierarquia do poder[100], a necessidade da instabilidade permanente para o domínio social absoluto[101], a busca da destruição da existência jurídica e moral dos perseguidos.[102]

Contudo, de todos os atributos de um regime totalitário que as autoras concebem, o mais significativo e de maior interesse para a presente pesquisa é o mecanismo de construção dos inimigos objetivos, ou inimigos potenciais.[103] O totalitarismo, e isso para ambas as autoras, necessita identificar setores inteiros da população a serem perseguidos e eventualmente exterminados, como forma de impor ao restante da população o controle absoluto. Para Elizabeth Cancelli, no Brasil dos anos 30 e parte dos 40, o regime buscou sustentar o seu autoritarismo na construção de tais inimigos objetivos. A essência dessa tese é que nada do que as pessoas desses grupos fizessem ou deixassem de fazer tinha alguma relação com a perseguição que lhes era imposta. Eram perseguidas pelo que *eram*, não pelo que *faziam*. Para Foucault, é justamente esse o fundamento da criminologia:

> O laudo psiquiátrico, mas de maneira geral a antropologia criminal e o discurso repisante da criminologia encontram aí uma de suas funções precisas: introduzindo solenemente as infrações no campo dos objetos susceptíveis de um conhecimento científico, dar aos mecanismos da punição legal um poder justificável não mais simplesmente sobra as infrações, mas sobre os indivíduos; não mais sobre o que eles fizeram, *mas sobre aquilo que eles são, serão, ou possam ser*.[104]

Dessa forma, a primazia da polícia e a construção social do inimigo objetivo tinham na contribuição científica do determinismo biológico um aliado bastante privilegiado. O grau mais institucionalizado da penetração das idéias da Escola Positiva nesse período tem relação com essas novas necessidades do Estado.

---

100. Arendt, 1990, p. 349-430, e Cancelli, 1993, p. 25, 47-74 e 215.

101. Arendt, 1990, p. 441, Cancelli, 1993, p. 37 e 45.

102. Arendt, 1990, p. 498, 502 e 506, e Cancelli, 1993, p. 209.

103. Arendt, 1990, p. 474, e Cancelli, 1993, p. 77-82 e 157.

104. Foucault, 1999, p. 20, grifos meus.

Reconhecida a fertilidade do terreno para a aceitação e difusão da Escola Positiva no Brasil, faz-se necessário tratar de como de fato ocorreram. Portanto, já podemos iniciar o percurso anteriormente proposto, acompanhando o destino das idéias biodeterministas da Escola Positiva, reconhecendo os ambientes por onde circularam, as controvérsias que alimentaram e os interesses que foram capazes de articular, desde os laboratórios de Lombroso até as delegacias de polícia da cidade de São Paulo.

II. O universo de produção, reprodução e circulação da criminologia positivista

Analisaremos agora o que deu à Escola Positiva e a seu programa vida concreta. Para isso, visitaremos os espaços em que tal programa e as idéias científicas relacionadas foram produzidos, reproduzidos e por onde circularam. Neste percurso, iremos nos deparar com os homens e instituições que constituíram a rede de *interesses*[1] que as teses da Escola Positiva conseguiu articular, sempre dentro do recorte proposto, a São Paulo de 1920 a 1945.

---

1. No sentido que Latour dá ao termo em Latour, 2000a.

Desde logo, há que se levar em conta duas questões. Por um lado, tratava-se de um grupo de profissionais que trabalhava para o Estado, quase sem exceção. São funcionários da Polícia e de sua Escola, da Penitenciária, das Faculdades de Medicina e de Direito e de outras instituições relacionadas com o aparato repressivo estatal. Isto em parte pode dar conta de suas concepções teóricas e de seu alinhamento com os interesses do Estado na busca da otimização do controle social. Por outro lado, é um grupo pequeno. Encontraremos várias vezes os mesmo nomes nos Congressos da área, nas cátedras das faculdades e da Escola da Polícia ou nos laboratórios de antropologia criminal.[1]

Perseguiremos a criminologia positivista em todos estes espaços institucionais: nas aulas de Medicina Legal das Faculdades de Medicina e de Direito, no currículo da Escola de Polícia, nas reuniões da Sociedade de Medicina Legal e Criminologia de São Paulo, nos congressos que a entidade organizou, no cotidiano profissional dos laboratórios de antropologia criminal que foram criados e nas revistas especializadas que foram publicadas. Isto não significa que o programa e as teorias positivistas não tenham circulado por outros ambientes. Com relação a isso, o pesquisador poderia traçar círculos concêntricos, em que no núcleo estaria o que aqui será analisado, nas camadas subseqüentes as reuniões de entidades médicas gerais, outras disciplinas do currículo das Faculdades citadas, as revistas de medicina e de direito, indo até camadas mais exteriores que corresponderiam, por exemplo, a jornais da imprensa diária de grande circulação e a sessões parlamentares. Em todas estas instâncias, vez ou outra, certamente seria encontrado o objeto deste estudo. No entanto, é o núcleo referido que será analisado, tanto pela nossa inviabilidade prática de fazer diferente quanto pelo fato de que era ali que se concentrava a produção e o manuseio das idéias em questão.

Como ponto de partida e introdução ao percurso proposto, verificaremos como a Escola Positiva chegou ao Brasil e a São Paulo para, em seguida, começarmos a traçar a geografia institucional que lhe garantiu a sobrevivência.

---

1. Sobre isso, ver Corrêa, 1998, p. 206.

1. A chegada da Escola Positiva ao Brasil

Como vimos, as necessidades da elite brasileira relacionadas às transformações históricas dos tempos da virada do século criaram a demanda pelas teses da escola italiana de criminologia. A sua importação se deu tanto pela via dos juristas quanto dos médicos. No primeiro caso, o processo foi historiado por Marcos Alvarez.[2] O autor demonstra que o direito penal no Brasil recebeu as teses da nova escola por meio da Faculdade de Direito do Recife. O marco inicial foi a publicação do livro "Ensaio de Direito Penal ou Repetições Escritas sobre o Código Criminal do Império do Brasil", de João Vieira, em 1884. Já ali se apontava "para a necessidade de analisar a legislação nacional de um ponto de vista filosófico mais 'moderno', ponto de vista este que, no campo do direito criminal, seria representado sobretudo pela obra de Lombroso".[3] Vieira se tornou o maior entusiasta e difusor das teses da Escola Positiva por todo o Brasil, rapidamente possibilitando a sua recepção nos meios jurídicos do Rio de Janeiro e de São Paulo. A partir daí, os seus principais expoentes seriam Viveiros de Castro, na capital do país, e Paulo Egídio e Cândido Mota, em São Paulo.[4]

Pelo lado da medicina, Mariza Corrêa também identifica uma migração das idéias do nordeste decadente ao cada vez mais preponderante centro-sul do país. O médico maranhense Nina Rodrigues, considerado o principal impulsionador da institucionalização da medicina legal brasileira, foi quem difundiu as idéias da criminologia científica no meio médico. Apesar de haver trabalhado em São Luís e no Rio de Janeiro, foi em Salvador que Nina Rodrigues exerceu a principal parte de sua vida profissional. Mas seu conhecimento da escola italiana parece ter se dado via o debate que se travava no meio jurídico, principalmente após a publicação de "Nova Escola Penal", de Viveiros de Castro, em 1893.[5] Sua decorrente identificação com a escola teria feito o próprio Lombroso chamá-lo "apóstolo da antropologia criminal no Novo Mundo".[6] A reputação que alcançou Nina Rodrigues e seu papel "fundador" da medicina legal brasileira[7] o transformou em verdadeiro "mito de

---

2. Alvarez, 1996.

3. Alvarez, 1996, p. 49.

4. Alvarez, 1996, p. 57.

5. Corrêa, 1998, p. 88.

6. Corrêa, 1998, p. 82; e Herschmann, 1994, p. 50.

7. Nina Rodrigues se empenhou particularmente no reconhecimento da figura do *perito* médico-legista, contribuindo decisivamente para que a medicina legal se tornasse autônoma com relação à medicina clínica (Corrêa, 1998, p. 124).

origem". Seus seguidores passaram a reverenciá-lo sistematicamente e a se autorreferirem como membros da "Escola Nina Rodrigues", atitude que lhes conferia prestígio e legitimação profissional. Dois dos mais destacados membros da escola levariam essa filiação para o sul do país: Afrânio Peixoto, para o Rio de Janeiro, e Oscar Freire, para São Paulo. No caso deste, sua vinda inauguraria um novo momento da medicina legal no estado, catalisado a partir da cadeira da disciplina, justamente sob a sua direção, na nova Faculdade de Medicina.

Por isso, o início do recorte deste estudo em 1920 se fundamenta no salto institucional que a medicina legal experimentou em São Paulo naqueles idos: em abril de 1918 era inaugurado o curso de medicina legal da Faculdade de Medicina de São Paulo[8], e em novembro de 1921 era criada a Sociedade de Medicina Legal e Criminologia de S. Paulo.[9] Em agosto de 1924, a entidade iniciava a publicação de sua revista, os "Archivos da Sociedade de Medicina Legal e Criminologia de São Paulo"[10], reunindo textos escritos desde 1922. Fernando Salla sustenta que a inauguração da Penitenciária do Estado (Figura 1), em 1920, também seria um marco importante para a criminologia positivista, posto que se tratava de uma tentativa empírica, pioneira e paradigmática de aplicação de várias das concepções da medicalização da pena.[11] Esse desenvolvimento intelectual e institucional permitiu a acumulação e a articulação da massa crítica relacionada ao tema. Como o núcleo intelectual que dirigiu esse processo se organizou em torno da medicina legal, é dela que trataremos a seguir.

2. A abrangência da medicina legal

Ao abordar o escopo de atuação da disciplina em questão, desde logo o pesquisador se depara com uma hipertrofia notável: no que diz respeito à sua amplitude, a medicina legal ensinada e praticada no período era muito maior do que a que conhecemos hoje. Ela articulava e organizava um vasto universo de disciplinas científicas diferentes. Em 1937, abrindo a "I Semana Paulista de Medicina Legal",

---

8. Fávero, Flamínio. Evolução scientifica da Medicina Legal no Brasil. *Archivos da Sociedade de Medicina Legal e Criminologia de São Paulo*, São Paulo, ano 1, v. 1, n. 3-4, dez. 1922, p. 148.

9. Fundação da sociedade. *Archivos da Sociedade de Medicina Legal e Criminologia de São Paulo*, São Paulo, ano 1, v. 1, n. 1, p. 1-3., fev. 1922.

10. Archivos da Sociedade de Medicina Legal e Criminologia de São Paulo. São Paulo: ano 1, v. 1, n. 1, fev. 1922.

11. Salla, 1999.

Flamínio Fávero, catedrático da cadeira na Faculdade de Medicina, descrevia assim o objeto de sua disciplina:

> A medicina legal, hoje, não é mais, apenas, a 'arte de fazer relatórios em juízo', como queria Ambrósio Paré. E nem se contenta, agora, em concorrer com os préstimos da biologia para auxiliar a justiça. Sua visão é mais ampla, tem mais vasto horizonte. Atua como medicina social. Cuida, de um lado, dos inúmeros problemas da identidade, de traumatologia, de sexologia, de psicopatologia, de tanatologia, de deontologia, (...) e, de outro, orienta a escolha do trabalho, previne e repara os danos que os seus infortúnios causam, examina delinqüentes jovens e adultos, facilitando diagnósticos, prognósticos e terapêuticas (...)[12].

A conquista de todo este campo de atuação era a culminância de um processo que vinha desde os tempos iniciais da institucionalização da medicina legal no Brasil. Recordando seu tempo de estudante, Afrânio Peixoto, que foi aluno e discípulo de Nina Rodrigues, já identificava naquela época o projeto expansionista: "Quando madruguei nos estudos médicos, a Medicina Legal sorria a tantas esperanças, que foi um escândalo."[13]

Na verdade, foi justamente com Nina Rodrigues, o personagem chave da história da consolidação da medicina legal no Brasil, que o expansionismo começou. Como lembra Mariza Corrêa:

> A atuação inicial de Nina Rodrigues, insistindo na criação de um nicho profissional e lutando para mantê-lo, seria acompanhada de uma extensão do campo da Medicina Legal à medida que áreas cada vez mais amplas da vida social eram incorporadas a ela como objetos de interesse do perito.[14]

---

12. Fávero, Flamínio. Discurso de abertura da "1ª Semana Paulista de Medicina Legal" proferido pelo Prof. Flamínio Fávero (Presidente). *Arquivos da Sociedade de Medicina Legal e Criminologia de São Paulo*, São Paulo, v. 8, p. 5-14, 1938a. Suplemento. Annaes da Primeira Semana Paulista de Medicina Legal, 1937, São Paulo, p. 11.

13. Peixoto, 1942, p. 263.

14. Corrêa, 1998, p. 132.

No universo que acabou por abranger, a medicina legal manipulava, em linhas gerais, dois tipos de objetos: aqueles que se relacionavam de alguma maneira com o comportamento humano, como os exames de delinqüentes, de homossexuais, ou de trabalhadores *problemáticos*, e os demais, compreendendo uma ampla gama de possibilidades, como a verificação da idade de cadáveres, a causa da morte, a perícia em armas de fogo, a determinação de lesões pré-existentes em acidentados no trabalho ou a identificação de criminosos por marcas de impressão digital.

Apenas para facilitar a compreensão nestas páginas, os componentes do primeiro conjunto serão aqui denominados "objetos comportamentais", e os do segundo, "objetos não-comportamentais". Uma outra opção seria denominá-los respectivamente "objetos morais" e "objetos amorais". No entanto, uma restrição se impõe: o risco de anacronismo. Ainda que as questões de comportamento impliquem necessariamente avaliações morais, nem sempre essa era a visão dos médicos-legistas e criminologistas da época. Identificar as injunções morais presentes em seus trabalhos e escritos pode ser uma tarefa para o historiador que vive no século XXI, mas não o era para os médicos-legistas da primeira metade do século XX. Na sua atividade de cunho laboratorial e científico, as considerações de ordem moral não eram reconhecidas enquanto tal, sendo explicitamente evitadas para a preservação da "objetividade científica". A ótica biodeterminista buscava, em última análise, a *coisificação* do comportamento, a sua tradução em variáveis objetivas passíveis de medição e determinação.[15]

Quando manipulava objetos comportamentais, a medicina legal justificava a sua abrangência e tendia a olhar para o conjunto da sociedade. É o que transparece, por exemplo, em texto premiado do psiquiatra da Penitenciária do Estado, de 1928:

> Nas aulas, nas Conferências, nos congressos, nos pareceres, nos jornais, nas revistas, nos livros, nos tratados, [o pensamento médico-legal hodierno] tem se batido sempre pela reforma dos costumes e pela melhoria dos indivíduos. Ao pensamento médico-legal, mais do que a nenhuma outra manifestação da inteligência humana, cabia e cabe esse papel, porque, mais do que todas as outras, ele conhece a causa do mal, a sua origem verdadeira. Mais do que nenhuma outra ele sabe que ao homem, como indivíduo na espécie, só se pode aplicar critério biológico. Mais do que nenhuma outra ele sabe que se deve prevenir o cometimento de ato

---

15. Sem dúvida alguma, tal tarefa obteve maior sucesso na determinação do *coeficiente de inteligência*, como bem demonstrou Stephen Gould (Gould, 1999).

anti-social pela saúde e pela educação, e não pelo castigo e pela punição, que animalizam e embrutecem. Mais do que nenhuma outra ele sabe que a organização social é fator de importância na causação das reações anti-sociais e que, por conseqüência, as leis sociais não podem ser colunas marmóreas, cuja dureza é um desafio ao tempo, que acaba, contudo, por desmoroná-las. O que o pensamento médico-legal pede é que se criem homens sãos pela profilaxia das doenças e pela Eugenia, que é a profilaxia da degeneração das raças. O que o pensamento médico-legal pede é que se formem homens de caráter pela educação, que é a medicina das almas.[16]

Com os objetos não-comportamentais, a medicina legal ganhou notoriedade e glória nos tribunais desde fins do século XIX, sendo reconhecida como auxiliar imprescindível na investigação criminal. Pierre Darmon demonstra como a identificação de cadáveres, de manchas de sangue e de esperma, o desenvolvimento da toxicologia e a solução de casos de envenenamento foram decisivos para o reconhecimento da importância da profissão.[17] Aqui nos movimentamos em território considerado seguro, nos domínios da ciência *pronta*, ou *normal*.[18] Já quando lidava com objetos comportamentais, quando "examinava delinqüentes jovens e adultos, facilitando diagnósticos, prognósticos e terapêuticas", ao buscar relacionar corpo e comportamento, a medicina legal envolvia-se em controvérsias acirradas, e voltamos assim ao terreno da *ciência em formação*. Nesse caso, não apenas havia ainda que convencer outros agentes sociais da legitimidade científica e da utilidade social do determinismo biológico, como se tratava também de unificar o próprio campo médico-legal em torno do problema, incluindo aqui a definição de uma hierarquia de especialidades médicas para a explicação do ato anti-social, como veremos no capítulo que segue.

Contudo, os dois lados da disciplina, a que lidava com objetos comportamentais e a que lidava com os demais, não estavam abrigados no mesmo teto de forma casual e artificial, mesmo porque não poucas vezes um único profissional se ocupava deles simultaneamente. Uma das razões para isso é que o grau de especialização

---

16. Mello, José de Moraes. O pensamento medico-legal hodierno em face da projectada reforma do codigo penal brasileiro. *Revista de Criminologia e Medicina Legal*, São Paulo, ano 1, v. 1, 15-39, nov.-dez. 1928, p. 39. Este trabalho foi premiado pela Academia Nacional de Medicina.

17. Darmon, 1991, p. 229-246.

18. Cf. as nomenclaturas de Bruno Latour e Thomas Kuhn, respectivamente.

ainda não tinha a sofisticação que vai ter a partir da Segunda Guerra Mundial. Um bom indicativo disto é o verdadeiro rodízio de profissionais que existia nas seções especializadas da Sociedade de Medicina Legal, como demonstra o conteúdo do Anexo 1. Por exemplo, Hilário Veiga de Carvalho, professor da cadeira na Faculdade de Medicina, dirigiu a seção de anatomia patológica da entidade de 1933 a 1935; de 1937 a 1938, participou da seção de medicina legal[19]; e de 1944 a 1945, da seção de criminologia. Oscar Ribeiro de Godoy, médico da polícia, esteve na seção de antropologia de 1936 a 1940, passando para a de polícia técnica de 1941 a 1943, e novamente em 1945. Casos como esses não eram incomuns.

Os eventos científicos da área também testemunhavam a mesma polivalência. Se buscarmos outra vez Hilário Veiga de Carvalho, vamos encontrá-lo no ano de 1937 apresentando cinco trabalhos em congresso da categoria: "Sobre o emprego do urucú (Bixa Orellana), em technica medico-legal"[20], "Contribuição para o estudo da histologia forense do cordão umbilical"[21], "Anatomia pathologica e medicina legal"[22], "Da necessidade da perinecroscopia como preliminar à necroscopia"[23], e "Um velho thema: a classificação dos criminosos"[24]. Vale registrar que sua proposta de classificação de criminosos foi de grande influência em sua época e foi referen-

---

19. Pode-se dizer que havia um conceito de medicina legal *stricto sensu*, mais voltada para *objetos não-comportamentais* e mais parecida com o que se entende hoje pela denominação, e um conceito *lato sensu*, que englobaria as questões referentes ao comportamento humano.

20. Carvalho, Hilário Veiga de. Sobre o emprego do urucú (Bixa Orellana), em technica medico-legal. *Arquivos da Sociedade de Medicina Legal e Criminologia de São Paulo*, São Paulo, v. 8, p. 33-34, 1938. Suplemento. Annaes da Primeira Semana Paulista de Medicina Legal, 1937, São Paulo.

21. Carvalho, Hilário Veiga de. Contribuição para o estudo da histologia forense do cordão umbilical. *Arquivos da Sociedade de Medicina Legal e Criminologia de São Paulo*, São Paulo, v. 8, p. 127-130, 1938. Suplemento. Annaes da Primeira Semana Paulista de Medicina Legal, 1937, São Paulo.

22. Carvalho Hilário Veiga de. Anatomia pathologica e medicina legal. *Arquivos da Sociedade de Medicina Legal e Criminologia de São Paulo*, São Paulo, v. 8, p. 131-140, 1938. Suplemento. Annaes da Primeira Semana Paulista de Medicina Legal, 1937, São Paulo.

23. Carvalho Hilário Veiga de. Da necessidade da perinecroscopia como preliminar á necroscopia. *Arquivos da Sociedade de Medicina Legal e Criminologia de São Paulo*, São Paulo, v. 8, p. 341-344, 1938. Suplemento. Annaes da Primeira Semana Paulista de Medicina Legal, 1937, São Paulo.

24. Carvalho, Hilário Veiga de. Um velho thema: a classificação dos criminosos. *Arquivos da Sociedade de Medicina Legal e Criminologia de São Paulo*, São Paulo, v. 8, p. 423-426, 1938. Suplemento. Annaes da Primeira Semana Paulista de Medicina Legal, 1937, São Paulo.

ciada em muitos outros trabalhos de colegas. Seus trabalhos premiados também testemunhavam sua versatilidade: em 1929, a Sociedade de Medicina Legal e Criminologia de S. Paulo concedeu-lhe o Prêmio Oscar Freire pela sua tese de doutoramento, intitulada "Contribuição para o estudo da epimicroscopia em medicina legal". Nove anos depois, a mesma entidade conferia-lhe o mesmo prêmio, agora para o trabalho "Pedagogia sexual e prophylaxia criminal".[25]

O que valia para os cientistas valia também para as instituições. Por exemplo, no Serviço de Identificação da Polícia de São Paulo conviviam os laboratórios de Antropologia Criminal e de Polícia Técnica. A Sociedade de Medicina Legal e Criminologia de São Paulo abrigava sob o mesmo organograma, dentre outras, as seções de criminologia e a de polícia técnica. Os seus associados poderiam se reunir em suas sessões quinzenais tanto para assistir a uma apresentação de Leonídio Ribeiro que relacionasse homossexualismo com desequilíbrios hormonais[26], ou a uma outra intitulada "Factores biologicos do crime"[27], de Oscar Ribeiro de Godoy, quanto para tratar de temas como "Revelação de impressões digitaes em pannos"[28], "Lesões histológicas do enforcamento"[29] e "Diagnose da direção do tiro, posição do agressor e da vítima e da lesão mortal".[30]

No entanto, a grande amplitude temática da medicina legal não subsistia sem fortes e crescentes tensões internas, que, por fim, acabariam por desencadear uma fragmentação irreversível, consolidada na segunda metade do século passado. Mariza Corrêa afirma que o receio pelos efeitos desagregadores da especialização teria nascido junto com o próprio início do expansionismo médico-legal, já nos tempos iniciais de Nina Rodrigues:

---

25. Sessão Solene de 15 de novembro de 1938. *Archivos da Sociedade de Medicina Legal e Criminologia de S. Paulo*, São Paulo, v. 9, n. 1-3, 135-156, 1938, p. 142-143.

26. Ribeiro, Leonídio. Homosexualismo e endocrinologia. *Archivos da Sociedade de Medicina Legal e Criminologia de São Paulo*, São Paulo, v. 4, n. 1, p. 64-65, 1935.

27. Godoy, Oscar R. de. Factores biologicos do crime. *Archivos da Sociedade de Medicina Legal e Criminologia de São Paulo*, São Paulo, v. 10, n. 1, p. 55-56, 1939.

28. Daunt, Ricardo G. Revelação de impressões digitaes em pannos. *Archivos da Sociedade de Medicina Legal e Criminologia de São Paulo*, São Paulo, v. 7, n. 3, p. 135-142, 1936.

29. Carvalho, Hilário Veiga de. Lesões histológicas do enforcamento. *Archivos da Sociedade de Medicina Legal e Criminologia de São Paulo*, São Paulo, v. 7, n. 3, p. 26, 1936.

30. Fávero, Flamínio; Ferreira, Arnaldo Amado. Diagnose da direção do tiro, posição do agressor e da vítima e da lesão mortal. *Arquivos da Sociedade de Medicina Legal e Criminologia de São Paulo*, São Paulo, v. 14, n. 1-3, p. 36, 1943.

A multiplicação dos objetos de interesse do perito começava a configurar (...) a possibilidade de uma fragmentação indesejável dessa disciplina ainda mal constituída, ameaçando a partilha de seu campo em vários domínios e a alocação de cada novo objeto nomeado a um especialista.[31]

Nesse aspecto e nessa mesma época de virada de século, o que acontecia no Brasil não destoava do modelo europeu. Os irmãos Peset, ao tratarem do que acontecia na Itália, afirmam que o mesmo se dava com o ofício dos

(...) novos juristas do positivismo italiano, inclusive o próprio Lombroso que, de seus estudos de medicina legal, desborda a amplos campos e amplos temas, como a genialidade ou o anarquismo. É a vaidade do pai da escola, o orgulho do descobrimento genial.[32]

Pierre Darmon, ao se referir apenas a um dos campos da medicina legal, justamente a antropologia criminal, identifica o mesmo processo:

Através dessas revistas e desses congressos, manifesta-se o sonho de uma grande antropologia criminal de essência pluridisciplinar. Antropólogos, biólogos, psiquiatras, médico-legistas, sociólogos, juristas participam do movimento. Mas as ilusões ecumênicas acabarão por se dissipar num rosário de lutas intestinas, cada um querendo impor a hegemonia de sua própria tendência.[33]

Essas tensões muitas vezes invadiam o ambiente da Sociedade de Medicina Legal e Criminologia de São Paulo. Em 1930, uma polêmica agitaria as sessões da entidade. A controvérsia girou sobre a habilitação do médico-legista para executar perícias em armas de fogo.[34] Moysés Marx, engenheiro e sócio-fundador da

---

31. Corrêa, 1998, p. 133.

32. Peset; Peset, 1975, p. 30-31, tradução minha.

33. Darmon, 1991, p. 84.

34. Tal debate ocupou as sessões de 14 de fevereiro, 14 de março, 31 de março, 30 de abril e 14 de Maio de 1930 (Fávero, Flamínio. Relatorio do secretario Geral prof. Flaminio Fávero.

Sociedade, em que teve participação assídua e exerceu diversos cargos de direção, incluindo o de presidente da Seção de Polícia Técnica, defendia a participação dos seus colegas médicos legistas na tarefa, "assessorados" por engenheiros especializados.[35] Britto Alvarenga, então chefe do Laboratório de Polícia Técnica da Polícia de São Paulo, sustentava que tal não era ofício para médicos, pois exigia conhecimentos de balística e de química.[36] Na sua argumentação, Alvarenga buscou o apoio do próprio presidente da Sociedade, o jurista Alcântara Machado, citando um trecho de uma aula sua na Faculdade de Direito, onde lecionava Medicina Legal. O fragmento referenciado deixa entrever muitos outros flancos por onde a primazia dos médicos na área começava a fazer água:

> É de notar que há uma tendência cada vez mais acentuada para retirar da competência do médico muitos dos exames que acabamos de referir. Assim, a pesquisa das substâncias tóxicas ou venenosas passou a constituir, desde algum tempo, objeto da química legal; assim, o estudo da pessoa humana, do ponto de vista da capacidade civil e da responsabilidade penal, já se desmembrou também para fazer objeto de psicopatologia forense; assim, a identificação do criminoso, o estudo do ambiente, das manchas e impressões, dos instrumentos e das armas, e outros problemas que se relacionem com o descobrimento do crime e do criminoso, passaram, desde algum tempo, a fazer objeto de uma especialidade nova, a chamada polícia científica ou polícia técnica ou, melhor ainda, técnica policial. Vê-se, portanto, que ao lado do perito médico, vão aparecendo outros, especializados em matéria que, ao princípio, era da competência exclusiva daqueles, - o químico, o policial, o alienista.[37]

Archivos da Sociedade de Medicina Legal e Criminologia de São Paulo, São Paulo, v. 3, n. 1, 64-76, 1931, p. 75).

35. Acta da sessão ordinária de 14 de março de 1930. *Revista de Criminologia e Medicina Legal*, São Paulo, v. 7, n. 1-6, 246-247, 1930, p. 247; e Acta da sessão ordinária de 14 de maio de 1930. *Revista de Criminologia e Medicina Legal*, São Paulo, v. 7, n. 1-6, 249-251, 1930, p. 250.
36. Acta da sessão ordinária de 14 de março..., 1930, p. 247.
37. Acta da sessão ordinária de 30 de abril de 1930. *Revista de Criminologia e Medicina Legal*, São Paulo, v. 7, n. 1-6, 247-249, 1930, p. 248-249. Significativamente, e apesar de tais argumentos, é a Moysés Marx que a Sociedade dá ganho de causa no referido debate, sob os protestos de Britto Alvarenga.

Flamínio Fávero, em 1937, já identificava nesse processo a própria morte da especialidade, ao menos enquanto um campo definido e unificado, vítima de uma fragmentação que viria em futuro breve:[38]

> É tão vasta, assim, a sua esfera de ação, que ela começa a desmembrar-se, como a família que cresce e se esgalha em novos troncos com vida à parte. (...) E, progredindo o desenvolvimento, e tendo em termo as possibilidades do tronco inicial, este, como a vida dos pais, tende a extinguir-se, perpetuando-se, apenas, na vida dos filhos. Estarei vaticinando o desaparecimento da medicina legal como corpo único de doutrina e técnica? Parece que será essa a contingência.[39]

Profecia que iria se realizar mais categoricamente na segunda metade do século, como já dito. No período de que nos ocupamos, as rupturas mais definitivas ainda não se deram, ou ao menos ainda não haviam se tornado inequívocas. Havia resistências do meio a esse destino indesejável. Afrânio Peixoto, por exemplo, não vinculava necessariamente a crescente especialização científica com a desagregação da medicina legal. Pelo contrário, em sua opinião ela poderia aprimorar e enriquecer o universo da disciplina. Quando tratava da incorporação do mundo do trabalho como objeto médico-legal, Peixoto descortinava grandes possibilidades:

> Já hoje em dia para um caso de perícia civil e criminal há nove de perícias industriais, por acidente de trabalho e doenças profissionais. Com o advento do médico e do médico legista, na assistência social dos seguros operários; doenças, invalidez; incapacidade de continuar o trabalho por idade, fadiga, relativas incapacidades orgânicas ou funcionais – o futuro da medicina legal se tornou semelhante, ou irmão, da clínica e da higiene. Éramos uma restrita especialidade, olhando o cemitério ou o cárcere. Hoje, somos peritos de um mundo novo, a clínica profissional e a higiene do trabalho.[40]

---

38. Corrêa, 1998, p. 223.
39. Fávero, 1938a, p. 11-12.
40. Peixoto, 1942, p. 266.

No mesmo texto, o professor da Faculdade de Medicina do Rio de Janeiro mostrava entusiasmo com as possibilidades abertas à medicina legal por diversas disciplinas: a psicanálise, a endocrinologia, a identificação, a biotipologia humana. Esse enriquecimento já tornava a medicina legal "novamente árbitro de imensas questões sociais, que tem de resolver (...), com as armas novas que lhe forjou a ciência." Sua conclusão conjugava a especialização crescente com uma medicina legal abrangente: "É infinito, pois, o que alcança o âmbito da medicina legal. Haverá laboratórios. Especializações. A cada um, conforme seu conhecimento, sua especialidade."[41]

Leonídio Ribeiro, por sua vez discípulo de Afrânio Peixoto e seu colega no Rio de Janeiro, também pregava a manutenção de uma medicina legal amplamente multidisciplinar, mas ao mesmo tempo unificada. Em 1940, no relatório oficial que preparou para o "2° Congresso Latino Americano de Criminologia"[42], Ribeiro defendia a articulação de todas as especialidades envolvidas com a questão do crime não apenas numa mesma medicina legal como também numa mesma instituição, denominada por ele *Instituto de Criminologia*. É interessante notar ali não apenas a defesa da integração, mas também de que ela deveria se dar sob a prevalência da área *comportamental* da medicina legal:

> Para que um perito possa formar opinião própria, num ou noutro sentido, a favor ou contra qualquer hipótese formulada pelas autoridades que presidem ao inquérito, orientando-as na descoberta do crime e do criminoso, é indispensável que possa dispor de todos os elementos que permitam a aplicação dos conhecimentos da ciência de nossos dias. São tão variados e complexos os recursos técnicos que devem ser utilizados para esse fim, tem-se alargado de tal modo o campo de ação de suas pesquisas, que cada especialista precisa hoje possuir seus laboratórios e clínicas, munidos de todos os requisitos modernos e de aparelhagem completa. O crime não é fenômeno isolado, mas expressão biológica (...), *não se podendo, por isso mesmo, fragmentar a ação dos peritos* encarregados de descobri-lo, *isolando o campo de atividade de cada um deles, com barreiras infranqueáveis, aqui o médico legista, ali o químico, lá o policial*, porque todos devem procurar, ao mesmo tempo,

---

41. Peixoto, 1942, p. 264 e 268.

42. Reunido em janeiro de 1941, em Santiago do Chile.

estudar o homem criminoso, para compreender os seus atos e explicar as suas reações anti-sociais."[43]

Mesmo após as redefinições decorrentes da promulgação do novo código penal, em 1940, a medicina legal ainda definia a si mesma de forma bastante extensiva. Em junho de 1941, a Faculdade de Medicina da Universidade de São Paulo organizou um curso justamente para estudar o "(...) novo Código sob o ponto de vista médico-legal, a fim de que se procedesse ao necessário reajuste daquela disciplina aos ditames do novel instituto jurídico."[44] O curso foi dirigido por Hilário Veiga de Carvalho e contou com a participação de Flamínio Fávero e de Adolfo Lutz, então catedrático de Medicina Legal da Universidade do Brasil, do Rio de Janeiro. Contribuíram também outros professores da área, tanto das Faculdades de Medicina e de Direito de São Paulo como de instituições ligadas à Polícia e à Penitenciária do Estado. No discurso de encerramento de Veiga de Carvalho, transparecia ainda com vitalidade a *Grande Medicina Legal*:

> Resumindo-se, verificamos, com espanto, que estudamos, num tão curto lapso de tempo, todo este alentado âmbito de conhecimentos: criminologia, lesividade, delitos contra os costumes, psiquiatria forense, clínica criminal, tanatologia, técnica médico legal, endocrinologia, psicologia, biotipologia, casuística tanatológica, grafística, criminalidade de furtos e roubos, incêndios e acidentes, fotogrametria e processos de laboratório técnico-policial.[45]

Não sem algum humor, Carvalho prossegue, ressaltando a exigência de conhecimentos que se impunha à sua profissão:

> Relembrava-nos, há dias, com muito chiste, o Prof. Almeida Júnior, que os médicos podem ser catalogados em três grupos gerais, de acordo com a sua ciência e com a sua arte: médicos internistas, cirur-

---

43. Ribeiro, Leonídio. Institutos de Criminologia. *Revista Penal e Penitenciária*, São Paulo, v. 1 n. 2, 383-394, 1940, p. 383-384, grifos meus.
44. Curso de Aperfeiçoamento em Medicina Legal. *Arquivos da Polícia Civil de São Paulo*, São Paulo, v. 2, 415-418, 1941, p. 415.
45. Curso... , 1941, p. 417.

giões e alienistas; os primeiros (os internistas) sabem muito, mas não fazem nada; os segundos (os cirurgiões) nada sabem, mas fazem muito; os terceiros (os alienistas) não sabem nada... e não fazem nada... Eu sinto-me acanhadíssimo em sequer me deter no que nos lembrava o querido Amigo e Professor. E mais acanhado ainda eu ficaria se colocasse um quarto grupo entre aqueles e que neles falta: o dos legistas. Se fora verdadeira aquela classificação, aos médicos legistas caberia, apenas, esta terrível responsabilidade: saber tudo... e fazer tudo... E se assim não for, exige-se, pelo menos, que para isso sejam encaminhadas as respectivas atribuições. Se não, veja-se, se isto for possível, qual o campo que abarca a medicina legal. E se não conseguirmos delimitá-lo, atente-se para o que, apenas neste setenário de trabalho, foi necessário perlustrar: todos aqueles variegadíssimos departamentos do saber humano![46]

A própria admiração de Carvalho é um indicativo de que o castelo estava prestes a ruir. O que de fato o manteve de pé e articulado até então não se devia apenas a uma suposta insuficiente especialização dos profissionais envolvidos ou a uma renhida defesa de campo de atuação por parte dos médicos-legistas. A convivência das duas áreas da medicina legal, a que lidava com objetos comportamentais e a que lidava com objetos não-comportamentais, a primeira cientificamente mais "mole" e controvertida, e a outra mais "dura" e reconhecida, representava também uma estratégia de autenticação científica. Buscava-se emprestar o prestígio de conhecimentos legitimados e valorizados a outros que ainda ansiavam esse reconhecimento. Os médicos positivistas procuravam dar credibilidade às suas teses biodeterministas colocando-as lado a lado com teses e procedimentos já consagrados da medicina legal. Tencionavam, dessa forma, "empurrá-las" mais para a fronteira do *fato científico*, afastando-as do território da mera ficção.

Quando o Professor Veiga de Carvalho falava da "necessidade da perinecroscopia como preliminar à necroscopia" no mesmo evento que fazia uma outra apresentação propondo uma "nova classificação de criminosos", não estava fazendo uma distinção fundamental entre os dois temas - até porque, como vimos, construíam-se metodologias para *coisificar* o comportamento humano. Ao contrário, tratava-se de uma mesma ciência e de um mesmo cientista, discutindo com os mesmos pares, num mesmo congresso. Portanto, a credibilidade de que gozava o professor na primeira apresentação serviria de lastro para ser utilizada na segunda. Na busca de

---

46. Curso..., 1941, p. 417-418.

legitimação científica e reconhecimento profissional, misturar "fatos moles" com "fatos duros" não foi a única estratégia utilizada, e talvez nem tenha sido a mais importante, mas sem dúvida cumpriu papel fundamental.

Outras estratégias, no entanto, foram necessárias. Dentre elas, o ensino de tais idéias a "públicos estratégicos".

3. A Escola Positiva em sala de aula

A imposição do programa-utopia positivista à sociedade da época e o grau em que se deu dependiam da aceitação e circulação das teorias científicas biodeterministas que lhe davam sustentação. Para isso ter viabilidade, havia a necessidade de que se estruturasse uma rede que dependesse do *funcionamento* destas teorias, que diversos agentes sociais de alguma forma se *beneficiassem* de seu uso e com elas acabassem articulando suas atividades profissionais. Por exemplo, de nada adiantaria que se alcançasse um consenso científico acerca da aceitação da origem patológica do crime se os juízes não se acostumassem a solicitar laudos médicos para subsidiar pelo menos algumas de suas sentenças. Assim, quando um lavrador de 44 anos, acusado de haver assassinado sua mulher em abril de 1941, recorreu de sentença que lhe destinava 30 anos de prisão, o Tribunal de Apelação de São Paulo achou por bem solicitar uma perícia médica ao Instituto de Biotipologia Criminal da Penitenciária do Estado. Na transcrição do laudo, os quesitos solicitados e as respostas respectivas incluíam:

> Pergunta: Na sua ascendência e descendência de anormais – pais e filhos – colhem-se elementos para conclusões pertinentes ao próprio examinando?
>
> Resposta: Sim. No que diz respeito a constituição temperamental do examinando, resultante das características hereditárias bio-psíquicas, a que 'Mauz' denomina de constituição 'enequética' por apresentar a 'aderência' ou 'perseveração' como característica dominante em seu funcionamento psicofísico.
>
> Pergunta: Qual a valia, para o caso, dos elementos referidos no item anterior?

Resposta: Sendo ele um 'biótipo ictafine' (Mauz) (constituição enequética) está sujeito a impulsos e atos explosivos próprios deste temperamento que oscila entre a pegajosa fleuma e a violência da explosividade.[47]

Fica claro que a interlocução entre a esfera jurídica e a médica, nesse caso, só pôde ser viabilizada pela construção de uma linguagem minimamente comum. O juiz precisava saber não apenas de que dispunha da alternativa da solicitação de uma perícia como esta, como tinha de ser capaz de formular os quesitos e compreender as respostas que essa produzia.

Da mesma forma, o delegado de polícia poderia cumprir seu quinhão do processo de aceitação e legitimação do programa positivista ao reivindicar a presença dos médicos para esclarecer *aspectos obscuros* das imputações e das circunstâncias de determinados crimes. É o que fez o Delegado de Segurança Pessoal de São Paulo por diversas vezes, como no caso de um assassinato ocorrido em 14 de setembro de 1941, a golpes de uma barra de ferro, na residência da vítima. "Realizadas as investigações criminais e preso o criminoso", o delegado solicitou ao Serviço de Identificação da Polícia um "laudo de perícia de antropologia criminal". Assinaram o documento Edmur de Aguiar Whitaker, médico psiquiatra, Oscar Ribeiro de Godói, médico antropologista, e Pedro Moncau Júnior, médico endocrinologista. Suas conclusões apontaram para uma "responsabilidade restrita" e uma "periculosidade extrema" do acusado, sem conseguirem "precisar até que ponto influiu a sua impulsividade epiléptica na gravidade do crime."[48]

Também a esfera da política institucional teria papéis importantes a cumprir, já que a consolidação de partes daquele programa dentro do acervo legal do país constituiria uma das estratégias mais importantes de sua imposição ao conjunto da sociedade. Assim se deu no ano de 1927 com a criação do Manicômio Judiciário de São Paulo, reivindicação central da Escola Positiva. O projeto que virou lei era do senador estadual José de Alcântara Machado, presidente da Sociedade de Medicina Legal e Criminologia e professor de medicina pública da Faculdade de Direito de São Paulo. Dele também Getúlio Vargas viria a solicitar um ante-projeto para o novo Código Penal. Seu texto embasou a comissão de juristas nomeada para a

---

47. Teles, João Carlos da Silva; Lage, Cícero Carvalho. Instituto de Biotipologia Criminal – Perícia. *Revista Penal e Penitenciária*, São Paulo, v. 4-8, n. 1-2, 233-254, 1947, p. 252.

48. Whitaker, Edmur de A. Laudo de perícia de antropologia criminal e observação criminológica. *Arquivos da Sociedade de Medicina Legal e Criminologia de São Paulo*, São Paulo, v.13, n.1-3, 85-111, 1942b, p. 111.

redação do projeto final. Neste, foi sempre atribuída a Alcântara Machado o que havia de alinhado à Escola Positiva.

Outros personagens importantes faziam parte do enredo de afirmação do projeto positivista. Por exemplo, o diretor da penitenciária, que poderia subsidiar manipulações da pena do sentenciado com base em laudos médico-legais, incluindo aí seus pareceres para o livramento condicional. Por sua vez, os próprios membros do Conselho Penitenciário utilizavam os laudos como parte da documentação com que trabalhavam para decidir em instância superior sobre a concessão do livramento. Promotores, advogados, jornalistas e opinião pública, em diferentes níveis e sob diferentes perspectivas, também deveriam partilhar algo do conhecimento científico das teses da Escola Positiva. Como diz Latour,

> O problema do construtor de 'fatos' é o mesmo do construtor de 'objetos': como convencer outras pessoas, como controlar o comportamento delas, como reunir recursos suficientes num único lugar, como conseguir que a alegação ou o objeto se disseminem no tempo e no espaço. Em ambos os casos, são os outros que têm o poder de transformar a alegação ou o objeto num todo duradouro.[49]

A tática embutida aqui é a da busca da imprescindibilidade.[50] Em outras palavras, da consolidação da rede de aliados: "A congregação de aliados desordenados e não-confiáveis vai, pois, sendo transformada lentamente em alguma coisa muito parecida com um todo organizado. Quando tal coesão é obtida, temos finalmente uma *caixa-preta*".[51]

Desta forma, quanto mais adestrados estivessem estes diversos agentes sociais no conhecimento das idéias e do programa positivista, mais lubrificada seria a circulação das idéias e mais articulada a rede que viabilizaria o sucesso do projeto. Daí a importância central do ensino destas teorias nos diversos espaços em que ele seria possível. Evidentemente, os espaços mais privilegiados seriam as Faculdades de Medicina e de Direito e a Escola de Polícia.

---

49. Latour, 2000a, p. 217.
50. Latour, 2000a, p. 197.
51. Latour, 2000a, p. 216.

A cadeira de medicina legal na Faculdade de Medicina de São Paulo

Origens

O nascimento da medicina legal enquanto disciplina acadêmica autônoma está associado à Revolução Francesa. A lei de 14 frimário do ano III instituiu a respectiva cátedra em todas as faculdades da França. Na verdade, a medicina legal estava àquela época se constituindo na "primeira especialidade médica digna deste nome", daí sua academização.[52]

No Brasil, seu ensino não aparecia nos currículos da Escola de Cirurgia da Bahia e da Escola de Cirurgia, Anatomia e Medicina do Rio de Janeiro, criadas em 1808. Coube à Regência "corrigir a falha", em 1832, quando as referidas escolas foram reestruturadas e transformadas em faculdades de medicina. Era, portanto, com o decreto de 3 de outubro daquele ano que teria início a cadeira de medicina legal no Brasil.[53] Em São Paulo, por conta da criação relativamente tardia de sua primeira escola de medicina, as aulas de medicina legal começaram quase noventa anos depois: "Era justamente o dia 18 de abril de 1918, cerca de 14 horas, quando, no antigo Instituto de Higiene, à rua Brigadeiro Tobias, 45, sob a presidência de Arnaldo Vieira de Carvalho, dava Oscar Freire a sua aula inaugural (...)"[54]

Oscar Freire fora o sucessor de Nina Rodrigues na cadeira de medicina legal da Faculdade de Medicina da Bahia, sendo um dos seus principais discípulos e difusores de sua "escola". Foi por conta dessa sua qualidade proeminente que Arnaldo de Carvalho, o "fundador" da Faculdade de Medicina de São Paulo[55], o convidou

---

52. Darmon, 1991, p. 231.
53. Machado, Alcântara. O ensino de medicina legal nas escolas de direito. *Revista de Criminologia e Medicina Legal*, São Paulo, v. 2, n. 3-4, 3-16, 1928, p. 6. O autor afirma que a disciplina foi instituída com o nome de "Hygiene, Medicina Legal e Historia da Medicina". No entanto, Elizabeth Cancelli faz a ressalva de que o ensino *prático* de medicina legal só foi introduzido no Brasil no final do século XIX (Cancelli, 2001, p. 65).
54. Fávero, Flamínio. Commemoração do 15° anniversario da cadeira de medicina legal. *Archivos da Sociedade de Medicina Legal e Criminologia de São Paulo*, São Paulo, v. 4, 243-254, 1933, p. 243.
55. Sobre a fundação da Faculdade de Medicina de São Paulo, ver Silva, Márcia R. B. *O mundo transformado em laboratório: ensino médico e produção de conhecimento em São Paulo de 1881 a 1933*. Tese (Doutorado em História Social)- Faculdade de Filosofia, Letras e Ciências Humanas, Universidade de São Paulo, São Paulo, 2004; Silva, Márcia R. B. O ensino médico em debate: São Paulo, 1890-1930. *História, Ciências, Saúde - Manguinhos*, Rio de

para a cadeira de medicina legal. Oscar Freire ocuparia a cátedra desde sua inauguração, em 1918, até sua morte em 11 de janeiro de 1923, aos 40 anos de idade. Flamínio Fávero[56] assumiu a cadeira em dezembro do mesmo ano.[57] Durante o período com que nos ocupamos, seriam seus colegas Arnaldo Amado Ferreira e Hilário Veiga de Carvalho.

Essa linha sucessória buscava estabelecer uma dinastia que remontava a Nina Rodrigues. O engrandecimento do antecessor constituía uma estratégia de legitimação tanto da autoridade do mestre de plantão e de seus colegas quanto da própria disciplina e de sua atividade profissional.[58] O nome de Nina Rodrigues era uma referência obrigatória na medicina legal brasileira, mesmo antes de se constituir uma *escola* com seu nome.[59] Flamínio Fávero e seus contemporâneos reforçariam a construção da cadeia sucessória ao enaltecer a memória de seu antecessor, Oscar Freire. Ao fazer um balanço dos 15 anos da cadeira de medicina legal, assim se referia Flamínio Fávero a seu mestre:

> Fui seu discípulo desde essa ocasião [a aula inaugural de Oscar Freire], ouvindo-lhe as palavras iniciais. Que revelação para o nosso meio! Sua trajetória científica e didática empolgou aos mais indiferentes. Tornou-se o jovem professor verdadeiro sol de um sistema de admiradores que não sabiam ao que mais se rendessem à vastidão de conhecimento, ao brilho,

---

Janeiro, v. 9, 2002, p. 139-59. Suplemento; Marinho, Maria Gabriela S. M. da Cunha. *Elites em negociação: breve história dos acordos entre a Fundação Rockefeller e a Faculdade de Medicina de São Paulo (1916-1931)*. Bragança Paulista: Editora Universitária São Francisco, 2003; Mota, André. *Tropeços da medicina bandeirante* – São Paulo, 1892-1920. Tese (Doutorado em História Econômica) - Faculdade de Filosofia, Letras e Ciências Humanas, Universidade de São Paulo, São Paulo, 2001.

56. Flamínio Fávero será um personagem de grande protagonismo no presente estudo. Além de titular da cadeira de medicina legal por todo o período estudado, foi também um dos fundadores da Sociedade de Medicina Legal e Criminologia de São Paulo, redator de sua revista, e seu secretário geral de 1924 a 1937 e presidente desde então; diretor da Faculdade de Medicina em 1937 e 1938; membro do Conselho Penitenciário a partir de 1928; e diretor do Departamento de Presídios do Estado de São Paulo de 1943 a 1945.

57. Fávero, 1933, p. 244.

58. Latour identifica nesta atitude uma das estratégias para arregimentar aliados em defesa de argumentações científicas quando se fazem citações "(...) pela simples razão de sempre estarem presentes nos artigos do autor, seja qual for o assunto, com o fim de patentear afiliação e mostrar com que grupo de cientistas ele se identifica (...)"(Latour, 2000a, p. 60-61).

59. Corrêa, 1998, p. 206.

à excelência de alma, ao estranho desprendimento pelos bens materiais. Tudo nele era grande. Até o poder de captar simpatias de quem lhe caísse na esfera de atração. Era um verdadeiro astro capturador.[60]

Com a morte de Oscar Freire, o Departamento de Medicina Legal passou a se chamar Instituto Oscar Freire, nome que leva até hoje. Sua primeira sede foi no Laboratório Anátomo-patológico da Santa Casa, onde ficou até dezembro de 1921.[61] Em seguida, a cadeira foi transferida para um prédio ainda inconcluso que estava sendo construído especialmente para abrigá-la. Essa seria sua sede definitiva, mas não sem antes um período de "degredo", para revolta de Flamínio Fávero:

> (...) num dia tétrico de janeiro de 1924 (...) a cadeira recebeu ordem de despejo. Devia desocupar a própria casa que agora tinha o nome do seu fundador, entregá-la a outros donos, e curtir duro exílio nos porões da rua Brigadeiro Tobias, 42. Foi longa a pena, prolongando-se até março de 1931, quando alvissareira anistia restituiu a triste filha ao próprio lar.[62]

Na verdade, essa não seria a única vitória da cadeira de medicina legal no início da década de 30. Um decreto estadual de 1933 autorizava a realização de aulas práticas junto às perícias médico-legais, pondo fim a um conflito bastante antigo e acirrado entre médicos e a polícia.

O ensino na perícia

O referido decreto considerava como médicos-legistas os professores da respectiva disciplina tanto da Faculdade de Medicina quanto da de Direito, possibilitando a eles exercer a função de perito-médico perante a polícia. Mas o mais importante e festejado pelos professores foi a possibilidade de aperfeiçoar o próprio curso com a viabilização de um programa de aulas práticas sustentado pelas próprias perícias realizadas pelo Serviço Médico Legal da polícia.

Um empirismo maior na medicina legal era uma reivindicação já de Nina Rodrigues e, desde então, havia sido reclamado sistematicamente pelos professores e

---

60. Fávero, 1933, p. 244.
61. Fávero, 1933, p. 244.
62. Fávero, 1933, p. 245.

profissionais da área.[63] No entanto, em todo lugar onde se havia intentado a implementação do ensino na perícia, houve renhida resistência da polícia, sob o argumento de que tal atividade não poderia ter caráter público, teoricamente abrigada por sigilo policial. De qualquer forma, os médicos paulistas acabaram vitoriosos, seguindo o exemplo de seus colegas baianos, que garantiram o ensino a partir das perícias desde 1912, e dos cariocas, que o fizeram em 1932.

Mariza Corrêa vê nesse desenlace favorável mais do que um sintoma do fortalecimento institucional da medicina legal:

> O gradual envolvimento dos professores de Medicina Legal com os gabinetes médico-legais da polícia dos estados poderia ser visto retrospectivamente tanto como uma estratégia de apropriação por parte deles dos serviços policiais – visão preferida por eles – quanto como uma lenta conversão de médicos em criminólogos.[64]

Formação criminológica que era reforçada pelos ensinamentos de sala de aula e que estava impregnada das concepções da Escola Positiva.

A Escola Positiva no currículo de medicina legal da Faculdade de Medicina

As teorias que conseguem entrar nos currículos acadêmicos alcançam por este meio um novo patamar no seu reconhecimento científico, ao mesmo tempo em que garantem melhores condições de reprodução e difusão social. É um dos passos mais importantes da caminhada que vai da simples ficção ao fato científico consolidado. Por isso, é importante procurar determinar a presença das principais teses da Escola Positiva no conteúdo das aulas de Medicina Legal. Conhecer o pensamento do professor catedrático da cadeira é uma forma de fazer isso.

As diversas posições importantes que Flamínio Fávero ocupou nos aparelhos educacional e repressivo do Estado lhe deram inúmeras oportunidades de explicitar suas opiniões sobre a questão do crime e do criminoso. Por exemplo, na qualidade de presidente do Conselho Penitenciário, ele deixava claro sua concepção do criminoso

---

63. De uma forma mais geral, um conhecimento mais "concreto", "aplicável à realidade", conseqüentemente "menos diletante e bacharelesco", era uma reivindicação dos intelectuais identificados com o projeto de um Brasil moderno, principalmente médicos, educadores e engenheiros, como vimos no capítulo anterior (ver Herschmann; Pereira, 1994a.).

64. Corrêa, 1998, p. 221.

como doente e da pena como tratamento: "A missão de membro do Conselho Penitenciário é das mais gratas. Consiste em recomendar o auxílio de uma *convalescença ao ar livre a detentos robustecidos por uma terapêutica de incontestável eficiência neste nosocômio moral.*"[65] Ou, já como Diretor da Penitenciária do Estado:

> No Direito Penal moderno, as idéias dominantes visam, por certo, a reforma e a readaptação dos criminosos. Revelados infensos ao meio em que se acham, pelo *sintoma-delito*, merecem [ser] afastados do seu *habitat*, enquanto não se *restabeleçam*, para, depois, voltarem, *robustecidos*, ao convívio social. A *pena, pois, é remédio para os criminosos passíveis de cura*.[66]

Assim, Fávero se colocava longe dos pressupostos da Escola Clássica, comunicando-se numa linguagem cara e familiar aos positivistas. Mas afirmações como estas não bastam para garantir que seus alunos recebiam esse tipo de ensinamento em sala de aula, ainda que sejam uma boa indicação para tal. As idéias apresentadas na vida pública profissional nem sempre poderiam gozar do privilégio da chancela acadêmica. O recinto da sala de aula e os manuais de referência para o ensino eram espaços *oficializadores* de teorias científicas. As controvérsias só adentravam ao recinto quando a comunidade científica ainda não se decidira por um paradigma definitivo. Mesmo nesses casos, no ambiente universitário a fala do professor ganhava densidade de verdade, de impessoalização, o que nem sempre acontecia em outros espaços. Uma forma de ter acesso ao conteúdo do curso é a investigação do material didático utilizado. Os chamados *manuais* sempre possuíram importância capital na estruturação das ciências naturais, como explica Thomas Kuhn:

> Nessas áreas o estudante fia-se principalmente nos manuais, até iniciar sua própria pesquisa, no terceiro ou quarto ano de trabalho graduado. Muitos currículos científicos nem sequer exigem que os alunos de pós-graduação leiam livros que não foram escritos especialmente para estudantes. Os poucos que exigem leituras suplementares de monografias e artigos de pesquisa restringem tais tarefas aos cursos mais avança-

---

65. Fávero, Flamínio. Discurso. *Revista Penal e Penitenciária*, São Paulo, v. 2, n. 1-2, 513-515, 1941a, p. 514, grifos meus.
66. Fávero, 1941a, p. 325, grifos meus, com exceção do termo em latim.

dos, e as leituras que desenvolvem os assuntos tratados nos manuais. Até os últimos estágios da educação de um cientista, os manuais substituem sistematicamente a literatura científica da qual derivam. Dada a confiança em seus paradigmas, que torna essa técnica educacional possível, poucos cientistas gostariam de modificá-la.[67]

Para o curso de medicina legal que ministrava, o próprio Flamínio Fávero se dedicou à tarefa de redigir um manual, cuja primeira edição saiu em 1937, quando foi premiado tanto pela Sociedade de Medicina Legal e Criminologia de São Paulo como pela Congregação da Faculdade de Medicina. Pela importância da obra e pelo reconhecimento que ganhou, e também pelo fato de ela ser uma compilação das notas de aula que Fávero utilizou desde que assumiu a cadeira[68], em 1923, tal manual se constitui em documento privilegiado para investigar o conteúdo do curso de medicina legal no período estudado.[69]

Como não poderia deixar de ser, a extensão temática da obra procurava refletir a abrangência que a própria disciplina adquirira. O primeiro volume trazia uma "Introdução ao Estudo da Medicina Legal" e os temas da "Identidade" e da "Traumatologia". O volume dois tratava de "Infortunística", "Tanatologia", "Sexologia", "Criminologia" e "Psicopatologia". E, no volume final, apareciam temas relacionados à "Deontologia Médica" e "Medicina Profissional". Evidentemente, a densidade de objetos comportamentais, campo da Escola Positiva, é variável em cada um destes tópicos, concentrando-se mais naqueles contidos no segundo volume.

Na parte referente à Criminologia, Fávero se vê obrigado a apresentar de maneira equânime as escolas competidoras, a Clássica e a Positiva, além das suas variações, conforme a tabela 2. Em si mesma, tal atitude demonstrava a falta de um paradigma consensual estabelecido, o que implicava em que as principais teorias concorrentes e candidatas a tal tivessem direito a explicitação. Eram páginas que

---

67. Kuhn, 1998, p. 207.

68. Fávero, Flamínio. Discurso proferido pelo Prof. Flamínio Fávero na Sociedade de Medicina Legal e Criminologia de S. Paulo, na solemnidade de sua posse na presidência e entrega do Premio Oscar Freire. *Archivos da Sociedade de Medicina Legal e Criminologia de S. Paulo*, São Paulo, v. 8, n. 1-3, p. 125, 1937.

69. A edição utilizada para a presente análise é a terceira, de 1945, por conter as atualizações decorrentes do Código Penal de 1940, mas mantendo as alusões ao código anterior para efeitos comparativos (Fávero, Flamínio. *Medicina Legal*. 3 ed. São Paulo: Martins Fontes, 1945a. 3. v.).

tratavam de *ciência em construção* e de *controvérsias*, não ainda de *ciência pronta* e de *verdades sedimentadas*.

Tabela 2 – As escolas de Direito Penal segundo Flamínio Fávero[70]

Escola	Ramos
Clássica	filosófico
	jurídico
Neoclássica	humanitarista
	tecno-jurídico
Positiva	antropológico
	sociológico
	jurídico
Neopositiva	constitucionalista
	endocrinológico
	psicanalista
Eclética	

Segundo o autor, a pedra angular da Escola Clássica era o livre arbítrio, o que implicava na concepção de pena enquanto castigo:

> O crime é uma entidade jurídica considerada à parte. É uma relação jurídica entre o homem delinquente e a lei escrita. É uma expressão puramente formal. Em rigor, prescinde-se do próprio criminoso no estudo do crime. A pena, finalmente, é castigo; conseqüência lógica e razoável da ação de quem, podendo e devendo, não quis evitar o mal feito. Tem, pois, caráter aflitivo e é proporcional ao delito.[71]

Já a Escola Positiva, assim denominada por se caracterizar pelo método "indutivo, da observação e da experimentação", determinava

---

70. A partir de Fávero, 1945a, v. 2, p. 346.
71. Fávero, 1945a, v. 2, p. 346.

(...) que, em cada caso, o autor do delito seja estudado convenientemente em tudo aquilo que possa constituir fenomenologia própria a orientar a gênese do delito, sua terapêutica, profilaxia, etc. A responsabilidade, à luz dessa escola, é social. O criminoso agiu independentemente de sua vontade, forçado por circunstâncias inerentes à sua estrutura físico-psíquica ou ao meio, mas prejudicou e abalou a coletividade perante a qual é responsável como perigoso e temível. O crime, então, fenômeno natural e social, foi o sintoma revelador do mal de que seu autor é presa. É, pois, um fenômeno antropológico, um fenômeno social mas, sempre, tendo a sua relação jurídica (...). Por fim, a pena não é castigo ou medida aflitiva, desde que a escola não admite a liberdade de querer, agindo o indivíduo sob imperativos externos e internos, mas é defesa social, sendo a sua medida, portanto, dada não pelo crime mas pelo criminoso.[72]

Como uma possível solução de compromisso entre as duas escolas, ter-se-ia desenvolvido a Escola Eclética, supostamente um *meio-termo* conciliador e eqüidistante[73]:

A responsabilidade é considerada em seu aspecto moral como na escola clássica, mas também atende para o estado perigoso do delinqüente, cujo exame e cujo estado são fundamentais. O crime é fenômeno natural, como diz a escola positiva, revelador do criminoso, mas também é entidade jurídica violada. E a pena é castigo e medida de segurança.[74]

Esta teria sido a orientação do novo Código Penal promulgado em 1940, que manteve a instituição da pena e a responsabilidade moral, mas que estabeleceu as *medidas de segurança*, dispositivos jurídicos que restringiam a liberdade e o movimento e que tinham as condições de sua aplicação e duração dependentes da *peri-*

---

72. Fávero, 1945a, v. 2, p. 347.

73. De qualquer maneira, aqui têm utilidade as ressalvas de Carlos Antonio Costa Ribeiro Filho, em texto que justamente trata das escolas de direito penal: "Deve-se destacar que a classificação entre clássicos e positivistas utilizada neste ensaio tem um caráter metodológico, ou seja, procurou-se construir dois tipos que possam ajudar a compreender alguns aspectos da história do campo médico-legal brasileiro, mas que não existiram de forma pura no mundo social." (Ribeiro Filho, 1994, p. 132-133).

74. Fávero, 1945a, v. 2, p. 347.

culosidade do indivíduo, por sua vez determinada por observações médicas, como discutiremos no capítulo final.

Contudo, voltemos ao manual de Fávero. Após apresentar as diretrizes básicas das escolas penais, o professor sente a necessidade de explicitar sua posição. A maneira como o faz reflete bem o lugar que ocupa, não apenas como catedrático da cadeira e autor de um manual paradigmático, mas também como presidente da Sociedade de Medicina Legal e Criminologia, em tese representando toda a coletividade:

> Cada uma dessas escolas penais e suas inúmeras variantes têm partidários e opositores. Seria difícil opinar por uma delas. Direi apenas que as minhas convicções filosóficas e religiosas admitem o livre arbítrio nos indivíduos mentalmente sãos e mentalmente desenvolvidos. Mas, é inegável que os imperativos biológicos e mesológicos são de monta na orientação do caráter de cada um e, pois, da sua conduta. É claro, assim, que, no estudo do problema, deve prescindir-se de filosofia e fé, e considerar-se o indivíduo produto de sua constituição e do meio a dirigi-lo nas ações e reações em que ele é parte. É inegável, também, que hoje não se pode mais considerar em abstrato o crime mas, sim, como revelação do criminoso. E a pena tem de visar a sua emenda e regeneração, e a defesa social. Estamos, pois, na era fecunda do ecletismo em matéria de repressão e prevenção do crime.[75]

Tal postura aparentemente conciliadora e "bonapartista" seria bastante freqüente nos posicionamentos de Fávero. Ao mesmo tempo em que revelava a fragilidade de um ecletismo artificial, mais pragmático que principista, deixava transparecer uma maior densidade de conteúdo positivista. Era o que o autor demonstrava ao reconhecer os *imperativos biológicos e mesológicos* na orientação da conduta, quando considerava o crime *revelação do criminoso* ou quando defendia que a pena deveria visar a *regeneração* e a *defesa social*. Era esse também o sentido de suas palavras quando afirmava que tal assunto deveria "prescindir de filosofia e fé", tornando sem efeito para o tema sua própria declaração de religiosidade.[76]

Entretanto, a identificação de Fávero com os pressupostos positivistas permeia toda a obra, ainda que não estejam assim explicitados. As freqüentes as-

---

75. Fávero, 1945a, v. 2, p. 347-348.

76. Fávero era um luterano dedicado.

sociações das questões do crime e do criminoso com problemas médicos, mais que metafóricas, demonstram isso. Por exemplo, na seguinte comparação entre criminologia e patologia:

> Se, em patologia, o sintoma aponta a lesão que o produz e esta denuncia o agente nocivo que, por sua vez, assinala a precariedade do terreno orgânico em que se acolheu triunfante, em criminologia sucede o mesmo: a entidade delituosa aponta o transtorno sômato-psíquico que a produz, e esta denuncia as causas nocivas meso-biológicas que arrastam o indivíduo ao crime. E depois, como nas Ciências Médicas a patologia aponta o caminho à terapêutica e à profilaxia, nas Ciências Penais a criminologia orienta a repressão e a prevenção, ou sejam, a penalogia e a política criminal.[77]

Conseqüentemente, no manual havia toda uma reflexão voltada à "terapêutica do crime" (capítulo 42), destinada a "(...) restabelecer o criminoso que se revelou doente pelo ato anti-social e, assim, readaptá-lo ao meio coletivo."[78]
Quando trata da indeterminação da pena, uma das principais reivindicações dos positivistas, Fávero voltava a usar a perspectiva médica:

> Chegaríamos, assim, ao símile perfeito com o tratamento das doenças que a patologia médica estuda. Cada doente, portador de uma feição especial de uma doença, deve ter um tratamento também especial que o médico orientará. Assim, para os criminosos.[79]

Por isso, Fávero faria coro com os principais defensores da Escola Positiva ao defender de forma reiterada a necessidade de que os criminosos fossem sistematicamente examinados e classificados:

> É mérito incontestável da escola positiva chamar a atenção para o estudo antropológico do criminoso. O crime, não sendo apenas uma

---

77. Fávero, 1945a, v. 2, p. 349.
78. Fávero, 1945a, v. 2, p. 364.
79. Fávero, 1945a, v. 2, p. 373.

entidade jurídica mas um ato humano, uma ação, pois que revela o criminoso, indispensável se torna que este seja rigorosamente examinado em sua personalidade sômato-psíquica e classificado. É o que acontece com as doenças em geral. Normas terapêuticas e profiláticas apenas podem ser traçadas não se considerando isoladamente a moléstia, mas o seu portador que reage de forma diferente às várias atuações morbígenas. É intuitivo, hoje, que assim deve ser. A nova lei brasileira insiste nessa conduta, realçando a ação do médico.[80]

E, um pouco mais adiante: "É útil, é indispensável mesmo, classificar os criminosos segundo o estudo de sua personalidade biopsíquica e do meio social onde atuaram, a fim de facilitar o trabalho de profilaxia e terapêutica do delito."[81]

Fávero teve a oportunidade de tentar aplicar vários desses conceitos na prática quando foi diretor da Penitenciária do Estado, de 9 de abril de 1943 a 3 de abril de 1945. Na 3ª edição do manual, esta experiência era incorporada ao texto. Ali, aparecia reproduzida portaria de sua autoria que regulamentava os estágios do cumprimento da pena, conforme os princípios do regime progressivo. É interessante analisar como o autor concebia a manipulação da pena, requisito de sua individualização:

Considerando que a feição dominante do Código Penal brasileiro dá ênfase acentuada mais ao estudo do criminoso do que ao do crime, passando este, em verdade, para a segunda plana;

Considerando que, em consonância com a ação individualizadora da pena determinada pelo juiz, deve correr o tratamento individualizador no reformatório, para ser atendida a verdadeira finalidade da sentença condenatória que não é, em absoluto, castigar;

Considerando que, na obtenção desse propósito, deve colaborar irrestritamente a medicina pelos órgãos adequados que atuam no Presídio;

(...)

Determino que:

1º) O período inicial de prova da pena somente será prescrito depois de prévio exame sômato-psíquico do sentenciado, feito pelas Diretorias

---

80. Fávero, 1945a, v. 2, p. 358-359.

81. Fávero, 1945a, v. 2, p. 362.

de Saúde e de Biotipologia, dentro dos primeiros 10 dias do ingresso do condenado na Penitenciária;

2°) Caso esse exame desaconselhe o período de prova passará imediatamente o sentenciado ao regime comum, de trabalho ou, se necessário, a receber o tratamento sômato-psíquico indicado;

(...)

4°) No decorrer do período de prova, compete às Diretorias de Saúde e de Biotipologia acompanhar cuidadosamente o detento para verificar o possível aparecimento de qualquer dano sômato-psíquico.[82]

Das estratégias terapêuticas mais importantes, a mais valorizada era a do trabalho, como trataremos mais adiante. Na referida portaria, Fávero definia a responsabilidade da medicina na definição do tipo e das condições do trabalho a ser destinado ao sentenciado no correspondente estágio da pena:

7°) O trabalho terá sempre finalidade educativa, e pode ser escolhido pelo recluso, na conformidade de suas aptidões ou de suas ocupações anteriores, atendendo-se para a disciplina e as possibilidades da casa, assim como para a saúde sômato-psíquica do próprio interessado. Compete ao Instituto de Biotipologia, logo que suas instalações permitam, cuidar da orientação e seleção profissional dos condenados, dentro dos preceitos da psicotécnica.[83]

Nesse momento, não cabe aqui avaliar se Fávero teve sucesso na aplicação dessa portaria. A guiar-se pelo texto citado, há indução ao pessimismo: atribuições do Instituto de Biotipologia eram condicionadas ao momento em "que suas instalações permitam". As dificuldades na execução prática do projeto positivista são objeto de outro capítulo. Aqui, o importante é saber que tudo isso foi ensinado em sala de aula, dentro de uma instituição por si só legitimadora do que dentro dela circulava. Além disso, os estudantes recebiam tais noções ao fazer uso de um manual escrito por um autor de prestígio, que não por acaso era seu professor. Nesse sentido, nem mesmo é decisivo discriminar no conteúdo do texto o que procede de uma convicção pessoal do autor do que é imposto pelo Código

---

82. Fávero, 1945a, v. 2, p. 369-370.
83. Fávero, 1945a, v. 2, p. 371.

Penal, haja vista que tudo ali deveria ser igualmente aprendido e assimilado enquanto paradigma da medicina legal.

Porém, o programa positivista não visava apenas o lado de dentro das prisões. O seu teor biodeterminista implicava numa postura prevencionista, na busca de identificar no conjunto da sociedade a potencialidade do ato anti-social antes de sua realização. Resta saber se também esta perspectiva se encontrava contemplada no ensino de medicina legal do Prof. Fávero. Isto aparece com maior clareza no capítulo de seu manual que tratava da "profilaxia do crime", conjunto de estratégias que "(...) visa acorrer com meios adequados que atinjam a etiopatogenia da ação anti-social para reduzir a delinqüência genericamente ou especificamente. Encontra seu símile naquilo que a higiene é para as doenças".[84]

Por meio de mais uma associação comparativa com a medicina, a barreira carcerária era ultrapassada. A profilaxia do crime transformava todo o corpo social em seu objeto, da mesma forma que o fazia a higiene: a ciência enquanto instrumento de ação prevencionista contra o criminoso ou o doente. A identificação do criminologista com o higienista prosseguia: "O delito em potencial deve ser atingido numa obra profilática visando a constituição individual e o ambiente em que o indivíduo vive."[85]

Constituição individual era um conceito bastante utilizado na época no meio médico-legal. Na explicação do conceito por Fávero, transpareciam as teses do determinismo biológico:

> O termo aqui é empregado, segundo insiste B. Di Tullio, referindo-se 'à parte da individualidade que é formada pelos caracteres hereditários e originários (assim chamados genótipo e ideótipo) e que é sempre bem diferenciável dos caracteres que se adquirem em conseqüência do ambiente, e que são, pois, condicionais, adquiridos ou secundários.' É a individualidade nos seus vários aspectos morfológicos, funcionais e psíquicos, variando de indivíduo a indivíduo. Muitas vezes, essa constituição, e já tive ocasião de o dizer, se orienta fortemente para o crime. Bastam, apenas, mínimas solicitações do meio para o delito. É a constituição delinqüente (Di Tullio, etc.), que não pretende reviver o criminoso nato de Lombroso.[86]

---

84. Fávero, 1945a, v. 2, p. 375.
85. Fávero, 1945a, v. 2, p. 376.
86. Fávero, 1945a, v. 2, p. 376.

Portanto, cabia conhecer melhor o corpo social para a identificação das "constituições delinqüentes", nova oportunidade para a obsessão classificatória dos positivistas, agora num universo muito maior. Para o autor, "estudando-se os elementos que compõem o agregado social, podem eles ser divididos, segundo a sua constituição, em três grupos (...)". O primeiro conjunto seria o grupo modelar, formado por indivíduos predispostos ao bem: "são bons por instinto, mais que por educação". De certa forma, representavam o negativo da constituição delinqüente. Neles, são "reduzidas ao mínimo as possibilidades dos instintos fundamentalmente egoístas", portanto de alguma atuação criminosa. Não careciam de atenção particular, mas infelizmente eram bastante minoritários.[87]

O grupo maior era o segundo: "Não são instintivamente bons; antes, pode-se dizer que são maus". Seria a coerção social que restringiria suas tendências egoístas: "(...) sofrem as peias, a inibição de uma disciplina social, da educação, da intimidação.(...) Faltasse a força suasória da lei, da polícia, da justiça ou da crítica coletiva, e a maldade desse grupo se exteriorizaria em todo o seu egoísmo."[88] É flagrante o categórico anti-rousseaunismo dessa passagem.

No entanto, o grupo de maior interesse para a prevenção do ato anti-social seria o terceiro, dos indivíduos anormais:

> (...) graças à sua constituição físico-psíquica especial, mioprágica, mórbida, delinqüente, é verdadeiramente de anômalos, pouco se adaptando à vida social. Daí os seus embates freqüentes com a lei, contrariando-lhe os preceitos, sem grande atenção à força intimidativa da polícia e da justiça. Visando a constituição individual, é sobre esses que, principalmente, devem atuar as medidas de prevenção ou profilaxia.[89]

Resta saber que medidas seriam essas. O que Fávero qualificava como "ação médica e eugênica" seriam as "várias medidas (...) preconizadas para modificar para melhor a constituição individual e, pois, influir na criminalidade". Segundo o autor, as principais delas estariam relacionadas com:
  - higiene mental[90];

---

87. Fávero, 1945a, v. 2, p. 376.
88. Fávero, 1945a, v. 2, p. 376.
89. Fávero, 1945a, v. 2, p. 377.
90. Fávero, 1945a, v. 2, p. 377.

- exame pré-nupcial: "Evitados certos casamentos, dos quais surjam males transmitidos por contágio ou herança, ter-se-á evitada descendência portadora de taras que facilitem ações criminosas, direta ou indiretamente."[91];
- herança:

> (...) pela qual se transmitem taras físicas, psíquicas ou morais, interessa à questão da profilaxia do crime, porquanto não é raro que cacoplasias que atingem a constituição individual possam explicar a realização de atos anti-sociais. Essas cacoplasias podem ser quanto a doenças físicas, (...) psicopatias, a delinqüência propriamente, quer pela ação direta do indivíduo com pendor para o mal, quer pela menor resistência sua quando solicitado pelo ambiente, (...). É claro que, reduzida a influência nociva desses fatores, melhorada a herança, serão beneficiadas as estatísticas quanto à incidência do crime.[92]

- crianças:

> Na profilaxia do crime, a criança deve ser atendida de modo especial, sabendo-se como a ação delituosa é freqüentes vezes mais do que um acidente sobrevindo no decorrer da vida de uma pessoa, o termo de uma evolução iniciada com essa tendência desde a infância. Nessas condições, quanto mais precoce a ação profilática, mais benéficos serão os resultados.[93]

Ainda tratando de medidas capazes de atuar sobre a constituição individual, o autor menciona também ações relacionadas com: higiene pré-natal, álcool e tóxicos, sífilis, tuberculose ("fator de degeneração, também não deve ser esquecida na profilaxia do crime") e nutrição.[94]

A profilaxia do crime poderia atuar no pólo da constituição individual, procurando modificá-la de forma a neutralizar sua periculosidade social, pelos meios descritos, ou no pólo do ambiente, que em última análise favoreceria ou inibiria as predisposições ao

---

91. Fávero, 1945a, v. 2, p. 377.
92. Fávero, 1945a, v. 2, p. 377.
93. Fávero, 1945a, v. 2, p. 378.
94. Fávero, 1945a, v. 2, p. 378.

ato anti-social presentes naquelas constituições. Nesse caso, a ação sobre o meio social deveria englobar: legislação social; seleção de imigrantes; proteção especial à criança; estímulo ao trabalho e combate à ociosidade, à miséria, à mendicância e à prostituição; educação sexual; combate à ignorância, à superstição e às más sugestões ("cinema, livros e imprensa"); estímulo à religião; e ação intimidatória ("criminosos em potencial, com uma constituição polarizada para o delito, refreiam a sua ação maléfica pela certeza (...) de que a malha da justiça os colherá para a necessária punição").[95]

Por fim, o próprio tratamento ao delinqüente nas penitenciárias teria também sua dimensão preventiva, e não apenas repressiva e curativa. Como explica o autor:

> (...) as penitenciárias e outros estabelecimentos onde os detentos são recolhidos precisam ter todos os recursos que visem robustecer os caracteres, restabelecer energias morais, restaurar a higidez fisio-psíquica, tudo visando a reintegração do criminoso, próxima ou remota, no convívio social, para ser útil ao mesmo, sem reincidir no crime. A boa terapêutica do crime, portanto, calcada em todos os recursos que a criminologia moderna possui, é subsídio excelente para prevenir novos crimes.[96]

O que fecha o ciclo, trazendo-nos de volta para dentro dos muros das prisões.

Do que vimos, conclui-se que as concepções e reivindicações da Escola Positiva estavam bem contempladas no curso de medicina legal da Faculdade de Medicina. Professor catedrático e sua obra indicam que os estudantes de medicina saíam do curso com bom conhecimento da abordagem positivista e com condições de colaborar na consolidação do respectivo projeto, quando e onde houvesse a oportunidade. E se esse fosse o caso, é bem possível que tivessem que interagir com outros agentes sociais e categorias profissionais com atribuições inerentes à implementação do projeto. Dentre eles, destacam-se os provenientes do mundo jurídico, como juízes, advogados e promotores.

---

95. Fávero, 1945a, v. 2, p. 381-382.
96. Fávero, 1945a, v. 2, p. 383.

A cadeira de medicina legal na Faculdade de Direito de São Paulo

Melius adhuc est judici cognoscere corpus humanum quam cognoscere corpus juris"
Bulhões Pedreira[97]

Segundo Alcântara Machado, o programa de medicina legal foi pela primeira vez instituído em um curso de Direito na Universidade de Coimbra, em Portugal. Decreto de 5 de setembro de 1836 fundara a cadeira de "medicina legal, higiene pública e polícia higiênica, para os estudantes de medicina e de direito, que deviam freqüentá-la no quinto ano dos respectivos cursos."[98] No entanto, e apesar de um apoio generalizado no meio, Machado fazia em artigo um balanço negativo do sucesso da iniciativa, tanto em Portugal como na Europa como um todo, com exceção da Itália, que seguiu Portugal a partir do ano de 1863:

> (...) apesar de triunfante na legislação italiana, de aceita com entusiasmo pelos *Juristen* austro-húngaros e alemães, de defendida calorosamente por Srassmann, Ziino, Pedro Mata, de prestigiada pelo voto de vários congressos de antropologia criminal, a idéia não fez caminho nos meios universitários e governamentais da Europa (...)[99]

Fracasso que não se repetiria do outro lado do Atlântico. No Brasil, a medicina legal era ensinada aos estudantes de direito desde 1891, no que o seguiu o Chile, desde 1902. Em 1906, dez das trinta escolas de direito dos Estados Unidos ofereciam aulas de *medical jurisprudence*.[100]

Portanto, foi com o advento da República, e como parte da decorrente reinstitucionalização do país, que o ensino de medicina legal em direito deixou os debates legislativos para encontrar efetivação prática, com decreto do governo provisório de

---

97. Apud Silva, Pedro Augusto da. O Serviço de Biotipologia Criminal da Penitenciária de São Paulo e suas finalidades. *Revista Penal e Penitenciária*, São Paulo, v. 2, n. 1-2, 417-420, 1941, p. 420.
98. Machado, A., 1928, p. 3-4.
99. Machado, A., 1928, p. 5.
100. Machado, A., 1928, p. 5-6.

janeiro de 1891. No entanto, desde 1878 o curso de direito encontrava-se dividido em dois: ciências sociais e ciências jurídicas. O que se fez em 1891, portanto, foi criar a cadeira de higiene pública no primeiro e a de medicina legal no segundo. Com a reunificação do curso de direito determinada em 1896, as respectivas cadeiras também o foram, sob a denominação de "medicina pública".[101] É, pois, na qualidade de professor de medicina pública da Faculdade de Direito de São Paulo que Machado escrevia o referido artigo.[102]

Assim como acontecia na cadeira análoga da Faculdade de Medicina, também nesse caso o nome do catedrático responsável por si só informa muito do conteúdo ministrado. Na qualidade de um dos fundadores e primeiro presidente da Sociedade de Medicina Legal e Criminologia de S. Paulo, verdadeiro bastião da Escola Positiva, Alcântara Machado se tornou um dos maiores defensores dos seus pressupostos. Suas atividades políticas lhe permitiram dar fluidez de movimento às propostas positivistas discutidas no seio da Sociedade, possibilitando sua circulação junto às esferas do poder político, como nos casos já citados da criação do Manicômio Judiciário e da elaboração do novo Código Penal.

Para Machado, o ensino de medicina legal aos estudantes de direito veio para superar uma deficiência metodológica: "O magistrado e o advogado viam exclusivamente o aspecto social da infração, desinteressando-se do aspecto biológico e psicológico do problema."[103] Desta forma, a incorporação do ensino de medicina legal no curso de direito teria sido mais um passo da legitimação científica do campo jurídico, da *naturalização* do direito. A concepção do crime como fato natural implicou em uma maior impregnação de ciências naturais no curso de direito. Portanto, um triunfo a ser creditado aos positivistas:

---

101. Machado, A., 1928, p. 6 e 9.

102. José de Alcântara Machado d'Oliveira nasceu em Piracicaba em 1875 e faleceu em São Paulo em 1941. Recebeu o grau de bacharel em 1893 e tomou posse como professor substituto de Medicina Pública em 1915, e como catedrático em 1925. Filho de Brasílio Machado, foi diretor da Faculdade de Direito de 1931 a 1935 e presidente da Sociedade de Medicina Legal e Criminologia de S. Paulo de 1921 a 1937. Foi membro da Academia Brasileira de Letras desde 1913. Exerceu também intensa vida política, iniciando como vereador em 1911 e culminando com sua eleição para o Senado Federal em 1935. De suas iniciativas legislativas, têm particular importância a proposta de criação do Manicômio Judiciário de São Paulo, em 1927, e o anteprojeto para o novo Código Penal, que acabou por ser promulgado em 1940.

103. Machado, A., 1928, p. 10.

> Quando outros benefícios não tivesse produzido a revolução levada a efeito por Cesare Lombroso e seus discípulos e por seus próprios adversários no domínio do direito penal, um existe, que basta para a absolvição dos erros e exageros de que é culpada a escola positiva: entre as ruínas necessárias que promoveu estão as da muralha que isolava das ciências da natureza as ciências jurídicas. Foi o movimento desfechado pelos adeptos e pelos contraditores do positivismo penal que nos levou à compreensão do sentido íntimo do velho conceito ciceroniano: *a natura hominis discenda est natura juris*. O fenômeno jurídico se integrou na ordem universal dos fenômenos. Passou-se a estudá-lo à luz da observação e da experiência, como um fato natural condicionado pelo meio. A biologia, a psicologia, a sociologia se fizeram indispensáveis para o conhecimento completo das instituições jurídicas.[104]

A medicina legal seria, dessa forma, um campo científico misto entre direito e medicina, e não meramente um aporte desta àquele. Tratava-se de transformar a própria essência do direito, principalmente do direito penal, a ser cada vez mais impregnado de conhecimentos científicos. Por isso, Alcântara Machado, ele mesmo um magistrado, insurgia-se contra a reforma educacional de 1925, que reservava exclusivamente aos doutores de medicina o acesso à cadeira de que era titular:[105]

> A primeira e única hipótese que nos ocorre é que, para o legislador de 1925, a matéria seja de tal natureza que só os médicos possam versá-la. Mas então mandaria a lógica mais elementar que riscássemos do programa das escolas jurídicas a disciplina. Como ensiná-la a quem não tenha capacidade para sabê-la? Ou se trata de conhecimentos que um jurista está em condições de aprender e, portanto, em condições de transmitir, depois de aprendidos, e não há motivo para excluir os juristas do professorado; ou se trata de conhecimentos que dependem de uma cultura especial, de que só os médicos dispõem, e não há ministrá-los a estudantes de direito.[106]

---

104. Machado, A., 1928, p. 10.
105. Machado, A., 1928, p. 12-13.
106. Machado, A., 1928, p. 14.

Fica claro que entre Alcântara Machado e os redatores da reforma de 1925 existia uma diferença profunda de concepção do que seria o direito, mais do que visões diferentes sobre conveniências de ordem didática. Para Machado, tratava-se de implementar uma reorientação bastante mais radical, quase de uma refundação, identificando direito e ciência e aproximando os juristas aos homens de laboratório. Ou, ao menos, esse deveria ser o objetivo a ser perseguido. Novamente aqui o discurso dos positivistas ganhava o tom utópico que tanto os caracterizou, como nas palavras do criminalista espanhol Jimenez de Asúa, uma das principais referências da época:

> O Juiz, para dosificar a pena em cada caso, não só deverá considerar o fato objetivo, mas também, de modo primordial, a individualidade do autor. E se isto ocorre no regime de hoje em que os Juízes só têm, quando muito, arbítrio de *eleição*, mas não de *invenção*, que será no futuro em que os encargos de impor as medidas de emenda, segurança e cura, poderão, como o médico e o professor de agora, seguir tratamento livremente elaborado? Por distante que se ache esta data de porvir, convém que vamos acostumando os Juízes à função de médicos sociais.[107]

Enfim, Machado buscava nas salas de aula da Faculdade de Direito dar a sua contribuição para tornar mais próximo esse momento.

Para completar seu tripé de sustentação, o projeto positivista não poderia prescindir da colaboração de uma instituição central: a Polícia. Ainda que grande parte de seus membros, principalmente entre os delegados e autoridades policiais, tivesse sua formação acadêmica nos bancos da Faculdade de Direito, a chamada Escola de Polícia cumpriu um papel decisivo na vinculação dos preceitos positivistas ao seu cotidiano profissional. Dela nos ocuparemos agora.

A Escola de Polícia e o positivismo

A Escola Positiva se via como um agente em busca da legitimação científica de todas as atividades de combate ao crime e ao ato anti-social. A reivindicação de uma formação policial de qualidade fazia parte desse projeto. Por isso, os positivistas iriam defender recorrentemente a instituição e o aprimoramento das escolas de polícia. Tratava-se de uma retórica que se acomodava perfeitamente ao discur-

---

107. Ribeiro, 1940, p. 390-391, tradução minha.

so modernizador que se desenvolvera no país após a Proclamação da República, que valorizava a ciência e o espírito prático, em detrimento de um "bacharelismo decadente e estéril", como já vimos.[108] Nas palavras do Vice-Diretor da Escola de Polícia:

> As funções policiais não foram alheadas da nobre preocupação, característica do século em que vivemos, de se estabelecerem, em bases verdadeiramente científicas, as múltiplas atividades humanas. (...) A instituição desse ensino [técnico-policial] obedece à necessidade, dia a dia mais imperiosa, de eliminar da polícia o seu caráter empírico, transformando-a em uma organização científica.[109]

O modelo aqui mais uma vez era italiano. A primeira iniciativa de ensino policial se deu com a fundação da Escola de Polícia de Roma, em 1902. Salvatore Ottolenghi, seu fundador e primeiro professor, deixava claro desde o início das atividades da nova instituição que seu objetivo era aplicar os conhecimentos científicos no domínio da prevenção e da repressão, "tendo como base fundamental o conhecimento da personalidade humana, segundo as doutrinas da antropologia, da psicologia e da antropologia criminal."[110]

O decreto que regulamentava a iniciativa de Ottolenghi foi editado em 1903. Pierre Darmon sustenta que, desde esse momento fundador, o ensino policial fazia parte da disputa entre as escolas de direito penal, opondo nesse momento médicos e juristas:

> Um decreto de 2 de outubro de 1903 prevê que cursos 'de antropologia criminal e de psicopatologia judiciária' serão tornados obrigatórios em Roma nas escolas de polícia e confiados a um positivista ortodoxo, o Dr. Salvatore Ottolenghi. Assim, os futuros policiais romanos não ignorarão nada sobre a morfologia do criminoso nato. Pouco depois, o exemplo é seguido pela cidade de Ferrara. Tal iniciativa tem o dom de irritar a magistratura, que levanta um vigoroso protesto na *Rivista Penale* do mês de março de 1905: 'O que vem a ser essa polícia científica? É

---

108. Cf. Herschmann; Pereira, 1994a.
109. Albuquerque, Plínio C. Histórico e organização atual da Escola de Polícia de São Paulo. *Arquivos de Polícia e Identificação*, São Paulo, v. 2, n. 1, 225-234, 1938-1939, p. 225.
110. Albuquerque, Plínio C. A grande reforma policial. *Arquivos da Polícia Civil de São Paulo*, São Paulo, v. 1, 199-203, 1941a, p. 199.

todo um amálgama, mais empírico que científico, de aspecto disforme, inorgânico, mal digerido, tomado um pouco aqui, um pouco ali, com muita presunção e pouca sagacidade, que, se foi inspirado pelo desejo de ressuscitar a 'Escola', não conseguirá reabilitá-la por intermédio dos agentes de polícia'.[111]

Talvez também por esse tipo de resistência a implementação de escolas de polícia no Brasil foi lenta e difícil. A primeira foi fundada no Rio de Janeiro, em fevereiro de 1912. O programa do curso atendia às prescrições positivistas: buscava-se habilitar os alunos ao "exame de todos os indícios materiais do crime e também [ao] *exame psíquico e antropológico do homem delinqüente*". Por exemplo, estavam previstas aulas para ensinar a proceder a "classificação dos delinqüentes", ou a identificar os "caracteres que distinguem o homem criminoso do homem normal".[112]

Apesar de um início promissor e mesmo de algum reconhecimento internacional[113], esta primeira experiência brasileira não durou muito: a escola foi fechada em 1918.[114] Depois disso, seria em São Paulo que se dariam as próximas iniciativas.

No intuito declarado de criar massa crítica, Sampaio Vidal, então Secretário da Justiça e da Segurança Pública de São Paulo, decide contratar, para dar um curso de três meses, o diretor e fundador do Instituto de Polícia Científica da Universidade de Lausanne, o professor Rudolph Reiss. O treinamento seria completado em 27 de setembro de 1913, após um total de 70 Conferências.[115]

Um dos efeitos do curso foi o aumento da pressão pela criação de uma instituição de ensino policial em São Paulo, redundando em decreto do Governador

---

111. Darmon, 1991, p. 174-175.

112. Albuquerque, Plínio C. O ensino policial no Brasil. *Arquivos da Polícia Civil de São Paulo*, São Paulo, v. 1, 43-55, 1941b, p. 44-50.

113. Aparecem elogios à Escola na revista argentina *Archivos de Psiquiatria y Criminologia*, em abril de 1913, e na revista francesa *Archives d'Anthropologie Criminalle*, em junho de 1913 (Albuquerque, 1941b, p. 45).

114. Albuquerque, 1941b, p. 45.

115. Albuquerque, 1941b, p. 46. Dentre os assistentes, encontrava-se Moysés Marx, assíduo participante da Sociedade de Medicina Legal e Criminologia de S. Paulo e futuro diretor da Escola de Polícia de São Paulo. O público-alvo compreendia: delegados da polícia da capital e do interior, diretores das repartições policiais, comandantes dos corpos da Força Pública e dos bombeiros, funcionários da polícia, ministros das Câmaras Criminais, juízes criminais, professores de direito, advogados, jornalistas e outros (Fonseca, Guido. Da Escola à Academia de Polícia. *Arquivos da Polícia Civil de São Paulo*, São Paulo, v. 38, 5-36, 1982, p. 7).

Carlos de Campos, de dezembro de 1924. No ano seguinte, começou a funcionar a primeira escola de polícia de São Paulo, ainda que de forma bastante precária.[116] Sem chegar a diplomar nenhuma turma[117], a escola foi extinta em novembro de 1927.[118]

Seria na década de 30 que a Escola de Polícia de São Paulo teria seu impulso decisivo. Faz sentido que assim tenha sido, quando associamos o período com a reinstitucionalização do país em conformidade com um Estado autoritário que tinha na polícia sua principal instituição de sustentação[119], isso tudo sob a égide de um pensamento modernizador que valorizava o uso da ciência na gestão da sociedade. Decreto de 6 de março de 1934 recriava a Escola de Polícia, sob a direção de Moysés Marx. Os cursos programados eram os mesmos previstos na tentativa anterior: de delegados, de peritos e de investigadores, com duração de dois, de três e de um ano, respectivamente. No ano de 1935, atendendo reivindicação de Marx, mais uma vez um professor europeu seria contratado para dar um curso em São Paulo. Tratava-se de Marc Alexis Bischoff, sucessor de Reiss no Instituto de Polícia Científica de Lausanne e seu colaborador no curso de 1913.[120]

Desde então, a Escola não conheceu mais refluxos e soluções de continuidade. Novo impulso veio em 1938, com a adoção de um funcionalismo próprio para a instituição e com a unificação do ensino policial, todo ele a partir de então centralizado na Escola. O número de cursos foi aumentado para oito:
- Delegados de Polícia, em dois anos;
- Aperfeiçoamento para os delegados já formados, em seis meses;
- Peritos, em três anos;
- Bancários e funcionários da Caixa Econômica, em um ano;
- Escrivães, em dois anos;
- Investigadores, em dois anos;
- Guardas civis e noturnos, em três e nove meses.

A principal medida que iria valorizar decisivamente o ensino policial era o estabelecimento do aproveitamento obrigatório de diplomados para o ingresso na carreira policial[121], antiga reivindicação dos defensores da Escola de Polícia.

---

116. Fonseca, 1982, p. 8.

117. Albuquerque, 1941b, p. 47.

118. Fonseca, 1982, p. 10.

119. Cf. Cancelli, 1993.

120. Fonseca, 1982, p. 11-14.

121. Albuquerque, 1941b, p. 48.

Em 1939, a Escola passava a ser denominada Instituto de Criminologia.[122] A mudança não era meramente semântica. A denominação era associada ao projeto de um novo tipo de instituição, com atribuições mais abrangentes e centralizadoras. Leonídio Ribeiro, defensor persistente dos Institutos de Criminologia, considerava que estes deveriam reunir

> (...) sob direção única, todos os laboratórios policiais e instituições médico-legais, articulados, de sorte que aproveitassem também o material da perícia para fins de ensino, para que se pudesse melhorar o treinamento dos funcionários que se destinam à carreira policial, e ainda facilitar o ensino dos estudantes das escolas de medicina e de direito, dos cursos de medicina legal e criminologia, e dos peritos, juízes, delegados e médico-legistas.[123]

O interventor Adhemar de Barros, nos considerandos do decreto que estabeleceu a modificação, demonstrava que era exatamente esta a direção desejada, ainda que não se pudesse atingi-la plenamente em curto prazo. No texto, o interventor

> (...) enfatizava que os últimos congressos científicos, realizados no país, concluíram pela necessidade da existência de uma instituição que não só realizasse pesquisas próprias, como também congregasse e reunisse todos os ensinamentos colhidos dispersamente em diversos serviços e laboratórios do Estado, aproveitando-os no ensino. Concluindo, afirmava que o 'ensino da Escola de Polícia não pode ficar limitado aos assuntos policiais, mas deve necessariamente estender-se a questões de Criminologia.[124]

Como a menção à criminologia faz pensar, esses objetivos que implicavam em alterações estruturais traziam embutido o conflito entre duas concepções de polícia, refletindo as divergências entre clássicos e positivistas. A criação do Insti-

---

122. Voltando ao nome anterior em 1942, mas então sem nenhuma mudança estrutural significativa (Fonseca, 1982, p. 19).
123. Ribeiro, 1940, p. 383-384.
124. Fonseca, 1982, p. 17.

tuto de Criminologia, em 1938, e as discussões que a envolveram se deram nessa atmosfera. Plínio de Albuquerque, então Vice-diretor do Instituto de Criminologia, apresentava assim a polêmica:

> O programa do Instituto de Criminologia abrange todo o campo da atividade policial? Aqui, o assunto comportaria uma interminável discussão. Qual o verdadeiro limite dessa atividade? As opiniões se dividem: para uns, as investigações policiais se reduzem ao exame dos vestígios materiais do crime; para outros, estendem-se e compreendem, também, o exame psicológico e antropológico do delinqüente. Entre nós, Leonídio Ribeiro é intransigente defensor das funções ampliadas da polícia que, a seu ver, deve fornecer elementos indispensáveis para o completo conhecimento da biologia do homem criminoso.[125]

Mas qual seria a orientação visada pelas instituições policiais de São Paulo, incluindo o Instituto de Criminologia? É ainda o seu Vice-diretor que responde:

> A polícia de São Paulo, orientada segundo a lição de Ottolenghi, tem por função a identificação física e também psíquica e antropológica do delinqüente, mantendo para esse fim, entre outros serviços, um laboratório de antropologia, odontologia legal e psiquiatria (...). O programa do Instituto de Criminologia comporta, por isso, – e com excepcional aproveitamento – as cadeiras de Antropologia Criminal, Psiquiatria e Psicologia Judiciária, além de todas aquelas indispensáveis para o completo estudo dos indícios materiais do crime.[126]

Dos oito cursos oferecidos, o destinado aos delegados foi o mais influenciado por essa escolha doutrinária. Isto não apenas por se tratar de cargo de nível superior, ocupado por bacharéis em direito, mas também por que eram os delegados, dentro da hierarquia policial, os primeiros a ter algum poder de decisão legal no que se referia ao destino de indivíduos considerados delinqüentes. O conteúdo do respectivo curso era formado pelas seguintes disciplinas: Técnica Judiciária, Direito Aplicado, Química Legal, Estatística, Bio-antropologia-criminal, Polícia Científica, Quími-

---

125. Albuquerque, 1941b, p. 48.
126. Albuquerque, 1941b, p. 48.

ca Policial, Ordem Política e Social, Criminologia, Medicina Legal, Odontologia Legal, Psiquiatria Forense e Psicologia.[127] Chama a atenção a cadeira de Bio-antropologia-criminal, logo em seguida denominada simplesmente Antropologia Criminal, já no nome um verdadeiro programa positivista. Mas seguramente também tratavam de *objetos comportamentais* as disciplinas de Criminologia, Psiquiatria Forense e Psicologia, em que os preceitos da Escola Positiva poderiam naturalmente se abrigar.

Em 1939, os cursos foram divididos em dois grupos: os de formação profissional e os de nível superior. Estes últimos compreendiam os cursos de Criminologia e de Criminalística. O primeiro destinava-se à especialização de bacharéis em direito, notadamente de autoridades policiais, e o segundo à formação de peritos e à preparação de funcionários de repartições técnicas da Secretaria da Segurança Pública.[128] É o curso de Criminologia, portanto, que nos interessa seguir acompanhando.

No seu quadro de professores do ano de 1945, reencontramos Hilário Veiga de Carvalho, então em rápida passagem pela Escola de Polícia. O programa que elaborou para a disciplina de "Criminografia"[129], como não poderia deixar de ser, continha muitos tópicos caros ao positivismo penal: "fatores biológicos da criminogenia", "classificação dos criminosos", "genética e criminologia", "somatologia criminal", "fisiologia criminal", "psicologia criminal", "patologia e crime", "endocrinologia criminal", "terapêutica criminal", "medidas de segurança", "pena indeterminada".[130] Apesar de ser forçado a abandonar a regência da cadeira, para evitar acumulação de cargos com a docência na Faculdade de Medicina, Carvalho foi mais tarde convidado a redigir dois manuais oficiais destinados aos alunos da Escola de Polícia ("Introdução ao estudo de Criminologia" e "Os criminosos e suas classes").[131]

Outra evidência do conteúdo positivista do curso de Criminologia se pode constatar pela persistência da cadeira de "Antropologia Criminal" em seu currículo. Desde quando foi instituído o curso, a disciplina constava de seu programa.[132]

---

127. Fonseca, 1982, p. 16.

128. Fonseca, 1982, p. 18.

129. Que para ele deveria se chamar "Criminologia" (Carvalho, Hilário Veiga de. Situação da Criminologia em face da Ética. *Arquivos da Polícia Civil de São Paulo*, São Paulo, v. 9, 77-82, 1945, p. 77).

130. Carvalho, H.V., 1945, p. 77.

131. Fonseca, 1982, p. 23.

132. Fonseca, 1982, p. 18.

Sucessivas reformas curriculares no ensino policial iriam preservar a disciplina: em 1950, no governo de Adhemar de Barros[133], em 1956, quando Jânio Quadros era governador[134], e em 1960, na gestão de Carvalho Pinto.[135] É apenas a reforma de 1971, já nos tempos da atual Academia de Polícia, que a disciplina desapareceria do Curso de Criminologia.[136] Portanto, a disciplina foi ininterruptamente ensinada aos delegados de polícia de 1935 a 1971.[137] Evidentemente, a continuidade da denominação não implica em continuidade de conteúdo, e é bastante razoável supor que algo nele tenha se transformado ao longo desses anos. Mas, por outro lado, a denominação possui em si muito de significativo e é digna de análise sua sobrevivência. E que, por fim, a disciplina acabasse sendo substituída por uma outra denominada justamente "Sociologia Criminal" também é bastante significativo.[138] De qualquer forma, o acompanhamento da continuidade da disciplina no estudo policial ao longo de todas essas décadas não coube no presente estudo, mas sem dúvida pode ser um objeto de estudo pertinente e interessante.

Essa surpreendente sobrevivência levanta algumas questões. Já nos anos 30, os determinismos biológicos, de uma forma geral, competiam cada vez mais com as teses crescentemente valorizadas do relativismo cultural, bastante influenciadas pelas obras de Gilberto Freyre. Mas é a partir do final da década de quarenta que conheceram um agudo desprestígio, por conta da ruptura ideológica mais decisiva que se dá após a Segunda Guerra, em favor justamente do relativismo cultural, até mesmo como um dos resultados mais significativos da própria guerra.[139] Por isso, o fato de que delegados de polícia aprendessem em sala de aula que o ato anti-social

---

133. Fonseca, 1982, p. 20.

134. Ver São Paulo (Estado). Decreto nº 26367, de 3 de setembro de 1956. *Coleção das Leis e Decretos do Estado de São Paulo*, São Paulo, v. 66, p. 349-380, 3. trim. 1956.

135. Ver São Paulo (Estado). Decreto nº 36387, de 24 de junho de 1960. *Coleção das Leis e Decretos do Estado de São Paulo*, São Paulo v. 70, p. 459 e 460, 2. trim. 1960.

136. Ver São Paulo (Estado). Decreto nº 52737, de 7 de Maio de 1971. *Coleção das Leis e Decretos do Estado de São Paulo*, São Paulo, v. 81, p. 53 a 55, 2. trim. 1971.

137. Neste período, o Curso de Criminologia diplomou 543 delegados, sendo 103 de 1935 a 1945 (Fonseca, 1982, p. 5-36).

138. Ver São Paulo, 1971, p. 53-55.

139. Tratando da eugenia, Gould também relaciona os dramáticos acontecimentos históricos de então com os percursos da ciência: "O toque de finados da eugenia norte-americana foi provocado mais pelo uso particular que Hitler fez dos argumentos então empregados para justificar a esterilização e a purificação racial, que por avanços no conhecimento genético". (Gould, 1991, p. 6-7). Mariza Corrêa também defende que a verdadeira ruptura em direção ao relativismo cultural não se deu nos anos 30, mas sim com a conjuntura aberta pelo segun-

poderia ser melhor compreendido a partir da biologia individual, já entrados os anos sessenta, demanda alguma análise. Por um lado, parece razoável supor que, dentro da geografia institucional desse conflito ideológico, os aparatos policial e prisional se constituíssem em bastiões das concepções do determinismo biológico. Por outro, há que se levar em conta mais uma vez as reflexões de Thomas Kuhn sobre mudança de paradigma científico. Kuhn adverte que, muitas vezes, tal mudança pode estar na dependência da superação generacional dos cientistas:

> A transferência de adesão de um paradigma a outro é uma experiência de conversão que não pode ser forçada. A resistência de toda uma vida, especialmente por parte daqueles cujas carreiras produtivas comprometeu-os com uma tradição mais antiga da ciência normal, não é uma violação dos padrões científicos, mas um índice da própria natureza da pesquisa científica. A fonte dessa resistência é a certeza de que o paradigma antigo acabará resolvendo todos os seus problemas e que a natureza pode ser enquadrada na estrutura proporcionada pelo modelo paradigmático. Inevitavelmente, em períodos de revolução, tal certeza parece ser obstinação e teimosia e em alguns casos chega realmente a sê-lo. Mas é também algo mais. (...) Embora alguns cientistas, especialmente os mais velhos e mais experientes, possam resistir indefinidamente, a maioria deles pode ser atingida de uma maneira ou outra. Ocorrerão algumas conversões de cada vez, até que, morrendo os últimos opositores, todos os membros da profissão passarão a orientar-se por um único – mas já agora diferente – paradigma.[140]

Assim, a extravagante longevidade do ensino de antropologia criminal pode ser atribuída a uma certa *inércia científica*, sustentada pelo prestígio de autores e escolas que tiveram seu apogeu em momentos anteriores da história.[141] No entanto, o fato de que no ensino policial ainda houvesse espaço para tais idéias não significa que elas tivessem a mesma capacidade de circular socialmente que tiveram no período que aborda este estudo. Mesmo que na polícia elas possuíssem a mesma

---

do pós-guerra. Antes disso, o que se tinha era muito mais novas formulações retóricas para as mesmas idéias (Corrêa, 1998, p. 312).

140. Kuhn, 1998, p. 191-192.

141. A análise que aqui se faz não leva em consideração o recente recrudescimento do determinismo biológico por conta do desenvolvimento da ciência genética.

vitalidade que tinham na primeira metade do século, e isso é apenas uma hipótese, não bastaria. Como vimos sustentando, as teorias científicas necessitam de agentes sociais aliados para se tornarem efetivas e consolidadas, necessitam *imprescindibilidade social*.[142] Apesar de as décadas de 50 e 60 não pertenceram ao recorte aqui abordado, pode-se facilmente admitir que a antropologia criminal nesse período fosse perdendo a capacidade de produzir conseqüências sociais, esvaziando crescentemente a rede social que pudesse lhe dar sustentação.

Em oposição, na primeira metade do século a antropologia criminal logrou a articulação dessa rede, ao menos é o que aqui se procura demonstrar. A presença das idéias positivistas em sala de aula onde se sentavam futuros médicos, juízes, delegados e autoridades policiais, personagens decisivas para a construção e manutenção da rede, foi uma estratégia fundamental para isso. Uma outra igualmente importante passava pela instituição e valorização de associações de cunho científico e profissional que debatessem e divulgassem aquelas idéias e as transformassem em reivindicações, ou seja, que fizessem o percurso do discurso ao programa. No caso em estudo, é o papel que procurou cumprir a entidade criada por médicos e juristas no começo da década de 20.

4. A Sociedade de Medicina Legal e Criminologia de São Paulo

A entidade foi criada em novembro de 1921.[143] No Brasil, as iniciativas anteriores para congregar médicos e juristas para discutir a criminalidade em uma mesma organização foram poucas e efêmeras.[144] Nina Rodrigues foi também nisso o precursor, fundando uma entidade na Bahia em 1895, mas que sobreviveria apenas dois anos. Quase simultaneamente, em São Paulo nascia e desaparecia a "Sociedade de Anthropologia Criminal, Sciencias Penaes e Medicina Legal".[145] No Rio de Janeiro,

---

142. Latour, 2000a, p. 217.
143. A Sociedade de Medicina Legal e Criminologia de S. Paulo aparecerá referida neste texto também como "Sociedade de Medicina Legal", ou ainda simplesmente como "Sociedade".
144. As associações e sociedades de medicina costumavam ter uma seção de medicina legal, mas que não incluía os bacharéis (Fávero, Flamínio.; Freire, Oscar. Supplemento – Relação chronologica dos trabalhos brasileiros de medicina legal e sciencias affins, de 1814 a 1918, *Archivos da Sociedade de Medicina Legal e Criminologia de S. Paulo*, São Paulo, v. 1, n. 2, 86-91, 1922, p. 90-91).
145. Fávero, 1922, p. 151.

em 1897 foi fundada uma Sociedade de Jurisprudência Médica e Anthropológica, de existência igualmente efêmera.[146]

Coube ao discípulo e sucessor de Nina Rodrigues na Bahia, Oscar Freire, retomar a iniciativa em 1914, fundando a Sociedade de Medicina Legal e Criminologia da Bahia.[147] Sete anos depois, seria o mesmo professor que estaria à frente da criação da congênere paulista. Ambas representavam, quando isso acontecia, as únicas no Brasil dedicadas ao tema[148], e ambas eram inevitavelmente associadas ao nome de Oscar Freire. Na verdade, o impulso decisivo para que se viabilizasse a Sociedade de Medicina Legal e Criminologia de S. Paulo veio justamente da organização da cadeira de Medicina Legal na Faculdade de Medicina, como vimos inaugurada em abril de 1918 pelo mesmo Oscar Freire, trazido da Bahia para esta tarefa.

O primeiro núcleo que Oscar Freire arregimentou para discutir a criação da nova entidade reuniu Alcântara Machado, Franco da Rocha, Plínio Barreto, Roberto Moreira e Armando Rodrigues. Foram eles que assinaram o convite para a primeira reunião, marcada para 28 de outubro de 1921, no Instituto de Higiene da Faculdade de Medicina, à época ainda situado à Rua Brigadeiro Tobias.[149] Atendeu ao chamado um total de 53 pessoas, dentre médicos, advogados, promotores, delegados de polícia e burocratas. Seria possível reconhecer no auditório vários profissionais que participariam intensamente na vida cotidiana da nova entidade, como Flamínio Fávero, Moysés Marx, Álvaro Britto e Américo Brasiliense. Também chamam a atenção os nomes de Franklin Piza e Acácio Nogueira, o primeiro, diretor da Penitenciária do Estado, e o segundo, seu futuro sucessor no cargo e posteriormente Secretário da Segurança Pública. A presença de personalidades importantes estranhas ao meio da medicina legal e da criminologia, por sua vez, testemunhava o interesse com que a elite paulista da época acompanhava o surgimento da nova agremiação. É o caso de Emílio Ribas e do jornalista Júlio de Mesquita Filho.[150] Todos estes nomes participaram não apenas

---

146. Carrara, Sérgio. *Crime e loucura* – o aparecimento do manicômio judiciário na passagem do século. Rio de Janeiro: EdUERJ, EdUSP, 1998, p. 177.

147. Fávero, 1922, p. 151.

148. Os paulistas não consideravam congênere a Sociedade Brasileira de Neuriatria, Psychiatria e Medicina Legal, fundada no Rio de Janeiro por Afrânio Peixoto e Juliano Moreira, na avaliação deles mais voltada à neurologia e à psiquiatria, sem priorizar a medicina legal (Fávero, 1922, p. 152; e Souza, Geraldo de Paula. Discurso. *Archivos da Sociedade de Medicina Legal e Criminologia de S. Paulo*, São Paulo, v.1, n. 1, 22-26, fev. 1922, p. 23-24.).

149. Fundação da Sociedade. *Archivos da Sociedade de Medicina Legal e Criminologia de S. Paulo*, São Paulo, v.1, n. 1, 1-3, fev. 1922, p. 1.

150. Fundação... , fev. 1922, p. 2.

desta primeira reunião de trabalho, mas assinaram a ata como sócios-fundadores, quando da Sessão de Instalação, duas semanas depois.

Ainda nesta reunião, foi eleita a primeira diretoria e aprovados os estatutos da entidade. A presidência ficou com Alcântara Machado, cargo que este manteria até 1937, quando seria substituído por Flamínio Fávero. Franco da Rocha foi indicado vice-presidente e Oscar Freire, o secretário-geral.[151] Além do prestígio que tinha Alcântara Machado, como político e como professor da Faculdade de Direito, é bem possível que sua escolha também atendesse a objetivos diplomáticos dos médicos, que assim reforçariam o caráter misto da associação e minimizariam a desconfiança da "ala jurídica" da medicina legal paulista.

Os estatutos aprovados enfatizavam a produção e a difusão de conhecimento científico como objetivos centrais da entidade, destinada a estudar todas as questões de medicina legal e criminologia, promover a publicação de periódicos e monografias, a convocação de eventos científicos e a execução de pesquisas pertinentes ao tema.[152]

No entanto, seria na esperada solenidade de instalação, em 15 de novembro de 1921, que as idéias e teorias predominantes no meio iriam se manifestar, definindo os marcos iniciais de seu discurso, mas em linhas gerais destinadas a orientar a atuação da Sociedade por um longo período. Na sua fala inaugural, Alcântara Machado fez apologia a Lombroso, que teria transformado o direito em ciência positiva, emprestando-lhe os métodos da observação e da experiência.[153] Desde então, a área teria vivido verdadeira revolução. A transferência da ênfase do crime ao criminoso parecia a ele já uma conquista consolidada, assim como a superação da concepção clássica que definia a pena conforme o delito:

> Quaisquer que sejam as nossas convicções filosóficas, todos nós sentimos que é impossível o regresso à concepção antiga do delito, como simples entidade jurídica, e ao conceito anacrônico da pena inspirada exclusivamente na natureza do crime, sem atenção à natureza do criminoso.[154]

---

151. O Anexo 1 traz um quadro com todas as diretorias da Sociedade eleitas dentro do período estudado.
152. Estatutos da Sociedade de Medicina Legal e Criminologia de S. Paulo. *Archivos da Sociedade de Medicina Legal e Criminologia de S. Paulo*, São Paulo, v. 1, n. 1, 4-10, fev. 1922, p. 4. Os estatutos tiveram 191 signatários.
153. Machado, Alcântara. Discurso proferido na sessão de installação pelo Dr. Alcantara Machado. *Archivos da Sociedade de Medicina Legal e Criminologia de S. Paulo*, São Paulo, v. 1, n. 1, 13-17, fev. 1922, p. 13.
154. Machado, A.,1922, p. 14.

Partindo dessa base conceitual, Machado criticava a defasagem do acervo legal do país, já que o Código Penal de 1890 não a contemplava e permanecia preso aos "preconceitos metafísicos e ultrapassados". Faltariam nele a individualidade da pena, a condenação condicional e as medidas de segurança.[155] A reforma das leis penais viria a ser uma das principais reivindicações dos positivistas, no Brasil e em vários outros países. Na Sociedade, ela seria reafirmada com muita pertinácia, pressão que contribuiria por fim para a promulgação do novo Código em 1940 e que influenciaria no seu conteúdo, como veremos mais adiante.

Por outro lado, Machado também criticava a precariedade do conhecimento da criminalidade no Brasil, particularmente pela lacuna do estudo do criminoso. Enfim, o primeiro presidente da Sociedade deixava desde logo bem claro que a Sociedade chegava para contribuir na aplicação do programa positivista, principalmente na luta pela reforma da legislação penal e no aprimoramento do conhecimento científico sobre o criminoso.

O representante dos profissionais do direito na cerimônia assentia com tais idéias, mas não sem mostrar alguma preocupação com a defesa das prerrogativas de sua classe. Falando em nome do Instituto dos Advogados de São Paulo, Henrique Bayma admitia o novo papel do médico na criminologia, ao mesmo tempo em que saudava o abrandamento do primeiro lombrosionismo:

> Nesta aliança estreita, reconhecemos, como é de justiça, a vossa primazia [dos médicos], afirmando, embora, de par a par com a antropologia e a sociologia criminais que florescem em vossos estudos, a persistência do direito penal, cuja razão de ser os exageros dominantes nos primeiros tempos da escola positiva puseram insistentemente em dúvida.[156]

De qualquer modo, Bayma não deixava dúvidas de que acompanhava com entusiasmo as novas tendências científicas na criminologia, reconhecendo a urgência e a prioridade que deveria merecer o estudo do criminoso.[157]

Na defesa dessa atividade de ciência empírica, transparecia também uma faceta marcadamente nacionalista, aliás uma das características do paradigma moderno

---

155. Machado, A.,1922, p. 15.
156. Bayma, Henrique. Discurso. *Archivos da Sociedade de Medicina Legal e Criminologia de S. Paulo*, São Paulo, v. 1, n. 1, 18-21, fev. 1922, p. 18.
157. Bayma, 1922, p. 20-21.

que se consolidava nos anos vinte.[158] O conhecimento da criminalidade implicava, como vimos, o estudo científico do criminoso, mas este, assim como o meio em que atuava, seriam peculiares a cada país, donde a insensatez em se tentar cobrir esta lacuna apenas com a bibliografia estrangeira. Alcântara Machado sintetizava a crítica aos teorismos e aos estrangeirismos, atitudes "estéreis e preguiçosas", clamando pela construção de uma "criminologia nacional".[159]

Outro momento importante para o reconhecimento das afiliações teóricas da Sociedade se deu em 1929, quando da morte de Enrico Ferri. O jurista italiano fora um dos principais discípulos de Lombroso e expoentes da Escola Positiva. Como Lombroso, foi militante socialista, chegando nesta condição ao parlamento. Por muitos anos, foi editor do jornal *Avanti*, porta-voz do Partido Socialista. Com a ascensão de Mussolini ao poder, Ferri aderiu aos vitoriosos, tornando-se fascista até seus últimos dias. Sua principal obra foi "Sociologia Criminal", publicada em 1884 e vista por muitos como uma relativização das teses mais biologicizadas de Lombroso. De qualquer forma, Ferri foi um pertinaz opositor da Escola Clássica e um entusiasta da transformação do direito penal em ciência experimental.

Em 11 de Maio de 1929, um mês depois da morte de Ferri, a Sociedade organizou uma solenidade em sua homenagem no Teatro Municipal de São Paulo. O local escolhido já dá suficiente idéia da importância que a entidade atribuía ao evento. Mais do que isso, a mensagem embutida era a de que o fato do desaparecimento do eminente jurista extrapolava não apenas as fronteiras italianas, mas também as da criminologia e do direito penal, afetando a sociedade como um todo. Ou, ao menos, a parte dela mais culta e preocupada com seus problemas e seus destinos, justamente o extrato social acostumado a freqüentar o Teatro Municipal.

Na solenidade, as orações todas enalteciam a obra de Ferri e principalmente os avanços da Escola Positiva. Alcântara Machado, em seu discurso, mais uma vez demonstrava sua firme confiança na generalização das vitórias positivistas. Além de auferir o mérito a Ferri, e apesar de enfatizar o caráter irresistível das transformações, o autor deixava transparecer a existência de opositores às novas idéias, conferindo assim um caráter um tanto militante ao evento:

---

158. Ver Herschmann; Pereira, 1994b, p. 29.

159. Machado, A., 1922, p. 16.

> Se hoje em dia, quaisquer que sejam as nossas convicções filosóficas, todos nós sentimos que é impossível considerar o delito como simples entidade jurídica, o criminoso como abstração, a pena como retribuição do mal sofrido pela sociedade, o juiz como distribuidor automático das sanções encartadas nos descaminhos do Código, é a Enrico Ferri que devemos essas conquistas definitivas. Definitivas, sim. Apesar do descrédito lançado sobre a escola positiva pelos exageros de alguns de seus adeptos, a orientação que ele imprimiu à luta contra a delinqüência é tão racional e tão conforme às necessidades e ao espírito do nosso tempo, que, pouco a pouco, as novas idéias se vão infiltrando na consciência jurídica de todos os povos, e triunfam na legislação de todo o mundo ocidental. Assim, a condenação e o livramento condicionais. Assim, os tribunais para menores. Assim, os manicômios judiciários. Assim, a individualização e indeterminação da pena, as medidas de segurança e transformação do cárcere na penitenciária, isto é, em oficina de homens, escola de reeducação e redenção moral.[160]

Poucos anos depois, quando Machado seria convocado a escrever um anteprojeto para o novo Código Penal, teria a oportunidade de concretizar em proposta de texto legal várias dessas idéias.

Mas o ato do Teatro Municipal deixa patente outra certeza. Ao contrário de suas antecessoras, a Sociedade de Medicina Legal e Criminologia de S. Paulo havia vingado. Mais que isso, entraria na década seguinte com grande vitalidade. Com exceção de alguns períodos de inatividade na década de 20, nos anos de 1923, 1925 e 1926, ao longo de todo o período estudado a entidade manteve regularmente seu funcionamento, atingindo amplamente os objetivos a que se propusera em sua sessão inaugural. Foram organizados diversos eventos de caráter científico, um número considerável de trabalhos foi apresentado em suas sessões e em sua revista, que por sua vez manteve existência regular, e muitas de suas propostas extrapolaram o meio e tiveram repercussão social.

Com relação ao número de sócios, é natural que o entusiasmo da fundação não perdurasse com a mesma intensidade no cotidiano da Sociedade ao longo dos anos. Se 191 nomes estiveram dispostos a assinar os seus estatutos em 1921, no seu

---

160. Homenagem a Enrico Ferri. *Revista de Criminologia e Medicina Legal*, São Paulo, v. 6, n. 7-12, 147-154, 1929, p. 148.

aniversário de 15 anos apenas 68 sócios contribuintes estavam registrados.[161] Mas, apesar disto, o quadro associativo parece ter aumentado continuamente, pelo menos é o que indicam os dados disponíveis. De 68 sócios em 1936, passou para 81, em 1937[162], 90 no ano seguinte[163], 106 em 1943[164], e 118 em 1945.[165]

Em 1937, no mesmo balanço de 15 anos de existência, a Sociedade contabilizou um total de 171 trabalhos científicos, apresentados em 143 sessões[166], numa média de 11,5 trabalhos e 9,5 sessões ordinárias por ano. No período restante, de 1937 a 1945, essa média subiu para mais de 20 e mais de 15, respectivamente.[167] Todos estes números indicam um robustecimento crescente da Sociedade e de suas atividades ao longo do período estudado, marcadamente nas décadas de 30 e 40. Parte do aumento da produção científica pode ser atribuída à criação das seções especializadas da Sociedade, a partir do ano de 1932.[168] Até então, em 10 anos, haviam sido discutidos em plenário 69 trabalhos. Apenas nos quatro anos seguintes 102 trabalhos foram apresentados.[169]

É relevante também fazer uma análise qualitativa de tal produção. Como não poderia deixar de ser, na Sociedade discutiam-se objetos comportamentais e não-comportamentais, conforme definição que propusemos mais acima. Se Oscar Freire apresentava o trabalho "Persistência do arsênico nas cinzas dos corpos cremados", em fevereiro de 1922, três meses depois Armando Rodrigues falava sobre a "Psychologia da prova testemunhal".[170] Tal convivência persistiu sem maiores tensões ao longo dos anos, com as contradições e complementariedades que já discutimos.

---

161. Assembléia Geral Ordinária. *Archivos da Sociedade de Medicina Legal e Criminologia de S. Paulo*, São Paulo, v. 8, n. 1-3, 98-104, 1937, p. 102.

162. Assembléia..., 1937, p. 102.

163. Assembléia Geral Ordinária. *Archivos da Sociedade de Medicina Legal e Criminologia de S. Paulo*, São Paulo, v. 9, n. 1-3, 126-134, 1938, p. 134.

164. Sócios da Sociedade em 15 de novembro de 1944 [sic], *Arquivos da Sociedade de Medicina Legal e Criminologia de S. Paulo*, São Paulo, v. 14, n. 1-3, p. 135-138, 1943.

165. Sócios da Sociedade em 30 de dezembro de 1945. *Arquivos da Sociedade de Medicina Legal e Criminologia de S. Paulo*, São Paulo, v. 16, n. 1-3, p. 110-113, 1945.

166. Fávero, Flamínio. Relatório do Secretário Geral. *Archivos da Sociedade de Medicina Legal e Criminologia de S. Paulo*, São Paulo, v. 7, n. 3, 149-153, 1936, p. 150.

167. A partir dos dados dos relatórios anuais de 1938, 1939, 1940, 1941 e 1945 (ver as edições dos *Arquivos* dos respectivos anos).

168. Ver Anexo 1.

169. Fávero, 1936, p. 150.

170. Fávero, 1936, p. 69-70.

Mas nosso interesse aqui é identificar a presença dos objetos comportamentais no cotidiano da Sociedade e a relevância que recebeu. Em dez anos de existência, os assuntos que mais atenção receberam nas reuniões da entidade foram: a reforma do Código Penal; o valor da prova testemunhal; o médico e a responsabilidade dos criminosos; e a perícia das armas de fogo.[171] Com exceção do último, todos temas de relevância estratégica para a Escola Positiva. A reforma do Código então já se constituía em reivindicação histórica. A prova testemunhal, como veremos adiante, estava sob permanente desconfiança e era sistematicamente desqualificada pelos criminologistas. Da mesma forma que o tribunal do júri, esse era um tema que confrontava a autoridade da ciência com o impressionismo do mundo leigo. Finalmente, a questão da existência da responsabilidade do criminoso estava no cerne mesmo das concepções positivistas.

No balanço das atividades de 1936, quando tratava dos assuntos considerados mais relevantes, o secretário geral adicionava a esses o tema da infortunística. A importância que a racionalização do trabalho ganhava no meio médico-legal levaria a Sociedade a organizar um congresso específico sobre o tema, o primeiro do gênero no Brasil, em 1940. A impregnação de determinismos biológicos e objetos comportamentais em reflexões sobre o mundo do trabalho será objeto de análise específica mais adiante. Já no relatório de atividades da Sociedade do ano de 1938 aparecia pela primeira vez o homossexualismo como um dos temas mais privilegiados e discutidos.[172]

Os prêmios que a Sociedade instituiu são outro indicativo dos temas e trabalhos que eram valorizados pelo coletivo médico-legal. Em 1924, a Sociedade estabelecia o Prêmio Oscar Freire, em homenagem a seu fundador recém-falecido. Até 1937, ele seria conferido à melhor tese de doutoramento de medicina na área da medicina legal. Com o fim da obrigatoriedade da tese naquele ano, o prêmio foi dividido em dois e passou a ser conferido aos melhores trabalhos de medicina legal e criminologia que fossem apresentados à Sociedade. De uma certa forma, a divisão também refletia o avanço da especialização na área da medicina legal, de que tratamos antes. Como resultado, os prêmios de criminologia seriam destinados a trabalhos com grande densidade de objetos comportamentais, o que não aconteceria com os de medicina legal.

O primeiro agraciado com o Prêmio Oscar Freire de Criminologia foi Hilário Veiga de Carvalho, em 1938, com o trabalho "Pedagogia sexual e prophylaxia cri-

---

171. Fávero, 1936, p. 150.

172. Sessão Solene de 15 de novembro de 1938. *Archivos da Sociedade de Medicina Legal e Criminologia de S. Paulo*, São Paulo, v. 9, n. 1-3, 135-156, 1938, p. 154.

minal". O autor defendia a educação sexual nas escolas como profilaxia criminal, já que, em sua avaliação, grande parte dos crimes teriam causas "ligadas ao amor".[173]

No ano seguinte, o ganhador foi o sucessor de Franco da Rocha na direção do Hospital Psiquiátrico do Juqueri, Antonio Pacheco e Silva, com o estudo "Psychiatria Clinica e Forense".[174] Não deixa de ser uma expressão da então crescente imposição da psiquiatria como especialidade privilegiada na explicação do ato anti-social. Como curiosidade, e também como outro indicativo da dificuldade das diversas especialidades em conseguir homogeneidade na disputa pela primazia médica na criminologia, o fato de que o autor considerava nulas as possibilidades práticas da psicanálise.[175] A orientação somaticista de Pacheco e Silva deplorava as tendências contemporâneas que afastavam a psiquiatria da biologia: "(...) a Psiquiatria, depois de ter sido elevada a ciência positiva e integrada nos quadros da Biologia, sente-se, hoje, ameaçada de voltar ao caos metafísico." É a partir desta concepção de psiquiatria que o autor se alinhava aos positivistas e condenava com eles a noção de livre arbítrio: "(...) é preciso substituir a noção metafísica e arbitrária da responsabilidade pela noção positiva e objetiva da nocividade (...)"[176]

Em 1940, Antonio Miguel Leão Bruno ganhou o prêmio de criminologia, com seu estudo "Conceito de acto delituoso". O autor, formado em Medicina e em Direito, era professor assistente adjunto do Instituto Oscar Freire e membro assíduo da Sociedade. No que parecia uma resposta ao ganhador do ano anterior, Leão Bruno saiu em defesa da psicanálise em seu trabalho, indicando mais uma vez a indefinição paradigmática que prevalecia na criminologia de então. Como registra paráfrase da resenha da comissão de prêmios, o autor considerava que: "(...) a psicanálise, aplicada sem fanatismos e com plenos conhecimentos da técnica, seja de indiscutível utilidade no estudo de delinqüentes, porquanto o direito penal moderno distingue-se pelo seu contato mais íntimo com a pessoa do criminoso."[177]

No ano seguinte, a Sociedade voltaria a contemplar um estudo de psiquiatria. O ganhador foi o psiquiatra do Laboratório de Antropologia Criminal da Polícia de São Paulo e professor da Escola da mesma instituição Edmur de Aguiar Whitaker,

---

173. Assembléia..., 1938, p. 130-132.

174. Sessão Ordinária de 30 de outubro de 1939. *Archivos da Sociedade de Medicina Legal e Criminologia de S. Paulo*, São Paulo, v. 10, n. 1-3, 87-112, 1939, p. 109.

175. Sessão Ordinária..., 1939, p. 97.

176. Sessão Solene de 15 de novembro de 1939. *Archivos da Sociedade de Medicina Legal e Criminologia de S. Paulo*, São Paulo, v. 10, n. 1-3, 113-140, 1939, p. 130.

177. Assembléia Geral Ordinária de 11 de novembro de 1940. *Archivos da Sociedade de Medicina Legal e Criminologia de S. Paulo*, São Paulo, v. 11, n. 1-3, 152-160, 1940, p. 157-159.

com o texto "O crime e os criminosos à luz da psicologia e da psiquiatria – Considerações sobre o problema da delinqüência em São Paulo". O autor participava da fala comum dos positivistas, a qual enfatizava a necessidade de se estudar o criminoso para se entender o crime, ainda que deixasse clara a primazia da psicologia e da psiquiatria para essa tarefa: "Para que a sociedade possa lutar de maneira eficiente e racional contra os criminosos, necessita, previamente, de uma compreensão exata da natureza dos mesmos."[178]

Os pareceristas de seu trabalho valorizaram particularmente as demandas positivistas de classificação dos criminosos e individualização da pena:

> [O autor] frisa que, classificados os delinqüentes, por efeito dos exames psicológico e psiquiátrico, será possível adaptar à situação de cada um as medidas convenientes, não só as de caráter penal, como também as de caráter médico-pedagógico e educacional.[179]

O trabalho de Whitaker também se qualificou pelo método empregado, pois na verdade constituía-se em estudo de 50 presos sob a disposição da polícia de São Paulo, portanto do laboratório onde trabalhava. Assim, o estudo do criminoso tornava-se prático e não apenas conceitual. Além disso, o momento da premiação coincidia com a promulgação do novo Código Penal. As medidas de segurança, que este passou a prever, consolidavam demandas positivistas, ao condicionar as restrições à liberdade do indivíduo à sua periculosidade, medicamente determinada, e não apenas ao que tenha feito de condenável. Estes dispositivos legais estariam no centro das polêmicas entre positivistas e clássicos, e também entre médicos e juristas, em torno do novo Código, como analisaremos mais adiante. Inserido de alguma forma nesse debate, o trabalho de Whitaker foi saudado como verdadeira antecipação das medidas de segurança. O seu chefe no Serviço de Identificação, ao qual seu laboratório estava subordinado, Ricardo Gúmbleton Daunt, era quem fazia a associação:

> Mas haveria, porventura, qualquer relação entre os estudos do Doutor Edmur de Aguiar Whitaker e o novo Código Penal Brasileiro? Aí, ilustrado Auditório, a vitória do homenageado, a vitória do Serviço de Identificação, a vitória da Polícia Bandeirante. O novo Código Penal Bra-

---

178. Assembléia Geral Ordinária de 8 de novembro de 1941. *Arquivos da Sociedade de Medicina Legal e Criminologia de S. Paulo*, São Paulo, v. 12, n. 1-3, 151-157, 1941, p. 154-156.

179. Assembléia..., 1941, p. 155.

sileiro, ainda inexistente na época daqueles estudos, veio, passados cinco anos, como que sacramentar pela adoção, a nova ordem de estudos que a Sociedade de Medicina Legal e Criminologia de S. Paulo hoje premeia. (...) Foi pela nossa Polícia, dentro do nosso Serviço de Identificação, que conseguistes ver, como verdadeiro profeta, uma nova ordem de princípios, que são parte integrante de nosso programa, cujos estatutos sempre rejeitaram o crime como simples expressão da desigualdade e o criminoso como figura estandardizada pela lei até então divorciada das modernas conquistas da Ciência.[180]

Em 1942, o prêmio de criminologia serviu para demonstrar que a psiquiatria ainda não reinava solitária no estudo do criminoso. O trabalho premiado revivia Lombroso e algumas de suas mais rudimentares teorias, ainda que um tanto lapidadas com a ajuda de uma ciência relativamente recente, a endocrinologia. O título era significativo: "Morfologia constitucional e criminalidade". O autor, Salvador Rocco, era médico do Instituto de Biotipologia da Penitenciária do Estado. Partindo da tese de que o balanço hormonal determinaria, simultaneamente, a morfologia e o comportamento, Rocco lograva resgatar de Lombroso a capacidade de identificar no corpo humano as predisposições anti-sociais. Para ele, os "braquítipos" constituiriam a maioria dos autores de crimes contra a pessoa e contra os costumes, ao passo que os "longítipos" prevaleceriam em crimes contra o patrimônio.[181]

Por outro lado, também aqui a Sociedade resolveu premiar o trabalho prático experimental, realizado com "material humano" concreto, no caso sentenciados da Penitenciária do Estado. A exemplo do premiado do ano anterior, Rocco obteve suas conclusões da análise de indivíduos colocados à sua disposição em seu laboratório. Neste sentido, a metodologia do estudo estava sendo premiada tanto quanto seu conteúdo, dentro do espírito de valorização do estudo prático e empírico que caracterizava o discurso da medicina legal e da criminologia de então.

Em 1943, o trabalho que receberia o prêmio de criminologia era "Menores abandonados e delinqüentes", do médico pediatra Carlos Prado.[182] A menoridade havia muito era assunto prioritário dentro da Sociedade, ao mesmo tempo em que

---

180. Sessão Solene de 15 de novembro de 1941. *Arquivos da Sociedade de Medicina Legal e Criminologia de S. Paulo*, São Paulo, v. 12, n. 1-3, 158-187, 1941, p. 175-177.
181. Assembléia Geral Ordinária de 30 de outubro de 1942. *Arquivos da Sociedade de Medicina Legal e Criminologia de S. Paulo*, São Paulo, v. 13, n. 1-3, 125-133, 1942, p. 127.
182. Assembléia Geral Ordinária de 30 de outubro de 1943. *Arquivos da Sociedade de Medicina Legal e Criminologia de S. Paulo*, São Paulo, v. 14, n. 1-3, 64-76, 1943, p. 70.

sempre mereceu atenção dedicada dos adeptos da Escola Positiva, como veremos mais adiante. O trabalho de Prado reforçava esta preocupação, dentro de uma perspectiva claramente preventiva, ao enfatizar a necessidade de identificar o mais precocemente as predisposições ao delito. Particularmente o menor de rua deveria ser objeto de especial consideração, já que sua situação poderia combinar as possíveis tendências endógenas para o ato anti-social com o meio moralmente desfavorável. Prado, desta forma, colaborava na consolidação da visão do menor abandonado como delinqüente em potencial. Como tem insistido a bibliografia, a construção de tal estigma conheceu naquele período um grande avanço.[183] Mariza Corrêa, por sua vez, ressalta o papel que a Escola Positiva cumpriu para tal[184], principalmente por meio da articulação que seu discurso produziu entre os conceitos de defesa social, prevenção ao crime e "predisposição endógena".

Ainda em 1943, a Sociedade inaugurava a concessão de um novo mérito: o Prêmio Alcântara Machado de Direito Penal, em homenagem ao seu recém-falecido ex-presidente. O ganhador foi Alfredo Issa Ássaly, então Diretor Geral da Secretaria de Segurança Pública, pasta da qual em breve seria o titular. Seu estudo se intitulava "O trabalho penitenciário – aspectos econômicos e sociais".[185] O tema do trabalho também era caro aos positivistas e à Sociedade, e por isso será também especificamente analisado mais adiante. Basta-nos por ora chamar a atenção para o fato de que, se o sentenciado era antes de tudo um doente, e se a pena seria seu tratamento, a terapêutica privilegiada seria o trabalho. O tema da racionalização do trabalho penitenciário, por outro lado, fazia parte do discurso da racionalização do trabalho em geral que se difundiu fortemente durante o Governo Vargas. Mas no caso do trabalho do sentenciado, sua racionalização deveria implicar também a viabilização da individualização da pena, ao prescrever o ofício mais adequado para as capacidades e necessidades terapêuticas de cada um. Na solenidade de entrega do prêmio, Basileu Garcia, em nome da Sociedade, fez a saudação do premiado. No discurso, a perspectiva positivista do trabalho como terapia era colocada como mais um argumento a ser mobilizado nas disputas em torno do novo Código Penal:

---

183. Ver, por exemplo, MOURA, Esmeralda B. B. de. Meninos e meninas na rua: impasse e dissonância na construção da identidade da criança e do adolescente na República Velha. *Revista Brasileira de História*, São Paulo, v. 19, n. 37, 85-102, 1999, p. 101.

184. Ver Corrêa, Mariza. A cidade de menores: uma utopia dos anos 30. In: Freitas, Marcos Cezar (Org.). *História Social da Infância no Brasil*. São Paulo: Cortez, 2001, p. 96.

185. Assembléia..., 1943, p. 70.

> Agita-se nos meios criminológicos do país um generoso movimento de renovação dos métodos penitenciários. Ao influxo do moderno estatuto criminal, orientado no sentido da individualização judiciária e administrativa do tratamento ressocializador do delinqüente, sente-se a necessidade de comunicar o sopro da vida às promessas solenes de que os novos preceitos se fizeram portadores. As prisões devem ser, efetivamente, um cadinho de remodelação fisio-psíquica do criminoso. É preciso adaptá-las para essa dignificante missão, ampliando-lhes as possibilidades materiais, dotando-as de completo aparelhamento técnico e, especialmente, retirando do trabalho, racionalmente organizado, todo o formidável coeficiente de que é capaz como processo curativo e regenerador.[186]

Evidentemente, a estrutura da Penitenciária do Estado estava longe de poder cumprir este papel, tanto no que concernia à possibilidade de fornecer o diagnóstico individualizador quanto às possibilidades diferenciadas de trabalho que poderiam ser oferecidas (ver Figura 1, especialmente E a H). Era justamente contra essa realidade que se insurgia o estudo de Ássaly.

Após um ano sem encontrar quem o fizesse por merecer, a Sociedade volta a outorgar o prêmio de criminologia em 1945. O ganhador foi Sílvio Marone, professor assistente da Cadeira de Otorrinolaringologia da Faculdade de Medicina da Universidade de São Paulo.[187] Mais uma vez, o trabalho premiado, "Considerações em torno de uma nova classificação de missexuais", tratava de outra questão central para a medicina legal e a criminologia, principalmente nos anos trinta e quarenta. Neste período, o tema do homossexualismo freqüentou as reuniões da Sociedade, os congressos e as revistas especializadas com assiduidade, como trataremos mais adiante. Associada à patologia e à periculosidade social a um só tempo, a homossexualidade ainda se prestava particularmente bem ao papel de objeto de determinismos biológicos, por isso tudo interessando a Escola Positiva de maneira especial.

O estudo de Marone, por outro lado, tratava de classificação de seres humanos, verdadeira obsessão dos positivistas. Talvez por isso a Sociedade tenha escalado para saudá-lo, quando da entrega do prêmio, Hilário Veiga de Carvalho, estudioso do tema, que fez questão de enaltecer a preocupação taxonômica do colega:

---

186. Sessão Solene de 15 de novembro de 1943. *Arquivos da Sociedade de Medicina Legal e Criminologia de S. Paulo*, São Paulo, v. 14, n. 1-3, 77-117, 1943, p. 109.

187. Marone, Sílvio. Considerações em tôrno de uma nova classificação de missexuais. *Arquivos da Polícia Civil de São Paulo*, São Paulo, v. 10, 103-136, 1945, p. 3.

Preocupou-vos, dentro do largo estudo dos missexuais, a sua classificação, como necessariamente será levado à rebusca de grupos afins todo aquele que estude indivíduos de qualquer hierarquia biológica. 'Ninguém, em boa razão, poderá negar a utilidade das classificações – afirmei-o certa vez. E se tais classificações têm um grande interesse especulativo, não deixam de apresentar – e talvez seja o mais – relevante interesse prático.' Assim é, também, com a vossa classificação de missexuais.[188]

Na sua resposta a Carvalho, Marone fez questão de colocar suas reflexões sobre homossexualismo no marco da criminologia:

[A Criminologia moderna permite] explicar a influência do corpo sobre o espírito e do espírito sobre o corpo; abrir horizontes sobre o *porque* dos atos súbitos de brutalidade, de violência e de imoralidade; permitir a prevenção do ato delinqüente e se não evitar ou preveni-lo, ao menos canalizar e subjugar a tendência das energias nocivas e perigosas. (...) numa palavra, para a etiologia do delito, faz-se mister estudo aprofundado do caráter, do temperamento e da predisposição criminosa. São estas as noções que dominam em Criminologia. E é sobre essas noções gerais que fundamentamos a nossa classificação.[189]

Este percurso pelas premiações da Sociedade de Medicina Legal e Criminologia de S. Paulo possibilitou-nos reconhecer a presença e a vitalidade do discurso positivista naquele meio, já atestadas quando da fundação da entidade. Ainda que daquela já distante sessão inaugural em 1921 até a concessão do prêmio a Sílvio Marone, em 1945, muita coisa tenha se transformado nas teorias da Escola Positiva, notadamente o crescimento da influência da psiquiatria, mantiveram-se inalteradas a insistência no estudo e na classificação dos criminosos, a idéia da patologização do ato anti-social, a defesa da individualização e da indeterminação da pena e a confiança ilimitada na visão cientificista da criminologia. Por outro lado, algumas das principais divergências e contradições existentes no meio, que merecerão uma análise mais detida em capítulo posterior, já se insinuavam.

---

188. Sessão Solene de 15 de novembro de 1945. *Arquivos da Sociedade de Medicina Legal e Criminologia de S. Paulo*, São Paulo, v. 16, n. 1-3, 82-104, 1945, p. 91.

189. Sessão Solene de 15 de novembro..., 1945, p. 94-95.

Mas, de uma forma geral, a Sociedade cumpriu um papel fundamental nas conquistas que a Escola Positiva pôde comemorar ao longo de todos aqueles anos, por sua vez também examinadas mais adiante, e foi justamente seu alinhamento decidido em defesa de suas teses que possibilitou que isso acontecesse. Os Congressos científicos que a entidade organizou foram capítulos importantes dessa história.[190]

Os congressos que a Sociedade patrocinou

O Bandeirante impõe-se mais uma vez, investindo contra os segredos da natureza com maior pertinácia e coragem do que quando desbravava a floresta virgem, eivada de mortais perigos.

Edmur de Aguiar Whitaker[191]

Os congressos que a Sociedade de Medicina Legal e Criminologia de S. Paulo organizou, dentro do período em questão, foram[192]:
- Primeira Semana Paulista de Medicina Legal, de 12 a 17 de julho de 1937[193];
- Primeiro Congresso Paulista de Psychologia, Neurologia, Psychiatria, Endocrinologia, Identificação, Medicina Legal e Criminologia, de 24 a 30 de julho de 1938[194];

---

190. Para uma análise dos congressos médicos realizados no Brasil e na América Latina de 1888 a 1929, nos quais a medicina legal esteve por vezes representada, ver ALMEIDA, Marta de. *Das Cordilheiras dos Andes à Isla de Cuba, passando pelo Brasil*: os congressos médicos latino-americanos e brasileiros (1888-1929). Tese (Doutorado em História Social) - Faculdade de Filosofia, Letras e Ciências Humanas, Universidade de São Paulo, São Paulo, 2003.
191. Sessão inaugural. Congresso Paulista De Psychologia, Neurologia, Psiquiatria, Endocrinologia, Identificação, Medicina Legal E Criminologia, 1., 1938, São Paulo. *Atas...* São Paulo: [s.n.], 1938, 5-8, p. 7.
192. As Semanas de Medicina Legal foram organizadas em conjunto com a Sociedade de Medicina e Cirurgia, e o Congresso de 1938, com a Associação Paulista de Medicina.
193. Archivos da Sociedade de Medicina Legal e Criminologia de São Paulo. São Paulo, v. 8, 1937. Suplemento. Annaes da Primeira Semana Paulista de Medicina Legal, 1937, São Paulo; e Arquivos de Polícia e Identificação. São Paulo, v. 2, n. 1, 1938-1939.
194. Parte dos anais foi publicada em: Arquivos..., 1938-1939; e parte separadamente, em volume autônomo: Congresso Paulista de Psychologia, Neurologia, Psiquiatria, Endocrinologia,

- Segunda Semana Paulista de Medicina Legal, dedicada à infortunística, de 4 a 9 de novembro de 1940[195];
- Semana de Biotipologia, prevista para acontecer de 5 a 10 de outubro de 1942.

O último evento não chegou a ocorrer, por conta da entrada do Brasil na guerra. No entanto, os trabalhos escritos foram publicados[196], e parte deles foi apresentada em sessões da Sociedade.

A Primeira Semana de Medicina Legal, de 1937, foi considerada um marco pela diretoria da Sociedade. Desde sua fundação, em 1921, a organização de certames científicos era considerada um dos objetivos centrais da entidade. Uma série de dificuldades impediu sua realização por longo período. O que facilitou que isso começasse a mudar em 1937 foi o fato de que Flamínio Fávero naquele ano fora eleito presidente da Sociedade de Medicina e Cirurgia de S. Paulo. Esta entidade costumava realizar semanas científicas todos os anos, e o novo presidente fez uso de sua autoridade para que a medicina legal fosse finalmente a temática de turno.[197] Cento e vinte profissionais participaram, com oitenta trabalhos inscritos. Nem todos foram apresentados nas dez sessões realizadas, mas nenhum deixou de ser publicado.[198]

A semana foi representativa também no conteúdo das discussões. Com relação aos objetos comportamentais, freqüentaram as sessões os temas à época mais valorizados pela medicina legal e pela criminologia: a questão da responsabilidade criminal, a classificação dos criminosos, os menores delinqüentes, o homossexualismo, a identificação, a endocrinologia criminal, o mundo do trabalho. Uma linha invisível articulava e dava unidade conceitual a toda essa temática, estruturada a partir da patologização do ato anti-social e do biodeterminismo da Escola Positiva. Trate-se do criminoso sentenciado, ou do menor abandonado, ou do homossexual visitante contumaz das delegacias, ou do "homem comum" ainda desconhecido e

---

Identificação, Medicina Legal e Criminologia, 1., 1938, São Paulo. *Atas...* São Paulo: [s.n.], 1938.

195. Archivos da Sociedade de Medicina Legal e Criminologia de São Paulo. São Paulo, v. 12, 1941. Suplemento. Anais da Segunda Semana Paulista de Medicina Legal Dedicada à Infortunística, 1940, São Paulo.

196. Arquivos da Polícia Civil de São Paulo. São Paulo, v. 4, 2. sem. 1942.

197. Fávero, 1938a, p. 5.

198. Fávero, Flamínio. Relatório da 1ª Semana Paulista de Medicina Legal, *Archivos da Sociedade de Medicina Legal e Criminologia de S. Paulo*, São Paulo, v. 8, n. 1-3, 41-51, 1938b, p. 41.

"não identificado", ou ainda do trabalhador problemático e propenso a acidentes, eram todos personagens da medicina legal e de seu aparato científico, destinados a exame e conhecimento. Esse era o tom dos artigos da Primeira Semana Paulista de Medicina Legal e era o que permitia aos presentes compartilhar uma linguagem comum voltada à defesa social.

As moções aprovadas ao final do encontro também refletiam as mesmas preocupações. Uma delas cobrava dos poderes públicos a implementação das resoluções do Primeiro Congresso Nacional de Identificação, realizado em 1934. Dentre elas, a mais importante sugeria a obrigatoriedade da "(...) identificação das pessoas, em todo o ato ou circunstância em que, pelas leis nacionais, seja necessária a declaração do nome, domicílio, ou outros qualificativos inerentes à personalidade."[199] Como a distância histórica nos permite constatar, essa proposta foi categoricamente vitoriosa na sociedade brasileira. Outra resolução do mesmo congresso não teve sucesso tão espetacular, mas colaborou para o fortalecimento institucional das teses da Escola Positiva no contexto da Era Vargas:

> O Congresso julga do maior alcance a instalação, em todos os serviços de identificação do país, assim como nos manicômios judiciários e penitenciárias, de laboratórios de antropologia criminal, a fim de se tentar o estudo sistemático do criminoso e das causas do crime em nosso país.[200]

A reivindicação do fortalecimento das instituições voltadas ao conhecimento do criminoso era bastante recorrente nos anos 30. Outra moção que a Semana de Medicina Legal aprovou apontava na mesma direção, reclamando especificamente uma melhor estruturação material para o Gabinete de Identificação de São Paulo, ao qual estava adscrito o Laboratório de Antropologia Criminal da Polícia de São Paulo.[201]

---

199. Sessão Solene de encerramento da 1ª Semana Paulista de Medicina Legal.... *Archivos da Sociedade de Medicina Legal e Criminologia de S. Paulo*, São Paulo, v. 8, 547-564, 1938, p. 552. Suplemento. Annaes da Primeira Semana Paulista de Medicina Legal, 1937, São Paulo.

200. Sessão Solene de encerramento..., 1938, p. 552.

201. Sessão Solene de encerramento..., 1938, p. 554. Algumas moções ocupavam-se das doenças profissionais e dos acidentes de trabalho e da necessidade da revisão da lei correspondente (Sessão Solene de encerramento..., 1938, p. 554-556).

Em julho do ano seguinte, realizou-se o Primeiro Congresso Paulista de Psicologia, Neurologia, Psiquiatria, Endocrinologia, Identificação, Medicina Legal e Criminologia. Se lermos o discurso de abertura de Edmur Aguiar Whitaker, veremos que esse longo título chegava a ser uma declaração de princípios. O território comum que poderia congregar tantas disciplinas médicas seria o estudo da personalidade humana e de seus desvios em relação à normalidade, tendo a psicologia como núcleo central:

> Porém, como cede os seus frutos a outras ciências, necessita a psicologia do auxílio de numerosas disciplinas. Daí a idéia de um congresso de psicologia, neurologia, psiquiatria, endocrinologia, identificação, medicina legal e criminologia, em que se procuraria projetar e harmonizar o estádio de evolução alcançado em São Paulo relativo ao estudo da personalidade normal, dos seus desvios mórbidos, considerando ainda as especialidades diretamente ligadas a tal ramo das ciências, outrossim coordenando diretrizes e constituindo uma base unificada, ponto de partida para mais assinaladas conquistas.[202]

No mesmo discurso, Whitaker acabava por fim associando a personalidade anormal com o delinqüente, definindo-o assim como um dos objetos centrais do Congresso. Na pauta que previa para cada uma das seções, divididas por especialidade, o delinqüente estaria presente com freqüência. Por exemplo, a seção de identificação deveria se ocupar dos vastos horizontes que o combate ao crime iria lhe proporcionar. O Congresso atribuía um papel decisivo para a identificação, vislumbrando para esta ciência atribuições muito além da datiloscopia:

> A identificação, além de aperfeiçoar os métodos existentes para a precisa distinção dos homens entre si e criar novos, preocupa-se em cada caso em apresentar um estudo descritivo e experimental completo dos indivíduos identificados, de tal modo promovendo um acúmulo de dados de valor excepcional, esclarecedores da natureza do homem e da sua personalidade, incluindo a do homem delinqüente, objeto de seu especial interesse.

---

202. Sessão inaugural. Congresso Paulista de Psychologia, Neurologia, Psiquiatria, Endocrinologia, Identificação, Medicina Legal e Criminologia, 1., 1938, São Paulo. *Atas...* São Paulo: [s.n.], 1938. 5-8., p. 6.

> Tal labor permitirá uma verdadeira revolução em nosso meio, concernente aos métodos empregados nas pesquisas criminais e concernente sobretudo à atitude a tomar pela sociedade diante dos criminosos, apresentando uma base científica para as modernas diretrizes da penalogia.[203]

Este desenvolvimento científico do combate ao crime, segundo Whitaker, era tributário dos ensinamentos de Lombroso. Mas o autor procurava assinalar as atualizações necessárias:

> Desde já se verifica a tendência a se refundir o conceito do 'delinqüente' e, a partir do 'criminoso nato' de Lombroso, estabelecer, de acordo com os dados fornecidos pela moderna antropologia criminal, uma classificação dos delinqüentes, propondo-se o conceito das 'personalidades delinqüenciais'.[204]

O Congresso, dessa forma, dava concretude às influentes teorias de Nicolas Pende[205], que preconizavam o constitucionalismo no conhecimento do indivíduo delinqüente, ou seja, a articulação de diversas especialidades médicas para tal. No centro deste concerto multidisciplinar, repousavam o corpo e o espírito do delinqüente.

Inscreveram-se para o Congresso 95 profissionais.[206] Várias das personalidades já conhecidas do meio da medicina legal e da criminologia estavam presentes. Mas um nome chama a atenção na lista dos inscritos: o do escritor Oswald de Andrade. Sua presença ali, em meio a médicos e delegados de polícia, era ele mesmo quem justificava:

---

203. Sessão inaugural, 1938, p. 6-7.
204. Sessão inaugural, 1938, p. 7.
205. Nicolas Pende foi um dos principais nomes da escola positivista italiana no período, participando em muitos projetos eugenistas e criminológicos do Governo Mussolini. Sobre Pende e a influência que exerceu na Argentina, em muitos aspectos similar ao que se deu no Brasil, ver Vallejo, G. El ojo del poder en el espacio del saber: los Institutos de Biotipología. *Asclépio*, Madri, v. 56, n. 1, p. 219-244, 2004.
206. Primeiro Congresso Paulista de Psicologia, Neurologia, Psiquiatria, Endocrinologia, Identificação, Medicina Legal e Criminologia. Congresso Paulista de Psychologia, Neurologia, Psiquiatria, Endocrinologia, Identificação, Medicina Legal e Criminologia, 1., 1938, São Paulo. *Atas...* São Paulo: [s.n.], 1938. 1-3., p. 2-3.

O romance alheio às conquistas científicas de seu tempo, o romance que é feito pelo autor com a simples mudança dos caracteres mais visíveis dos seus vizinhos de rua e a seqüência anedótica do que ele conhece de suas vidas – não passa de material colhido. (...) Tentando realizar um corte na sociedade paulista num romance cíclico, procuro estudar a criação de meus personagens à luz das conquistas da psicologia contemporânea. É a razão por que me encontro, leigo e pouco armado, entre vós homens de ciência. Não posso conceber o afastamento do escritor do convívio dos cientistas. Venho pois oferecer hoje, à vossa crítica, o meu esforço.[207]

Na sua apresentação, intitulada "Análise de dois tipos de ficção", Oswald de Andrade oferecia um esboço psicológico de dois personagens – Xavier e Veva – do seu romance "Marco Zero"[208], projetado para cinco volumes, mas que teve publicados apenas dois. Em 1943, apareceria o primeiro deles, intitulado "Marco Zero - A Revolução Melancólica", e três anos depois o volume "Marco- Zero - Chão". Trata-se de um painel da sociedade paulista nos anos 30, com centro na decadência da burguesia cafeeira a partir da crise econômica de 1929. Xavier e Veva, esboçados no Congresso em 1938, de fato estariam presentes no romance. Não são ali os protagonistas centrais, até porque a estrutura do romance é formada por um imenso mosaico de personagens. Mas, de qualquer modo, o Xavier e a Veva do Congresso podem ser satisfatoriamente reconhecidos no Xavier e na Veva do romance.

A atitude de Oswald de Andrade expressava até que ponto atingia o prestígio da ciência junto à sociedade em geral e ao mundo das letras em particular. A ciência não representava apenas um instrumental privilegiado e necessário para viabilizar a modernização do país, mas a referência de verdade que deveria orientar todos os campos da atividade humana. Por outro lado, quando Andrade propunha ao auditório seus dois perfis psicológicos, fazia algo muito parecido com o ofício dos peritos médico-legistas. Tanto aquele como estes buscavam a transformação de individualidades em discurso escrito. Veremos no capítulo seguinte como a medicina legal procedia para tal e o papel que nisso cumpria o laudo pericial. Mas o decisivo nesse caso era a legitimidade científica e o conseqüente reconhecimento social que o produto final deveria possuir, fazendo que não se pudesse questionar a cor-

---

207. Andrade, Oswald de. Análise de dois tipos de ficção. Congresso Paulista de Psicologia, Neurologia, Psiquiatria, Endocrinologia, Identificação, Medicina Legal e Criminologia, 1., 1938, São Paulo. Atas... São Paulo: [s.n.], 1938. 157-162., p.157.

208. Andrade, Oswald de. *Marco Zero I: Chão*. São Paulo: Globo, 1991; e Andrade, Oswald de. *Marco Zero II: a revolução melancólica*. São Paulo: Globo, 1991.

respondência unívoca entre o corpo do delinqüente e a documentação médica que o definiria. Enfim, esta deveria possuir o atributo de "representar" efetivamente o indivíduo a que se referia, que por sua vez deveria "transparecer" por entre as linhas do laudo. Um tal reconhecimento Andrade aspirava a seus personagens, quanto mais "críveis", quanto mais "cientificamente construídos". Como não manuseava os métodos da ciência para chegar a esse resultado, ia ao encontro dos que poderiam ajudá-lo na tarefa. Nesta relação, ganhariam ambos os lados. O escritor pretendia legitimar o produto de seu trabalho com a chancela da ciência; os médicos viam reforçada sua autoridade social.

O Congresso, por outro lado, demonstrou um avanço do espaço ocupado pela psicologia e pela psiquiatria, como já antecipava o discurso de abertura de Whitaker. E dentro da especialidade, o tema da infância e da adolescência recebeu a maior prioridade, vindo a seguir as questões da seleção e orientação profissionais. De uma forma geral, identifica-se uma preocupação que perpassou toda a discussão destas sub-áreas: a adaptação do indivíduo ao mundo do trabalho, como analisaremos mais adiante. A endocrinologia, por sua vez, confirmava a ascensão de seu prestígio no combate à criminalidade, na esteira da difusão das teses de Pende. O trabalho paradigmático desta tendência foi o de Pedro Moncau Jr., o médico endocrinologista do Laboratório de Antropologia Criminal da Polícia de São Paulo, denominado "Pesquisas endocrinológicas em criminosos".[209] Já na seção de identificação, os estudos sobre o homossexualismo acabaram por ocupar o primeiro plano: três dos sete trabalhos ali discutidos versavam sobre o tema.[210] Ao final do encontro, uma moção cobrava da Sociedade de Medicina Legal o aprofundamento dessa discussão, tendo em vista o adensamento dos debates voltados ao novo Código Penal, que teria de definir sobre a criminalização ou não do homossexualismo.[211]

Novamente apareciam algumas moções voltadas para o fortalecimento institucional dos órgãos dedicados ao combate à criminalidade, a exemplo do que já se dera no ano anterior, no encerramento da Primeira Semana de Medicina Legal. Mereceram menção específica a Escola de Polícia e o Serviço de Identificação, "(...) considerando o grande impulso que vem sendo dado, em todos os

---

209. Moncau Júnior, Pedro. Pesquisas endocrinológicas em criminosos. *Arquivos de Polícia e Identificação*, São Paulo, v. 2, n. 1, p. 92-101, 1938-1939.

210. Relação dos themas e communicações apresentados e debatidos nas sessões plenarias. *Archivos da Sociedade de Medicina Legal e Criminologia de S. Paulo*, São Paulo, v. 9, n. 1-3, 68-72, 1938, p. 71.

211. Sessão de encerramento. Congresso Paulista de Psychologia, Neurologia, Psiquiatria, Endocrinologia, Identificação, Medicina Legal e Criminologia, 1., 24 a 30 de julho de 1938, São Paulo. *Atas...* São Paulo: [s.n.], 1938. 439-447, p.444.

países civilizados, ao estudo da criminologia e da antropologia criminal". Também reivindicou-se um melhor aparelhamento de Estado para "(...) uma real e eficiente assistência aos psicopatas." Os congressistas propuseram, ainda, a criação de várias novas instituições: um Instituto de Criminalística; um Serviço de Higiene Mental Infantil; um Instituto de Psicologia, dotado de uma clínica psicológica para os "(...) mal ajustados, não portadores de enfermidades mentais"; "institutos psicanalíticos", que inaugurassem o ensino da respectiva disciplina no Brasil; "institutos de endocrinologia", "(...) considerando sua grande utilidade prática e social".[212]

Em novembro de 1940, teve lugar a Segunda Semana de Medicina Legal, mais uma vez com o apoio da Sociedade de Medicina e Cirurgia de S. Paulo. O tema da infortunística vinha crescendo de importância no meio, no bojo do movimento de racionalização do trabalho. Tal importância era reconhecida pela Sociedade de Medicina Legal, que dedicaria exclusivamente a essa área a nova edição de sua Semana. Segundo Flamínio Fávero, tratava-se do primeiro congresso com essa temática realizado no Brasil.[213] Vinte e quatro trabalhos foram apresentados, de um total de vinte e nove autores.

Partindo do princípio de que a grande maioria dos acidentes tinha causa no fator pessoal, as discussões voltaram-se prioritariamente para a necessidade do "estudo do trabalhador", reivindicando seu exame prévio e sistemático, com o objetivo de identificar suas vulnerabilidades. Mais do que isso, o conhecimento médico do trabalhador poderia proporcionar uma adequação melhor ao trabalho, prescrevendo-lhe ofícios e tarefas para os quais seu corpo e seu comportamento estivessem mais compatibilizados. Desta maneira, não apenas o risco de acidentes seria diminuído, como a produtividade seria aumentada. Por isso, o congresso discutiu o tema da seleção e orientação profissionais, tanto pela perspectiva psicológica e psicotécnica quanto pelo viés biotipológico.

As moções, conseqüentemente, iriam reivindicar a obrigatoriedade do exame biotipológico dos trabalhadores, tanto previamente à contratação, como reiteradamente após ela. Além disso, outra preocupação insistente das moções foi a defesa da prerrogativa legal dos médicos-legistas para proceder a perícia em acidentes de trabalho.[214] Enfim, nesse evento, a categoria deixou patente a sua capacidade para participar do esforço racionalizador que o Estado coordenava em direção ao mundo do trabalho e, mais uma vez, explicitava seus pleitos

---

212. Sessão de encerramento, 1938, p.440-443.

213. Sessão de encerramento. *Arquivos da Sociedade de Medicina Legal e Criminologia de São Paulo*, São Paulo, v. 12, 485-497, 1941, p. 490. Suplemento. Anais da Segunda Semana Paulista de Medicina Legal Dedicada à Infortunística, 1940, São Paulo.

214. Sessão de encerramento, 1941, p. 486-488.

para que pudesse cumprir suas promessas, aqui expressos na obrigatoriedade do exame médico-legal dentro das fábricas e no reconhecimento do monopólio de sua habilitação para isso.

Dentro do período deste estudo, a Sociedade não iria mais conseguir organizar um congresso. A entrada do Brasil na nova guerra mundial impediu a realização da Terceira Semana de Medicina Legal, que teria lugar em outubro de 1942. Seu tema exclusivo seria a biotipologia. Os positivistas depositavam muitas esperanças na especialidade. As teorias que lhe davam sustentação se estruturavam ao redor da Pirâmide de Pende (Figura 4) e do seu constitucionalismo, que discutiremos mais adiante, mas que podemos adiantar se tratar de uma teoria biodeterminista que articulava saberes de muitas disciplinas diferentes.

A tônica dos trabalhos inscritos estava neste território conceitual. Por exemplo, Alfredo Issa Ássaly escreveu artigo em que defendia a generalização do uso da biotipologia no cotidiano da polícia, dentro de um esforço maior que ele chamou de "medicinização do Direito Penal".[215] Já a endocrinologia permanecia assunto freqüente. Eugênio Machado, membro do Ministério Público do Rio Grande do Sul, teria impressionado seus colegas médicos com o seu estudo "A endocrinologia e a sua contribuição à antropologia criminal"[216], testemunhando a impregnação das teses biodeterministas no meio jurídico. Vale a pena, pelo lugar profissional do autor, conhecer uma parte da conclusão de seu artigo:

> No estado atual da ciência, não se pode fazer aplicação do direito penal, sem o concurso do endocrinologista, do psiquiatra. Somente aqueles – estudando a constituição endócrina de cada delinqüente – substrato da personalidade psíquica de cada indivíduo – podem dizer, com firmeza, à sociedade, como pode e deve ela punir o criminoso.[217]

Hilário Veiga de Carvalho, por sua vez, inscreveu artigo em que defendia a "anatomia patológica criminal"[218], considerando que o estudo do homem criminoso não deveria terminar com sua morte. Pelo contrário, o interior do seu corpo

---

215. Ássaly, Alfredo Issa. Serviço de Pesquisas Técnicas. *Arquivos da Polícia Civil de São Paulo*, São Paulo, v. 4, p. 285-305, 2. sem. 1942.

216. Machado, Eugênio. A endocrinologia e a sua contribuição à antropologia criminal. *Arquivos da Polícia Civil de São Paulo*, São Paulo, v. 4, p. 445-458, 2. sem. 1942.

217. Machado, E., 1942, p. 456.

218. Carvalho, H.V., 1942.

poderia esconder segredos que em vida não teriam como ser perscrutados, principalmente nos terrenos da neuropatologia e da endocrinopatologia.

Um dos temas preferidos da Escola Positiva estava contemplado pelo artigo de Machado de Sousa, professor de Anatomia da Faculdade de Medicina de São Paulo: "Fundamentos e métodos de classificação dos tipos humanos". No texto, o autor defendia que a melhor metodologia para tal ainda deveria se basear em critérios morfológicos.[219]

As relações entre morfologia e comportamento retornavam pelo estudo "Morfologia constitucional feminina"[220], de Manuel Pereira, então professor de medicina legal da Faculdade de Medicina da Universidade de São Paulo; e pela monografia "Tipos morfológicos e patologia"[221], de Rocha Vaz, professor da Faculdade de Medicina da Universidade do Brasil.

Enfim, a projetada Semana de Biotipologia reforçaria as concepções mais biologicizadas do ato anti-social, de sua profilaxia e de sua terapêutica, resultado de qualquer modo parcialmente alcançado com a publicação dos artigos nas revistas especializadas.

De uma forma geral, os congressos organizados pela Sociedade de Medicina Legal e Criminologia de S. Paulo cumpriram satisfatoriamente os objetivos imaginados. Por um lado, proporcionaram maior visibilidade e circulação às teses biodeterministas da Escola Positiva, o que equivale dizer que lhes conferiram maior legitimidade. Por outro, possibilitaram uma melhor articulação institucional dos órgãos e entidades envolvidos com a problemática do crime e de sua prevenção. Tornou-se praxe a realização das diversas sessões em instituições diferentes. Por exemplo, durante a Primeira Semana de Medicina Legal, os trabalhos sobre identidade foram apresentados no Serviço de Identificação, subordinado à Polícia de São Paulo; os debates acerca da criança e do adolescente tiveram lugar no Serviço Social de Assistência e Proteção ao Menor. No mesmo evento, sediaram sessões a Escola de Polícia e a Penitenciária do Estado. O Congresso de 1938, por sua vez, peregrinou da sede do Instituto Oscar Freire à Sociedade de Medicina e Cirurgia de S. Paulo, passando pela Penitenciária do Estado, pela Superintendência do Ensino Profissional e Doméstico, pelo Serviço de Identificação, pela Escola de Polícia, e pelo Laboratório de Psicologia da Escola Normal Modelo.

---

219. Sousa, O. Machado de. Fundamentos e métodos de classificação de tipos humanos. *Arquivos da Polícia Civil de São Paulo*, São Paulo, v. 4, 163-224, 2. sem. 1942, p. 175.

220. Pereira, Manuel. Morfologia constitucional feminina. *Arquivos da Polícia Civil de São Paulo*, São Paulo, v. 4, p. 501-549, 2. sem. 1942.

221. Vaz, J. Rocha. Tipos morfológicos e patologia. *Arquivos da Polícia Civil de São Paulo*, São Paulo, v. 7, p. 233-291, 1. sem. 1944.; e Vaz, J. Rocha. Tipos morfológicos e patologia (conclusão). *Arquivos da Polícia Civil de São Paulo*, São Paulo, v. 8, p. 143-205, 1. sem. 1944.

Essa articulação institucional atendia ao princípio da busca da racionalização das atividades de combate ao crime, insistentemente defendida pelos membros da Sociedade de Medicina Legal. Acompanhou-a sistematicamente a demanda pelo aprimoramento das condições materiais dessas mesmas instituições e pela criação de novas, que complementassem a estrutura do Estado nesse campo.

Um binômio permeou todos os congressos analisados: a demonstração das enormes possibilidades do conhecimento médico-científico para o combate à criminalidade, e as exigências das condições materiais para viabilizá-las. Ao mesmo tempo em que os homens da ciência demonstravam a sua capacitação técnica para o combate e a prevenção do ato anti-social, por sua vez faziam ver ao Estado a sua precariedade institucional para a tarefa. Sistematicamente, exigia-se o aprimoramento das instituições existentes e a criação de muitas outras. Por um lado, havia, de fato, durante o Governo Vargas, uma verdadeira re-institucionalização do Estado brasileiro, e os criminologistas pretendiam participar desse movimento. Por outro, a diferenciação das instituições do combate ao crime em unidades cada vez mais especializadas e dirigidas a "públicos" cada vez mais especificados atendia ao preceito positivista da individualização da pena ou do "tratamento". Era este o objetivo quando se reivindicava a separação de menores e adultos, de loucos e "normais", de homens e mulheres, e assim por diante. Não poderia haver individualização sem aprimoramento institucional.

Enfim, a colaboração da ciência à modernização do país, também no campo da criminologia, reivindicava a contrapartida estrutural de responsabilidade do Estado. Entre as suas promessas e as condições que lhes eram dadas, os criminologistas e seus aliados denunciavam a existência de enorme abismo, que para eles caberia ao Estado eliminar.

Dentre as instituições envolvidas com o tema, deveriam ocupar posição estratégica os laboratórios de antropologia criminal.

5. Os laboratórios de antropologia criminal

Em São Paulo, foram criados dois laboratórios de antropologia criminal: o da Polícia e o da Penitenciária do Estado. Ambos eram considerados produtores de conhecimento, em dois sentidos: quando examinavam o indivíduo delinqüente, de forma a produzir documentação científica que iria subsidiar decisões sobre sua vida por parte do aparelho repressor do Estado; e quando procediam ao tratamento analítico e estatístico dos exames individuais com o objetivo de colaborar no aprimoramento do conhecimento científico acerca da criminalidade que se praticava em São Paulo e no Brasil.

O laboratório de Antropologia Criminal da Polícia de São Paulo

O laboratório da Polícia foi instituído em 1934, por iniciativa do desembargador Mário Guimarães, então o chefe da instituição. São Paulo já tinha como modelo o Rio de Janeiro, onde dois anos antes Leonídio Ribeiro organizara o primeiro laboratório do gênero do país.

A exemplo do Rio de Janeiro, o laboratório de São Paulo nasceu dentro do órgão responsável pela identificação criminal – o Serviço de Identificação –, por sua vez subordinado ao Gabinete de Investigações da Polícia. Havia razões históricas para isso. O estudo científico do criminoso desenvolveu-se a partir de uma atividade policial bem mais antiga: o da determinação segura da reincidência. Para isso, foi criada a identificação policial, depois extrapolada para a sociedade civil. O sucesso da datiloscopia, devido a sua segurança de resultados e a sua facilidade de execução técnica, foi decisivo para essa ampliação do universo a ser identificado. Por isso, o Serviço de Identificação vislumbrava objetivos muito mais vastos para seu ofício: alargar horizontalmente a ação sobre a sociedade e aprofundar verticalmente a ação sobre o criminoso. Por um lado, não apenas coletar fotografias e impressões digitais de delinqüentes, mas generalizar a identificação civil. E, por outro, também conhecer do homem criminoso muito mais do que o seu desenho papilar. O novo laboratório se propunha a construir o "conhecimento exato" de sua individualidade, e o adjetivo eram os especialistas da época que insistiam em utilizar. Um dos maiores entusiastas dessa perspectiva otimista para o papel científico que o novo laboratório conferia à Polícia era justamente o Chefe do Serviço de Identificação, Ricardo Gumbleton Daunt:

> Se o delito é assunto de interesse particular dos juristas, o delinqüente é material de grande valor das especialidades científicas que estudam o homem. Ao Serviço de Identificação, melhor do que a ninguém, cabem os meios para identificar a personalidade como complemento da individualidade, por ele mesmo já determinada. (...) Os estudos de biotipologia não podem deixar de fazer parte dos Gabinetes de Identificação.[222]

---

222. Daunt, Ricardo Gumbleton. Contribuição do Serviço de Identificação na lucta contra o delito. *Archivos da Sociedade de Medicina Legal e Criminologia de São Paulo*, São Paulo, v. 8, 177-178, 1938, p. 177. Suplemento. Annaes da Primeira Semana Paulista de Medicina Legal, 1937, São Paulo.

Daunt também compartilhava da perspectiva multidisciplinar que os estudos de criminologia valorizavam à época. Por isso, projetava para o órgão que dirigia a convivência de especialidades científicas muito além da datiloscopia:

> Fora dos métodos de classificação e pesquisas de datilogramas existe um vasto campo de ação, um domínio por assim dizer ilimitado, onde outros ramos da ciência pura ou aplicada são chamados a exercer um papel de primeira plana: biologia, zoologia, anatomia, embriologia, odontologia, antropologia, etnologia, psicologia, etc.[223]

Esse "domínio ilimitado" nunca será alcançado pelo Serviço de Identificação da Polícia de São Paulo. Mas sua afirmação enquanto projeto diz muita coisa: não apenas revela em que direção apontavam os esforços pelo aprimoramento institucional do órgão, como permite a utilização de um parâmetro para se avaliar o percurso efetivamente concretizado naquela direção.

Dois anos após sua criação, o laboratório de Antropologia Criminal foi desmembrado em três seções: a de psiquiatria criminal, a de endocrinologia criminal e a de antropometria.[224] Esse organograma reproduzia na prática a pirâmide de Pende (ver Figura 4). Nela, eram representadas as três faces que comporiam a personalidade humana, segundo a perspectiva constitucionalista: a psicológica, a neuro-química ou funcional, e a morfológica. A base da pirâmide seria formada pelo patrimônio hereditário do indivíduo.[225]

Os médicos responsáveis por cada seção eram, respectivamente, Edmur de Aguiar Whitaker, Pedro Moncau Jr. e Oscar de Godoy, todos nomes conhecidos das reuniões da Sociedade de Medicina Legal e dos Cursos da Escola de Polícia. Seriam sempre os três nomes que iriam aparecer como os responsáveis pelos laudos periciais encomendados ao Serviço de Identificação.

---

223. Daunt, 1938, p. 177.

224. Além destas seções, compunham então o Serviço de Identificação os laboratórios de Odontologia Legal e de Química e o Arquivo Monodactilar, com seu Laboratório Dactiloscópico e de Fotografia Especializada (Daunt, Ricardo G. Discurso de Saudação, *Arquivos da Sociedade de Medicina Legal e Criminologia de São Paulo*, São Paulo, v. 12, n. 1-3, 172-177, 1941 p. 174).

225. Godoy, Oscar de. Organização do "Laboratório de Antropologia" do Serviço de Identificação – Súmula das Atividades Práticas. *Arquivos de Polícia e Identificação*, São Paulo, v. 2, n. 1, 88-91, 1938-1939, p. 89.

O principal "cliente" do Laboratório era a Delegacia de Segurança Pessoal. O delegado responsável solicitava os laudos periciais com vistas a obter auxílio no encaminhamento de inquéritos policiais (tal iniciativa não lhe era obrigatória, o que muito descontentava os criminologistas positivistas). Por exemplo, como no caso de B. da S.M., que assassinara uma prostituta a facadas em rua do centro de São Paulo. Durante as investigações, o delegado[226] percebera alguns "sinais de anormalidade" no detento, o que lhe motivou a solicitar a perícia do Serviço de Identificação. Neste e em quase todos os casos, os quesitos indagavam da condição mental do delinqüente e de sua periculosidade. Colocado à disposição do laboratório por vários dias, B. da S.M. foi medido, interrogado e analisado exaustivamente. Por fim, quando foi "devolvido" ao delegado, levava consigo o laudo que reconstruía sua individualidade. Ao final deste, encontravam-se as respostas aos quesitos, atestando que B. da S.M. apresentava perturbações mentais epilépticas, que o crime pôde ter sido cometido sob a influência de tais perturbações e, enfim, que se tratava "de um indivíduo perigoso à sociedade."[227]

Outras instâncias do aparato repressivo também podiam fazer uso da ajuda do laboratório. J.H.V.V. era um guarda noturno que assassinou um "indivíduo suspeito" que resistiu à prisão, na madrugada de 30 de julho de 1938. Condenado a seis anos de prisão, havia cumprido metade de sua pena quando o próprio Ministro da Justiça solicitou o perdão do tempo restante. O órgão responsável pela decisão, o Conselho Penitenciário, solicitou por sua vez informações sobre o "paciente" à sua Corporação, a Guarda Noturna. Seu Superintendente, então, apelou ao Serviço de Identificação para fornecê-las com o devido aval científico. Os peritos Whitaker, Moncau Jr. e Godoy, após procederem a todas as investigações médicas pertinentes, acabaram por atestar a não periculosidade de J.H.V.V., recomendando seu livramento.[228]

Algumas vezes, no entanto, os laudos do laboratório cumpriam um papel mais decisivo do que informar da sanidade mental e da periculosidade do delinqüente, chegando a determinar a "elucidação" de determinados casos. Assim se passou com o chamado "Crime do Restaurante Chinês". Em 2 de março de 1938, foram

---

226. Durval Villalva ocupava interinamente o cargo de Delegado de Segurança Pessoal (Whitaker, Edmur de A. Das vantagens e necessidade de um exame mental systemático dos criminosos. Considerações em torno de um homicidio recente. *Archivos de Polícia e Identificação*, São Paulo, v. 1, n. 2, 215-225, 1937a, p. 216).

227. Whitaker, 1937a, p. 223.

228. Whitaker, Edmur de A.; Godoy, Oscar de; Moncau Júnior, Pedro. Laudo de Perícia Antropopsiquiátrica – um caso de livramento condicional. *Arquivos da Polícia Civil de São Paulo*, São Paulo, v. 1, p. 285-293, 1941.

encontrados mortos o dono do restaurante, sua mulher, e dois empregados. Pedro de Alcântara, então Delegado de Segurança Pessoal,

> (...) solicitou o auxílio do Laboratório de Antropologia do serviço de Identificação, para obter esclarecimentos relativos à participação eventual de determinados indivíduos suspeitos no crime e, no caso de resultados positivos, concernentes às condições psicológicas e ao estado de saúde mental do criminoso ou criminosos.[229]

Os peritos examinaram cinco suspeitos, e acabaram por concluir pela culpabilidade de um deles, a partir das suas investigações laboratoriais.

Até 1938, o laboratório realizou 36 laudos periciais como esses, a pedido das autoridades policiais. Mas os exames que o laboratório fazia também respondiam a necessidades "internas", a interesses especulativos de seus especialistas, na busca do aprimoramento do conhecimento científico acerca da criminalidade e suas causas. Para isso, contavam com uma posição profissional estratégica: em tese, tinham à disposição todos os indivíduos sob custódia da Polícia de São Paulo. Tal qual se dava com o laboratório carioca, o de São Paulo contava com o "privilégio" de dispor de "abundante material humano" para a realização de suas pesquisas. Somente no ano de 1936, passaram por ali 5632 indivíduos que se encontravam à disposição policial. Tal contingente foi ao menos identificado, com fotografia e datiloscopia, não sendo no conjunto objeto de "estudos mais aprofundados". Estes, no entanto, foram realizados em uma parte significativa dos presos. Em balanço apresentado em julho de 1938, Oscar de Godoy informava que o laboratório estudara até então 588 delinquentes. De uma certa forma, seu universo social "disponível" era o mais amplo dentre as instituições do aparelho repressor do Estado, principalmente por conta do enorme contingente representado pelos "presos para averiguações". Godoy afirmava que "talvez nenhum outro departamento público tenha o imenso material humano de que dispomos"[230]. Seu chefe Gumbleton Daunt realçava na realização de todo o potencial do laboratório seu aspecto preventivo:

---

229. Whitaker, Edmur de A.; Godoy, Oscar de; Moncau Júnior, Pedro. A perícia antropopsiquiátrica em torno do crime do Restaurante Chinês. *Arquivos de Polícia e Identificação*, São Paulo, v. 2, n. 1, 151-216, 1938-1939, p. 215.

230. Godoy, 1938-1939, p. 88-90.

Será um importante fator na prevenção da criminalidade, pois permitirá o estudo de indivíduos que, por não deverem, por não poderem ter ingresso nos serviços penitenciários, manicômios e cadeias públicas, são, entretanto, hóspedes habituais das prisões.[231]

J.B., casado, sem profissão, de 36 anos, era um destes "presos para averiguações" quando foi examinado pelos especialistas do laboratório. Seu laudo, que indicava o diagnóstico de "personalidade delinqüencial por tendências anômalas e defeituosa educação – necessidade de ação corretivo-educacional", acabou por subsidiar o estudo "Organização da 'Secção de Psychologia applicada e neuro-psychiatria' do 'Laboratório de Anthropologia' annexo ao 'Serviço de Identificação' do 'Gabinete de Investigações de São Paulo' – Estudo de alguns delinquentes".[232] O trabalho, que incluía ainda outros dois laudos, foi apresentado em sessão ordinária da Sociedade de Medicina Legal no ano de 1936.

Estudos como esses eram colocados em circulação no meio da medicina legal e da criminologia, freqüentando as revistas especializadas, os congressos científicos e as sessões da Sociedade de Medicina Legal. Oscar de Godoy, por exemplo, apresentou um trabalho no Primeiro Congresso Paulista de Psychologia, Neurologia, Psychiatria, Endocrinologia, Identificação, Medicina Legal e Criminologia, em julho de 1938. Seu tema foi justamente o Laboratório onde trabalhava. Godoy explicitou aos colegas o alinhamento teórico que ali praticavam, definido pela "Escola Constitucionalista Italiana" da pirâmide de Pende[233], e fez um balanço de suas atividades práticas. Dentre os trabalhos científicos que o autor destacou, estava o estudo de seu colega Pedro Moncau Jr. intitulado "Pesquisas endocrinológicas em criminosos", apresentado no mesmo Congresso.[234] Moncau Jr. ofereceu ao auditório a análise de seis exames que deveriam ilustrar paradigmaticamente a correlação entre desequilíbrios hormonais e predisposições anti-sociais. Em sua conclusão, o autor sentia-se autorizado a atestar o caráter científico do determinismo biológico a partir de seu trabalho empírico no laboratório:

---

231. Daunt, 1938, p. 178.

232. Whitaker, Edmur de A. Organização da "Secção de Psychologia applicada e neuro-psychiatria" do "Laboratório de Anthropologia" annexo ao "Serviço de Identificação" do "Gabinete de Investigações de São Paulo" – Estudo de alguns delinquentes. *Archivos de Polícia e Identificação*, São Paulo, v. 1, n. 2, p. 276-291, 1937b.

233. Godoy, 1938-1939, p. 88.

234. Moncau Júnior, 1938-1939.

> Acreditamos que o estudo apresentado torne bem patente a possibilidade de se pesquisar e encontrar, em cada caso concreto, um possível substrato orgânico, responsável por uma *tendência* ao desvio da norma de conduta, de que resulta um ato delituoso qualquer.[235]

Cada um dos três especialistas do Laboratório procurava orientar investigações que dessem proeminência à sua especialidade na etiologia do crime, portanto enfatizando a face que lhe correspondia da pirâmide de Pende (Figura 4), em detrimento das demais. Se Moncau Jr. dedicou-se à demonstração do papel do desequilíbrio hormonal na explicação da conduta anti-social, Edmur Whitaker se ocupou prioritariamente da psiquiatria. Em 1941, ele ganhou o Prêmio Oscar Freire de Criminologia com o estudo "O crime e os criminosos à luz da psicologia e da psiquiatria – estudo acerca de 50 delinqüentes – considerações sobre o problema da delinqüência em São Paulo"[236], como já informamos mais acima. Vale a pena reafirmar aqui apenas o fato de que as investigações foram desenvolvidas mais uma vez com os presos que a Polícia disponibilizava, nas instalações do Laboratório de Antropologia Criminal.

Dentro do Serviço de Identificação, estudos com objetos comportamentais não eram exclusividade do Laboratório de Antropologia Criminal. A seção de Odontologia Legal, normalmente afeita a exames de arcadas dentárias com o objetivo de determinação de identidade, também promovia investigações na direção do determinismo biológico. Luiz Silva, seu chefe, publicou em 1937 na revista da polícia alentado estudo intitulado "A prostituição em face da Odontologia Legal". Seu objetivo era responder à pergunta: "As meretrizes apresentam, no terreno odontológico, algum estigma capaz de ser responsabilizado como fator capital, ou mesmo coadjuvante, do seu desvio moral?" Sua conclusão apontava para a negativa, mas não de forma categórica: "As nossas observações, os nossos trabalhos e a nossa estatística não nos deram elementos para que pudéssemos afirmar qualquer suspeita."[237]

Na verdade, o autor preferia assumir a cautela a partir do conceito de progresso científico e não descartava que este um dia possibilitasse uma resposta mais con-

---

235. Moncau Júnior, 1938-1939, p. 100.
236. Whitaker, Edmur de A. O crime e os criminosos à luz da psicologia e da psiquiatria – Estudo acerca de 50 delinqüentes – Considerações sobre o problema da delinqüência em São Paulo. *Arquivos da Polícia Civil de São Paulo*, São Paulo, v. 3, p. 355-479, 1. sem. 1942c.
237. Silva, Luiz. A prostituição em face da odontologia legal. *Archivos de Polícia e Identificação*, São Paulo, São Paulo, v. 1, n. 2, 293-309, 1937, p. 293 e 303.

tundente. Segundo ele, as relações entre os conhecimentos de sua especialidade e o comportamento humano ainda eram incipientes:

> Não há dúvida que o dente mantém íntima relação com o psíquico. Mas, pelos estudos atuais, que apenas permitem conhecer a solidariedade entre o dente e o psíquico em alguns casos de psicoses, ainda não nos é permitido determinar, como fizeram Tarnowsky, Lombroso e outros, a positiva existência de uma relação entre a prostituta e o dente.[238]

Claro que aqui mais interessante que a resposta é a própria pergunta, testemunha do ambiente científico que a possibilitou, e os métodos utilizados para respondê-la. Silva inseria suas reflexões sobre o tema dentro de uma tradição científica que remontava a Lombroso e à sua busca de estimas físicos que denunciassem a degeneração. Mas novamente Pende e a biotipologia criminal que eram referenciados como a base teórica principal, segundo ele a mais desenvolvida de sua época. Numa linguagem familiar aos criminologistas desta escola, o autor introduzia, então, sua especialidade dentro do concerto de conhecimentos médicos que o constitucionalismo da biotipologia criminal apregoava para o "exato conhecimento do delinqüente":

> Só os que desconhecem ser o organismo humano um conjunto de órgãos que está sob o império da harmonia funcional individualizada, única portanto, e que esses mesmos órgãos, desintegralizados, separados, nada significam e não passam de um aglomerado de células, sem energia e sem função aproveitável, só mesmo os que tal fato desconhecem é que poderão duvidar do quanto podem as anomalias dentárias.[239]

No citado artigo, defendendo a superação dos aspectos mais grotescos do lombrosionismo, Silva lançou mão da pesquisa empírica para refutar autores que sustentavam ainda a existência de estigmas dentários em prostitutas. Dessa forma, seu estudo se colocava em oposição às teses remanescentes do primeiro lombrosionismo e buscava a afirmação da biotipologia criminal constitucionalista, segundo ele "(...) mais suave, mais branda, mais humana". Depois de uma série

---

238. Silva, L., 1937, p. 304.
239. Silva, L., 1937, p. 297.

de investigações feitas em sua seção, com "(...) abundante e excelente material", Silva afirmava não ter encontrado porcentagem estatisticamente significativa de delinquentes com estigmas lombrosianos. Para isso, ele estudou 250 prostitutas que a Polícia lhe colocou à disposição. Examinou suas arcadas dentárias, contabilizou as anomalias encontradas e cotejou seus resultados com os de autores que sustentavam a presença de anomalias dentárias em prostitutas. Suas tabelas tomaram o cuidado de discriminar as prostitutas pela "raça" e pela nacionalidade, brasileira ou estrangeira. Ao final, o trabalho ainda apontava as causas da prostituição e a importância dos estudos sociológicos para compreendê-la e da educação sexual para preveni-la.[240]

Esse não foi o único estudo de Luiz Silva voltado a objetos comportamentais. Na verdade, ele ganhou reconhecimento internacional com um deles, recebendo o "Prêmio Científico Aguilar", de Madrid, no ano de 1936. O trabalho tinha por título "Dentes e sua relação com o psíquico e o crime". O autor afirmava que a cárie dentária representava um papel na etiologia do crime comparável ao do alcoolismo, com a desvantagem de não receber como esse a devida importância.[241] Silva articulava sua especialidade com os avanços da ciência criminológica positivista:

> As teorias antropo-sociológicas da criminalidade são as primeiras a reconhecer que a poderosa ação do meio pode atuar no indivíduo predisposto. Assim, investigar e debelar as causas que predispõem o indivíduo ao crime deve ser a ação máxima e primeira dos criminalistas. Então, como conseguir os resultados desejados se, desprezado o concurso da Odontologia-legal, a predisposição para o crime for uma resultante das infecções dentárias, que intoxicam o meio biológico, ou de anomalias dentárias, cuja capacidade para descontrolar funcionalmente o físico e o psíquico tem sido fartamente demonstrada pela Odontologia-legal?[242]

É importante registrar que o trabalho da seção dirigida por Luiz Silva tinha respaldo dentro do Serviço de Identificação, sendo reiteradamente elogiado por Gumbleton Daunt. Segundo ele, técnicos de diversas partes do país visitavam-no

---

240. Silva, L., 1937, p. 298-308.

241. Silva, Luiz. Odontologia legal e o código penal. *Arquivos da Polícia Civil de São Paulo*, São Paulo, v. 2, 307-311, 2. sem. 1941, p. 307.

242. Silva, L., 1941, p. 310.

com freqüência, e mesmo especialistas de outros países escreviam em busca de informações sobre as atividades científicas ali desenvolvidas. Daunt citava especificamente Cuba, onde o serviço de Odontologia-legal da Polícia de Havana teria sido criado sob influência e inspiração de Luiz Silva.[243]

Enfim, o Serviço de Identificação estava organizado de forma a poder concretizar, ao menos em parte, o programa positivista. As idéias biodeterministas impregnavam a atividade científica ali desenvolvida, tanto a produção de laudos periciais quanto as investigações científicas. No entanto, o projeto positivista reclamava a generalização institucional desse tipo de laboratório. O surgimento do Serviço de Biotipologia Criminal da Penitenciária parecia indicar que se caminhava nessa direção.

O laboratório de Antropologia Criminal da Penitenciária do Estado

A criação de laboratórios do gênero em instituições penitenciárias era uma reivindicação antiga dos criminologistas. No ante-projeto do Código Penitenciário do Brasil, apresentado em 1933 por comissão legislativa que contava com Heitor Carrilho, Cândido Mendes e Lemos Brito, defendia-se a criação de "Institutos de Antropologia Penitenciária".[244] Também a Conferência Penitenciária Brasileira, reunida em outubro de 1940, aprovou a mesma proposta. Na conclusão referente ao tema, a instituição de laboratórios do gênero era associada à viabilização da individualização da pena: "A organização de serviço médico-antropológico nos estabelecimentos penais deve ser obrigatória, em face da necessidade de se orientar o tratamento regenerador dentro do exato conhecimento da personalidade dos sentenciados".[245]

O Serviço de Biotipologia Criminal da Penitenciária de São Paulo foi a primeira iniciativa concreta nessa direção. Estabelecido por decreto do interventor Ademar de Barros em dezembro de 1939[246], foi oficialmente inaugurado em 13 de dezembro de 1940. Acácio Nogueira, então Diretor da Penitenciária, justificava a criação do laboratório em nome dos novos tempos da "ciência criminológica",

---

243. Silva, L., 1941, p. 722.

244. Brito, Lemos. Evolução do Sistema Penitenciário Brasileiro nos últimos 25 anos. *Arquivos da Polícia Civil de São Paulo*, São Paulo, v. 6, 311-337, 2. sem. 1943, p. 328-336.

245. Conferência Penitenciária Brasileira. *Revista Penal e Penitenciária*, São Paulo, v. 1, n. 2, 443-485, 2. sem. 1940, p. 459.

246. Silva, Pedro Augusto da. Discurso. *Revista Penal e Penitenciária*, São Paulo, ano 1, v. 1, n. 2, 509-515, 2. sem. 1940, p. 509.

segundo ele expressos pelo que ele chamava de "neo-lombrosionismo"[247]. Partindo da idéia de "medicinação do Direito", de Heitor Carrilho, Nogueira participava da valorização do médico na luta contra o crime: "Se a verdade está em se julgar os criminosos e não os crimes, a função orientadora dos médicos, definindo a caracterologia dos criminosos e descobrindo a superestrutura de sua personalidade, torna-se cada vez mais necessária".[248]

É importante conhecer a expectativa das autoridades governamentais com relação ao órgão que viabilizavam. Na solenidade de sua inauguração, o chefe de Nogueira compartilhava da linguagem do subordinado. Mais do que isso, José de Moura Resende, Secretário da Justiça de São Paulo, temperou seu discurso com reflexões que poderiam facilmente trazer à mente as realizações do nazismo então em seu auge histórico:

> As condições da vida moderna, nas suas múltiplas manifestações imprevisíveis e insopitáveis, exigem a mais experimentada plasticidade dos governantes; impõem *surpreendentes ajustes biológicos e sociais*, de aspecto intensivo e francamente evolutivo; e sugerem súbitas concepções doutrinárias e psicológicas, políticas e econômicas, de grande transcendentalismo.[249]

No mesmo discurso e num momento em que ainda ressoava o debate entre clássicos e positivistas acerca da noção de livre-arbítrio, por conta da promulgação do novo Código Penal, a autoridade responsável pela Justiça em São Paulo deixava clara sua posição:

> Pela biotipologia chega-se ao conceito da responsabilidade ou irresponsabilidade do indivíduo, ou seja do homem cuja mensurabilidade no

---

247. Duas grandes realizações na Penitenciária de S. Paulo. O serviço de "Biotipologia Criminal" e a "Secção Agrícola de Taubaté". *Revista Penal e Penitenciária*, São Paulo, ano 1, v. 1, n. 1, 235-244, 1. sem. 1940, p. 236.

248. Duas..., 1940, p. 236.

249. Resende, José de Moura. Discurso do Dr. José de Moura Resende, Secretário da Justiça e Negócios do Interior, por ocasião da inauguração oficial do serviço de Biotipologia Criminal. *Revista Penal e Penitenciária*, v. 1, n. 2, São Paulo, 497-503, 2. sem. 1940, p. 497, grifos meus.

seu complexo psico-físico-somático é normal (...), e aquele que escapa aos cânones desta classificação científica.[250]

Por isso, tampouco surpreende o seu entusiasmo pelas promessas que a criminologia portava no campo da prevenção:

> A sua [da biotipologia] benemérita e civilizadora ação terapêutica de previdência e de equilíbrio no reajustamento dos caracteres psico-físico-somáticos, tornando-a capaz de *pré-determinar os delinqüentes* e evitar pela sua ação reparadora a intervenção desastrosa na organização social, é a suprema esperança de harmonia e de tranqüilidade na comunhão humana.[251]

Para a chefia do novo laboratório foi nomeado Pedro Augusto da Silva, então psiquiatra da Penitenciária e professor de Clínica Psiquiátrica da Universidade de São Paulo. Seu alinhamento com os positivistas era categórico. O psiquiatra comparava Lombroso a Pinel, ambos considerados arautos de reformas humanizadoras, responsáveis por uma nova abordagem do delinqüente e do alienado, respectivamente. Num e noutro tratava-se de uma mesma idéia de medicalização de relações até então supostamente regidas pelo preconceito e pela ignorância, pautadas pela violência e não pela terapêutica. Em sua opinião, o sucesso alcançado por Pinel acabaria por ser finalmente alcançado por Lombroso, não sendo ainda esta a realidade por serem as teorias do italiano mais recentes do que as do francês. Por isso, segundo Silva, persistiam espaços para oposições renhidas às novas idéias na criminologia. A resistência ao progresso científico nesta área estaria agrupada principalmente em torno da Escola Clássica, denunciada dessa forma por seu reacionarismo.[252]

Partindo destas idéias, Pedro Augusto da Silva concebia o novo órgão sob sua direção como um elo de uma cadeia muito mais ampla, que deveria impregnar de intervenções médicas todo o procedimento penal. Mais uma vez, o discurso positivista demonstrava sua amplitude social, seu tom reivindicativo e sempre insatisfeito

---

250. Resende, 1940, p. 501.

251. Resende, 1940, p. 501, grifos meus.

252. Silva, P. A., 1940, p. 509.

com cada marco institucional conquistado. A sua projeção para o futuro neste tema partia de uma interpretação otimista do novo Código Penal:

> A intervenção do médico dar-se-á então em todas as fases do procedimento penal: antes do julgamento, o médico se encarregará de traçar a caracterologia do delinqüente, orientando o Juiz sobre o conhecimento da personalidade daquele; depois do julgamento, na fase de execução penal, fará a seriação médico-psicológica para individualização da pena, procurando modificar o caráter do delinqüente pelo tratamento, educação e trabalho; finalmente, na fase pós-penitenciária, a sua ação será extensiva aos liberados condicionais e àqueles que, durante a reclusão, apresentaram distúrbios mentais, procurando orientá-los segundo os princípios de uma verdadeira higiene mental.[253]

No que dizia respeito ao laboratório que agora dirigia, Pedro Augusto da Silva pretendia-o conforme as últimas conquistas científicas da criminologia. E novamente era a biotipologia criminal da pirâmide de Pende que fornecia a base teórica. Daí a denominação do laboratório: criado como Serviço de Biotipologia Criminal, em dezembro de 1941 passaria a se chamar Instituto de Biotipologia Criminal.[254] Seu novo organograma também pretendia ajustar-se aos preceitos teóricos, buscando uma estrutura compatível com a necessidade de se "conhecer o homem criminoso em todas as suas facetas". Além de uma diretoria e uma seção administrativa, o Instituto de Biotipologia Criminal passou a ter também seções de antropometria, endocrinologia, psiquiatria, psicologia e sociologia. Seu quadro funcional passaria a contar com vinte e uma pessoas, dentre as quais um diretor-médico e cinco chefes de seção especialistas em cada área.[255] As funções que foram destinadas ao laboratório buscavam a individualização médica da pena e o assessoramento de outras instâncias do aparelho repressivo do Estado em decisões que envolvessem o destino do detento. Eram elas:

---

253. Silva, P. A., 1940, p. 511.

254. Do Instituto de Biotipologia Criminal. *Revista Penal e Penitenciária*, São Paulo, ano 2, v. 2, n. 1-2, 445-449, 1941, p. 445. João Carlos da Silva Teles assumia então a direção do Instituto de Biotipologia Criminal, com a nomeação de seu antigo diretor para assumir a Assistência a Psicopatas de São Paulo (Revista Penal e Penitenciária). São Paulo: Penitenciária do Estado de São Paulo, ano 2, v. 2, n. 1-2, 1941, p. 531).

255. Do Instituto..., 1941, p. 446-447.

- estudar a personalidade do criminoso no seu aspecto bio-psíquico e social, procurando classificá-lo;
- confeccionar uma ficha e um prontuário de cada penitenciário;
- indicar para cada caso as normas da individualização da pena, enquadradas ao regime penitenciário vigente;
- informar ao Conselho Penitenciário sobre todos os pedidos de liberdade condicional, comutação e indulto;
- elaborar uma observação especial de todos os reclusos que apresentassem distúrbios mentais não transitórios, a fim de que fossem encaminhados ao Manicômio Judiciário;
- exercer uma função vigilante e reguladora quanto aos preceitos de higiene mental de toda a população penitenciária.[256]

Além destes objetivos, também caberia ao novo órgão organizar um museu, uma biblioteca e uma revista.[257] A partir da reforma de 1941, também se lhe passou a atribuir o atendimento das "(...) requisições de exames feitos pelos Juízes Criminais do Estado, quando entenderem de se informar sobre a personalidade do delinqüente, antes ou após a pronúncia."[258]

Antes da criação do laboratório de biotipologia em 1939, a função de subsidiar o Conselho Penitenciário em suas decisões com prontuários de cada detento era responsabilidade do psiquiatra da penitenciária. No entanto, toda a comunidade científica envolvida com o tema da criminalidade saudou a nova iniciativa como um aprimoramento significativo desta função, como o fez por várias vezes Flamínio Fávero, então ocupando justamente a presidência do Conselho Penitenciário.[259] Os pareceres do laboratório tinham apenas caráter consultivo, sendo prerrogativa do Conselho acatá-los ou não. No entanto, a autoridade científica que portavam quase invariavelmente acabava se impondo. Em 1942, por exemplo, todos os 303 pareceres do laboratório favoráveis ao livramento condicional foram acatados pelo Conselho. Dos 32 pedidos de comutação da pena, o laboratório se colocou favorável a 8, e o Conselho a 7. Dos 36 pedidos de perdão, o Conselho acatou a recomen-

---

256. Duas..., 1940, p. 240.
257. Duas..., 1940, p. 240.
258. Do Instituto..., 1941, p. 448.
259. Fávero, 1941a, p. 515. Fernando Salla cita caso de pedido de livramento condicional, de 1935, para o qual o Conselho Penitenciário solicitou parecer do Manicômio Judiciário, pela primeira vez dispensando os préstimos profissionais do psiquiatra da Penitenciária, o que poderia indicar insatisfação com o seu trabalho (Salla, 1999, p. 263).

dação do laboratório em 33, dos quais 7 favoráveis ao pedido, 25 contrários e um pela transformação em comutação.[260]

A documentação fornecida era produzida ao longo da vida carcerária do sentenciado. Inicialmente, num prazo de trinta dias após seu ingresso na Penitenciária, as diversas seções do Laboratório procediam aos exames de suas especialidades, desde a determinação do tipo morfológico por mensurações antropométricas, até seu estudo psico-patológico detalhado, passando pela determinação do "patrimônio hereditário" e por exames neurológicos, endocrinológicos e "meso-sociológicos". O laudo assim obtido deveria indicar provisoriamente a classificação do delinqüente, "seu temperamento e seu caráter". As observações durante a execução da pena confirmariam ou não esse diagnóstico inicial. Quando do requerimento do livramento condicional, o laboratório elaboraria então suas "conclusões gerais em caráter 'humanamente' definitivo." Nestas, estariam incluídos o "índice de periculosidade" do sentenciado, que corresponderia a seu "diagnóstico criminológico", e sua possível adaptabilidade à vida social, que seria seu "prognóstico criminológico".[261]

Assim, ao novo Serviço caberia o estudo de cada detento para possibilitar a individualização de sua pena, principalmente pela prescrição da educação moral e do trabalho que lhe seriam mais apropriados, e subsidiar o Conselho Penitenciário para a concessão de livramentos condicionais. Mas a exemplo do laboratório da polícia, ali também seria estimulada a investigação científica para o conhecimento da criminalidade e de suas causas.

Em 1940, Pedro Augusto da Silva e seu auxiliar e futuro substituto na direção do laboratório, João Carlos da Silva Teles, publicaram na revista da Penitenciária um estudo intitulado "Sífilis e criminalidade".[262] Os autores associavam uma coisa à outra, identificando no sifilítico um criminoso em potencial. A sífilis responderia, assim, por significativa parcela da etiologia do crime, inclusive por meio da hereditariedade:

> São por demais conhecidos os seus efeitos nocivos de predisposição à impulsividade, à violência reacional, à perversão e amoralidade, em todas as suas formas (...). A sífilis, atuando antes e durante a gestação bem como depois do nascimento, predispõe o indivíduo a fenôme-

---

260. Teles, João Carlos da Silva. Determinação médica da ausência ou cessação da periculosidade. *Revista Penal e Penitenciária*, São Paulo, ano 3, v. 3, n. 1-2, p. 107-121, 1942, p. 120.

261. Teles, 1942, p. 117-120.

262. Silva, Pedro Augusto da; Teles, João Carlos da Silva. Sífilis e criminalidade. *Revista Penal e Penitenciária*, São Paulo, ano 1, v. 1, n. 1, p. 37-62, 1. sem. 1940.

nos constitucionais regressivos e a tendências degenerativas; aquelas, causas de conseqüências próximas e funestas, estas, de conseqüências remotas, porém, facilmente prognosticáveis, através dos seus estigmas sômato-psíquicos.[263]

O crime se tornava, portanto, o mais importante sintoma da sífilis. A comprovação desta tese viria pelo alto índice de sifilíticos em populações carcerárias, dados que os autores colheram da bibliografia e de seu próprio trabalho na Penitenciária do Estado. Esse índice seria, por exemplo, de 67,7% na Casa de Detenção do Rio de Janeiro. Estatísticas de Heitor Carrilho para o Manicômio Judiciário não eram tão alarmantes, mas registravam ainda assim significativos 22,33% de sifilíticos.[264] Com relação à Penitenciária onde trabalhavam, os autores tinham à disposição dados de 5500 casos, número que correspondia aos sentenciados matriculados desde 1920, quando da inauguração do estabelecimento. O exame era realizado em todo detento no momento da admissão ao presídio. A porcentagem de sifilíticos encontrada foi de 53,44%. O trabalho ainda discriminava os valores por tipo de crime, reincidência, raça e nacionalidade.

No mesmo ano, no número seguinte da revista, Pedro Augusto da Silva e o assistente de Psiquiatria do laboratório, Collet e Silva, publicaram o artigo "Criminalidade e doença mental". Os arquivos de prontuários já chegavam então a mais de 6000 sentenciados. Destes, 440 eram considerados doentes mentais que apresentaram manifestações de distúrbios durante a pena. Os autores também aqui discriminaram seus dados, construindo gráficos que correlacionavam tipos de crimes e tipos de doença mental. A exemplo do que aconteceria com a sífilis, a doença mental também seria um sintoma de predisposição à criminalidade. E mais uma vez eram os arquivos da Penitenciária, estatisticamente trabalhados, que sustentariam tal tese: se na população do Estado de São Paulo a incidência de doentes mentais era de 0,25%, entre os 6000 sentenciados seria de 7,5%.[265]

Em 1942, como vimos, um trabalho do Instituto de Biotipologia Criminal foi laureado pela Sociedade de Medicina Legal e Criminologia de S. Paulo. O contemplado havia sido Salvador Rocco, chefe da Seção de Antropometria do Instituto. Seu trabalho foi premiado com o título "Morfologia constitucional e criminalidade", mas

---

263. Silva; Teles, 1940, p. 37.
264. Silva; Teles, 1940, p. 38.
265. Silva, Pedro Augusto da; Collet E Silva, Tomaz de Aquino. Criminalidade e doença mental. *Revista Penal e Penitenciária*, São Paulo, ano 1, v. 1, n. 2, 255-266, 2· sem. 1940, p. 255 e 263.

foi publicado na revista da Penitenciária como "Contribuição ao estudo biotipológico dos criminosos".[266] Como já analisamos, o estudo reforçava a correlação entre morfologia corporal e comportamento, fazendo uso da mediação da endocrinologia, e baseava suas conclusões em exames dos sentenciados da Penitenciária.

Enfim, os laboratórios de antropologia criminal de São Paulo, o da Polícia e o da Penitenciária, cumpriram parte fundamental do programa da criminologia positivista. Por um lado, tiveram reconhecido seu esforço para o aprimoramento científico do conhecimento do "homem criminoso e da criminalidade paulista e brasileira". Este é o sentido das premiações que a Sociedade de Medicina Legal conferiu a estudos dos dois laboratórios. A faina investigativa que ali se desenvolvia atendia ao discurso cientificista da criminologia, que pregava a superação tanto do amadorismo "pré-científico, metafísico, supersticioso e contraproducente" nessa área, como da importação acrítica de informações e de dados estatísticos de outros centros, "incompatíveis com nossa realidade". Prevalecia aqui muito da retórica modernizadora nacionalista que impregnava o país àquela época. Nessa perspectiva, a construção de uma "criminologia brasileira", ou mesmo "paulista", seria a única alternativa para a resolução do problema da criminalidade, e ela não poderia prescindir do trabalho cotidiano dos laboratórios de antropologia criminal.

Por outro lado, estes laboratórios possibilitaram a aplicação prática da "medicalização do Direito", ao menos até os limites de sua atuação. A concretude que puderam ganhar as teses biodeterministas da Escola Positiva passaram por tais laboratórios, que as deslocaram do plano abstrato para o cotidiano real do aparelho repressivo. Os pareceres e exames periciais que lá foram produzidos circularam pelas instâncias desse aparelho, decidindo pelo caminho parcelas importantes de destinos humanos.

No entanto, os laboratórios de antropologia criminal nunca perderam seu caráter modelar, exemplar. O projeto positivista lhes destinava uma amplitude muito maior, tanto no que dizia respeito a sua estrutura material e de recursos humanos, como às atribuições, à difusão e à generalização geográfica e institucional que deveriam ter. Daí a recorrência das reivindicações nesse sentido e da sistemática insatisfação com a realidade alcançada. Daí também a necessidade de propaganda da importância do trabalho que os laboratórios desenvolviam e dos resultados alcançados, estimulando a confiança na sua "enorme potencialidade" e buscando "sensibilizar" as autoridades competentes. Também para isso cumpriram um papel fundamental as revistas especializadas em criminologia e medicina legal.

---

266. Rocco, Salvador. Contribuição ao estudo biotipológico dos criminosos. *Revista Penal e Penitenciária*, São Paulo, ano 3, v. 3, n. 1-2, p. 135-227, 1942.

6. As revistas especializadas

Dos centros produtores e reprodutores de conhecimento em criminologia e medicina legal que vimos analisando, três mantiveram revistas científicas especializadas: a Sociedade de Medicina Legal e Criminologia de S. Paulo, a Polícia de São Paulo e a Penitenciária do Estado (ver Tabela 3 mais adiante).

Os "Archivos da Sociedade de Medicina Legal e Criminologia de S. Paulo" nasceram praticamente juntos com a entidade, constando dos seus estatutos. Os exemplares eram remetidos gratuitamente "aos sócios, às sociedades e publicações congêneres nacionais e estrangeiras e às bibliotecas nacionais e estrangeiras, a juízo do secretário geral." Poderiam, ainda, ser assinadas por "pessoas estranhas à Sociedade".[267]

Seu conteúdo retratava acontecimentos sociais da entidade, trazendo quase sempre os discursos ali proferidos e as atas de suas sessões ordinárias e extraordinárias, incluindo aí os textos das "ordens do dia", em que estudos científicos eram apresentados. Escreviam tais artigos diretores da Sociedade, professores das Faculdades de Medicina e de Direito e da Escola de Polícia, profissionais e burocratas das diversas instituições do aparelho repressivo, personalidades científicas de outras regiões do país (quase sempre do Rio de Janeiro), e mesmo do exterior. Além de textos teóricos, freqüentavam as revistas reproduções de laudos periciais.

De 1928 a 1930, a revista viveu sua fase mais vigorosa. Por esse período, quando mudou seu nome para "Revista de Criminologia e Medicina Legal", ela passou a ser responsabilidade de todos os órgãos do Estado voltados à medicina legal e à criminologia (Gabinete Médico-legal, Laboratório de Technica Policial, Conselho Penitenciário, Penitenciária do Estado e Instituto de Medicina Legal "Oscar Freire"), mas permanecendo sob a direção da Sociedade. A periodicidade passou de anual para semestral, tendo chegado a ser bimestral em seu começo. Seu número médio de páginas também aumentou significativamente. Muitas aulas e Conferências foram transcritas em suas páginas.

Com relação ao conteúdo, a revista em sua nova fase deu maior espaço para o lado jurídico da medicina legal. Se havia uma seção de "Exames e pareceres", reproduzindo perícias médico-legais, havia também uma outra denominada "Jurisprudência", contendo sentenças de diversas instâncias judiciais do país. As atas da Sociedade de Medicina Legal continuavam a ser publicadas. O novo governo re-

---

267. Estatutos da Sociedade de Medicina Legal e Criminologia de São Paulo. *Archivos da Sociedade de Medicina Legal e Criminologia de S. Paulo*, São Paulo, ano 1, v. 1, n. 1, 4-10, fev. 1922, p. 8.

sultante da Revolução de 1930 retirou o apoio financeiro para a revista e ela voltou às condições e ao nome que tinha antes.

A revista da Sociedade de Medicina Legal e Criminologia de S. Paulo representava o veículo oficial dos profissionais médicos-legistas e afins e trazia as principais discussões e produções teóricas da categoria. Seu caráter de porta voz da comunidade científica dedicada ao tema não deixou de existir mesmo na fase em que esteve sob responsabilidade pluriinstitucional.

Já a Polícia de São Paulo iniciou a publicação de sua revista científica em 1936. O aparecimento dos "Archivos de Polícia e Identificação" estava relacionado à criação do laboratório de antropologia criminal do Serviço de Identificação, dois anos antes. Apresentava-se em seu primeiro número como um "repositório útil de informações para o estudo de advogados, juízes, criminalistas, jornalistas, médicos e dentistas legistas, antropologistas e psicólogos (...)."[268] A revista possuía uma perspectiva mais empírica do que os Arquivos da Sociedade, possibilitada pela publicação dos trabalhos científicos do laboratório de antropologia criminal. Por outro lado, a face preventiva da criminologia tinha mais peso, até porque o objeto perseguido tendia para o conjunto da sociedade. Dois volumes em quatro fascículos foram publicados até 1940, quando o nome da revista mudou para "Arquivos da Polícia Civil de São Paulo". Nesta nova fase, que ainda perdura, a revista passou a trazer o ponto vista policial de conjunto e não mais centrado prioritariamente no Serviço de Identificação, já que a responsabilidade por sua publicação passou para a Secretaria de Segurança Pública. Sua periodicidade passou a ser semestral.

Um testemunho da capilaridade da revista no universo médico-policial de São Paulo pode ser encontrado em artigo dos médicos Áttila Ferreira Vaz e Carlos Augusto Froelich, nomeados pelo juiz da Comarca de Novo Horizonte, no interior do Estado, para efetuar "laudo antropopsiquiátrico" em indivíduo acusado de homicídio ocorrido naquele município em 1941. Além de afirmarem seguir as orientações teóricas e metodológicas que Edmur de Aguiar Whitaker publicava na revista, os médicos ainda informavam que a mesma se encontrava disponível em "todas as delegacias de Polícia do Estado, de modo que poderão ser facilmente consultados pelos exmos. juristas a quem se dirige este laudo."[269]

O Serviço de Biotipologia Criminal, por sua vez, publicou sua revista de 1940 a 1947, semestralmente, mas com uma interrupção de 1943 a 1947 por conta das dificuldades causadas pela guerra mundial. Desta forma, apareceram oito números do

---

268. Nossa Apresentação. *Archivos de Policia e Identificação*, São Paulo, n. 1, p. 3, abr. 1936.

269. Vaz, Áttila Ferreira; Froelich, Carlos Augusto. *Arquivos da Polícia Civil de São Paulo*, São Paulo, v. 6, 264-286, 2. sem. 1943, p. 267.

periódico, intitulado "Revista Penal e Penitenciária". Como no caso dos "Arquivos de Polícia e Identificação", possuía farto material empírico fornecido pelos estudos realizados com o "material humano disponível". Neste sentido, a revista mostrava a perspectiva dos responsáveis pelas tentativas de aplicação prática das idéias do determinismo biológico em criminologia. A busca empírica da comprovação da legitimidade daquelas idéias expressava-se ali não apenas por se tratar de uma publicação da penitenciária, portanto de uma instituição que "manipulava corpos e espíritos desviantes", mas também porque, desde 1939, funcionava ali justamente um Serviço de Biotipologia Criminal, órgão que teria como atribuição racionalizar e tornar científica essa manipulação.

Apesar das diferenças de matizes e de ênfases entre as revistas das três instituições, todas compartilhavam do mesmo tema e quase sempre da mesma perspectiva teórica, até porque os autores que nelas escreviam eram também quase sempre os mesmos, ainda que evidentemente prevalecessem em cada uma delas os "funcionários da casa". Muitos artigos, inclusive, apareciam repetidos em mais de uma revista. As atas dos congressos científicos promovidos pela Sociedade de Medicina Legal foram muitas vezes publicadas pela revista da polícia. Neste sentido, as revistas cumpriram um importante papel de busca de coesão doutrinária e programática da comunidade científica envolvida, ao mesmo tempo em que fizeram circular as principais idéias positivistas por todo o universo institucional relacionado ao problema da criminalidade. Isto acabou por facilitar a implementação prática destas idéias, na medida em que os diversos agentes envolvidos, desde um juiz de direito ou um delegado de polícia que pudessem solicitar um laudo, até um médico da penitenciária que recomendasse um livramento condicional, podiam compartilhar da mesma linguagem teórica e conhecer as mesmas possibilidades científicas, legais e institucionais.

Notas referentes a Tabela 3 – Revistas especializadas em criminologia e medicina legal (1920-47)
271. Gabinete Médico-legal, Laboratório de Technica Policial, Conselho Penitenciário, Penitenciária do Estado e Instituto de Medicina Legal "Oscar Freire"
272. Continua como "Arquivos da Polícia Civil de São Paulo".
273. Continuação de "Arquivos de Polícia e Identificação".
274. Por conta da guerra mundial, a publicação ficou interrompida de 1943 a 1947. O volume de 1947 está incluído no período da pesquisa porque ele contém textos escritos de 1943 a 1945.

Tabela 3 – Revistas especializadas em criminologia e medicina legal (1920-47)

Revista	Instituição	Período de publicação	Período pesquisado	Volumes pesquisados
Arquivos da Sociedade de Medicina Legal e Criminologia de São Paulo	Sociedade de Medicina Legal e Criminologia	1922 a 1928 e 1931 a 1959	1922 a 1928 e 1931 a 1945	16
Revista de Criminologia e Medicina Legal	Sociedade de Medicina Legal e Criminologia e órgãos oficiais ligados à área[271]	1928 a 1930	1928 a 1930	7
Arquivos de Polícia e Identificação[272]	Serviço de Identificação do Gabinete de Investigações da Polícia de São Paulo	1936-1940	1936-1940	2
Arquivos da Polícia Civil de São Paulo[273]	Secretaria de Segurança Pública	desde 1941	1941-1945	10
Revista Penal e Penitenciária	Serviço de Biotipologia Criminal da Penitenciária do Estado	1940-1947	1940-1947[274]	8

7. Idéias vivas

O percurso por todo esse universo da produção, reprodução e circulação das teses da criminologia positivista nos permitiu identificar uma rede institucional articulada que a um só tempo dependia destas idéias para otimizar seu funcionamento e era a condição para que estas mesmas idéias tivessem vida e conseqüência social. Voltando às concepções de Latour, o destino das afirmações científicas depende do que é feito com elas e das relações de dependência que são capazes de estabelecer. As teses da Escola Positiva de direito penal estudadas, é o que este capítulo pretende ter indicado, conseguiram passar nesse teste. Foram encontradas no ambiente acadêmico, onde eram ensinadas a futuros agentes sociais que as manipulariam em seu cotidiano profissional; ajudaram a fornecer o cimento teórico para a fundação e o funcionamento de uma entidade que agregou os profissionais da área e lhes permitiu um mínimo de coesão; justificou a realização de congressos e eventos científicos, onde se deram a conhecer melhor; possibilitaram um reconhecimento institucional capaz de viabilizar a criação de dois laboratórios de antropologia criminal que, se bem que insuficientes para os objetivos almejados pelos positivistas, ocupavam lugar bastante estratégico no aparelho repressivo do Estado; orientaram as atividades destes laboratórios, enriquecendo seu repertório de "dados da realidade" e fornecendo documentação científica para procedimentos penais. As revistas, por fim, deram a esse edifício complexo uma estrutura mais sólida e uma unidade mais reconhecível, ao mesmo tempo em que funcionaram como instrumento de reivindicação do que ainda fazia falta e de propaganda do que já era realidade do projeto positivista.

Uma outra conclusão que se impõe é a de que tal projeto encontrou um grau de institucionalização muito maior após 1930. Foi nesse período que foram realizados os Congressos da Sociedade de Medicina Legal, que foi criada a Escola de Polícia e os dois laboratórios de Antropologia Criminal, que surgiram as revistas especializadas da Polícia e da Penitenciária, e que se multiplicou a produção científica da área por conta de tudo isso. Ainda poderiam ser mencionadas as conquistas positivistas no novo Código Penal de 1940, que serão analisadas mais adiante.

Enfim, depois de um marco institucional importante ao redor do ano de 1920, quando eram criadas a cadeira de Medicina Legal da Faculdade de Medicina, a Socicdade de Medicina Legal e Criminologia e sua respectiva revista, seria com o Governo Vargas que o programa positivista e as teorias que lhe sustentavam iriam receber novo impulso e reconhecimento. Parte da explicação para isso está no fato de que em todos os setores da atividade social assim se deu durante a Era Vargas, que atribuiu ao Estado a tarefa de redesenhar a si mesmo. Mas no caso específico da criminologia, em muito deve ter facilitado o interesse comum do novo regime e dos positivistas pelo aprimoramento do controle social e pela modernização científica da sociedade brasileira.

III. O exame médico-legal

O exame médico-legal garantia a existência e conferia impacto social à rede de interesses em torno da criminologia positivista que procuramos reproduzir analiticamente no capítulo anterior.[1] Ele transformava os conhecimentos específicos e especializados, saberes científicos, em documentos aceitos e eficientes, inteligíveis e utilizáveis. Os exames e os laudos eram as *moedas sociais* que lubrificavam as relações de poder-saber da medicina legal e da criminologia. Circulavam por todo o aparato repressivo do Estado: nas salas dos tribunais, nas delegacias de polícia, nas penitenciárias, nos manicômios e nas casas de correção. Nesse ambiente, adquiriam poder de "vida e de morte". Disciplinavam as relações entre direito e medicina e acabavam por viabilizar o poder de julgar.[2]

Mas iam além, medindo corpos e comportamentos nos mais diversos espaços sociais, como escolas e filas de emprego. Como veremos, onde não o fazia, havia quem reivindicasse que o fizesse. Em todos estes ambientes, o exame médico-legal subsidiava decisões acerca da vida dos examinados, ao mesmo tempo em que pretendia aprimorar o conhecimento científico. Por sua vez, a capilaridade social que alcançou e a fluidez com que circulou atestavam a legitimidade científica que portava.

O exame não esgota a compreensão dos mecanismos de poder, influência e controle social exercidos por meio da medicina legal que a presente pesquisa persegue. Seja na pretensão embutida no discurso, seja na realidade concreta, a medicina legal não pretendia restringir a sua imprescindibilidade social às assinaturas na linha final de laudos e exames. Como exemplo, pode-se aqui citar a sua autoridade nas discussões das reformas legislativas, marcadamente as que envolveram a reorganização do Código Penal, ou o papel decisivo que cumpriu na criação de instituições criminais e disciplinares, como o Instituto de Pesquisas Juvenis e o Manicômio Judiciário de São Paulo. Mas não cabe

---

1. Com o título 'Cuerpo y comportamiento: el examen médico-legal en el Brasil de entreguerras', parte do conteúdo deste item foi publicado em versão adaptada e em espanhol como um capítulo da obra coletiva: Miranda, Marisa e Vallejo, Gustavo (orgs.), *Políticas del cuerpo. Estrategias modernas de normalización del individuo y la sociedad*, Buenos Aires: Editorial Siglo XXI, 2007.

2. Foucault, 2001c, p. 8 e 153.

dúvida de que o exame era peça central nas práticas sociais cotidianas da medicina legal.

1. Sua introdução no ambiente jurídico

Ao longo do século XIX, o exame médico-legal foi ocupando espaços dentro dos tribunais. Inicialmente, seu papel se restringia a definir se o agente do crime se encontrava "em estado de demência" no momento em que o cometeu. Assim prescrevia o Código Penal francês de 1810.[3] O Código brasileiro de 1830, em seu artigo décimo, reproduzia o mesmo princípio, não considerando criminosos os "loucos de todo gênero, salvo se tiverem lúcidos intervalos e neles cometerem o crime."[4]

Eram formulações que acabaram por se identificar com os preceitos da Escola Clássica de direito penal, ao conceber o crime como ato da vontade lúcida, portanto conseqüência do exercício do livre arbítrio. Naturalmente, a loucura criava embaraços aos defensores desses preceitos, pois não se poderia conciliar a "privação de sentidos" com a responsabilidade moral.[5] Mas, justamente por isso, as leis penais trataram de expulsar do campo jurídico a figura do louco. O instrumento para viabilizar essa "depuração" era o exame médico-legal. Como explica Foucault, o exame deveria permitir

> (...) estabelecer a demarcação: uma demarcação dicotômica entre doença e responsabilidade, entre causalidade patológica e liberdade do sujeito jurídico, entre terapêutica e punição, entre medicina e penalidade, entre hospital e prisão. É necessário optar, porque a loucura apaga o crime e, inversamente, o crime não pode ser, em si, um ato que se arraiga na loucura. Princípio da porta giratória: quando o patológico entra em cena, a criminalidade, nos termos da lei, deve desaparecer. A instituição médica, em caso de loucura, deve tomar o lugar da instituição judiciária.[6]

---

3. Foucault, 2001c, p. 39.

4. Peres, Maria Fernanda P. A doença mental no direito penal brasileiro: inimputabilidade, irresponsabilidade, periculosidade e medida de segurança. *História, Ciências, Saúde: Manguinhos*, Rio de Janeiro, v. 9, n. 2, 335-55, mai.-ago. 2002, p. 337.

5. Peres, 2002, p. 337.

6. Foucault, 2001c, p. 39-40.

No entanto, o autor identifica, ainda nas primeiras décadas do século XIX, o início da lenta construção dessa "espécie de *continuun* médico-judiciário, cujos efeitos podemos ver e cuja institucionalização-mestra vemos no exame médico-legal." No início, são os júris que começam a estabelecer o parentesco entre crime e loucura. Em 1832, o reconhecimento legal das chamadas "circunstâncias atenuantes" permitiria que a "qualificação, a apreciação, o diagnóstico do próprio criminoso" pudessem ser considerados na elaboração da sentença. A partir daí, a intervenção médica no ambiente jurídico seria cada vez mais necessária. Os conceitos de *perversão* e de *perigo* passariam crescentemente a orientar os exames médico-legais e, por meio deles, os julgamentos penais. A idéia de *anormalidade* ia substituindo a idéia de *loucura*.[7]

O primeiro laudo médico-legal da história do encarceramento em São Paulo possivelmente apareceu em setembro de 1876, segundo Fernando Salla. O diretor da Casa de Correção havia pedido a transferência de dois presos para o Hospital de Alienados, por conta da perturbação que causavam. O juiz de direito nomeou dois médicos para dar o parecer quanto à condição mental dos presos. Segundo Salla, "o laudo é desprovido de considerações propriamente médicas, mas é representativo da reverência, que já começava a se esboçar, do poder judiciário em relação ao saber especializado, em particular da medicina, para pautar suas decisões". O autor ressalva, no entanto, que tal iniciativa não iria se generalizar senão nas décadas seguintes.[8]

Ainda assim, é curioso verificar que o crescimento da influência da criminologia positivista, paradoxalmente, não passava sempre pela imprescindibilidade do médico no ambiente jurídico-policial. Nas últimas décadas do século XIX, essa corrente se expressava principalmente pelas idéias de Lombroso, cujo caráter rudimentar facilitava seu manuseio por agentes leigos em medicina. Esta é, por sinal, uma das razões de sua difusão rápida e generalizada. Os estigmas físicos do criminoso nato eram facilmente identificáveis no indivíduo suspeito. Por isso, um delegado de polícia poderia se considerar capaz de examinar um delinqüente e dar um parecer, prescindindo da presença do médico. Assim o fez, por exemplo, o delegado do Brás com um autor de homicídio ocorrido em 1906:

> Observei os principais traços fisionômicos do indiciado, próprios de um criminoso, segundo o ensinamento dos criminalistas. Notei-lhe a

---

7. Foucault, 2001c, p. 40 e 43.
8. Salla, 1999, p. 101 e 129.

proeminência das arcadas superciliares, o nariz alto e adunco, as largas narinas; o volume demasiado das mandíbulas; o afastamento das orelhas com aderência dos lóbulos; a boca contraída, ameaçadora; a desproporção entre o desenvolvimento da face e do crânio. Tive a forte impressão de que tinha diante de mim um homem feroz e perigoso. Encontrei nele o olhar de que falam Lombroso, Casper, Amadei e tantos outros.[9]

A imposição da legitimidade de saberes especializados da medicina para garantir a cientificidade destes pareceres acabaria por se dar ao longo das décadas seguintes. Boris Fausto localiza o início desse processo em meados dos anos 10, quando textos grosseiros como o reproduzido acima tiveram cada vez mais que conviver com aqueles mais eruditos dos pareceres médicos que passaram a ser emitidos nos processos. Franco da Rocha assinou laudo de 1916 em que registrava exame feito em homicida internado no Hospital do Juquery. O diagnóstico indicava que o examinado era um "degenerado hereditário, sofredor de uma psicose sistematizada interpretativa, cujo delírio tem por conteúdo o ciúme. É, além disso, sujeito a episódios de depressão psíquica ansiosa." Dez anos e um abismo metodológico separavam este laudo do parecer emitido pelo delegado do Brás. Além de se valer principalmente de conhecimentos de psiquiatria (ainda que fizesse uso da antropometria), o laudo de Franco da Rocha foi elaborado com uma sofisticação científica muito maior. Os indícios da anormalidade não poderiam mais ser identificados pelo olhar leigo. Por isso, e talvez por ainda se encontrar em um momento de transição rumo à consolidação do poder médico no campo jurídico, Rocha parecia pressionado a justificar suas conclusões: "Convencer os leigos de que o nosso paciente é um louco, bem sabemos, é tarefa muito árdua." [10]

Ao longo do período estudado, tal convencimento do leigo iria dispensar cada vez mais os argumentos fundados em um possível universo de intelecção comum, em prol do simples reconhecimento da autoridade do médico e da instituição responsáveis pelo laudo. Em outras palavras, o laudo tornar-se-ia cada vez mais científico e objeto da prerrogativa exclusiva dos médicos, e dentre eles cada vez mais do médico-legista. Dois processos simultâneos e complementares condicionaram essa transformação. Por um lado, a defesa das prerrogativas profissionais da categoria, até mesmo como parte da própria luta mais geral dos médicos contra o "charlatanismo" e o livre exercício profissional que foi bastante intensa nas primeiras décadas

---

9. Citado por Boris Fausto em Fausto, 1984, p. 100.

10. Fausto, 1984, p. 100 e 269-270.

do século.[11] Ao otimizar a organização destes interesses corporativos, a criação da Sociedade de Medicina Legal e Criminologia de S. Paulo, em 1921, contribuiu de forma decisiva para o sucesso dos médicos-legistas em tal empreitada. Por outro lado, as próprias teorias científicas que embasavam a antropologia criminal e os laudos médicos nela referenciados tornavam-se muito mais complexas e sofisticadas, como veremos a seguir.

2. A arquitetura do exame médico-legal

O corpo sob múltiplas perspectivas médicas

Em outubro de 1938, Oscar de Godoy, médico do Laboratório de Antropologia Criminal da Polícia de São Paulo, dava uma Conferência em que explicava o estado da arte da criminologia de então:

> Considera-se hoje o indivíduo não mais como um mosaico de peças independentes, mas como um todo composto de elementos de correlação, sendo impossível o estudo de um deles em separado visto que o todo é sinérgico e indivisível. Abandonou-se a velha concepção lombrosiana de observar caracteres morfológicos e deles se tirar conclusões sobre a vida psíquica do indivíduo e sobre a sua conduta na sociedade, para adotar-se as novas doutrinas da interdependência dos fatores endógenos, que consideram o homem como uma unidade vital. Pende, um dos mestres da escola constitucionalística italiana, representa esta idéia de forma esquemática e para isso lança mão de uma pirâmide de quatro faces que constituiria o indivíduo, o biotipo. Na face inferior e como base de todo organismo humano, estaria colocado o patrimônio hereditário, isto é, o impulso evolutivo inicial que recebe todo o ser humano no momento da fecundação. Os outros três lados da pirâmide são ocupados pela face morfológica, neuroquímica e psicológica. O conjunto daria o biotipo ou a 'unidade vital', impossível de ser estudada somente numa das suas faces dada a extrema ligação existente entre todas elas.[12]

---

11. Sobre o papel decisivo de Nina Rodrigues na busca do reconhecimento das prerrogativas profissionais do médico-legista, ver Corrêa, 1998.

12. Godoy, Oscar de, Factores biológicos do crime. *Arquivos de Polícia e Identificação*, São Paulo, v.2, n. 2, 426-442, 1940, p. 426.

O delegado do Brás, se ainda ativo, não teria mais alternativa que não solicitar os serviços especializados de quem tivesse a capacitação para levar a cabo um estudo de tal complexidade. O reducionismo lombrosiano, que procurava em poucos estigmas físicos e morfológicos as tendências criminosas, acabou por ser substituído por uma concepção "integral" do indivíduo e de seu corpo, então chamada de "ciência constitucional do indivíduo".[13] O olhar do médico se deslocou

> do exterior para o interior do corpo humano, dos estigmas visíveis, para os sinais invisíveis de sua adequação ou inadequação às normas sociais. Isto é, as pessoas já não eram definidas apenas pelo ângulo facial ou pela cor da pele, embora essas definições continuassem a ser utilizadas, mas a partir de testes cada vez mais refinados que as classificavam conforme a sua hereditariedade, o seu caráter ou a sua constituição biotipológica – uma combinação de fatores físicos e psíquicos.[14]

Taxas hormonais desequilibradas, educação defeituosa, hereditariedade mórbida, alcoolismo, morfologia anômala, tudo na verdade deveria ser considerado, em uma perspectiva sistêmica de interação mútua e complexa entre os fatores considerados. Nenhum deles deveria ser analisado isoladamente. A resultante dessas forças é que determinaria a periculosidade do indivíduo.

O Anexo 2 traz um esquema de um exame médico criminológico. Tal esquema foi extraído de um artigo de 1942 dos "Arquivos de Polícia Civil de São Paulo". Seu autor era Edmur de Aguiar Whitaker, médico do Laboratório de Antropologia Criminal da Polícia de São Paulo. O modelo de exame que ele apresentava ali tinha uma estrutura amplamente aceita e praticada em sua época, não apenas por ser utilizada numa das instituições centrais de manipulação de delinqüentes, como também pelo seu caráter paradigmático para outros médicos e instituições envolvidos com a questão do ato anti-social.

O exame ali formatado apresentava sete seções principais e vinte subseções. Na verdade, o que era chamado de exame criminológico era um conjunto de diversos exames médicos, inclusive de natureza e especialidades distintas. Por-

---

13. Sobre as diversas escolas constitucionalistas que se desenvolveram no período do entreguerras, com ênfase para a influência que exerceram na Espanha, ver Álvarez Peláez, Raquel. Eugenesia y fascismo en la España de los anos treinta. In: Huertas, Rafael; Ortiz, Carmen (Org.). *Ciencia y fascismo*. Madri: Doce Calles, 1998.

14. Corrêa, 1982, p. 55.

tanto, a primeira coisa que chama a atenção é justamente a sua extensão e complexidade. Era muito grande e variada a quantidade de exames e investigações incluídas, compreendendo desde uma gama de testes psicológicos, até diversas avaliações médico-clínicas, passando inclusive por um item denominado "investigação social". A construção de um laudo completo poderia demorar vários dias e até semanas.

Para entender a estratificação do laudo pericial, antes é necessário analisar para que tipo de "leitor" ele era redigido. Com relação à natureza profissional, existiam basicamente dois tipos de ambientes por onde circulavam os exames criminológicos. Um deles era o médico-científico. Ali, ler e discutir os laudos tinha a função de colaborar na produção do conhecimento. Os interlocutores, nesse caso, eram os próprios pares. A sua apresentação em congressos e em revistas especializadas buscava satisfazer essa expectativa. Nesse circuito, é o conjunto integral do relatório do exame que interessava ao leitor. Nenhuma seção poderia ser negligenciada pelo bom estudioso do tema.

Mas o exame também freqüentava outro circuito: o jurídico-administrativo do sistema repressivo do Estado. Neste caso, o exame era manuseado por magistrados, delegados de polícia, diretores de presídio. A esse tipo de leitor, não interessava ler exaustivamente todo o laudo. E mesmo que o fizesse, era apenas das poucas linhas finais que ele iria retirar as informações necessárias para subsidiar suas decisões: a seção denominada "parecer criminológico". Ali constavam os itens: "classificação do delito", referido ao artigo correspondente do código penal; "classificação criminológica", que definia o tipo de criminoso, podendo variar em muito os critérios para isso, mas que geralmente procurava classificar o criminoso em "acidental", "personalidade deliqüencial normal", e "criminoso psicótico"; "imputabilidade", que informava da responsabilidade do examinando pelo ato criminoso, em termos de graus de consciência e sanidade mental; e, finalmente, a "periculosidade", que indicava se era esta ausente, eventual, ou permanente na personalidade analisada. Esta linha do documento certamente era a que possuía a maior densidade de poder sobre a vida do examinando. Mais do que o veredicto da inocência ou da culpabilidade, a periculosidade poderia determinar indefinidamente a seqüestração do delinqüente pela rede repressiva. A imposição deste quesito ao final do laudo foi uma das maiores vitórias médicas na disputa pela manipulação do destino dos corpos delinqüentes. Era nesta região do laudo que o saber médico procurava se impor no universo jurídico.

Voltando à complexidade do exame, esse seu caráter extensivo não escapava à sensibilidade do próprio examinando. Ainda que pelo viés do registro escrito do laudo, condicionado pela perspectiva do médico examinador, é possível recolher algumas manifestações significativas dessa sensibilidade. Um exemplo disso aparece no laudo de I. da S., vulgo Pernambuco, que foi inocentado de homicídio ocorrido em "obras anexas ao novo viaduto do Chá", em maio de 1938. Pernambuco havia confessado o crime, e foi o referido laudo, assinado por Edmur de Aguiar Whitaker e Oscar de Godoy, que o inocentou. Os exames se estenderam de 16 a 27 de maio de 1940, nas dependências do laboratório de Antropologia Criminal da Polícia de São Paulo. Na sessão de 24 de maio, em meio a um dos vários interrogatórios de cunho psicológico a que foi submetido, Pernambuco demonstrava perplexidade com a amplitude da tarefa de seus examinadores. Curiosamente, a maneira com que o fazia continha uma referência indireta à diversidade do campo profissional da medicina legal: "Instituto Médico-Legal é como aqui, só que aqui não vem cadáver. Mas aqui examina a gente mais que o cadáver lá." Na sessão do dia seguinte, Pernambuco mais uma vez comentava a extensão do exame, além de reconhecer a si mesmo enquanto objeto científico: "Quantos papéis os senhores não têm riscado esses dias! Depois passa à máquina e depois para onde vai? Para estudos..."[15]

Enfim, a realização de um exame pericial padrão não era tarefa simples. Aqui já fica clara uma das razões do relativo esvaziamento do projeto biodeterminista em criminologia nas décadas seguintes: o altíssimo custo de sua implementação generalizada, principalmente após o aumento significativo da população carcerária a partir dos anos 50.

Analisaremos agora com mais vagar as "regiões" do laudo e os saberes científicos correspondentes.

A biografia como denúncia

> (...) daquela enxurrada de detalhes que constituem
> a confusão de uma biografia humana (...)
> Philip Roth[16]

Uma característica que se consolidou no exame médico-legal foi a importância dada à recuperação e ao registro da vida pregressa do delinqüente. Várias rubricas estavam voltadas para isso: "antecedentes criminais registrados na polícia", "autobiografia", ou "antecedentes mentais mórbidos". Na verdade, o exame bem

---

15. Whitaker, Edmur de A. O caso do Viaduto do Chá – um autoacusador – estudo criminológico. *Arquivos da Polícia Civil de São Paulo*, São Paulo, v. 5, 295-342, 1. sem. 1943, p. 319 e 322.

16. Roth, Philip. *A marca humana*. São Paulo: Cia. da Letras, 2002.

aplicado deveria lograr a construção do indivíduo delinqüente de forma que ele fosse identificado retrospectivamente enquanto tal desde o começo de sua existência. Considerava-se que o crime já estaria contido no criminoso antes mesmo de acontecer. Cabia ao olhar especialista do médico identificá-lo. Há vários exemplos nos laudos estudados. Em 1936, um pintor de 23 anos se submetia aos exames. Já havia sido condenado e cumprido pena. Na transcrição do seu laudo, pode-se ler: "há muito vem sendo 'perseguido pela Polícia', desde a infância". No mesmo ano, também foram examinados dois outros operários. Ao médico examinador chamou a atenção que um deles era "'fraco de idéias', desde a idade de 10 anos". O outro teve anotado em seu laudo: "preso por vadiagem com 10 anos de idade"; "em menino, freqüentava más companhias". Em 1940, um estelionatário de 51 anos foi examinado. Encontrava-se sob investigação policial. O seu laudo registra que o examinando "foi uma criança 'peralta', de gênio 'vivaz'; pouco estudava"[17]. Os quatro casos exemplificados foram categorizados, nos resultados finais dos exames, como "personalidades delinquencias normais"[18], portadores de "periculosidade permanente".

Noutros espaços do aparato repressivo, os laudos reproduziam este mesmo padrão. O Instituto de Pesquisas Juvenis, criado em São Paulo no ano de 1936, com o objetivo de "estudar menores delinqüentes", não era exceção. O adolescente J.C.C., de 16 anos, trabalhava como auxiliar de caixa. Acusado de desvio de dinheiro, foi enviado ao Juiz de Menores, que determinou a realização de um laudo pericial que determinasse se o ato delitivo do menor poderia demonstrar seu "estado predelinqüencial". O diagnóstico final acusava ter o delito

> (...) natureza psicógena, revestindo um fundo de perversão instintiva, originado provavelmente na fixação da libido em fase oral, causa dos interesses glóssicos e perversão dos instintos aquisitivos, e doutra parte, desvio da libido, originando manifestações perversas de caráter sádico e reivindicatório, que se exteriorizou no sentido da herança mórbida familiar.[19]

---

17. Whitaker, 1942c, p. 383-409

18. A normalidade aqui é considerada em oposição aos casos psicóticos.

19. Dias, Flávio R. O ambiente familiar como factor predisponente a manifestações de taras pathologicas nos menores da Justiça. *Archivos da Sociedade de Medicina Legal e Criminologia de S. Paulo*, São Paulo, v. 8, 155-166, 1938. Suplemento. Annaes da Primeira Semana Paulista de Medicina Legal, 1937, São Paulo, p. 158-161

Tal conclusão fundamentava-se, em grande parte, na história de vida que os médicos resgataram dos depoimentos de J.C.C. Suas tendências antisociais teriam se manifestado bem cedo: "Era vivo, turbulento e destruidor: estragava os brinquedos dos irmãozinhos. Era briguento e mandão e queria em tudo ter razão." Logo o delito de que era acusado iria se manifestar em germe: "Em criança tirava doces, pão, bananas e frutas, como lhe apetecia. Foi por isso castigado várias vezes. De outra feita tirou dinheiro do cofre de seus irmãos (...)." [20]

Foucault se debruçou em exames similares e encontrou a mesma atitude preocupada com o resgate biográfico. Sua interpretação é pertinente para a nossa análise:

> Trata-se, pois, num exame como esse, de reconstituir a série do que poderíamos chamar de faltas sem infração, ou também de defeitos sem ilegalidade. Em outras palavras, mostrar como o indivíduo já se parecia com seu crime antes de o ter cometido. (...) Reconstituir a série das faltas, mostrar como o indivíduo se assemelhava ao seu crime e, ao mesmo tempo, através dessa série, pôr em evidência uma série que poderíamos chamar de parapatológica, próxima da doença, mas uma doença que não é uma doença, já que é um defeito moral. Porque, no fim das contas, essa série é a prova de um comportamento, de uma atitude, de um caráter, que são moralmente defeitos, sem ser nem patologicamente doenças, nem legalmente infrações. É a longa série dessas ambigüidades infraliminares cuja dinastia os peritos sempre procuram reconstituir[21].

Goffman, ao analisar o uso da biografia em instituições totais, identifica o mesmo método seletivo e, em última análise, arbitrário de resgate de fatos passados da vida do indivíduo examinado. Mesmo que tratando especificamente de hospitais psiquiátricos, sua análise também se refere ao que acontece nas prisões:

> Um dos seus objetivos [da biografia] é mostrar as maneiras pelas quais se revela a 'doença' do paciente e as razões pelas quais era correto interná-lo e continua a ser correto mantê-lo internado; isso é feito ao tirar, de toda a sua vida, uma lista dos incidentes que tiveram ou poderiam

---

20. Dias, 1938, p. 159.
21. Foucault, 2001c, p. 24-25. *Curso proferido no Collège de France em 1974 e 1975*, p. 24-25.

ter tido significação 'sintomática'. Podem ser citadas infelicidades de seus pais ou irmãos que podem sugerir uma 'tara' de família. São registrados atos iniciais em que o paciente parece ter mostrado mau julgamento ou perturbação emocional. São descritas oportunidades em que agiu de uma forma que o leigo consideraria imoral, sexualmente pervertida, com vontade fraca, infantil, indelicada, impulsiva ou 'louca'.[22]

O autor enfatiza mais uma vez a arbitrariedade embutida na operação, acabando por esvaziar da biografia o seu conteúdo teoricamente eficiente:

> Penso que quase toda a informação reunida nos registros de caso é bem verdadeira, embora se pudesse também pensar que a vida de quase todas as pessoas permitiria a reunião de fatos suficientemente degradantes que justificariam o internamento.[23]

Mas como teria sido possível que a biografia se impusesse como peça fundamental no laudo médico-legal, apesar da contradição apontada por Goffman? A resposta deve estar no próprio mascaramento da contradição, no ocultamento da arbitrariedade. O próprio Goffman nos insinua a resposta em outra obra sua:

> O primeiro ponto a ser considerado no que se refere a biografias é que assumimos que um indivíduo só pode, realmente, ter uma, o que é garantido muito mais pelas leis da física do que da sociedade. Entende-se que tudo o que alguém fez e pode, realmente, fazer, é passível de ser incluído em sua biografia, como o ilustra o tema relativo a Jekyll e Hyde (...). Por mais patife que seja um homem, por mais falsa, clandestina ou desarticulada que seja a sua existência, por mais que esta seja governada por adaptações, impulsos e reviravoltas, os verdadeiros fatos de sua atividade não podem ser contraditórios ou desarticulados.[24]

---

22. Goffman, 1974, p. 132-133.
23. Goffman, 1974, p. 135.
24. Goffman, Erving. *Estigma*. Notas sobre a manipulação da identidade deteriorada. 4. ed. Rio de Janeiro: Guanabara, 1988, p. 73.

O que leva o autor a concluir que a unicidade da linha da vida só pode ser construída em flagrante contraste com a multiciplidade de "eus" que se descobrem no indivíduo quando encarado sob a perspectiva dos papéis sociais que pode assumir. Dentre outras conseqüências, resulta limitada a sua capacidade de "pretender que não é mais algo que já foi."[25]

No mosaico de variáveis medidas e produzidas que acabavam por compor o conjunto do exame, a biografia certamente ocupava posição privilegiada na formulação do parecer criminológico final, até mesmo por essa cientificidade de que era revestida. No entanto, os antecedentes não se restringiam à própria vida do examinado. O seu corpo e seu comportamento traziam as heranças genéticas de sua família, e estas também deveriam ser conhecidas e registradas.

As heranças mórbidas

A época estudada partilhava entusiasticamente do *fetiche da hereditariedade*, presente em várias das rubricas do exame criminológico, em alguns casos em itens específicos, em outros não. Por exemplo, o laudo já apresentado de um dos operários examinados em 1936, o que fora considerado "fraco de idéias desde a idade dos 10 anos", informava também que sua mãe "sofre de ataques de loucura, quebra os objetos, a louça, etc. Trata-se em hospital psiquiátrico. Uma tia com distúrbios semelhantes". Tais expressões acabavam por preparar e dar maior sustentação a algumas das conclusões que aparecem um pouco mais adiante, que dizem que "apresenta o paciente uma hereditariedade psicopática pesada", revelando "características epilépticas no domínio da inteligência e do caráter, e (...) tendências depressivas"[26].

Também o laudo do menor infrator que citamos tem suas conclusões apoiadas em "herança mórbida familiar", como vimos. É interessante procurar no laudo a parte que descreve os pais do menor, que foram também examinados, para verificar ali o que era considerado manifestação de morbidez. O pai de J.C.C. era "muito nervoso e de gênio irascível", "cínico", "dissimulador e mentiroso", possuindo "sentimento exagerado de sua personalidade" e gostando de proferir "palavras obsce-

---

25. Goffman, 1988, p. 73. No sentido aqui analisado, o ofício do médico-legista, construindo a biografia de seu "paciente", tem uma curiosa identidade com o do historiador de convicção objetivista. Ambos "escolhem" os fatos do passado, sem admitir que o fazem. Em sua perspectiva, os fatos já estariam dados de antemão, mas seriam transparentes apenas ao olhar treinado do especialista. O mito da objetividade científica que compartilham o historiador e o médico sustenta, por fim, que a *história* e a *biografia* assim construídas são unívocas, pelo simples fato de que refletem o que teria *acontecido na realidade*.

26. Whitaker, 1942c, p. 402-405.

nas". O laudo também considerou digno de nota a blenorragia contraída por ele aos 25 anos. O depoimento da esposa denunciou que o marido freqüentemente a espancava em casa. Ela, por sua vez, teve um "prolapso uterino" após parir pela terceira vez, e "desde aí tornou-se irritada e nervosa." De forma recíproca, dessa vez é o depoimento do marido que completa o parecer da esposa, acusando-a de possuir "ciúme patológico" e de protagonizar freqüentes escândalos.[27]

Este padrão seria recorrente nos laudos estudados. A menor A.P.F., também de 16 anos e examinada no mesmo Instituto de Pesquisas Juvenis, teve o seguinte diagnóstico: "Em conclusão: a má conduta da menor simboliza uma reação ao meio familiar, que se processa através da predisposição mórbida herdada dos seus ascendentes e despertada pelo meio em que viveu."[28] Tão sumário é a parte que descreve os pais de A.P.F., que vale a pena reproduzi-la na íntegra:

> Pai: vivo, 47 anos, comerciante. Fumante, é moderado no alcoolismo. Boa educação, bem instalado na vida. É reservado, desconfiado e muito emotivo, porém de grande controle sobre as emoções; é um tanto negativista. Há na ascendência paterna nervosismo, impulsividade, expressa em antecedentes policiais.
>
> Mãe: falecida aos 35 anos de idade de uma infecção tífica. Era de humor alegre e calmo. Na ascendência materna há igualmente nervosismo, impulsividade, sífilis e tuberculose.[29]

Doenças, principalmente as sexualmente transmissíveis, mas não apenas elas, e antecedentes policiais apareciam como estigmas de predisposição mórbida em si mesmos. Além disso, fica claro que a hereditariedade enferma poderia remontar às ascendências dos ascendentes, fornecendo ao médico examinador um "depósito de manifestações mórbidas" quase ilimitado e de grande disponibilidade. Reafirmam-se aqui a arbitrariedade e a possibilidade de escolhas identificadas mais acima na construção da biografia do indivíduo examinado.

Deixando o Instituto de Pesquisas Juvenis e retornando ao Laboratório de Antropologia Criminal da Polícia, reencontraremos seus três médicos ocupados em seus laudos periciais. Quando examinaram G.G., de 26 anos, em março de 1938,

---

27. Dias, 1938, p. 159.
28. Dias, 1938, p. 166.
29. Dias, 1938, p. 163.

justificaram o diagnóstico de "hereditariedade psicopática leve" por ter o "paciente" uma "irmã nervosa e um irmão taciturno e irritável."[30]

Não deixa de ser surpreendente a sistemática fragilidade desta parte dos laudos, justificando o diagnóstico de herança mórbida em conceitos como impulsividade, irritação e nervosismo, muitas vezes nem mesmo dos pais, mas de irmãos, tios ou avós. Impossível aqui não considerar a hipótese de que os examinadores tinham no papel da hereditariedade uma certeza de tal maneira sólida que sua comprovação estava mais no diagnóstico do descendente do que no dos seus ascendentes. Qualquer indício de morbidez que nestes fosse identificado era suficiente para *confirmar* as conclusões do laudo.

Ao estudar a história do determinismo biológico nos séculos XIX e XX, Stephen Jay Gould se preocupou com o problema do "falseamento inconsciente" da produção científica, proporcionado pela força de certas convicções assumidas previamente ao experimento. O autor chamou isso de "subjetividade orientada para a obtenção de resultados preconcebidos."[31] É a atitude que caracterizaria, por exemplo, o trabalho de muitos dos craniometristas:

> Broca e sua escola não usaram os fatos como documentos irrefutáveis, mas apenas como ilustrações. Começaram pelas conclusões, logo comparando-as com seus dados para, por fim, e através de uma rota circular, voltar a essas mesmas conclusões.[32]

É este percurso circular que os laudos periciais que estamos analisando reproduziam, quando buscavam determinar a hereditariedade mórbida do indivíduo examinado. A ligeireza e a pouca sofisticação científica dessa região do laudo davam às informações ali registradas muito mais o caráter de *ilustração* do que de *comprovação*. E assim se dava justamente pelo prestígio e pela grande aceitação

---

30. Whitaker, 1942c, p. 455.

31. Gould, 1999, p. 58. Tania de Luca aponta para o papel do conceito de hereditariedade na expressão de preconceitos da intelectualidade brasileira de inícios do século XX: "Criminalidade, delinqüência, prostituição, doenças mentais, vícios, pobreza, iam sendo associados ao patrimônio genético, numa identificação que mal disfarçava a visão extremamente preconceituosa desta intelectualidade." (Luca, Tania R. de. *A revista do Brasil*: Um diagnóstico para a (N)ação. São Paulo: UNESP, 1999, p. 226).

32. Gould, 1999, p. 78.

científica das teorias da hereditariedade. Gould também analisa especificamente esse fenômeno. Para ele, nas primeiras décadas do século XX,

> (...) todo mundo estava entusiasmado pelo redescobrimento da obra de Mendel e pela possibilidade de decifrar as bases da hereditariedade. Hoje sabemos que praticamente todos os traços importantes de nosso corpo são produtos da interação de muitos genes entre si e com o ambiente externo. Mas, naquela época, muitos biólogos pensaram ingenuamente que todos os traços humanos se comportariam como a cor, o tamanho ou a rugosidade das ervilhas de Mendel: em suma, acreditavam que até mesmo as partes mais complexas do corpo humano podiam ser produto de um único gene, e que as variações na anatomia ou no comportamento corresponderiam a formas dominantes ou recessivas que apresentassem esse gene. Os eugenistas apropriaram-se com avidez dessa idéia (...)[33]

No caso dos criminologistas positivistas, seu apreço pela tese da influência da hereditariedade no comportamento anti-social remontava ao próprio Lombroso, para quem pelo menos 40% dos criminosos obedeceriam a uma compulsão hereditária.[34] Textos teóricos que explicavam essa influência apareciam nas revistas de medicina legal e de criminologia estudadas. Merece destaque o artigo de Almeida Júnior, sintomaticamente intitulado "Hereditariedade e crime", publicado na revista da Penitenciária. Ali, o autor explicava os mecanismos pelos quais a hereditariedade poderia influir na predisposição ao crime:

> 1. Certas anomalias corporais hereditárias (...), gerando no indivíduo um complexo de inferioridade, podem arrastá-lo ao crime. (...);
> 2. A hereditariedade pode conduzir ao crime, também, pelo 'déficit' de inteligência (...);
> 3. Muito maior importância têm, no caso, os desequilíbrios afetivos – instabilidade emocional, maior reatividade aos traumas psíquicos na infância – tudo condicionado por fatores hereditários.[35]

---

33. Gould, 1999, p. 166-167.
34. Gould, 1999, p. 130.
35. Almeida Júnior, A. Hereditariedade e crime. *Revista Penal e Penitenciária*, São Paulo, v. 4-8, n. 1-2, 25-43, 1947, p. 38-39.

Outros textos reproduziam uma quase obsessão dos cientistas defensores da importância da hereditariedade: a análise de árvores genealógicas e o mapeamento nelas da freqüência de características "boas" ou "más" por várias gerações.[36] Oscar de Godoy, por exemplo, comparou a família Bach com outra descendente de uma mulher psicopata. Enquanto da primeira teriam surgido 76 músicos, sendo 5 célebres, da segunda,

> (...) que teve uma descendência de 800 pessoas, 700 foram castigadas com pena de prisão pelo menos uma vez na vida, 300 eram alcoolistas inveteradas e 37 foram condenadas à morte por graves delitos que haviam cometido.[37]

Enfim, essas noções impregnaram os exames médico-legais no período estudado e justificaram o registro de *anormalidades* da família do indivíduo examinado. Fazendo isso, os médicos-legistas construíam a base da pirâmide de Pende e habilitavam-na a comportar os três outros lados. Um deles correspondia aos fatores psicológicos.

A primazia dos médicos da mente

Para compreender a influência das especialidades voltadas ao estudo da mente no exame médico-legal, faz-se necessário levar em conta a pouca diferenciação que tinham entre si à época estudada. As fronteiras entre psiquiatria, psicologia e psicanálise eram ainda bastante fluidas, por onde transitavam muitas vezes os mesmos profissionais.[38] Por conta disso, a denominação *psiquiatria* não raramente se referia a todo esse campo de conhecimento. Levando isso em consideração e voltando a consultar o esquema de exame anexado, é impossível não reconhecer o grande peso relativo desta área em relação ao conjunto. E isso se dava tanto em termos quantitativos (número de testes e medições e tempo de disposição do examinando), como qualitativos (poder de influenciar os diagnósticos finais do laudo

---

36. Sobre o papel paradigmático dos trabalhos do estadunidense H. H. Goddard na segunda década do século XX para esse tipo de estudo e a influência que exerceram no movimento eugênico, ver Gould, 1999, p. 173-177.

37. Godoy, 1940, p. 428.

38. Russo, Jane. Raça, Psiquiatria e Medicina-legal: notas sobre a 'pré-história' da psicanálise no Brasil. *Horizontes Antropológicos* – Corpo, Doença e Saúde, Porto Alegre, ano 4, n. 9, 85-102, out. 1998, p. 91.

e, a partir destes, de influenciar decisões das diversas instâncias envolvidas com a criminologia, predominantemente as jurídicas). O percurso do exame teria de incluir, por exemplo, "estudo especial do comportamento", "psicomotilidade", "psicanálise", "métodos psicoergológicos", "métodos psicográficos", e uma infinidade de interrogatórios voltados a questões psicológicas e psiquiátricas.

Os psiquiatras sempre ocuparam lugar de destaque entre os médicos que transitavam nos ambientes da justiça penal e carregavam as teses do determinismo biológico consigo. Desde os primeiros tempos da Escola Positiva, as diversas especialidades médicas não apenas forçavam juntas as portas dos tribunais, mas entre elas próprias disputavam a melhor posição para fazê-lo.[39]

Apesar de a posteridade ter-lhe identificado muito mais com a antropometria, Nina Rodrigues já defendia a primazia da psiquiatria na medicina legal:[40]

> (...) se compreende que é a perícia psiquiátrica aquela a que cabe a precedência sobre todas as demais – médicas ou outras – porque é aquela que mais próxima está da função do juiz a quem toca reconhecer a existência de um crime ou a validade de um ato civil, afirmando a responsabilidade inteira ou plena capacidade do agente. É intuitivo, pois, que a psiquiatria forense é a pedra angular da perícia médica e a exigência da freniatria na instrução do médico perito a condição de sua capacidade para a compreensão do serviço que dele exige a justiça. É depois dela que vem a necessidade subsidiária, mas em nada menos importante, de competência em outros domínios da Medicina Legal.[41]

Desde o início do século XX, quando Nina Rodrigues escrevia estas linhas, até o período de que nos ocupamos, a consolidação da psiquiatria no âmbito

---

39. Pierre Darmon analisa a disputa entre psiquiatras, antropometristas e sociólogos nessa conjuntura (Darmon, 1991).

40. Sobre isso, diz Mariza Corrêa: "A ênfase atribuída pelo próprio Nina Rodrigues às análises antropométricas, particularmente à craniometria, assim como a relevância dada por alguns de seus críticos a este aspecto de sua obra, talvez tenham contribuído para tornar quase invisível uma passagem que embora tardia é muito importante em sua carreira: o deslocamento da atenção dos aspectos fisiológicos para os aspectos psíquicos do comportamento humano." (Corrêa, 1998, p. 141-142).

41. Rodrigues, Nina. *O alienado no Direito Civil Brasileiro* – apontamentos médico-legaes ao projeto de Código Civil. Salvador: Prudêncio de Carvalho Editor, 1901, p. 211-213, apud Corrêa, 1998, p. 385-386.

médico-legal é inegável, como demonstra a própria arquitetura do esquema de exame-modelo que é aqui analisado. O fato de que o psiquiatra conseguiu permanecer até hoje do lado de dentro do tribunal, enquanto que os demais médicos foram gradativamente expulsos ao longo de todo o período de decadência da Escola Positiva pós-Segunda Guerra, ressalta o caráter decisivo do período aqui abordado. No entre-guerras, a psiquiatria foi a disciplina que mais avançou no terreno da perícia médico-legal, mas ali ainda tinha que conviver com outras especialidades e com o paradigma abrangente do constitucionalismo biotipológico. Resta procurar entender o seu lugar específico nesta articulação de saberes e também procurar analisar mais de perto que tipo de psiquiatria era aquela e como era operacionalizada nos exames.

"Psis" de alma biológica

O que facilitou a *psiquiatrização* da psicologia e da psicanálise e a lentidão de sua diferenciação à época estudada foi, em grande medida, a concepção de que todas estas disciplinas fariam parte da biologia. Edmur Aguiar Whitaker, em seu discurso de abertura para o já referido Primeiro Congresso Paulista de Psicologia, Neurologia, Psiquiatria, Endocrinologia, Identificação, Medicina Legal e Criminologia, procurava deixar clara esta filiação, considerando-a um sinal de evolução da psicologia enquanto ciência:

> (...) é necessário frisar a diferença existente entre o que se pode denominar de psicologia clássica (a qual era exclusivamente até pouco tempo estudada nas escolas oficiais) e a psicologia moderna ou biológica: a primeira acreditava ser objeto de estudo a *alma*; a segunda, mais modesta, contenta-se em investigar os *fenômenos psíquicos*, isto é, o conjunto dos fatos que constituem, subjetivamente, a nossa experiência interna e que se acusam, do ponto de vista objetivo, como manifestações do funcionamento global do organismo humano, ou, dito de outro modo, como *ações da pessoa*. A moderna psicologia não pretende, por conseguinte, estudar a *essência* e sim os resultados da atividade psíquica e para isto se baseia, como sucede nas outras ciências naturais, na observação e na experimentação, utilizando-se para elaborar os seus dados dos métodos lógicos fundamentais, a análise e a síntese e conferindo a cada passo o valor das suas afirmações mediante o auxílio do cálculo matemático, especialmente sob a forma de cálculo de correlação.[42]

---

42. Sessão inaugural, 1938, p. 5-6.

A visão biologicizada da psicologia refletiu-se em moção votada ao final do Congresso que propunha a desvinculação da respectiva cátedra da Faculdade de Filosofia, Ciências e Letras da Universidade de São Paulo e a sua transferência para um Instituto de Psicologia que se propunha fosse criado, justamente com o argumento de que "(...) a moderna psicologia antes se apóia na biologia do que na filosofia."[43]

A psicanálise não escapou desta perspectiva biologizada e cientificista. Porto-Carrero, professor de medicina legal da Universidade do Brasil, considerado o "grande pioneiro e divulgador das idéias freudianas no Rio de Janeiro"[44], ia mais além, reduzindo a teoria de Freud a uma "aplicação psicológica das leis físicas da energia."[45] Em sessão da Sociedade de Medicina Legal e Criminologia de S. Paulo, o professor carioca explicava que os impulsos a que se referia Freud nada mais eram que o "excesso de potencial interno que, acumulado, produz hipertensão, irradia-se sobre o meio, em correntes que constroem ou que destroem."[46] Após apresentar um resumo das teorias de Freud, o autor comentava que a terminologia adotada teria caráter provisório, ainda precariamente científica, por conta do surgimento recente das teorias em questão:

> Bem sei que fora muito mais positivo explicar tudo isso em equações químicas ou em expressões anátomo-fisiológicas ou ainda em números de estatística. Até lá não chegou, porém, a ciência; e, enquanto não chegue, teremos de adiantar o caminho pela mão das hipóteses, que sempre foram, na pesquisa científica, os batedores que precedem a verdade.[47]

Por isso, o autor afirma se submeter à terminologia de Freud, manuseando os conceitos de Id, Ego e Superego, apenas até a "fisiologia substituir esses nomes."[48] Física, química e fisiologia separavam-se da psicanálise por diferenças de *maturidade*, não de *natureza*.

---

43. Sessão de encerramento, 1938, p.441.

44. Russo, 1998, p. 92.

45. Porto-Carrero, J.P. A responsabilidade criminal perante a psychanalyse. *Archivos da Sociedade de Medicina Legal e Criminologia de S. Paulo*, São Paulo, v. 7, n. 1, 31-48, jan.-abr. 1936, p. 34.

46. Porto-Carrero, 1936, p. 35.

47. Porto-Carrero, 1936, p. 37.

48. Porto-Carrero, 1936, p. 37.

Entendida desde essa perspectiva, a psicanálise poderia ser chamada a participar do concerto de saberes especializados instrumentalizados para a negação do livre arbítrio e fortalecimento das idéias deterministas.[49] Afrânio Peixoto, então já reconhecido internacionalmente como um dos grandes mestres da medicina legal brasileira e autor recorrente nas revistas estudadas, concebia sob esta ótica a incorporação das teorias psicanalíticas na medicina legal:

> Já sabíamos não ter livre arbítrio e sermos determinados pelo meio físico, o meio social; duas mil influências hereditárias, pelo menos, rastreadas em nossa 'conhecida' ascendência: milhões de criaturas que somamos num 'eu' ilusório, que é um 'nós' infinito. Ficamos sabendo que este ser compósito, que somos, não tem identidade ou unidade, e uma psicologia profunda nos revela uma prisão ambulante, em cada um de nós, carcereiro da consciência, que prende, censura, coage, aos presos da subsconsciência, às larvas dos instintos recalcados...[50]

Portanto, a leitura que se fez de Freud no Brasil, particularmente no meio médico-legal, compatibilizou-o com os interesses e as necessidades da Escola Positiva, ainda que para isso tivesse que violentar muitos dos pressupostos teóricos fundamentais da psicanálise, haja vista sua biologização.[51] Tal processo foi facilitado pela ausência de uma instituição "oficial" que regulamentasse e difundisse o ensino da psicanálise no Brasil até fins dos anos 40.[52] Durante as décadas de 20 e 30, quando

---

49. Cancelli, 2001, p. 46; e Russo, 1998, p. 93.

50. Peixoto, 1942, p. 264.

51. Andrade, Ricardo S. de. Avatares da história da psicanálise: da medicina social no Brasil à medicina nazista e à medicina romântica alemã. In: Herschmann, Micael; Pereira, Carlos Alberto Messeder. *A invenção do Brasil Moderno: medicina, educação e engenharia nos anos 20-30*. Rio de Janeiro: Rocco, 1994, p. 67.

52. Em 1938, durante o Primeiro Congresso Paulista de Psicologia, Neurologia, Psiquiatria, Endocrinologia, Identificação, Medicina Legal e Criminologia, Durval Marcondes já considerava tal situação insustentável: "(...) o indispensável é que a aplicação da técnica psicanalítica seja sempre feita por pessoal habilitado e exista um lugar onde seu conhecimento se possa adquirir. A satisfação dessa exigência se mostra cada vez mais indispensável em nosso país, onde se tem falado muito em psicanálise mas até agora tem sido muito restrito seu aproveitamento prático." (Marcondes, Durval. Aspectos do aproveitamento prático da psicanálise. Congresso Paulista De Psychologia, Neurologia, Psiquiatria, Endocrinologia, Identificação, Medicina Legal E Criminologia, 1., 1938, São Paulo. *Atas...* São Paulo: [s.n.], 1938. 183-188, p. 187). Ao

a psicanálise se difundia no Brasil, fazia-o por meio dos psiquiatras.[53] Esta relativa liberdade de manuseio das idéias de Freud e a precariedade institucional da psicanálise no Brasil criaram as condições para a apropriação adaptada referida acima.

Tal perspectiva *bio-cientificista* possibilitava um otimismo metodológico com relação ao conhecimento pleno do objeto estudado. Daí também a profusão de *testes psicológicos* que iriam caracterizar os exames médico-legais.

Os testes psicológicos: a alma sob medida

Os testes eram concebidos como dispositivos científicos para desvendar a mente do delinqüente. Sua utilização ampla em criminologia se dava pela sua suposta capacidade em ter acesso a segredos da vida e do pensamento do indivíduo examinado que não seriam acessíveis de outra forma.

Os testes mais utilizados eram o "psicodiagnóstico de Rorschach"[54] e o "teste de Jung-Bleuler". Ambos se baseavam em estímulos e reações, procurando analisar as livres associações produzidas. No primeiro, as reações correspondiam a sensações elementares de forma, cor e movimento, estimuladas a partir de "imagens maculiformes indefinidas".[55] No segundo, as associações eram produzidas por palavras indutoras. Por ter sido utilizado freqüentemente como "verificador de sinceridade", o teste de Jung-Bleuler foi muitas vezes considerado decisivo para a elucidação de crimes. Logo, é pertinente entender um pouco a sua metodologia:

> A técnica consiste, essencialmente, em apresentar ao paciente certo número de estímulos verbais ('palavras indutoras'), cada um por vez, e

---

final do Congresso, foi aprovada moção nesse sentido (sessão de encerramento, 1938, p.442). Em 1948 chega ao Brasil Mark Burke, da British Psychoanalitic Society, para dar início à formação psicanalítica no Instituto Brasileiro de Psicanálise (Andrade, R., 1994, p. 69).

53. Andrade, R.,1994, p. 66.

54. Desenvolvido pelo psiquiatra suíço Hermann Rorschach em 1921, teria sido usado no Brasil pela primeira vez em 1932, pelo chefe do serviço de Psicologia e Eufrenia do Instituto de Puericultura do Rio de Janeiro, José Leme Lopes. Nos anos de 1934 e 1935, o psiquiatra do laboratório de Antropologia Criminal da Polícia de São Paulo, Edmur de Aguiar Whitaker, publicou cinco trabalhos sobre o tema (Bruno, Antônio M. Leão. O movimento Rorschach no Brasil. *Arquivos da Sociedade de Medicina Legal e Criminologia de S. Paulo*, São Paulo, v. 15, n. 1-3, 6-34, jan.-dez. 1944, p. 7 e 11)

55. Bruno, Antônio M. Leão. Psicograma de Rorschach – Ficha para seu registro. *Arquivos da Sociedade de Medicina Legal e Criminologia de S. Paulo*, São Paulo, v. 13, n. 1-3, 16-29, jan.-dez. 1942, p. 17.

aos quais ele deverá responder pela primeira palavra que lhe venha ao espírito. Se o experimentador disser, por exemplo, 'bolso', é possível que o paciente responda 'dinheiro', ou 'lenço', ou 'roupa'; se disser 'jardim', é possível que responda 'flor', 'canteiro', 'violeta', e assim por diante. Um cronômetro (...) permite verificar com exatidão o tempo que vai entre o instante em que o experimentador diz a palavra indutora, e o instante em que o paciente dá a resposta. O registro desse tempo – 'tempo de reação' – é de fundamental importância.[56]

A lista de palavras indutoras deveria ser constituída de algumas sem qualquer relação com o crime de que o paciente é suspeitado, e outras de alguma forma relacionadas com esse crime. Os fundamentos da prova que seria produzida deveriam estar na "vivacidade das associações" e na "perturbação emotiva", por sua vez medidas pelos chamados "critérios de criminalidade": demora na resposta, tempo médio de reação, variabilidade no tempo de reação, respostas denunciadoras, respostas estereotipadas e troca de respostas.[57] Reações psíquicas eram portanto transformadas em medições de tempo, iniciando-se assim a transferência do objeto para a região do mundo quantitativo, tão ao gosto da mentalidade cientificista dos anos 30.

Essa possibilidade de revelar o que está escondido e de derrotar a vontade e a consciência do indivíduo examinado é que deu a esse teste tanta popularidade na criminologia. Na verdade, desde sua origem essa associação com a investigação criminal existiu:

O caso original, referido por Jung, deu-se entre estudantes, acusados de haver furtado dinheiro, havendo o furto sido ocultado em uma camisa (só a vítima e o experimentador o sabiam). Ao ouvir a palavra 'dinheiro' um dos estudantes respondeu 'camisa', e com isso se denunciou.[58]

O Laboratório de Antropologia Criminal orgulhava-se por haver esclarecido o crime do Restaurante Chinês, ocorrido em São Paulo no dia 2 de março de 1938, fazendo uso do teste de Jung-Bleuler. Foram assassinados o casal proprietário e dois

---

56. Almeida Júnior, 1941, p. 41.

57. Almeida Júnior, 1941, p. 41-43.

58. Almeida Júnior, 1941, p. 43.

empregados. Cinco indivíduos foram examinados e submetidos ao teste. A irrestrita confiança que os médicos depositavam no teste parecia levá-los, algumas vezes, a negligenciar a ausência de condições mínimas para aplicá-lo. Um dos suspeitos submetidos ao teste, de origem chinesa e então há oito anos no Brasil, só conseguiu compreender duas das 68 palavras do teste, mas mesmo assim teve diagnóstico "negativo" (comprovando sinceridade), ainda que "faltassem elementos que permitissem outras deduções".[59]

No teste que acusou o suposto autor do crime, este teria apresentado "reações muito expressivas" quando as palavras de estímulo ligadas ao crime foram proferidas pelo médico: "demora exagerada, respostas em que o paciente procura inocentar-se de algo, perplexidade, repetições defeituosas, emoção, etc." Resultado: "nitidamente positivo", o que denunciou ser sua a autoria no crime.[60]

O diagnóstico do teste parece haver orientado a atitude da polícia para com o acusado, conforme relata a continuidade do laudo:

> Após os sucessos referidos [a aplicação do teste de Jung-Bleuler em 12 e 14 de março de 1938], Arias [o examinando] voltou à prisão (em 19/3/1938). À noite, vários inspetores de polícia dispunham-se a interrogá-lo, por assim o ter determinado o Delegado de Segurança Pessoal. Logo que estes o abordaram, declarou desejar fazer uma confissão. Solicitada a presença do Delegado de Segurança Pessoal, este o ouviu pela primeira vez. A seguir, diante do Perito Psiquiatra, Arias repetiu a confissão e o fez novamente, diante do Delegado e do Perito.[61]

Apesar do resultado do laudo e da própria confissão, Arias foi absolvido pelo Júri por duas vezes.[62] Isso nos introduz ao problema da disputa entre saberes de natureza distintas, opondo a Escola Positiva e seu substrato científico a outras formas de conhecimento que atuavam nos espaços da Justiça e da repressão. Voltaremos a isso mais adiante. Mas, de uma forma geral, os testes psicológicos gozavam de amplo reconhecimento, dada a legitimidade científica que se lhes atribuía, e por isso foram utilizados com tanta freqüência nos laudos periciais estudados.

---

59. Whitaker; Godoy; Moncau Júnior, 1938-1939, p. 161-162.
60. Whitaker; Godoy; Moncau Júnior, 1938-1939, p. 190.
61. Whitaker; Godoy; Moncau Júnior, 1938-1939, p. 190.
62. Whitaker, 1942c, p. 372.

O estigma do epiléptico e o crime inexplicável

Com relação aos diagnósticos psiquiátricos *strictu sensu* constantes nos laudos, aqueles mais associados à periculosidade eram os que acusavam epilepsia.[63] O distúrbio era identificado cientificamente com comportamentos anômalos e anti-sociais ao menos desde Lombroso.[64]

Heitor Carrilho, então diretor do Manicômio Judiciário do Rio de Janeiro, após ressalvar que a "epilepsia simplesmente convulsiva" não deveria causar a mesma preocupação que a modalidade psíquica, chamava a atenção para o que esta poderia significar com relação à periculosidade:

> As cóleras súbitas ou imotivadas, a impulsividade motora pura ou a psico-motora, (...) o caráter epiléptico com as suas distimias e a sua ambivalência, a irritabilidade, a tendência marcada para os sentimentos de ódio e de vingança, a perversidade instintiva, as tendências toxífilas, são, ao contrário, revelações que devem influir no juízo da temibilidade dos epilépticos.[65]

O estigma do epiléptico se via reforçado pela freqüente associação que se fazia do distúrbio com psicopatias e com perversões sexuais:

> Com as mesmas origens ou a mesma condição psicogenética, a psicopatia (...) e a epilepsia são, não raro, inseparáveis companheiras, justificando a larga incursão dos comiciais[66] dentro da psicopatologia criminal. Do mesmo modo, é de se assinalar a coexistência de perversos sexuais (onanismo, exibicionismo, fetichismo, masoquismo, sadismo, homossexualidade) (...).[67]

---

63. Sobre isso ver Cancelli, 2001, p. 178-188. A autora também chama a atenção para outro estigma que a criminologia perseguia nos corpos dos delinqüentes: a tatuagem. Expressão cultural que era, a tatuagem acabou "psiquiatrizada" na polícia e na prisão (Cancelli, 2001, p. 188-192).
64. Gould, 1999, p. 133-134. Ver referências à epilepsia em Lombroso, 2001, p. 25, 232, 262, 331 e 333.
65. Carrilho, Heitor. Da temibilidade dos epilépticos. *Revista Penal e Penitenciária*, São Paulo, v.1, n. 2, 267-288, 2. sem. 1940, p. 272-273.
66. A epilepsia também era conhecida por *mal comicial*.
67. Carrilho, 1940, p. 272.

Franco da Rocha, por sua vez, associava epilepsia, hereditariedade e alcoolismo: "A embriaguez é uma das fontes de degeneração hereditária. Poucos médicos haverá que não tenham visto epilépticos nascidos de pais alcoolistas."[68]

O próprio estigma da epilepsia poderia ser transmitido hereditariamente, mesmo que o mal em si não o fosse. Em laudo do Instituto de Biotipologia Criminal da Penitenciária do Estado emitido em janeiro de 1947, mas referente a crime de abril de 1941, pode-se ler:

> O réu traz como elementos inerentes à sua formação, ao seu genótipo, taras como a da epilepsia paterna. Antecedente que se prolonga na sua prole – onde os filhos abobalhados e um mesmo insano, confirma o estigma degenerescente.[69]

A epilepsia também poderia aparecer como a explicação possível para os chamados *crimes sem razão*. Esse tipo de crime facilitou a entrada da psiquiatria no ambiente jurídico. Foucault considera que a psiquiatria viabilizava o direito de julgar do juiz, de outra forma imobilizado pela ausência de um interesse reconhecível no ato criminoso:

> Por um lado, o crime sem razão é o embaraço absoluto para o sistema penal. Não se pode mais, diante de um crime sem razão, exercer o poder de punir. Mas, por outro lado, o lado da psiquiatria, o crime sem razão é objeto de uma imensa cobiça, porque o crime sem razão, se se consegue identificá-lo e analisá-lo, é a prova de força da psiquiatria, é a prova do seu saber, é a justificação do seu poder.[70]

Em agosto de 1929, o Juiz de Direito da 1ª Vara Criminal de São Paulo solicitava um laudo médico-legal a Pacheco e Silva e a Enjolras Vampré, colocando em funcionamento esse mesmo mecanismo simbiótico com a psiquiatria para tratar do crime sem razão. Na manhã de 4 de abril de 1929, em uma fazenda na comarca de Patrocínio do Sapucahy, interior de São Paulo, a esposa do proprietário "apoderou-se,

---

68. Rocha, Franco da. Alcoolismo e loucura. *Revista do Brasil*, v. 8, n. 32, ago. 1918, p. 494-495. Apud: Luca, 1999, p. 227.
69. Teles; Lage, 1947, p. 245.
70. Foucault, 2001c, p. 153.

inopinadamente, de um revólver pertencente a seu marido e, ato contínuo, descarregou a arma, à queima-roupa, ferindo na cabeça, um por um, os cinco filhos."[71] Os psiquiatras nomeados concluíram pela epilepsia como a causa do crime. A fundamentação do diagnóstico se dava justamente pela irracionalidade do ato criminoso (o laudo registrava tratar-se de "mãe carinhosa, afetiva e dedicada aos filhos"). Citando Tardieu, famoso médico-legista francês, os peritos responsáveis explicavam que

> (...) a epilepsia se caracteriza pela impulsão instintiva, pelo ato súbito, brusco, irrefletido, (...) sem precedência e sem seqüência; e quando se pensa que esse ato pode ser o assassinato inesperado e inexplicável do transeunte o mais inofensivo, e que o assassino não deu antes e não dará depois o menor sinal de alteração das faculdades, há razões para aterrorizar e levantar na consciência dos juízes as mais dolorosas perplexidades.[72]

Daí a periculosidade extremada dos portadores de epilepsia. Foi este, justamente, o parecer dos peritos com relação à filicida analisada. Esse perigo tão insuspeitado ao leigo quanto ameaçador à sociedade é que levava Heitor Carrilho a lamentar que "as providências de seqüestração dos epilépticos perigosos só são tomadas, infelizmente, depois de realizados os delitos", sustentando que "os epilépticos com tendências anti-sociais não podem viver livremente."[73]

Também nos laudos produzidos no Laboratório de Antropologia Criminal da Polícia de São Paulo, a epilepsia aparecia freqüentemente como etiologia criminal. Na madrugada de 1º de agosto de 1936, B. da S. M., abordou uma mulher em rua do centro da cidade de São Paulo. Pouco tempo depois ele a esfaqueara até a morte. Preso e submetido a exames, seu diagnóstico indicou epilepsia, comprovada artificialmente por técnica laboratorial.[74] No laudo, Whitaker concluiu que o réu agiu em estado de inconsciência por conta de sua epilepsia:

---

71. Pacheco e Silva; Vampré, Enjolras. Sobre um caso de epilepsia psychica. *Revista de Criminologia e Medicina Legal*, São Paulo, v. 6, n. 7-12, 67-76, jul.-dez. 1929, p. 68.
72. Pacheco e Silva; Vampré, 1929, p. 74.
73. Carrilho, 1940, p. 281.
74. "O paciente, em decúbito dorsal, movimentos livres, convida-se a respirar profundamente segundo um ritmo determinado (18 a 20 movimentos por minuto), durante 30 minutos pelo menos." (Whitaker, 1937a, p. 221).

Nestes casos, existindo uma perturbação de consciência, mais ou menos durável, realizam-se entretanto movimentos automáticos completos, que podem causar, em quem os observa, uma impressão de absoluta normalidade.[75]

Estes "estados crepusculares de inconsciência" teriam, continua Whitaker, "enorme importância médico-legal, posto que durante o seu curso é quando o epiléptico pode converter-se em um verdadeiro monstro social, capaz de cometer os piores e mais repugnantes delitos". Ao final do laudo, as conclusões afirmavam que a periculosidade do indiciado era "acentuada".[76]

Como se vê, aqui o discurso determinista não deixava nenhum espaço para as argumentações dos clássicos em prol do livre-arbítrio. A epilepsia reforçava as noções de periculosidade, de predisposição ao crime e de defesa social que estruturava o discurso dos positivistas.

Enfim, dentro da miríade de saberes médicos que o exame médico-legal mobilizava, sob o paradigma constitucionalista, as chamadas ciências da mente ocupavam lugar central e crescentemente decisivo, em direção à sua imposição quase exclusiva que viria ao longo das décadas seguintes. Tal ascensão implicou em alguns rearranjos na hierarquia destes saberes ligados à criminologia. Dentre eles, a antropometria redefinia seu papel e sua importância.

O ocaso dos medidores de corpos

Uma das conseqüências da *psiquiatrização* crescente do exame médico-legal foi o recuo significativo da antropometria. Dos tempos gloriosos de fins do XIX, quando Lombroso era vivo e a superfície do corpo, sua aparência e suas medidas podiam representar as janelas da alma, quase nada sobrevivia nos anos 30 e 40. No esquema reproduzido no Anexo 2, apenas um dos dezesseis itens do "exame antropopsiquiátrico", que é a parte central do chamado "exame criminológico", envolve antropometria e morfologia ("exame morfofisiológico").

No entanto, e isto não é secundário para nossa análise, as medições antropométricas e as descrições morfológicas continuavam a ser feitas na maioria dos exames médico-legais (Figuras 5 a 10). O paradoxo é que, mesmo que as medidas antropométricas continuassem sendo tomadas, e os indivíduos ainda classificados em brevilíneos, longilíneos, e normolíneos, ou em qualquer das muitas categorias das muitas

---

75. Whitaker, 1937a, p. 222.
76. Whitaker, 1937a, p. 222-223.

classificações então existentes (Figura 10), os resultados produzidos não tinham mais nenhuma importância. Em outras palavras, as medições praticamente não eram manipuladas e operacionalizadas por mais ninguém além do próprio médico antropologista que as produzia. Apareciam às vezes na parte final dos laudos, a mais importante porque continha as conclusões, mas mesmo assim sem nenhuma capacidade de interferir nas recomendações ou nas decisões subsidiadas pelo laudo. Ao contrário das verificações psiquiátricas, perderam o "poder de vida e de morte".

Esse paradoxo se converte em um problema para a análise a que nos propusemos neste estudo: por que e para que a antropometria sobrevivia no exame médico-legal, ainda que correndo o risco de ser considerada uma relíquia histórica pelos seus próprios contemporâneos?

A sobrevivência quase estéril da antropometria

A antropometria se fez presente em laudos periciais célebres do período. Muitos deles foram responsáveis pelo prolongamento indefinido da execução da pena do examinado. O caso mais emblemático é o de Febrônio Índio do Brasil. Acusado em fins da década de 20 de diversos crimes, inclusive homicídios, Febrônio é "absolvido", com o apoio de laudos médico-periciais que o consideraram um "louco moral". Em 1982, o pesquisador Peter Fry teve a oportunidade de

> (...) visitar Febrônio (...) no Manicômio Judiciário do Rio. Com 86 anos de vida e 55 anos de confinamento, há de ser um dos mais velhos presos do Brasil e aquele que mais tempo ficou atrás das grades. Embora nunca julgado pelos crimes de que foi acusado e tendo-os negado sistematicamente, o recurso da acusação de 'loucura moral' foi mais do que suficiente para afastar o 'monstro' definitivamente da vida social. Nesse sentido, quem sai verdadeiramente vencedor da batalha é a Psiquiatria como instituição, pois esta se consolida como instrumento legítimo de controle social.[77]

Heitor Carrilho e Manoel Clemente Rego Barros assinaram o laudo "médico-psicológico" de Febrônio, com data de 20 de fevereiro de 1929. Apesar de quase todo ele ter sido estruturado em torno às questões psíquicas, em determinada passagem do laudo encontramos os registros antropométricos. Febrônio teve cinco medidas

---

77. Fry, Peter. Febrônio Índio do Brasil: onde cruzam a psiquiatria, a profecia, a homossexualidade e a lei. In: Vogt, Carlos et al. *Caminhos Cruzados: linguagem, antropologia e ciências naturais*. São Paulo: Brasiliense, 1982, p. 79.

retiradas de seu crânio: "curva antero-posterior", "curva bi-auricular", "circunferência horizontal", "diâmetro antero-posterior", "diâmetro transverso máximo". Tais medidas correspondiam a um índice cefálico de 86, o que por sua vez indicava que Febrônio era um indivíduo do "tipo braquicéfalo". Os pavilhões auriculares e o nariz também foram medidos, resultando nos índices auricular e nasal. O índice facial foi calculado com base em outras quatro medições ("diâmetros bi-zigomático, naso-mentoneano, bi-goneano e naso-sub-nasal"). Os registros das medidas apareciam entremeados com descrições da morfologia: "crânio de configuração ovóide"; "fronte ampla e fugidia"; "pavilhões auriculares relativamente pequenos de lobos aderentes, mal orlados"; "nariz grosso, de dorso retilíneo e base horizontal".[78]

No entanto, nenhuma destas medições e observações guardava qualquer relação com a conclusão do laudo:

> Febronio Indio do Brasil é portador de uma psicopatia constitucional caracterizada por desvios éticos revestindo a fórmula da 'loucura moral' e perversões instintivas, expressas no homossexualismo com impulsões sádicas – estado esse a que se juntam idéias delirantes de imaginação, de caráter místico.[79]

Tampouco entre o registro das medições e a conclusão existe qualquer passagem intermediária que possibilitasse alguma relação entre elas. Esse era, de fato, o padrão da grande maioria dos laudos analisados.

Durante a década de 30, não apenas as medições antropométricas sobreviviam nos exames, como se tornaram mais complexas e sofisticadas, o que fortalece o paradoxo que enunciamos acima. Em 31 de maio de 1938, Edmur Aguiar Whitaker, Oscar de Godoy e Pedro Moncau Jr., os três médicos do Laboratório de Antropologia Criminal da Polícia de São Paulo, acompanhados de seu chefe Ricardo Gumbleton Daunt, assinavam laudo pericial para fins de livramento condicional. O sentenciado examinado fora condenado em 1934 por falsidade administrativa. Oscar de Godoy era o responsável pela análise antropométrica. O corpo do sentenciado foi por ele minuciosamente medido e descrito. Ao examinador não escapou, por exemplo, o seu "nariz curto", as "mãos regulares, ten-

---

78. Carrilho, Heitor F.; Barros, Manoel C. R. A curiosa mentalidade de um delinquente – Laudo do exame medico-psychologico de Febronio Indio do Brasil. *Revista de Criminologia e Medicina Legal*, São Paulo, v. 5, n. 3-6, p. 53-84, mar-jun 1929, p. 63

79. Carrilho; Barros, 1929, p. 81.

dendo para o estreito", a "pele regularmente úmida", a "calvície acentuada", o "pênis grosso e de médio comprimento". As descrições estavam acompanhadas por fotografias do examinando, de frente, de costas e de perfil, sem roupas e em posição de sentido, com os olhos ocultos por manipulação fotográfica (Figura 9). Para as medições, Godoy seguia a metodologia do "exame tipológico de Viola".[80] Por este método, eram obtidas no mínimo dez medidas lineares, chamadas de "fundamentais", por serem obrigatórias (as medidas complementares – cabeça, pés e mãos – dependeriam do objetivo do exame). Correspondiam a diâmetros e comprimentos de regiões do tronco e dos membros. Os valores eram então manipulados entre si para a determinação das "relações fundamentais", que por sua vez permitiriam o cálculo dos "índices sintéticos". Estes valores finalmente obtidos permitiriam definir o tipo físico dentre os quatro possíveis: braquítipo, longítipo, normótipo, e mixótipo.[81] Os dados antropométricos resultantes eram, então, transportados para um gráfico, significativamente denominado "gráfico de deformações", que os comparava com os valores supostamente normais para o grupo étnico do indivíduo examinado (Figuras 8 e 9). Godoy valorizava muito este dispositivo e o utilizava de forma recorrente. Para ele, o gráfico permitia uma "clara idéia da constituição tipológica do paciente, não só no sentido absoluto como no relativo."[82]

Toda essa riqueza de dados e de detalhes que a superfície do corpo analisado forneceu seria por fim depurada para a elaboração do "diagnóstico do exame morfológico": "Braquitipo (Viola), relacionado com os mulatos do centro do país. Não corresponde, senão em algumas proporções da cabeça, aos tipos de Kretschmer." Mas o diagnóstico final do laudo, que recomendaria a concessão do livramento condicional, nenhuma relação estabelecia com tal braquitipia. A recomendação favorável ao requerente se apoiava no seu bom comportamento na prisão, na sua imaturidade quando cometeu o crime, na sua natureza psíquica satisfatória e na sua boa situação econômica, profissional e intelectual.[83]

Godoy seria sempre chamado a participar dos exames periciais solicitados ao Laboratório em que trabalhava, e sempre para desempenhar seu ofício de antropo-

---

80. Giacinto Viola (1870-1943), considerado o pai da "ciência constitucionalista" e membro da escola italiana de criminologia, era o diretor da Clínica Médica de Bolonha.

81. Para uma descrição detalhada e ilustrada do método de Viola, ver Pereira, M., 1942, p. 505-523.

82. Daunt, Ricardo G.; Whitaker, E. de A.; Godoy, O.; Moncau Júnior, P. Laudos periciais. *Arquivos de Polícia e Identificação*, São Paulo, v. 2, n. 2, p. 567-597, 1940, p. 591-593.

83. Daunt; Whitaker; Godoy; Moncau Júnior, 1940, p. 596-597.

metrista. No laudo de "Pernambuco", que conhecemos há pouco dando mostras de perplexidade com a quantidade de exames a que estava sendo submetido, encontramos o mesmo padrão: rigoroso ritual antropométrico, gráfico de deformações, classificação tipológica e nenhuma menção a nada disso no diagnóstico final, essencialmente de cunho psiquiátrico:

> I. da S. é portador de uma personalidade psicopática, traduzindo-se por tendências esquizóides, depressivas, hiperemotivas e instabilidade afetiva, com acentuado desequilíbrio psíquico, além de evidenciar reações psicopáticas e fenômenos de alcoolismo crônico, com embriaguez freqüente e reações violentamente agressivas. O seu gesto de autoacusação tem em grande parte uma origem mórbida (psicopática).[84]

O mesmo se deu com o laudo referente ao "crime do restaurante Chinês", já referido, no qual o teste de Jung-Bleuler cumpriu papel decisivo. Também na ocasião, Godoy executou seu ofício de antropometrista, medindo exaustivamente o corpo do réu e transpondo os resultados para o gráfico de deformações. E mais uma vez as conclusões finais do laudo, que por sinal culpabilizaram o "paciente", não apresentavam nenhuma relação com qualquer dessas contribuições antropométricas.[85]

As dificuldades da antropometria e as razões de sua esterilidade

A falta de conseqüência das análises antropométricas e morfológicas nos laudos médico-legais tinha várias causas. Uma delas, certamente a não menos importante, residia na precariedade do conceito de "normalidade" que condicionava a interpretação do exame. Melhor dito, na dificuldade de operacionalizar este conceito dentro do laboratório. O estudo das características externas do corpo do delinqüente e de suas dimensões tinha por objetivo compará-las com os padrões de normalidade. Este era o sentido do *gráfico de deformações*, peça bastante freqüente nos laudos estudados. O eixo vertical, a partir do qual eram indicadas as defasagens em graus centesimais dos valores medidos do indivíduo examinado, representava as medidas do "homem normal". A pergunta que se impõe é: que homem era esse?

Whitaker, em artigo dedicado à "orientação biotipológica em antropologia", definia biotipologia como "(...) a orientação científica que procura estudar as di-

---

84. Whitaker, 1943, p. 341.
85. Whitaker; Godoy; Moncau Júnior,1938-1939, p. 211 e 216.

ferenças individuais que ocorrem em um *grupo homogêneo de indivíduos (mesma raça, variedade ou grupo étnico)*".[86]

Referindo-se mais especificamente à antropometria, Manuel Pereira, então docente-livre de medicina legal da Faculdade de Medicina da Universidade de São Paulo, definia o homem médio implicado na utilização do já referido método de Viola: "No ponto de vista biotipológico, consoante o critério de Viola, são considerados normais os indivíduos cujas medidas sejam iguais ou muito se aproximem dos valores médio-modais do grupo étnico a que pertençam."[87]

No entanto, do mesmo autor e no mesmo artigo, aparecia em seguida uma definição um pouco modificada de homem médio, incorporando fatores sócio-culturais na delimitação do grupo a que ele se referiria. O autor afirmava ali que o método antropométrico de Viola baseava-se

> (...) na determinação do *tipo médio-normal* ou *normótipo*, feita pela seriação estatística (média serial ou moda) dos valores mais freqüentes encontrados num grupo étnico apreciável e homogêneo de idade, sexo, cultura e profissão.[88]

Já seu colega da Universidade do Brasil, Floriano Peixoto Martins Stoffel, ia mais além, desprezando totalmente o critério biológico para a definição do homem normal. Em estudo empírico junto a alunas do ensino secundário do Rio de Janeiro, Stoffel não separou o conjunto estudado em grupos "biologicamente mais homogêneos". Na justificativa para tal procedimento, o professor questionava a cientificidade da noção de raça:

> Assim procedemos, rompendo com o classicismo que procura estudar os indivíduos, separando-os segundo o grau de pigmentação da epiderme, ou melhor, segundo as raças, palavra hoje sem significação

---

86. Whitaker, Edmur de A. A orientação biotipológica em antropologia. Definição do argumento. Evolução. Estado atual. O exame psicológico diferencial. *Arquivos da Polícia Civil de São Paulo*, São Paulo, v. 4, 389-443, 2. sem. 1942a, p. 423, grifo meu.

87. Pereira, M., 1942, p. 503. Canguilhem identifica o surgimento desta idéia de homem médio na generalização da biometria na ordem anatômica que instituiu Galton, a partir dos procedimentos antropométricos de Quêtelet (Canguillen, G. *Lo normal y lo patológico*. Madrid: Siglo Veintiuno, 1978, p. 115-118).

88. Pereira, M., 1942, p. 505, grifos do autor.

e sem sentido, por estarmos convencidos de que não há nenhuma vantagem para a sociedade, nem ser expressão real a tão decantada superioridade de uma raça sobre outra ou grupo étnico sobre outro, pois temos visto que as diferenças, em alguns casos notadas, são devidas ao grau de civilização, isto é, conseqüentes a fatores ambientais e não a elementos próprios a cada um dos agrupamentos humanos que têm sido estudados. Isto porque em todas as chamadas raças e nas etnias diversas, os indivíduos se distribuem nos quatro grupos de braquítipos, longítipos, normótipos e mixótipos. Preferimos estudar os indivíduos dentro do critério sociológico da responsividade (todos os alunos de escolas paranormais são responsivos), não nos preocupando com o pigmento, nem com a origem do indivíduo, quer fosse ele do norte, do centro ou dos sul do país, descendente de pais e avós brasileiros ou da mistura de estrangeiros com brasileiros.[89]

Ainda que tais considerações nos pareçam hoje bastante razoáveis e eticamente aceitáveis, é difícil imaginar que sentido o autor poderia atribuir para as medições antropométricas sem o apoio do conceito biológico de raça. Ao esvaziar este de seu conteúdo, Stoffel fazia o mesmo com aquelas, ainda que parecesse não se dar conta disso.

Stoffel escreveu aquelas linhas no ano de 1943. O Brasil já estava em guerra contra a Alemanha e a crítica ao racismo de Estado lá praticado já era quase uma atitude patriótica. Aproximava-se o fim do conflito e com ele um descrédito ainda maior das concepções racistas. Mas antes disso, ao longo do período estudado, tais idéias ainda possuíam vitalidade e influenciavam o universo da criminologia e da medicina legal. Daí que Stoffel considerasse a si mesmo como um inovador nesse território.

A historiografia, de uma maneira geral, parece enxergar no fim da República Velha uma espécie de barreira de contenção das teorias do racismo científico no Brasil. Vários autores identificam na década de 30 um deslocamento progressivo dos conceitos de raça para os de cultura. É o que afirmam Marcos Chor Maio e Ricardo Ventura Santos, na introdução do livro que organizam sobre o tema, mesmo com o cuidado de não admitir cortes bruscos e absolutos.[90] Para autores como Lilia

---

89. Stoffel, Floriano P. M. Três estudos originais de biotipologia. *Arquivos da Polícia Civil de São Paulo*, São Paulo, v. 5, 179-215, 1. sem. 1943, p. 180.

90. Maio, M. Chor; Santos, Ricardo Ventura (Org.). *Raça, Ciência e Sociedade*. Rio de Janeiro: Fiocruz/CCBB, 1996, p. 10.

M. Schwarcz[91] e Lourdes Martinez-Echazábal[92], as teses culturalistas de Gilberto Freyre iriam fornecer, no período, as matrizes teóricas para a negação e o enfraquecimento do determinismo biológico apoiado na noção de raça. Apesar dessas importantes relativizações, uma das propostas do presente estudo tem sido sustentar a permanência da tradição intelectual racista e biodeterminista do lado de dentro das fronteiras da ciência, pelo menos até as novas reacomodações possibilitadas pelo desfecho da Segunda Guerra Mundial. Dessa forma, não é considerada aqui uma *superação plena* do racismo científico pelas teses do relativismo cultural, mas uma *competição* entre paradigmas, pelo menos no período considerado, conforme as concepções de Thomas Kuhn.[93] Por outro lado, já fizemos uso das considerações de Mariza Corrêa acerca da ruptura mais decisiva com os conceitos biológicos de raça apenas após a Segunda Guerra Mundial.[94] É nesta conjuntura também que Tania Regina de Luca identifica a "perda do poder encantatório do canto de sereia do discurso eugênico", para o qual confluíram as concepções racistas a partir do fim dos anos 20.[95]

No que se refere à antropometria praticada no período estudado, seu paradigma era nitidamente biológico e racista, em que pesem as inovações de Stoffel. De qualquer maneira, fosse qual fosse o critério para a definição do "homem normal" ou "médio", a verdade é que ele não se encontrava *disponível* para utilização cotidiana na elaboração dos laudos. As tabelas com suas medidas ou não existiam, ou existiam apenas de forma bastante precária. O examinador quase nunca possuía um *gabarito confiável* para medir os desvios dos seus examinandos.

Para que não fosse assim, havia que se empreender um gigantesco esforço institucional para a *determinação* do homem médio, por meio da construção de séries estatísticas minimamente representativas da população brasileira e de seus vários sub-grupos. Alguns estudos científicos isolados procuravam apontar esse caminho. Era este o sentido do trabalho de Stofflel com as alunas secundárias do Rio de Janeiro. Dois anos antes, em 1941, a Seção de Antropologia e Biotipologia do Instituto Oscar Freire apresentava as conclusões de trabalho dedicado à determinação do

---

91. Schwarcz, 2000, p. 248.
92. Martinez-Echazábal, Lourdes. "O culturalismo dos anos 30 no Brasil e na América Latina: deslocamento retórico ou mudança conceitual?". In: Maio, M. Chor; SANTOS, Ricardo Ventura (Org.). *Raça, Ciência e Sociedade*. Rio de Janeiro: Fiocruz/CCBB, 1996, p. 114-115.
93. Kuhn, 1998.
94. Corrêa, 1998, p. 312.
95. Luca, 1999, p. 235.

"índice facial morfológico" dos universitários paulistas. O levantamento consistiu na medição de 300 estudantes, "brancos, masculinos, de 17 a 30 anos, nascidos no Estado de São Paulo e descendentes de pais e avós brasileiros." A forma facial preponderante nesse grupo seria a "leptoprósopa", com 50,6% dos casos.[96] No ano seguinte, Manuel Pereira publicava na revista da Polícia sua tese de livre-docência, intitulada "Morfologia constitucional feminina – estudo médico legal".[97] Desta vez, o grupo investigado se constituía de 200 alunas da Universidade de São Paulo e 50 normalistas da Escola Caetano de Campos. O objetivo, mais ousado, era a "determinação do tipo morfológico constitucional da universitária paulista", utilizando o método de Viola. O autor concluiu que 21,2% delas eram braquítipas, 20,4% normótipas, e 17,6% longítipas, sendo o restante de tipo misto.[98] Levantamentos como esses eram como pequenos tijolos para a grande obra.

Mais do que resolver o problema, estes estudos procuravam estabelecer um paradigma confiável para a sua generalização. Se esta porventura fosse lograda, o mosaico de tabelas e dados antropométricos dos diversos grupos e subgrupos presentes na população brasileira aos poucos iria sendo preenchido. Mais uma vez, os cientistas da medicina legal e da criminologia assumiam seu papel *exemplar*, procurando mostrar o que deveria ser feito em escala muito mais ampla e de que modo. No entanto, para que se medisse tanta gente em tantos lugares, havia que se contar com um respaldo científico e institucional muito grande, o que era cada vez menos o caso no que dizia respeito à antropometria. Além disso, existia ainda um obstáculo prévio de extrema complexidade a ser superado: a delimitação desses grupos e sub-grupos e os critérios para executá-la estavam longe de ser consensuais.[99] Diga-se de passagem, essas dificuldades não se encontravam apenas no Brasil. Mas sem dúvida que a avançada miscigenação da população brasileira não facilitava em nada a tarefa. No Brasil, o número de grupos "étnica e minimamente homogêneos" teria de ser forçosamente muito grande. Por fim, ainda que os entusiastas da antropometria lograssem um dia sensibilizar uma infinidade de agentes institucionais e conseguissem sua coleção científica de tabelas das medidas dos "homens-médios" da população brasileira, e isso imaginando que antes haveriam sido capazes de definir quais e quantos grupos étnicos existiriam no país, isto tampouco eliminaria

---

96. Pereira, Manuel. Índice facial nos universitários paulistas. *Arquivos da Sociedade de Medicina Legal e Criminologia de S. Paulo*, São Paulo, v. 12, n. 1-3, jan.-dez. 1941, p. 16.

97. Pereira, M., 1942.

98. Pereira, M., 1942, p. 524 e 545.

99. Polêmicas acerca do tema podem ser identificadas já em torno do início dos anos 20, como faz Tania de Luca em Luca, 1999, p. 196.

a complicação da tarefa de distribuir os indivíduos a serem cotidianamente examinados em cada um desses grupos. Em outras palavras, a compatibilidade entre conteúdo e continente parecia quase utópica.

Godoy se mostrava consciente destas debilidades fundamentais da antropometria e também da situação vulnerável da especialidade dentro da criminologia que elas provocavam:

> Entre nós estes estudos tornam-se extremamente difíceis, mas não impossíveis, devido à grande mescla racial por que passamos, obrigando-nos a antes de examinarmos as condições individuais, procurar selecionar os diferentes fatores étnicos que entram na formação do nosso povo. Precisamos executar escalas de graus para cada região, porque é impossível comparar caracteres somáticos de um sulista com os de um nortista. Nestes predomina o fator indígena e naqueles o europeu. Necessitamos trabalhar sem desânimos e enquanto é tempo, pois a inexistência de um tipo antropológico nacional, comumente alegada, é apenas uma justificativa para a nossa negligência em matéria de antropologia.[100]

Quando nomeado a participar de exames periciais, Godoy fazia o que podia para contornar essas dificuldades na prática. Na parte de sua responsabilidade do laudo, é comum encontrar passagens como esta:

> Na classificação morfológica do indivíduo que se diz chamar Benedicto da Silva Macuco empregou-se a tabela de graus de Isaac Brown para os faiodermos do Norte. Tratando-se de uma tabela incompleta, sem os graus sigmáticos e com diâmetros tomados em pontos de reparo que colidem com as normas clássicas da antropologia, foi aplicada com as necessárias reservas e sem o caráter de certeza próprio de tais estudos. Além do mais, não havendo, para os brasileiros, outra tabela que permita

---

100. Godoy, Oscar de. Anthropologia criminal. *Arquivos de Polícia e Identificação*, São Paulo, v. 1, n. 2, 209-214, 1937, p. 212 (o artigo reproduz a aula inaugural do Curso de Antropologia Criminal da Escola de Polícia do ano de 1937).

melhor observação, tornou-se necessário lançar mão daqueles dados por necessidade imperiosa no caso em apreço.[101]

Em São Paulo, o grande peso relativo da população imigrante e de seus descendentes muitas vezes obrigava o antropometrista a buscar tabelas de "homens médios" de etnias das mais diversas procedências. Mas essas tabelas eram freqüentemente inexistentes ou indisponíveis. Por exemplo, tal se deu com Godoy no ano de 1936, quando examinava com seus colegas da polícia um indivíduo acusado de homicídio:

> Trata-se de um paciente de nacionalidade húngara e não existindo escala de graus centesimais e sigmáticos, segundo o método de Viola, para a respectiva classificação tipológica de indivíduos daquele grupo étnico, não pode ele ser estudado pelo referido método. Procedemos então a antropometria de acordo com as teorias de Kretschmer que, seguindo critério diferente do de Viola, deve ser aplicado entre nós com as necessárias reservas.[102]

Toda essa debilidade instrumental teria um custo para o prestígio da antropometria.

A antropometria sob ataque

A precariedade e a conseqüente esterilidade do trabalho dos antropometristas se fizeram notar pelos seus colegas mais identificados com outras especialidades médicas envolvidas com a criminologia.

Em 1929, Soares de Mello, promotor público de São Paulo, questionava a legitimidade de um laudo pericial elaborado por dois psiquiatras. Por sua argumentação, não se justificava o diagnóstico de "loucura moral" e a conseqüente recomendação para que a ré fosse internada no Hospital do Juquery. Dentre as falhas que o promotor identificava

---

101. Whitaker, Edmur de A. Das vantagens e necessidade de um exame mental systemático dos criminosos. Considerações em torno de um homicidio recente. *Archivos da Sociedade de Medicina Legal e Criminologia de São Paulo*, São Paulo, v. 7, n. 3, 109-126, set.-dez. 1936c, p. 113 e 114.

102. Whitaker, Edmur de A. A anthropopsychiatria ao serviço da investigação policial – considerações em torno de um caso. *Archivos da Sociedade de Medicina Legal e Criminologia de São Paulo*, São Paulo, v. 7, n. 3, 186-204, set.-dez. 1936a, p. 193.

no laudo, estaria a ausência de medições antropométricas. Pacheco e Silva, em artigo em que defende seus colegas e contesta o promotor, respondeu assim a tal crítica:

> Depois de a ler, fiquei a pensar como conseguiu Lombroso influenciar por tal forma os leigos, que já não mais admitem o diagnóstico de alienação mental sem medidas antropométricas e investigações antropológicas. Não se escandalize o ilustre consócio[103] se eu lhe disser que abolimos em Juquery as medidas antropométricas. Elas nada têm de específico. E não é só em Juquery, mas em quase todos os frenocômios do mundo. Não digo em todos porque, certa vez, perguntando a ilustre psiquiatra, diretor de um hospital em Nova York, por que ainda adotava essa prática, ouvi as seguintes palavras: 'Sempre serve para auxiliar a identificação do indivíduo e engrossar o prontuário'.[104]

Em 1937, na Primeira Semana Paulista de Medicina Legal, Hilário Veiga de Carvalho questionava duramente as sobrevivências da antropometria no laudo pericial. Citando Mendes Corrêa, Carvalho defendia que os laudos deveriam se concentrar em

> (....)alguns aspectos mais importantes que, desse feitio, não seriam facilmente obscurecidos por uma nuvem de detalhes de menor interesse para o objetivo em vista. Que significa para o magistrado, por exemplo, que o criminoso tenha um dado diâmetro bi-acromial ou uma cárie dentária?[105]

Cinco anos depois, Edmur Whitaker, desde sua perspectiva de psiquiatra, escrevia um apanhado dos diversos métodos antropométricos, criticando tanto seus fundamentos teóricos quanto os dados empíricos que seus autores e defensores coletaram para dar-lhes sustentação. Especificamente sobre o método de Viola, o de uso

---

103. A polêmica se dava em sessão da Sociedade de Medicina Legal e Criminologia de São Paulo, da qual Mello e Silva eram sócios.

104. Pacheco E Silva, A. C. O perito medico e a questão da responsabilidade. Repressão aos loucos morais. *Revista de Criminologia e Medicina* Legal, São Paulo, v. 5, n. 3-6, 33-52, mar.-jun. 1929, p. 42.

105. Carvalho, H., 1938, p. 425.

mais difundido, Whitaker questionava a falta de coleta de dados do médico italiano que validasse seus índices de correlação entre medidas antropométricas e atitudes comportamentais. O autor compilou então pesquisas que tentaram fazer isso por Viola, com resultados desanimadores: "Nesse ínterim, outros estudos similares apareceram, com idênticos resultados. Correlações persistentemente baixas foram encontradas entre a estrutura física e diversos caracteres mentais."[106] Analisando o conjunto das teorias antropométricas, Whitaker emprestava a conclusão de estudo realizado em 1930 acerca do tema:

> As pesquisas no âmbito da 'grossa' anatomia no sentido de uma correlação entre físico e intelecto produziram sempre resultados negativos. Verifica-se que estruturas características, tais como altura e peso, correlacionam-se muito fracamente com a inteligência, rigorosamente definida. As medidas de tamanho da cabeça e a sua forma têm-se revelado como variáveis relativamente independentes com respeito ao intelecto e o desenvolvimento esquelético, medido por radiografias precisas, revelou zero ou baixa correlação com a inteligência. O mesmo pode dizer-se da dentição. O desenvolvimento fisiológico, medido em termo da puberdade, verificou-se ser relativamente não relacionado com o desenvolvimento mental e assim para os complicados índices de estrutura corporal.[107]

Mesmo supostos aliados pareciam confusos sobre a real utilidade da antropometria. Um exemplo curioso é dado por José Augusto de Lima, juiz de Direito da Segunda Vara Criminal de São Paulo. Ao analisar a importância para o direito penal do laboratório de antropologia criminal e das especialidades médicas por ele articuladas, o jurista parecia ter se esforçado para identificar um sentido prático para a antropometria:

> O exame antropométrico é de interesse nos crimes contra a vida e a integridade corporal, por se discutir freqüentemente a superioridade em forças do réu ou da vítima que, como dissemos, deve também ser examinada sob esse aspecto.[108]

---

106. Whitaker, 1942c, p. 397-398.
107. Whitaker, 1942c, p. 399.
108. Lima, José A. de. A individualização da pena e os inquéritos policiais. *Arquivos da Polícia Civil de São Paulo*, São Paulo, v. 4, 5-19, 2. sem. 1943, p. 11.

Os antropometristas se defendem

Vimos como o atual exclusivismo da psiquiatria nos exames médico-legais já se insinuava no período de que nos ocupamos, e como a antropometria se constituía em alvo evidente de sua estratégia para tal. Resta verificar a reação desta última a essa ofensiva contra suas prerrogativas, sua pertinência e sua legitimidade científica.

Godoy e Whitaker expressavam este embate dentro da mesma instituição, o Laboratório de Antropologia Criminal da Polícia de São Paulo. Mais do que isso, freqüentemente eram chamados a compor conjuntamente os laudos periciais. Certa feita, a diferença entre suas perspectivas acabou externada em debate público. Os dois médicos travaram uma polêmica em sessão do já referido Primeiro Congresso Paulista de Psicologia, Neurologia, Psiquiatria, Endocrinologia, Identificação, Medicina Legal e Criminologia, justamente divergindo sobre a hierarquia entre as áreas médicas no conhecimento do delinqüente. O antropometrista Oscar de Godoy questionava a apresentação de seu colega psiquiatra Edmur Whitaker:

> Godoy: "(...) A denominação de 'personalidades delinqüencias' que, segundo pude apreender, toma por base caracteres psíquicos, não é muito acertada, pois não nos devemos ater somente àqueles fenômenos para a classificação dos delinqüentes, porque tais elementos podem ter seu fundamento na morfologia e mesmo na fisiologia. Desta forma, tomar por base de uma classificação os fenômenos psíquicos, abandonando os outros, parece-me não estar bem de acordo com as modernas doutrinas (...)".
>
> Whitaker: "(...) A observação sobre a personalidade delinqüencial refere-se às bases morfológicas, que se poderiam encontrar nos delinqüentes. Entretanto, estas bases morfológicas não têm importância para o nosso conceito, porque o mesmo não é biológico. (...) Ao estudar tal personalidade, eu me baseei em todos os elementos existentes, inclusive no tipo morfológico do indivíduo, que seria um elemento para o diagnóstico da mesma. (...) À observação relativamente ao conceito de personalidade, respondo que a personalidade considera-se como parte psíquica da individualidade, como a cúpula de um edifício."
>
> Godoy: "Talvez seja uma parte do indivíduo e não a cúpula".[109]

---

109. Whitaker, Edmur de A. Do 'criminoso nato' (Lombroso) à idéia das 'personalidades delinqüenciais. *Arquivos de Polícia e Identificação*, São Paulo, v. 2, n. 1, 116-141, 1938-1939b, p. 141.

Apesar da intervenção um pouco confusa de Whitaker, é possível perceber que, curiosamente, era ele quem assumia a atitude defensiva, procurando incorporar em seu discurso a contribuição das análises morfológica e antropométrica. Este esforço ao fim resultava apenas formal, sutileza que não escapou a seu colega Godoy. A impressão que fica é que Whitaker ainda se sentia pressionado a prestar tributo ao paradigma constitucionalista e à diversidade de disciplinas médicas no estudo do delinqüente que a partir dele se prescrevia. Afinal, a "cúpula de um edifício" não era o edifício todo. Na réplica de Godoy, por outro lado, nem essa aparente concessão que substituía *exclusividade* por *preponderância* era reconhecida.

A militância de Godoy em defesa da antropometria era intensa. Um ano após a polêmica pública com Whitaker, o antropometrista ocupava a ordem do dia da sessão de 14 de junho de 1939 da Sociedade de Medicina Legal e Criminologia de S. Paulo, com o trabalho "Factores biológicos do crime". Chama a atenção a preocupação sistemática do apresentador em sustentar suas afirmações em diversos autores reconhecidos.[110] Apoiando-se teoricamente em estudos da escola constitucionalista italiana, principalmente de Viola, Pende e Di Tullio, o autor também fez um apanhado de conclusões empíricas sobre o tema, citando as pesquisas de autores de diversas partes do mundo. Um deles teria investigado 427 delinqüentes do Equador segundo o critério de Kretschmer, encontrando 184 leptossomos, 161 do tipo atlético, 51 pícnicos, 13 displásicos e 18 "inclassificáveis". O estudo ainda discriminava a preponderância biotipológica para cada modalidade de crime: nos delitos contra as pessoas, predominariam os leptossomas e os atléticos, ao passo que naqueles contra a propriedade sobressairiam os pícnicos e outra vez os atléticos. Brucker, no Chile, teria encontrado as seguintes porcentagens entre os homicidas: 51% de atléticos, 27% de leptossomas, 18% de pícnicos e 4% de displásicos. O próprio autor cita pesquisa sua em que concluiu que 52% dos longilíneos seriam homossexuais. Ao final de sua compilação, que traz ainda outros dados do mesmo gênero, Godoy concluía que a expressão psíquica da anormalidade dos delinqüentes, cada vez mais valorizada nos laudos, teria íntima relação com a morfologia:

> Os diversos tipos citados estão plenamente de acordo com os tipos psíquicos, pois a maior porcentagem dos longilíneos nos delinqüentes liga-se diretamente ao caráter esquizotímico, introvertido, destes mesmos tipos.[111]

---

110. Já vimos como Latour analisa esta atitude enquanto estratégia de legitimação científica (Latour, 2000a, p. 60-61).

111. Godoy, 1940, p. 430-432.

O estudo morfológico quase se apresentava, dessa forma, como um substituto da análise psicológica, ou quando menos como uma confirmação cientificamente válida para ela: "Admite-se que a correlação entre soma, função e mente é tão estreita que pela simples inspeção de uma delas, a soma, pode-se, em linhas gerais, contribuir para o estudo das outras."[112]

Em 1944, Godoy comparecia à VI Semana de Estudos Policiais com o mesmo tema, apresentando o trabalho "A relação entre a estrutura do corpo e o caráter". Na introdução, há alusões ao caráter controvertido da antropometria e às constantes críticas de que seria ela objeto. Sua resposta a elas pretendia-se embasada na estatística. Nada menos do que 27 pesquisas eram cotejadas, realizadas entre 1927 e 1943, mais uma vez de diversos países do mundo. Desta feita, o levantamento de dados que o autor compilou estava todo dedicado ao relacionamento entre distúrbios psíquicos e tipos físicos, não mais fazendo referência à associação direta entre estes e as modalidades de crime. A conclusão do artigo apontava para a existência de "elevados coeficientes de associação entre os tipos corporais e disposição psíquica dos esquizofrênicos e dos maníaco-depressivos."[113] Tal deslocamento de ênfase, do tipo de crime ao tipo psíquico, refletia à sua maneira o crescimento da hegemonia da psiquiatria no meio médico-legal.

A dedicação do antropometrista da Polícia de São Paulo em defesa de suas referências teóricas não deve ser entendida como uma atitude quixotesca e solitária. Uma demonstração de prestígio das teses antropométricas foi dada pela Sociedade de Medicina Legal e Criminologia de S. Paulo em 1942. Na ocasião, a entidade concedera seu Prêmio Oscar Freire de Criminologia a Salvador Rocco, médico do Instituto de Biotipologia Criminal da Penitenciária do Estado, com o trabalho "Morfologia constitucional e criminalidade", como já adiantamos no capítulo anterior.

Enquanto Rocco recebia seu prêmio, o laboratório onde trabalhava, na Penitenciária, estava em meio a outra investigação antropométrica, que terminaria 4 anos depois. O estudo procurava determinar as características dos "criminosos contra os costumes". Com este objetivo, foram examinados 345 indivíduos pertencentes à população internada na Penitenciária de outubro de 1940 a outubro de 1946, quantidade que correspondia a 11,5% do total. Os pesquisadores concluíram que entre os criminosos contra os costumes prevalecia o tipo mesolíneo de Viola, com 36%, seguido pelo brevilíneo, com 23% dos casos analisados. O levantamento ainda discriminava a predominância dos tipos físicos em cada modalidade em que foram

---

112. Godoy, 1940, p. 429.

113. Godoy, Oscar de. A relação entre a estrutura do corpo e o caráter. *Arquivos da Sociedade de Medicina Legal e Criminologia de S. Paulo*, São Paulo, v. 17, n. 1-3, 22-36, jan.-dez. 1946, p.32.

subdivididos os crimes contra os costumes: estupro, sedução, atentado ao pudor e libidinagem. Podia-se verificar, assim, que 36% dos estupradores eram mesolíneos, ou que 24,8% dos sedutores seriam brevilíneos.[114]

Estudos semelhantes eram produzidos também no ambiente acadêmico, tanto em São Paulo como no Rio de Janeiro. Já tratamos do estudo "Morfologia constitucional feminina"[115], de Manuel Pereira, professor de medicina legal da Faculdade de Medicina da Universidade de São Paulo; e da monografia "Tipos morfológicos e patologia"[116], de Rocha Vaz, professor da Faculdade de Medicina da Universidade do Brasil.

Além disso, ainda que suas conclusões nos exames não fossem levadas muito a sério, não se pode negligenciar o reconhecimento institucional que significava a nomeação de antropometristas para colaborar na elaboração dos laudos periciais. Os cargos que eles ocupavam dentro de instituições do Estado, nos laboratórios de antropologia criminal, na Escola de Polícia ou nas universidades, também têm alguma significação legitimadora. Tudo isso parece reforçar ainda mais o caráter de transição que o período estudado possuía no que diz respeito aos paradigmas científicos da criminologia.

De uma certa forma, a antropometria sobrevivia porque fazia promessas para o futuro.[117] Seus praticantes e defensores sempre a apresentavam como uma *ciência em formação*. Contribuía para isso a precariedade das tabelas dos "tipos médios" de que tratamos e a crença de que o acúmulo de pesquisas e o progresso que caracterizaria toda atividade científica um dia transformariam essa situação. Mas desde o início dos anos 30, os antropometristas tinham outras razões para o otimismo e para reforçar o tom de suas promessas. As esperanças da antropometria vinham de outra especialidade médica: a endocrinologia.

A promissora ressurreição dos humores

A endocrinologia, desde o início do século XX, vivia um desenvolvimento notável, constituindo-se em uma especialidade de prestígio crescente. O início de

---

114. Noronha, Edgard M.; Teles, João C. da Silva. Crimes contra os Costumes. *Revista Penal e Penitenciária*, São Paulo, v. 4-8, n. 1-2, 87-112, 1947, p. 88 e 90.

115. Pereira, M., 1942, p. 501-549.

116. Vaz, 1944a, p. 233-291; e Vaz, 1944b, p.143-205.

117. Na análise que fez dos das teorias e dos métodos biométricos, Whitaker demonstrava certa impaciência com esta característica indefinidamente prospectiva da antropometria: para ele, todos os métodos sempre "(...) levavam à mesma irritante e persistente promessa de que no fundo alguma coisa de muito interesse haveria" (Whitaker, 1942a, p. 399).

sua aplicação na criminologia data de 1921, quando Nicolas Pende, ele mesmo um endocrinologista, publica seu primeiro trabalho sobre o tema, o artigo "Endocrinologia e Psicologia". Dois anos depois, o professor da Universidade de Roma lançaria outro estudo na mesma direção: "Le Applicazioni dellÉndocrinologia allo Studio dei Criminali - La Scuola positiva".[118] Pende passou a associar desvios de comportamento com perturbações endócrinas, afirmando, por exemplo, que "os hipertireoidianos-hipersupra-renalianos seriam majoritários entre os delinqüentes violentos e impulsivos, os hiperpituitários entre os assassinos frios e cínicos."[119]

Mais uma vez, as chaves da interpretação do comportamento humano e de suas tendências anômalas e perigosas pareciam acessíveis ao saber médico. Daí o entusiasmo com que a endocrinologia criminal fora acolhida por toda parte, com mais razão onde a influência da Escola Positiva já fosse considerável. A nova especialidade, trazida pelos escritos de Pende e do médico espanhol Gregorio Marañon, foi acolhida por significativo e influente setor da medicina legal brasileira. Sua recepção se dava pelas enormes promessas para a viabilização do estudo e tratamento do homem delinqüente. Afrânio Peixoto compartilhava de tal otimismo:

> (...) somos ambulantes armários de glândulas e, segundo o estado dessas glândulas, somos 'nós' a variedade infinita de 'eus' variados no tempo e no espaço. (...) O mais importante são os venenos internos; as secreções ou increções que, não dosadas, são perversões. Esta, matrona ilibada, com a menopausa, se lhes desmanda o erotismo em adultérios e escândalos; por que em vez de difamação ou do hospício, não lhe restituímos os seus sucos ovarianos, que perdeu com a idade? Condenamos aos invertidos, repelente perversão: por que, em vez do anátema, não lhes verificamos a fórmula endócrina? Os endocrinólogos estarão a curar as mais horrorosas perversões morais, com recursos de cirurgia e de opoterapia....[120]

Com o conhecimento endocrinológico nas mãos, Peixoto se mostrava motivado a conceber uma outra história para a humanidade. Por meio da possibilidade de

---

118. Pende, Nicolas. Endocrinologia e Psicologia. *Di quaterni di Psichiatria*, Gênova, 1921, t. III. e Pende, Nicolas. *Le Applicazioni dellÉndocrinologia allo Studio dei Criminali - La Scuola positiva*, Milão, 1923. Apud: Darmon, 1991, p. 298.

119. Citado por Darmon, 1991, p. 273.

120. Peixoto, 1942, p. 264-265.

cura de tantos males sociais, o futuro poderia ser melhor vivido, e o passado, melhor compreendido:

> A civilização carece de hormônios, para a felicidade. Não temos acordo social, porque discordamos harmonicamente, 'hormonicamente'. Se Napoleão não fosse um pituitário, não derramaria tanto sangue... Darwin abalou as colunas do Templo, porque era um pituitário anterior – hipertiroidiano, descontado de um suprarenal-deficitário. Somos poetas, ou crentes, rebeldes ou remissos, virtuosos ou indiferentes, porque temos tal ou tal predominância, ou deficiência, endócrina. Já Pascal falara do nariz de Cleópatra e da pedra da bexiga de Cromwell, como elementos históricos; Michelet separava o reinado de Luis XIV em dois períodos, 'antes e depois da fístula'. Já há uma psiquiatria com e sem insulina. Um dia as idades serão separadas: 'antes e depois dos equilíbrios hormônicos'. É a medicina, e será legal.[121]

Ao mesmo tempo em que poderia representar um revigoramento teórico para a Escola Positiva, a endocrinologia também permitia a revivescência da etiologia criminal morfológica mais rudimentar de Lombroso.[122] A ponte entre este e Nicolas Pende era possibilitada pelas relações entre a morfologia e o balanço hormonal. Era o espanhol Marañón quem explicava:

> O sistema endócrino influi, de um modo primordial, na morfologia humana. E como há uma relação evidente, ainda que não constante nem fixa, entre morfologia e espírito, o estudo morfológico, que em grande parte é glandular, de um sujeito determinado nos servirá de orientação sobre suas reações psíquicas e, portanto, sociais.[123]

E o próprio Pende:

---

121. Peixoto, 1942, p. 265.
122. Campos Marín; Martínez Pérez; Huertas, 2000, p. 136.
123. Marañon, G. La endocrinología y la ciencia penal. *Trabajos del laboratorio de criminología de la Universidad de Madrid*, (1), 1935 79-92, p. 88, tradução minha.

A iniciativa de tal investigação endocrinológica dos criminosos é devida a uma dupla série de considerações. Uma delas é, indubitavelmente, a enorme freqüência com que se tem averiguado anomalias e particularidades morfológicas na constituição dos criminosos, de acordo com as investigações realizadas pela escola de Lombroso. Estas especialidades resultam semelhantes às que se encontram em alguns tipos endocrinopáticos. Trata-se, por outra parte, do efeito inegável que exercem os hormônios sobre o desenvolvimento mental e sobre o equilíbrio psíquico, notadamente, sobre o que se refere à esfera psíquica. Tudo isso determina a conduta, as manifestações do impulso, da psique e da vontade, isto é, o temperamento e o caráter do indivíduo.[124]

Pela via da ciência dos hormônios, os discípulos de Lombroso recuperavam-no do limbo das idéias científicas, a ponto de identificarem o renascimento do mestre. Suas formulações mais simplistas, já então quase irreversivelmente mergulhadas no descrédito, eram reapresentadas como uma genial antecipação de um saber que finalmente encontrava uma ciência suficientemente madura para interpretá-lo:

Lombroso – diga-se, sem rebuços, em parte, estava com a razão; as suas conclusões tinham o seu cunho de verdade, conquanto os conhecimentos científicos do momento não permitissem uma fácil demonstração das doutrinas do mestre insigne, e, por isso, muitos acreditaram na falência total as mesmas.[125]

Alusões reabilitadoras como essa seriam comuns nos textos da criminologia brasileira. Tão tarde como em 1944, vamos encontrar o mesmo tipo de discurso, procurando fazer justiça póstuma a Lombroso com a arma da endocrinologia. Rocha Vaz, em seu trabalho já abordado sobre as relações entre tipos morfológicos e comportamento, afirmava:

Acusou-se e ainda se acusa Lombroso de ter-se atido demasiadamente ao aspecto morfológico dos criminosos, desprezando a parte psicológi-

---

124. Citado em Machado, E., 1942, p. 454.
125. Machado, E., 1942, p. 452.

ca e os fatores sociais. (...) Quanto ao predomínio de sua orientação morfológica, ele se justificava, em primeiro lugar, porque se tratava de uma iniciação, e, em segundo lugar, porque soma e psique obedecem a um mesmo determinismo, fato este definitivamente adquirido pelos estudos endocrinológicos e pelas modernas conquistas da Biotipologia (...).[126]

Em São Paulo, dentre os entusiastas da endocrinologia criminal, naturalmente se encontrava Oscar de Godoy. Em alguns de seus escritos, Lombroso era convidado a retornar ao convívio dos cientistas de respeito, por dentre os quais poderia novamente transitar sem constrangimentos:

> Pende assegura que os estigmas dos criminosos, chamados degenerativos pela escola de Lombroso, podem ser catalogados entre as anomalias da constituição endócrina, posto que tais estigmas são ao mesmo tempo característicos de determinados estados endocrinopáticos. No que se refere aos estigmas morfológicos está hoje assentado que são freqüentes nos criminosos e, da mesma forma, nos moralmente débeis e nas prostitutas, as anomalias de pele e anexos, do esqueleto e dos caracteres sexuais, que recordam claramente determinadas características dos tipos endocrinopáticos.[127]

Mais do que isso, a endocrinologia criminal causava expectativas para além do círculo estreito de antropometristas, ao contrário da própria antropometria. Heitor Carrilho e Edmur Whitaker, desde a perspectiva psiquiátrica, reconheciam seu valor teórico.[128] O mesmo se dava na esfera burocrática do aparato repressivo. Alfredo Issa Ássaly, então Diretor Geral da Secretaria de Segurança Pública de São Paulo, acreditava que o tratamento hormonal poderia contribuir para a "reforma do

---

126. Vaz, 1944b, p. 190.
127. Godoy, 1937, p. 212.
128. Por exemplo, Carrilho relacionava as perversões sexuais a endocrinopatias quando escrevia o laudo de Febrônio (Carrilho; Barros, 1929, p. 73); e enumerava a endocrinologia entre as especialidades necessárias para a determinação da periculosidade de um indivíduo em artigo de 1940 (Carrilho, 1940, p. 269). Por sua vez, em palestra de 1944, Whitaker relacionava as "perturbações glandulares" como possíveis causas de anormalidade e criminalidade (Whitaker, Edmur de A. Profilaxia do crime. *Arquivos da Polícia Civil de São Paulo*, São Paulo, v. 8, 343-346, 2. sem. 1944, p. 346).

homem que delinqüe".[129] O próprio Secretário de Justiça, em seu discurso quando da inauguração do serviço de Biotipologia Criminal da Penitenciária do Estado, quis demonstrar estar a par das conquistas científicas da criminologia citando a endocrinologia:

> É sabido como a endocrinologia sensacionou, com as suas observações alarmantes. A atenção dos sábios fixou-se no funcionamento das glândulas endócrinas de secreção interna, e a tireóide, a pineal e a pituitária foram responsabilizadas pelos grandes erros dos homens.[130]

A aceitação tão generalizada das teses da endocrinologia criminal pode surpreender, haja vista a disputa acirrada entre psiquiatras e antropometristas abordada há pouco. A convivência problemática entre essas especialidades dentro da criminologia expressava a disputa de espaços e de prerrogativas que seria razoável supor estaria contaminando todo o espectro de saberes médicos envolvidos com o "estudo do delinqüente". No entanto, a endocrinologia era poupada justamente porque seu arcabouço teórico permitia uma *conciliação possível* entre antropometria e psiquiatria, dentro do discurso da biotipologia constitucionalista. Os hormônios literalmente faziam a mediação entre a esfera psíquica e a morfológica, e juntamente com elas estruturavam a *Pirâmide de Pende*. A correlação de forças entre estes saberes todos impedia, por um lado, a expulsão sumária da antropometria do laboratório médico-legal, e, por outro, evitava por mais um tempo ainda que ali se consolidasse o reinado absoluto da psiquiatria. Essa interpretação não é possível apenas ao historiador de hoje. Também ocorria a alguns protagonistas da criminologia da época. Tratando de Pende, o jurista Eugênio Machado afirmava:

---

129. Ássaly, Alfredo Issa. Lar dos Egressos. *Arquivos da Polícia Civil de São Paulo*, São Paulo, v. 4., 7-34, 2. sem. 1942a, p. 13. A tese da "terapêutica endocrinológica do crime" aparece explicada em Torres; Paranhos, p. 113-128

130. Resende, José de Moura. Discurso do Dr. José de Moura Resende, Secretário da Justiça e Negócios do Interior, por ocasião da inauguração oficial do serviço de Biotipologia Criminal. *Revista Penal e Penitenciária*, São Paulo, v. 1, n. 2, 497-503, 2. sem. 1940, p. 500. Ao contrário do que pode parecer, o trecho citado não fazia uma crítica a uma suposta sobrevalorização do papel hormonal no comportamento humano, como uma consulta à integra do discurso pode comprovar. Antes, reconhece sua importância.

Seus estudos vieram mostrar, de maneira convincente, a existência dos laços que vinculam a morfologia, a individualidade dínamo-humoral e a individualidade psíquica. (...) A conclusão a que chegou o ilustre cientista italiano fez cessar a luta, há muito travada, entre morfologistas e psicologistas.[131]

Mas o fato é que a endocrinologia criminal não passou de uma quimera científica. É verdade que logrou, além do entusiasmo demonstrado em textos teóricos e em discursos públicos, alguma penetração institucional. Os dois laboratórios de antropologia criminal que vimos acompanhando possuíam, por exemplo, suas "seções de endocrinologia". Mas o essencial é que suas teses não conseguiram articular nenhuma *rede* que delas dependesse, conforme as concepções de Latour.[132] Nenhuma interdependência entre os diversos agentes sociais envolvidos com a criminologia foi estabelecida a partir da endocrinologia criminal. O aparato repressivo do Estado não sentia a sua falta para funcionar, a despeito de todos os discursos citados.

Uma única exceção parece haver dado à endocrinologia criminal uma maior conseqüência prática e uma utilização mais cotidiana no "combate à anormalidade": a abordagem da questão da homossexualidade. Dos comportamentos desviantes causados por desequilíbrios hormonais que a endocrinologia criminal se propunha a conhecer e tratar, os de natureza sexual – dentre eles particularmente o homossexualismo – canalizariam mais fortemente a preocupação da medicina legal e da criminologia. A homossexualidade aparecia como o ato anti-social paradigmático quando se tratava de influências hormonais no comportamento. Trataremos disso no capítulo seguinte, dedicado aos grupos sociais mais visados pelo programa de controle social da Escola Positiva.

Mas, mesmo nesse campo, a endocrinologia criminal definhou a partir dos anos 40. Mais uma vez, esta década indicava o suspiro final de um corpo de teses científicas ligadas ao determinismo biológico. Portanto, os fenômenos históricos já apontados que condicionaram a sua decadência, relacionados ao fortalecimento dos paradigmas culturais e ao final da Segunda Guerra, são aqui igualmente pertinentes. No caso específico do Brasil, há que se apontar ainda a falta de estrutura material dos laboratórios de endocrinologia.[133] Pedro Moncau Jr, o endocrinologista do laboratório de antropologia criminal da Polícia de São Paulo, chegou a explicitar

---

131. Machado, E.,1942, p. 447.
132. Latour, 2000a.
133. Green, James N. *Além do carnaval: a homossexualidade masculina no Brasil do século XX*, São Paulo: Editora UNESP, 1999, p. 234 e 236. Na mesma passagem, Green igualmente

publicamente a precariedade do seu local de trabalho nessa área, em Congresso médico de 1938.[134]

O fato de que a endocrinologia criminal acabasse decepcionando e não cumprindo suas promessas contribuiu também para a subseqüente decadência definitiva da antropometria, que nela depositava suas esperanças. De conjunto, era a própria biotipologia criminal de cunho constitucionalista que se retirava, esvaziada de grande parte de seu discurso teórico, deixando o terreno livre para que a psiquiatria terminasse por se impor de forma até hoje prevalecente.

Havendo compreendido algo da topografia interna do exame médico legal, e da relação existente entre os saberes especializados por ele articulados, discutiremos agora o papel do exame médico legal enquanto instrumento de poder e de produção da verdade.

3. O exame médico legal enquanto discurso competente

O exame médico legal se constituiu em instrumento de exercício de poder. Enquanto documento escrito, legitimado pela ciência e manipulado por juízes, policiais e burocratas, ajudou a reescrever muitos destinos humanos. Por fazê-lo através de conhecimentos científicos, o exame nos coloca mais uma vez em terreno foucaultiano, tornando pertinente aqui o conceito de *saber-poder* do pensador francês. No entanto, para se impor enquanto tal, o exame médico-legal teve de disputar espaços com outras formas de saber e de conhecimento que também atuavam no universo do crime e de sua repressão. A falta de homogeneidade teórica para a elaboração do exame e os *conflitos internos* existentes entre as especialidades médicas de que tratamos apenas acirravam ainda mais o *conflito externo* com as outras formas de saber. Seus principais "adversários" eram: o conhecimento policial produzido por constrangimento ao indivíduo suspeito de delito ou crime, marcadamente por meio de tortura; as decisões tomadas pelo tribunal do júri e a produção de provas a partir de depoimentos de testemunhas; e o saber do próprio indivíduo delinqüente. De comum, todas estas outras formas de "produzir a verdade" tinham o fato de serem originadas do mundo leigo, extra-científico, o que acabou por se

---

salienta o papel dos fatores ligados à derrota da Alemanha nazista e à decadência do movimento eugênico na decadência do uso da endocrinologia na questão da homossexualidade.

134. Moncau Júnior, 1938-1939, p. 93. Trata-se do Primeiro Congresso Paulista de Psicologia, Neurologia, Psiquiatria, Endocrinologia, Identificação, Medicina Legal e Criminologia.

tornar o principal argumento dos médicos-legistas contra elas.[135] O reconhecimento do poder da medicina legal repousava na desqualificação destes competidores. Marilena Chauí trata dessa estratégia em seu texto sobre o discurso competente:

> O discurso competente se instala e se conserva graças a uma regra que poderia ser assim resumida: não é qualquer um que pode dizer qualquer coisa a qualquer outro em qualquer ocasião e em qualquer lugar. Com esta regra, ele produz sua contraface: os incompetentes sociais.[136]

Os mecanismos de substituição de outras formas de saber pelo saber científico acompanhou o surgimento e a consolidação do chamado Estado Moderno e das relações sociais de dominação a ele associadas. Foi assim dentro do processo produtivo, com a imposição das formas *racionalizadas* de organização do trabalho, principalmente com o taylorismo e o fordismo, e o conseqüente enfraquecimento do *saber-fazer* operário.[137] Também as reformas das metrópoles que tiveram como paradigma o que Haussmann fez em Paris acabaram por substituir o saber popular da organização da vida urbana pelo *racionalização* do espaço e dos serviços pelo

---

135. Sobre as relações entre poder e produção de verdade, diz Foucault: "Não há exercício do poder sem uma certa economia dos discursos de verdade que funcionam nesse poder, a partir e através dele. Somos submetidos pelo poder à produção da verdade e só podemos exercer o poder mediante a produção da verdade." (Foucault, Michel. *Em defesa da sociedade*. São Paulo: Martins Fontes, 2000, p. 28-29).

136. Chauí, Marilena. *Cultura e democracia*: o discurso competente e outras falas. São Paulo: Moderna, 1982, p. 2. Para a presente análise, tomamos a liberdade de emprestar o objetivo que a autora propõe para seu livro: "Acredito que, se procurarmos desvendar os mecanismos de produção da incompetência social, teremos alguma possibilidade de desfazer internamente o discurso da competência. (...) Trata-se de contestar o uso privado da cultura, sua condição de privilégio 'natural' dos bem-dotados, a dissimulação da divisão social do trabalho sob a imagem da diferença de talentos e de inteligências. É a noção de competência que torna possível a imagem da comunicação e da informação como espaço da opinião pública, imagem aparentemente democrática e, na realidade, antidemocrática por excelência, pois a fazer do público *espaço da opinião*, essa imagem destrói a possibilidade de levar o saber à condição de *coisa pública*, isto é, de direito à sua produção por parte de todos. Outras falas: a desmontagem interna da competência foi o que, neste livro, chamei de contra discurso ou crítica." (Chauí, 1982, p. 2, grifos da autora).

137. Sobre esse tema e sua especificidade no Brasil, ver Antonacci, M. A. *A vitória da razão* - o IDORT e a sociedade paulista. São Paulo, Marco Zero, 1993.

Estado.[138] Já dentro do saber médico, é bastante conhecida sua árdua trajetória em busca do monopólio no tratamento da doença, contra todas as formas de saber alternativo neste campo. Esses processos todos poderiam ser compreendidos pelo que o sociólogo americano Steven Spitzer chama de "imposição de *regras calculáveis* para a disciplinarização das relações sociais". O autor, desde sua perspectiva marxista e fazendo uso de Weber, entende que foram as necessidades de expansão do capital que condicionaram estes processos:

> A ascensão da economia de mercado capitalista, 'que demanda que o negócio oficial da administração seja cumprido de forma precisa, sem ambigüidades, continuamente, e o mais rapidamente possível', tem não apenas modificado as relações de produção em particular, mas reorganizado a vida social em geral. Para pavimentar o caminho para seu desenvolvimento, o capital tem continuamente transformado relacionamentos sociais tradicionais em objeto de intercâmbio entre átomos sociais isolados, com isso promovendo uma progressiva decomposição de relações sociais não fundadas sobre *regras calculáveis*. Neste sentido, todas as estruturas de autoridade e métodos de controle social (formais e informais) têm sido transformadas tanto como uma pré-condição *para* quanto como uma conseqüência *da* expansão capitalista. Por um lado, este padrão de mudança envolveu a destruição de prerrogativas 'privadas' e de reivindicações tradicionais de *status* e privilégios em favor formas 'públicas' (racionais e legais) de autoridade. Por outro lado, esse processo encorajou a separação dos objetos da administração e da exploração (as massas) das instituições, práticas e lealdades pré-burocráticas que ligavam-nos à antiga ordem.[139]

---

138. Esse é um dos sentidos do quadro "Le vieux musicien" (O velho músico), de Manet, pintado em 1862. Recém-expulsos para a periferia da cidade, aparecem ali retratados os personagens descartados pela Paris modernizada. Dentre eles, o trapeiro (catador de lixo e de dejetos), tradicionalmente estratégico para o funcionamento cotidiano do centro da cidade, e desde então substituído pela rede de esgotos e pela companhia de coleta de lixo, que já podia atuar sobre um plano racionalizado da nova cidade (Blake, Nigel; Frascina, Francis. As práticas modernas da arte e da modernidade. In: Frascina, Francis et al. *Modernidade e Modernismo*. A pintura francesa no século XIX. São Paulo: Cosac & Naify, 1998, p. 101)

139. Spitzer, Steven. The racionalization of crime control in capitalist society. In: Cohen, Stanley; Scull, Andrew (Ed.). *Social Control and the State*. Oxford: Basil Blackwell, 1986, p. 314, tradução minha.

E ainda por meio de Spitzer, reencontramos Foucault e o tema de nosso objeto de estudo. A "sociedade disciplinar", conceito do pensador francês, corresponderia à racionalização dos relacionamentos sociais desde a perspectiva das transformações nos sistemas de controle coercitivo. Segundo Spitzer, a "característica distintiva deste poder é que, em contraste com as formas anteriores pré-capitalistas, ele é *impessoal*". A sua imposição histórica implicou na substituição do poder característico das sociedades pré-capitalistas, possibilitado pelo "brilho de quem o exerce", por um sistema racionalizado dedicado à objetivação daqueles sobre quem é aplicado, visando formar um "um corpo de conhecimento sobre esses indivíduos, mais que para dispor de sinais ostentatórios de soberania". Assim, por esse trajeto proposto por Spitzer, podemos redimensionar o conhecimento criminológico e sua aplicação, relocalizando-os no contexto da racionalização burguesa das relações sociais:

> Quando compreendida nestes termos, a emergência do policiamento público, dos sistemas jurídicos burocratizados, das modernas prisões e, de fato, mesmo da criminologia, é parte de uma abordagem da regulação social e da vigilância mais 'preventiva', 'calculável' e 'profissional'. (...) Esses processos foram muito mais que simples sub-produtos da luta de classes: eles foram parte de um amplo processo de racionalização – um passo significativo no estabelecimento do que Foucault chamou de a moderna 'tecnologia de sujeição'.[140]

A imposição e o reconhecimento sociais do exame médico-legal podem ser compreendidos nesse contexto. Ele se constituiu em instrumento auxiliar da *despersonalização* do poder de que falam Foucault e Spitzer. Mais especificamente dentro do recorte espacial e temporal aqui proposto, a São Paulo do entre-guerras, ele o fez articulando as teorias científicas ligadas à criminologia positivista ao universo do direito penal e do aparato repressivo estatal. Nestes espaços, teve de conviver, quase sempre conflituosamente, com as outras formas de saber a que aludimos acima. Abordaremos agora as relações entre esse saber científico operacionalizado pelo exame médico-legal e os *adversários* que precisava desqualificar e substituir. Comecemos pelo mais próximo do médico-legista: o saber do próprio indivíduo que ele examinava.

---

140. Spitzer, 1986, p. 314-315, tradução minha.

O eu despojado de si mesmo

"Contra estas verdades científicas, a voz do réu nada pode."[141]

Erving Goffman, ao estudar as instituições totais, analisa o processo do "despojamento do eu" a que é submetido o interno. Para o autor, tudo começa com a criação de uma barreira entre a instituição e o mundo externo, desde logo dificultando o recurso às referências cotidianas até então definidoras do eu. É o que ele chama de "despojamento do papel". Uma estratégia decisiva para isso são os "processos de admissão", por meio dos quais o novo interno é despido, fotografado, separado de seus bens pessoais, catalogado, numerado, examinado, enfim, submetido a uma série de procedimentos padronizados que acabam por atribuir ao recém-chegado o seu novo papel de interno, desde então o único que legitimamente lhe cabe e que deve se sobrepor a todos os outros com que se acostumou a se identificar.[142]

O exame médico-legal faz parte dessa estratégia, atuando por todo o período de internamento. Enquanto procedimento médico e também como documento escrito, desconstrói e reconstrói o corpo e a mente do delinqüente, traduzindo-os em linguagem científica. A documentação que o ritual médico produz, o laudo no individual e o prontuário no coletivo, destinam-se a "substituir" um indivíduo por outro. Foucault chama isso de "dobramento"[143], no sentido emprestado ao teatro, que se refere à substituição de atores de uma peça. O indivíduo que a justiça vai julgar ou que a penitenciária vai manipular não será mais aquele que cometeu o crime, mas o que foi traduzido em linguagem médico-legal e apresentado ao tribunal ou ao diretor da prisão pelo laudo respectivo. A única expectativa destas "autoridades responsáveis" é a de que este indivíduo que se lhe apresenta a julgamento tenha sido construído por rigoroso e objetivo método científico.

Ao longo da vida do indivíduo seqüestrado ou perseguido pelo aparato repressivo do Estado, o conjunto da documentação gerada – o prontuário – acompanha grande parte do seu destino. Muitas das decisões a seu respeito buscarão fundamento no conteúdo do prontuário. É o que Foucault chama de "poder de escrita".[144] Goffman, por sua vez, alude a um mecanismo tautológico que sustenta o prontuário e lhe dá sentido: registram-se seletivamente inconveniências do comportamento do indivíduo internado, que por sua vez são utilizadas para justificar as razões de seu internamen-

---

141. Fausto, 1984, p. 264.
142. Goffman, 1974, p. 24-25.
143. Foucault, 2001c, p. 19-26.
144. Foucault, 1999, p. 157.

to.[145] Se houve necessidade de internamento, de saída está dada a *anormalidade* do internado, por sua vez comprovada pelo registro de seu comportamento cotidiano na instituição. Há uma tendência institucional, portanto, para que o prontuário registre *informações desvalorizadoras,* que reforcem a *anormalidade* do "paciente", de qualquer maneira muito diferentes daquelas que ele mesmo vincularia a seu respeito (o que o autor identifica em hospitais psiquiátricos se aplica perfeitamente às prisões, como ele mesmo deixa claro ao definir o objeto de seu livro, as *instituições totais*):

> De um modo geral, portanto, os hospitais para doentes mentais sistematicamente permitem que, a respeito do paciente, circulem exatamente as informações que ele gostaria de esconder. E, em vários graus de minúcia, essa informação é usada diariamente para desautorizar suas reclamações.[146]

Podemos acrescentar ainda que não apenas as reclamações do paciente são desautorizadas pelo registro escrito, mas também são a partir dele avaliadas as solicitações relacionadas com a manipulação de sua pena: pedidos de transferência de seção ou de presídio, pedido para começar a trabalhar ou para mudar de oficina, ou ainda para suspensão de punições, por exemplo. No caso de nossa pesquisa, a medida mais importante que o prontuário subsidiava era a concessão do livramento condicional, decidida pelo Conselho Penitenciário a partir de recomendação do Diretor do Presídio, por sua vez invariavelmente embasado no prontuário. Flamínio Fávero, com a autoridade de quem era o presidente do Conselho e havia sido Diretor da Penitenciária, explicava o papel do Instituto de Biotipologia Criminal e de seus exames nessa engrenagem:

> Tais elementos [que subsidiam as decisões do Conselho Penitenciário], são representados, em maior parte, pelo estudo que o Instituto de Biotipologia Criminal faz do presidiário. (...) Posso dizer que esse Instituto é a coluna mestra do Departamento de Presídios, sem cuja atuação seria já impossível a boa execução das sentenças no tipo pro-

---

145. Goffman, 1974, p. 132.
146. Goffman, 1974, p. 137.

gressivo exigido pelo Código e, também, o perfeito trabalho do Conselho Penitenciário.[147]

É interessante acompanhar a migração do parecer do Instituto de Biotipologia Criminal ao Conselho Penitenciário, passando pelo Diretor do Presídio. Em um laudo de um interno que solicitava a comutação de sua pena, produzido pelo Instituto, as conclusões indicavam que

> (...) sua vida através do histórico respectivo, tanto individual, quanto familiar e social, foi sempre irregular e desastrosa, revelando desproporção das reações individuais em face dos estímulos ambientais, caráter desarmônico e descoordenado, oscilando entre as atitudes de apatia e da explosividade; revelando acentuada intolerância psico-física e conduta tipicamente anti-social, além de vir 'sofrendo' por causa de sua anormalidade, num verdadeiro círculo vicioso sinérgico de dor – *sofre e faz sofrer*. Baseados nessa sua observação e no estudo analítico e sintético biotipológico de sua personalidade é que afirmamos ser ele uma personalidade psicopática (fronteiriço) parecendo ser do tipo constitucionalmente perverso.[148]

Já no despacho do Diretor da Penitenciária, podia-se ler:

> O meu parecer é em sentido contrário à concessão da graça solicitada. O impetrante é reincidente específico. Sem nenhum proveito já cumpriu outra pena nesta Penitenciária. Desta vez, mal adaptado, percorreu várias oficinas sem se fixar em nenhuma. Como esclarece o Instituto de Biotipologia, o prognóstico criminológico desse recluso é mau e é elevada a sua periculosidade.[149]

---

147. Fávero, Flamínio. Conselho Penitenciário do Estado. *Revista Penal e Penitenciária*, São Paulo, v. 4-8, n. 1-2, 273-276, 1947, p. 274-275.

148. Teles, João Carlos da Silva. Conclusões Gerais. *Revista Penal e Penitenciária*, São Paulo, v. 4-8, n. 1-2, 163-168, 1947, p. 168.

149. Queiroz Filho, Antônio de. Informação do Diretor Geral. *Revista Penal e Penitenciária*, São Paulo, v. 4-8, n. 1-2, 168-169, 1947, p. 169.

Por fim, o parecer do Conselho Penitenciário encerrava o caso da seguinte maneira:

> O Instituto de Biotipologia, em parecer elucidativo, muito bem elaborado, nos convenceu ser ele, de fato, portador de uma personalidade psicopática. Assim, embora esteja quase cumprida sua pena, não é possível conceder-lhe livramento condicional.[150]

Por outro lado, a sombra do prontuário poderia acompanhar a vida do prontuariado muito além do período em que esteve "internado". Em 1943, o Diretor Geral da Secretaria de Segurança Pública de São Paulo, Alfredo Issa Ássaly, escreveu um parecer acerca de um pedido para "cancelamento de prontuário". O solicitante, um operário italiano residente em Santos, havia cometido um furto em 18 de outubro de 1934, pelo qual foi condenado a seis meses de prisão. Beneficiado por um *sursis*, foi posto em liberdade em 27 de janeiro de 1935. O motivo de sua solicitação era a dificuldade em conseguir emprego, por conta do registro do delito e da pena em seu atestado de antecedentes criminais. O parecer foi favorável a que tais informações não mais constassem do atestado, mas o pedido de cancelamento do prontuário foi indeferido. A justificativa para tal é-nos pertinente para a compreensão da abrangência do *poder de escrita* de que estamos tratando. Para o parecerista, o cancelamento não poderia ser atendido, "(...) visto o prontuário nascer com a identificação do indivíduo, cuja vida acompanha, subsistindo mesmo até depois da morte, registrando, no interesse social, os dados técnico-científico-policiais do homem (...)."[151]

Por haver cometido um furto aos 19 anos de idade, o peticionário em questão teria de suportar a idéia de que esta informação estaria sempre disponível em alguma pasta de algum arquivo da estrutura burocrática do Estado, por toda a sua vida e além dela. Sua experiência em vida até então já lhe motivara a movimentar-se dentro dos meandros dessa estrutura, escrevendo petições e aguardando pareceres, com o objetivo de anular os efeitos prejudiciais que o registro escrito de seu passado lhe imputava, dificultando a obtenção de emprego. Que seu atestado acabasse sendo "limpo" foi sem dúvida uma importante vitória sua. No entanto, o fato de que

---

150. Fávero, Flamínio; Lehmann, Otto Cyrillo; Duarte, Aureliano R.; Silva, Boaventura N.; Almeida Júnior, Antônio de; Morais, Flávio Q. Conselho. *Revista Penal e Penitenciária*, São Paulo, v. 4-8, n. 1-2, 169-70, 1947, p. 169-70.

151. Ássaly, Alfredo Issa. Atestados de antecedentes criminais. Considerações legais e sociais. *Arquivos da Polícia Civil de São Paulo*, São Paulo, v. 5, 511-514, 1. sem. 1943a, p. 512.

seu prontuário jamais pudesse desaparecer constituiria uma ameaça permanente. Além disso, é possível conjecturar a existência de muitos outros indivíduos assim prejudicados que não tiveram as condições, a oportunidade e a disposição que teve esse operário para aventurar-se nas infinitas instâncias burocráticas do Estado em defesa de seus direitos. Enfim, a documentação que o aparato repressivo produzia acerca de um indivíduo poderia interferir em sua vida civil cotidiana por muito tempo, sobrepondo-se muitas vezes às informações que esse mesmo indivíduo porventura apresentasse sobre si próprio.

A desqualificação desse saber sobre a própria pessoa, e sua substituição por um saber de caráter científico e "oficial", davam-se no interior do próprio laudo médico-legal. A fala do examinando não estava completamente ausente do exame. Os registros dos interrogatórios de cunho psicológico, na maioria das vezes, transcreviam as perguntas e respostas de forma extensiva. Em alguns casos, esses constituíam a principal parte do exame, consumindo muitos dias para o procedimento e muitas páginas de relatório. No entanto, como vimos anteriormente, o laudo escrito possuía uma estratificação para facilitar a leitura e o manuseio pelos diversos agentes sociais envolvidos com sua utilização. Às autoridades do universo jurídico e do aparelho administrativo-repressivo do Estado, onde estavam os juízes de direito e os diretores de presídios, por exemplo, interessavam o diagnóstico final, donde suas decisões iriam buscar as justificativas científicas. Mas antes dessas linhas finais e decisivas, o laudo procedia a depurações periódicas em seu conteúdo, por meio de itens denominados "súmulas". Após cada etapa do exame, incluindo as medições antropométricas, os testes psicológicos e os longos interrogatórios, apareciam as súmulas para *traduzir, resumir, e concluir* todo o conjunto de informações recém-produzidas. Essa forma de organizar o conteúdo do laudo facilitava não apenas a leitura daqueles interessados em algo mais do que a conclusão final, como o trabalho de produção de diagnósticos da própria equipe examinadora. Na verdade, o diagnóstico final correspondia à informação depurada ao máximo, após várias etapas intermediárias. Aos poucos e ao longo do laudo, a linguagem padronizada da ciência ia substituindo um amontoado de informações desorganizadas e desarticuladas. Assim, a fala do "paciente" sofria também tal intervenção, sendo sistematicamente transformada, diluída e *interpretada* pelo examinador.

O laudo de Pernambuco, com o qual já deparamos páginas atrás, traz exemplos interessantes disso. O réu era acusado de um assassinato que na verdade não cometera, pois houve comprovação médica de "morte natural". A vítima era um guarda-noturno cujo corpo foi encontrado em obras "anexas ao novo Viaduto do Chá". De início parafraseado, depois transcrito literalmente, Pernambuco explicou como foi preso e como acabou confessando o suposto crime:

No dia em que foi preso, às 11 horas da noite, no Jardim América, fazia hora para dormir junto de uma construção pequena, 'por lá mesmo, achava que lá a Polícia não me pegava – lá também não havia vigia. Passaram dois sujeitos e me deram um negócio para segurar – que depois vinham ver – e andaram ligeiro – não correram. Depois chegou o guarda: – Seu rapaz, o que é que está fazendo aí? – Estou fazendo hora para dormir. – O que é isso aí? – Foi uns rapazes que me deram para segurar. Daí abriu e tinha uma porção de troços. Ele puxou o apito e deu o apito – veio o carro: É esse aqui. Aí tocaram o pau em mim; deram um bocado de cacetadas – aí eu esculhambei um – me deram um soco nas ventas – quebrou os dentes. Eu disse que não era ladrão, aquele negócio não fui eu que tinha roubado não, eu tenho uma falta a dizer mas não é de roubar. Aí descrevi o crime. Mas eles não acreditaram – porque eu estava tonto. Eu tenho convicção que não ligaram, porque eu estava tonto. Onde tomaram sentido mesmo, foi aqui.'

'Por que 'resolveu' contar?'

'Porque eu já estava com vontade de falar e para eles não baterem em mim – é um bando – se fossem dois – num canto – eu agüentava – não foi pelo cacete não, que eles podiam me matar e eu não contava, mas foi pela minha própria vontade, que eu queria contar.[152]

Na súmula correspondente a este e a outros interrogatórios, a passagem relatada por Pernambuco era transformada em algo mais que sutilmente diferente:

(...) em 13 do mesmo mês, foi preso, carregando um embrulho, o indivíduo I. da S., nas proximidades de determinada residência, sita no bairro Jardim América – que fora assaltada – por guardas em perseguição do autor do assalto. I., *durante a luta que se seguiu à prisão*, afirmou estar inocente desse assalto, porém confessando-se culpado de crime de morte, sendo a sua vítima C. A., o guarda noturno acima mencionado.[153]

A surra que levou Pernambuco transformara-se em "luta que se seguiu à prisão". Desapareceram nesta tradução tanto a violência policial como a associação que o examinando estabelecera entre esta e sua confissão. Independentemente da

---

152. Whitaker, 1943, p. 296 e 300-301.
153. Whitaker, 1943, p. 307, grifos meus.

falsa auto-acusação haver sido motivada pela psicopatia que o laudo acabaria por diagnosticar, ou pela truculência da Polícia, ou mesmo por ambas as coisas, o fato é que a versão de Pernambuco foi diluída a ponto de se tornar irreconhecível, e com ela algumas ilações que se poderiam estabelecer com relação à instituição em que trabalhavam os examinadores.

Nesse mesmo laudo, há outro exemplo desse talvez inconsciente zelo institucional dos médicos da Polícia. Por várias vezes, Pernambuco reclamou das condições da prisão e de sua saúde: "Estou sofrendo muito. Comida ruim, friagem, dor de dentes.", "Estou aborrecido de estar isolado no quartinho. Estou enterrado vivo.", "Onde eu estou é um isolamento. Põe um deputado ali e ele morre." Na súmula, a "tradução" correspondente: "Em um exame seguinte *mostra-se bastante aborrecido com a sua situação de preso* (...)."[154]

A fala do examinando terminava anulada por tais mecanismos. O discurso médico alcançava sobrepujar-lhe fazendo uso de sua legitimidade e da desqualificação do saber sobre si mesmo que possuía o examinando. Produzido o laudo desta maneira, era ele posto em circulação no aparato repressivo. Ali, outros obstáculos poderiam surgir para sua plena e efetiva aplicação.

O constrangimento policial enquanto método de produzir a verdade

O zelo institucional dos médicos da polícia não implicava em subordinação de seu saber e de seus métodos aos dos policiais. Ao opor tratamento a castigo, e ciência a violência, a criminologia positivista freqüentemente se colocava enquanto uma alternativa aos métodos mais truculentos e desumanos de combate ao crime. Não somente considerava suas técnicas mais condizentes com as conquistas civilizacionais iluministas, como imputava-lhes uma eficiência muito maior na defesa da sociedade. Por isso, as diversas formas de constrangimento policial nas investigações eram consideradas sobrevivências incômodas de uma concepção de polícia que os conhecimentos científicos e os sentimentos humanitários já tinham condições de superar. Os laudos médicos eram parte desta estratégia. Entre suas conclusões e aquelas produzidas por interrogatórios policiais em condições suspeitas, as autoridades competentes não deveriam hesitar. O estatuto de verdade deveria ser conferido ao laudo médico-legal. Numa perspectiva mais estratégica, a idéia era a de que a generalização deste acabaria por tornar cada vez mais sem sentido a violência policial como forma de produzir a verdade.

---

154. Whitaker, 1943, p. 323-325 e 338, grifos meus.

Houve oportunidades em que o exame se confrontou diretamente com as conclusões (e os métodos) da investigação policial. Um caso de 1936 nos fornece um bom exemplo. M. Z., cozinheiro de 22 anos, de nacionalidade húngara[155], fora preso sob a acusação de haver assassinado sua amásia por estrangulamento, após ela ter admitido não ser virgem quando o conheceu. Submetido a vários interrogatórios, M. Z. acabou por confessar a autoria do crime.[156] No entanto, o Delegado de Segurança Pessoal parecia haver desconfiado da autenticidade da confissão. O laudo, em sua introdução, explicava o motivo do apelo ao Laboratório de Antropologia Criminal para o esclarecimento do caso:

> Tendo aquele [o réu], outrossim, posteriormente, repetidas vezes declarado não ser culpado de nada e ter confessado um crime que não cometeu sob a influência do temor que sentiu ao ser confrontado com os investigadores, resolveu a autoridade mandar proceder a um exame antropopsiquiátrico do caso para elucidar as dúvidas que se apresentavam (...).[157]

O laudo, após relatar as conclusões da investigação policial a partir da "confissão" de M. Z., significativamente informava que esta havia sido obtida em "condições próprias dos interrogatórios policiais". Ao final, a conclusão dos examinadores representava uma tentativa de afirmação do exame frente aos métodos "leigos" dos policiais:

> Diante destes resultados, podemos afirmar que a confissão do paciente tem escasso valor, porquanto, colocado em determinadas condições (ao sofrer um interrogatório policial, por exemplo), pode vir a perder o controle sobre si mesmo e reagir de maneira inadequada, inclusive confessando aquilo que se lhe sugira.[158]

Mas os médicos peritos tinham condições de demonstrar a superioridade do laudo não apenas de forma negativa, contestando a validade da confissão. O tes-

---

155. É o mesmo em que Godoy aplicara o exame antropométrico de "forma precária", pela ausência da tabela do "homem-médio" correspondente, citado mais acima.
156. Whitaker, 1936a, p. 187.
157. Whitaker, 1936a, p. 187.
158. Whitaker, 1936a, p. 189 e 199.

te de Jung-Bleuler teria atestado a sinceridade do examinando: "Deste modo, podemos considerar como sinceras as suas declarações, quando, sem constrangimento, afirma não ter cometido o crime."[159] Portanto, não apenas a confissão resultara destituída de valor, como a ciência fora capaz de demonstrar a inocência do acusado.

Enfim, procurava-se demonstrar desta maneira que tudo que poderia ser obtido nas obscuras salas de interrogatório da polícia, os médicos poderiam obter na claridade de seus laboratórios, com a vantagem de uma maior confiabilidade e do respaldo de um discurso humanitário.

Mas ainda que a verdade produzida na Polícia viesse a ser resultado do trabalho de médicos e não de policiais, concretizada no laudo pericial, nos tribunais outras formas de conhecimento extracientífico poderiam interferir. Era o caso, por exemplo, dos júris populares.

O júri popular, ou "a ignorância coroada"

A exemplo de Alcântara Machado, o Desembargador Virgílio de Sá Pereira foi um dos autores de projetos de Código Penal que acabaram subsidiando os trabalhos da comissão responsável pelo texto final que foi promulgado em 1940. Em 1929, Sá Pereira dava uma Conferência no Instituto dos Advogados acerca do seu projeto. Para introduzir o tema do júri popular, o orador fez o relato de um "episódio cômico, mas instrutivo", que teve lugar em Araruama, distrito então pertencente à Comarca de Cabo Frio. Macedo Soares para ali se deslocara para instalar uma sessão do júri. Os jurados, "na sua maioria fazendeiros e agricultores, vieram ao júri como a uma festa, vestindo as suas melhores roupas, montando os seus melhores cavalos."[160] O que se passou ali, da perspectiva do ilustre desembargador, dava bem um exemplo, ainda que caricato, do lugar do tribunal do júri no sistema penal brasileiro:

> Havia um só processo a ser julgado, o de um réu de ferimentos graves que invocava a legítima defesa. Às três horas da tarde o conselho de sentença se recolheu à sala secreta, e o juiz já prelibava o prazer de, ainda naquele dia, voltar para Cabo Frio. Passa uma hora, mais uma hora passa, passa outra ainda. Inquieta-se o juiz. Pensa em mandar o oficial de justiça ou o escrivão perguntar aos jurados a razão da demora, mas recua

---

159. Whitaker, 1936a, p. 199.

160. Pereira, Virgílio de Sá. Da imputabilidade no projecto de Codigo Panal brasileiro. *Revista de Criminologia e Medicina Legal*, São Paulo, v. 6, n. 7-12, 46-66, jul.-dez. 1929, p. 61.

diante do princípio legal da incomunicabilidade. Não tem outra coisa a fazer que esperar. Espera. O dia vai se escurecendo, já é noite fechada. O juiz afinal impacienta-se, levanta-se, vai até a porta da sala secreta e escuta. Silêncio. Havia à mão uma escada, e ele a encosta à parede. Sobe-lhe os primeiros degraus e espreita pela bandeira envidraçada. A sala, vazia. Os nossos bravos jurados, achando dificuldade em responder aos quesitos sobre a legítima defesa, depois de muito refletir, haviam pulado a janela, montado os cavalos e galopado até seus sítios e fazendas. Naquele tempo, senhores, eles tomavam os cavalos e fugiam para não responder aos quesitos sobre a legítima defesa; hoje, para não responder ao quesito sobre a livre determinação da vontade, eles tomariam o automóvel.[161]

Nesta passagem, Sá Pereira sintetizava as críticas à instituição do júri popular que à época mobilizavam considerável parcela da intelectualidade brasileira. Por um lado, denunciava-se a deturpação de sua composição. Já desde o século anterior, havia a percepção geral de que o júri excluía as classes populares, tornando sem sentido o seu epíteto.[162] Em Araruama, viraram jurados os fazendeiros da região. Esta crítica, mais do que reclamar justiça social, chamava a atenção para uma contradição fundamental do chamado "júri popular", comprometendo desde logo seu sentido filosófico. Em segundo lugar, o júri era considerado indigno de confiança, pois não possuiria nenhum comprometimento com a tarefa para a qual era convocado e com as instituições jurídicas envolvidas. Não apenas os "jurados-cavaleiros" abandonaram o fórum de forma vergonhosa, sem cumprir com seu dever, mas como haviam ali chegado como quem "chega a uma festa, vestindo as suas melhores roupas, montando os seus melhores cavalos".

E, por fim, o júri não poderia ser digno de crédito pela simples razão de que não possuía a capacitação técnica necessária para tomar as decisões que se lhe solicitava. Sá Pereira, na qualidade de redator de um projeto de Código Penal, estava sempre às voltas com temas delicados da criminologia, que alimentavam acirrados debates entre clássicos e positivistas. Para tratar da questão de fundo deste debate, a que opunha livre-arbítrio e determinismo na etiologia do crime, o jurista teve de se movimentar em terreno minado e extremamente intrincado, procurando articular sofisticadas teorias de "sábios consagrados" de lado a lado. Como os fazendeiros de Araruama poderiam ter condições de decidir sobre isso? E de decidir sobre o resto sem ter antes resolvido esse problema? Ademais, um julgamento, na perspectiva desses críticos, era

---

161. Pereira, V., 1929, p. 61.
162. Fausto, 1984, p. 229.

todo estruturado em torno a questões técnicas da medicina e do direito, campos aos quais invariavelmente os jurados eram absolutamente estranhos.

Por isso, o tribunal do júri se apresentava como um personagem indesejado no ambiente jurídico, um "elemento opaco" na sua lógica de funcionamento.[163] A oposição mais feroz a sua existência sempre viera da Escola Positiva, a começar pelo seu próprio fundador. Lombroso considerava a instituição uma manifestação atávica de estágios anteriores do desenvolvimento da humanidade. Seu funcionamento mais imperfeito, por isso mesmo, dava-se nos países mais atrasados, de "clima quente":

> Um resto dessa justiça primitiva que o povo exerce num momento de fúria e que reconhecemos entre os animais reencontra-se no júri hoje ainda. Sobretudo nos países quentes, o mesmo júri que pune um ladrão absolve um homicida. Não lembra isso os primeiros crepúsculos da justiça?[164]

Sua origem estaria na época em que os desejos dos poderosos ou a irracionalidade das multidões faziam as vezes da justiça, condenando ou perdoando segundo seus caprichos:

> Lembrem-se de que a justiça, freqüentemente, foi a emanação de um capricho do déspota ou do sacerdote, ou da fúria popular, e vocês compreenderão tal prática entre povos ainda não libertos do direito de graça – direito absurdo – resultante do atavismo, vocês compreenderão o porquê do júri – esta instituição tão contrária ao objetivo perseguido, tão incerta, tão fácil de corromper, mas cuja origem é a mesma do direito de graça.[165]

Os seguidores de Lombroso persistiram na crítica ao júri. O jurista italiano Rafaello Garofalo foi um dos seus maiores inimigos, considerando-o uma verdadeira "vergonha dos tempos modernos", lançando a justiça nas "garras de indivíduos ignaros dominados pelas paixões e pelos preconceitos populares."[166] Para Garofalo,

---

163. Foucault, 2001c, p. 49.
164. Lombroso, 2001, p. 122.
165. Lombroso, 2001, p. 123.
166. Darmon, 1991, p. 144-145.

além de carecer de formação técnica, os jurados freqüentemente se vendiam ou se amedrontavam.[167] A escola francesa, por sua vez, não destoava da italiana nesse aspecto. O professor Alexandre Lacassagne, da Escola de Medicina Legal de Lyon, caracterizada por sua perspectiva sociológica da criminologia, e portanto anteposta aos positivistas italianos, compartilhava com estes a crítica ao júri popular. Para ele, os homens da ciência chegaram tarde às salas dos tribunais, mas dali não deveriam mais sair. O químico e o médico-legista seriam antídotos providenciais à ignorância dos jurados. O perito surgia como o "verdadeiro representante da ciência, tão imparcial quanto infalível."[168] Gabriel Tarde, juiz de instrução e filósofo do direito penal de enorme influência na criminologia francesa, defendia a substituição do júri por uma "magistratura cientificamente treinada".[169] Ruth Harris demonstra como a oposição ao júri popular na França conseguiu esvaziá-lo ao longo do século XIX.[170] Essa confluência entre franceses e italianos viabilizou a aprovação de uma moção pela supressão do tribunal do júri no II Congresso Internacional de Antropologia Criminal, reunido em Paris no ano de 1889.[171]

No Brasil, o advento da Escola Positiva de direito penal trouxe consigo a crítica ao tribunal do júri. Nas discussões que cercaram a Constituição de 1891, os positivistas já defendiam a sua extinção.[172] Viveiros de Castro, como vimos um dos primeiros difusores da nova escola no país, sustentava que a modernização sob a égide da ciência que postulavam os positivistas implicava na supressão do tribunal do júri. Para ele, não se poderia mais permitir que

> indivíduos sem os conhecimentos técnicos acerca das leis do processo, da teoria das provas, dos fatores que afetam a responsabilidade criminal, julguem questões que deveriam ser da alçada apenas dos peritos.[173]

Em São Paulo, Cândido Mota era da mesma opinião, considerando mesmo que a existência do júri estaria entre as principais causas da criminalidade. Marcos Alvarez, em seu estudo sobre a influência da Escola Positiva no meio jurídico brasi-

---

167. Peset; Peset, 1975, p. 73.
168. Citado por Darmon, 1991, p. 157.
169. Harris, 1993, p. 150.
170. Em 1891, 2932 casos foram enviados para o tribunal do júri, enquanto 200 mil sentenças foram proferidas nos tribunais correcionais (Harris, 1993, p. 151).
171. Foucault, 2001c, p. 49.
172. Cancelli, 2001, p. 237.
173. Alvarez, 1996, p. 92.

leiro, considera que a campanha que os positivistas moveram contra o júri ajuda a explicar a tendência de redução de suas atribuições ao longo da Primeira República.[174] É por esse percurso que reencontramos Sá Pereira em 1929 discursando a seus colegas juristas e advogados sobre os jurados "fujões" de Araruama.

Ultrapassando a barreira de 1930, continuamos a encontrar no meio jurídico a mesma indisposição com o tribunal do júri. Em 30 de novembro de 1932, Cesar Salgado fazia uma Conferência na Sociedade de Medicina Legal e Criminologia de São Paulo. Salgado era promotor público e presidente da Seção de Criminologia da entidade. Na conclusão de sua apresentação, intitulada "Novos rumos da criminologia", o conferencista procurou sintetizar o que vislumbrava no horizonte do combate ao crime:

> A psicoanálise na ciência jurídico-penal. A endocrinologia na apreciação dos fatores criminógenos. A falência do júri como organismo distribuidor de justiça e repressor do delito, e a necessidade de sua supressão ou reforma completa.[175]

Para Salgado, em breve o tribunal ficaria pequeno demais para jurados e cientistas. Com o inevitável fortalecimento destes, aqueles tornar-se-iam cada vez mais inúteis e dispensáveis.

Entre os médicos, em certo sentido com mais pertinácia, também eram grandes o entusiasmo pela impregnação da ciência no direito penal e o conseqüente desconforto com o tribunal do júri. Também entre eles, a defesa de sua extinção ou de seu "encolhimento" era a constante. Por exemplo, José de Moraes Mello, o psiquiatra da Penitenciária de São Paulo, defendia a "tecnização" da Justiça em toda a sua extensão:

> (...) a execução das medidas de defesa social exigiria, além de aparelhamento adequado, pessoal idôneo, e desde o juiz – *o júri popular deveria desaparecer* – até o último empregado encarregado ou auxiliar da execu-

---

174. Alvarez, 1996, p. 115 e 135.

175. Salgado, Cesar. Novos rumos da criminologia. *Archivos da Sociedade de Medicina Legal e Criminologia de São Paulo*, São Paulo, v. 3, n. 3, 53-70, dez. 1932, p. 69.

ção das sentenças, todos precisariam ter preparo técnico de acordo com as suas funções e personalidade moral inatacável.[176]

Mas as perspectivas acerca do tribunal do júri não eram alimentadas apenas pela crença nas possibilidades da ciência em assuntos de criminologia. O tema sempre teve um viés político bastante forte. Sua defesa invariavelmente estava associada a posições mais liberais e iluministas. De certa forma, a valorização das prerrogativas do júri popular, ou inversamente seu esvaziamento, podem informar alguma coisa do nível de liberalismo político de determinada sociedade em determinada conjuntura. No Brasil, a instituição surgiu em junho de 1822, poucos meses antes da independência política. Fora criado apenas para julgar os crimes de imprensa. Sua regulamentação mais extensiva se deu com o Código de Processo Criminal, de 1832. Desde então, suas atribuições foram ampliadas ou restringidas conforme prevaleciam na política brasileira os conservadores ou os liberais. A primeira Constituição republicana, de 1891, manteve a instituição, mas descentralizou sua regulamentação, atribuindo-a aos Estados.[177]

No entanto, como já assinalou Marcos Alvarez, por todo o período da Primeira República prevaleceu a tendência de esvaziamento das atribuições do tribunal do júri. Em São Paulo, lei de 1925 transferiu quase todos os crimes para a alçada do Juiz de direito, permanecendo sob a apreciação dos jurados apenas os homicídios dolosos e as tentativas de homicídio.[178] A ditadura de Vargas tampouco reverteu tais tendências. Pelo contrário, lei restritiva de 1938 motivara uma crítica irônica que lhe sugeria a seguinte emenda: "Extingue o Tribunal do Júri, conserva-lhe o nome e dá outras providências".[179] No esvaziamento do tribunal do júri, confluíam o autoritarismo e o anti-liberalismo políticos com as perspectivas de modernização do país sob a égide da ciência. Em 1945, com a redemocratização da política, voltavam os jurados a serem valorizados. A Constituição de 1946, a mais democrática que o país conhecera até então, transferiu o tema do júri popular para o capítulo referente às garantias individuais.[180] Sintomaticamente, os pareceres do Conselho Penitenciário passaram a exaltar o tribunal do júri e a democracia, enfatizando a

---

176. Mello, 1928, p. 32, grifos meus.
177. Fausto, 1984, p. 226-227.
178. Fausto, 1984, p. 227.
179. Lehmann, Otto C. (Rel.). Conselho – Parecer n° 694. *Revista Penal e Penitenciária*, São Paulo, v. 4-8, n.1-2, 182-189, 1947, p. 183.
180. Lehmann, 1947, p. 184.

relação entre eles.[181] Mais do que isso, alguns pareceres defendiam a retroatividade da nova Constituição, com o objetivo de anular sentenças do "Egrégio Tribunal de Apelação", naqueles casos em que tal instância havia por sua vez contrariado decisões do tribunal do júri. As justificativas que eram dadas para tal procedimento refletiam mais o momento político do que tecnicidades jurídicas:

> (...) não vejo por que J. G. M. deva ser prejudicado por uma lei que aniquilou a soberania do Júri como reflexo do conhecido medo dos ditadores (...) Se o pavor dos usurpadores afoga instituições liberais e democráticas não nos parece justo manter o indesejado e indesejável regime aqui e ali mediante passiva obediência a execráveis leis oriundas de poder ilegítimo.[182]

Nada mais distante das elegias à ciência, aos peritos e a seus pareceres em contraposição à "ignorância" e à falta de confiabilidade dos jurados. Sem dúvida, o discurso mudara, assim como mudara o momento histórico. Mas, ao longo do período de que nos ocupamos, como vimos, era a ciência que avançava e o jurado que recuava. E juntamente com este, a testemunha, igualmente acuada pelo *discurso competente*.

A testemunha e o testemunho colocados no seu devido lugar

O Papa (...) jogando pião, em companhia de vários moleques, no Largo da Sé...

Parece que o relato jocoso era uma estratégia comum entre os positivistas para desqualificar as formas de produzir verdade que a ciência combatia dentro dos tribunais. Dessa vez, é Alcântara Machado que fazia rir a seus alunos de Medicina Legal do Curso de Direito:

> Para demonstrar o desprestígio do testemunho entre nós como em toda a parte, mais significativa do que um milheiro de citações de autores

---

181. Ver, por exemplo, os pareceres 694 (Lehmann, 1947); e 1050 (Ferreira, Siqueira (Rel.). Conselho – Parecer n° 1050. *Revista Penal e Penitenciária*, São Paulo, v. 4-8, n.1-2, 218-221, 1947).

182. Ferreira, 1947, p. 221.

antigos e modernos é aquela *boutade* do velho magistrado paulista que certa vez se comprometia a justificar em juízo, com testemunhas contestes, que na véspera o Papa estivera jogando pião, em companhia de vários moleques, no largo da Sé...[183]

O discurso desvalorizador da testemunha e do testemunho se sustentava essencialmente na mesma oposição entre *ciência* e *ignorância* que pautava as críticas ao tribunal do júri. Mais uma vez tratava-se de avançar na aceitação dos critérios científicos para as decisões judiciais, para isso retirando do caminho os "impressionismos", as "emotividades" e a ignorância do "mundo leigo".

Mas aqui a estratégia possuía uma diferença fundamental. O adversário nesse caso não deveria ser expulso do tribunal, mas colocado *sob controle*. A testemunha deveria continuar sendo uma personagem do enredo judicial – expulsá-la da cena seria impensável – mas o que não era mais tolerável era manter-lhe o papel protagonista que muitas vezes assumia. Condenava-se o exagero da valorização dos depoimentos, freqüentemente absolutizados e não cotejados com outras provas. Significativamente, apontava-se como o principal responsável por tal superestimação justamente o tribunal do júri, que considerava o testemunho "a prova por excelência".[184] Da perspectiva da medicina legal, essa articulação testemunha-júri popular aparecia como uma espécie de aliança tácita entre leigos contra o reino da ciência dentro do tribunal.

Esse era um problema que ocupou várias sessões da Sociedade de Medicina Legal e Criminologia. Estava mesmo entre seus temas prioritários, como registrava recorrentemente seus relatórios de atividades, e isso desde os tempos de seu fundador.[185] Ao sempre referenciado Oscar Freire, não lhe parecia que "o melhor meio para se conhecer 'a alma do criminoso', naquilo que esse conhecimento pode interessar ao direito penal, seja o testemunho. Mais do que ele, vale o exame psíquico feito conscienciosamente por observador habilitado, dispondo de recursos convenientes".[186]

---

183. Machado, Alcântara. A psychologia do testemunho – de um curso de medicina pública para estudantes de direito. *Revista de Criminologia e Medicina Legal*, São Paulo, v. 4, n.1-2, 47-78, jan.-fev. 1929, p. 48.

184. Rodrigues, Armando. Psychologia da prova testemunhal. *Archivos da Sociedade de Medicina Legal e Criminologia de S. Paulo*, São Paulo, v. 1, n. 3-4, 107-118, dez. 1922, p. 108.

185. Fávero, 1936, p. 150; e Sessão Solene de 15 de novembro..., 1938, p. 154.

186. Rodrigues, 1922, p. 117.

As ponderações contra o "fetiche" do depoimento[187] partiam quase sempre da chamada "psicologia do testemunho", ciência que surgira no início do século XX e que ganhava espaço e reconhecimento. O seu marco inicial estaria nos estudos de Alfred Binet[188] acerca da sugestionabilidade.[189] Voltando à aula de Alcântara Machado, encontraremos o professor explicando a seus alunos que o psicólogo francês, em 1900, realizara pesquisas para comprovar o quanto seria

> (...) fácil, mediante um interrogatório conduzido à maneira dos interrogatórios e inquirições policiais, falsear as reminiscências de qualquer pessoa com relação aos acontecimentos que presenciou e levá-la a afirmar coisa sinceramente diversa da realidade.[190]

Assim, na questão dos testemunhos, a proposta dos positivistas era submetê-los a avaliação, "medição" e qualificação, fazendo uso de metodologias científicas, principalmente do "exame da testemunha". Dessa forma, o exame pericial deveria se impor sobre o depoimento, assumindo sua prevalência na hierarquia das provas judiciais, por meio justamente da ampliação de sua aplicação: não apenas os delinquentes (e eventualmente suas vítimas) deveriam ser examinados, mas também as próprias testemunhas. Elas deveriam, assim, ser transformadas em objetos da ciência e valoradas por ela.

Pierre Darmon descreve o caso da "Ogra da Goutte-d'Or" como a primeira grande vitória da medicina legal sobre o testemunho e o senso comum. Na primeira década do século XX, em Paris, uma mulher bretã de cerca de 30 anos fora acusada da morte por estrangulamento de várias crianças, dentre elas alguns bebês. A acusada vivia no miserável, insalubre e populoso bairro da Goutte-d'Or, daí seu epíteto. O seu julgamento mobilizou intensamente a opinião pública e a imprensa da cidade. Léon Thoinot, discípulo de Tardieu e considerado o sucessor do grande Brouardel na cadeira de medicina legal da Faculdade de Paris, procedeu à autópsia dos pequenos cadáveres e emitiu laudo descartando o estrangulamento, portanto possibilitando a absolvição da acusada. O laudo de Thoinot desautorizou assim vários depoimentos que a incriminavam, e sua clareza meridiana fez curvar-se in-

---

187. Rodrigues, 1922, p. 107.

188. Sobre Binet e sua escala para a medição do QI, ver Gould, 1999, p. 149-162.

189. Katzenstein, Betti. A Psychologia da testemunha. *Archivos da Sociedade de Medicina Legal e Criminologia de S. Paulo*, São Paulo, v. 11, n. 1-3, 199-219, 1940, p. 202.

190. Machado, A., 1929, p. 49.

clusive o promotor público, que abriu mão da acusação. A medicina legal exultou com a vitória e multiplicou-a em Conferências e artigos sobre o caso. Um deles, sintomaticamente intitulado "História de um duelo entre duas mentalidades", publicado nos *"Archives d'Anthropologie Criminelle"* em 1906, interpretava o evento como um triunfo dos médicos, "voltados para o futuro", sobre os magistrados, "presos ao passado". No entanto, o caso teve uma reviravolta. A acusada, depois de libertada, voltou a assassinar e acabou pega em flagrante. Além disso, os avanços posteriores dos conhecimentos científicos da medicina legal comprovaram o erro de Thoinot. O balanço final de toda a história fez que o laudo pericial fosse relativizado e o depoimento de testemunhas continuasse a ter espaço nos julgamentos.[191]

No Brasil, os primeiros casos de tentativa pericial de desqualificar testemunhos apresentados em juízo datam de fins do século XIX, segundo Ferreira Antunes. Iniciava-se então a perícia da sanidade mental das testemunhas, o que para o autor caracterizava a abertura de um novo campo para a medicina legal. Já em 1907, Juliano Moreira propunha estender o exame para testemunhas idosas.[192]

A tendência, desde então, seria a de se buscar apagar a fronteira entre a testemunha "anormal", digna de desconfiança pela sua condição, da testemunha "normal", em princípio e aos olhos dos leigos absolutamente confiável. O ataque aos testemunhos e às testemunhas procurava justamente fazer ver que *todos* os depoimentos seriam passíveis de alguma forma de deturpação, daí que a ciência deveria intervir para qualificá-los. O papel central para isso estava reservado ao psicólogo. Betti Katzenstein, psicóloga do Laboratório de Psicologia da Universidade de São Paulo, explicava isso em palestra na Sociedade de Medicina Legal e Criminologia. Fica difícil imaginar a viabilidade da generalização de sua proposta:

> Tratando-se do estudo da veracidade de uma certa testemunha, seja com referência a um indivíduo ou a um grupo de indivíduos, o psicólogo precisa pôr em ação todos os métodos que podem ajudá-lo a estudar tal caso; precisa fazer observações em ambientes onde se passa a vida do indivíduo; aplicar provas e testes, se for necessário; conversar com a pessoa, ler autos, e se se tratar de criança, falar com os pais e professores, auxiliares valiosos para o trabalho do psicólogo, - e assim por diante.[193]

---

191. Darmon, 1991, p. 251-267.
192. Antunes, 1999, p. 94-95.
193. Katzenstein, 1940, p. 204. Katzenstein havia trabalhado no Instituto de Psicologia de Hamburgo, sob a direção de William Stern, um dos principais estudiosos da psicologia do teste-

As causas apontadas para o desvio do depoimento com relação à verdade objetiva eram de diversas ordens, desde condições psicológicas da própria testemunha, seu envolvimento emocional com o tema do crime, a influência do ambiente, a impregnação da subjetividade do redator do depoimento no seu relato, ou do próprio interrogador ("há formas de inquirir que são verdadeiras sugestões da resposta desejada"). As declarações das mulheres, por exemplo, eram consideradas mais dignas de desconfiança, dada a maior sugestionabilidade que caracterizaria o sexo feminino.[194] Katzenstein ainda ressaltava a importância da idade, da inteligência e do tipo biológico do depoente como fatores a serem considerados na apreciação da veracidade de suas palavras.[195]

Enfim, a ciência teria de "medir", por meio de exames periciais, a credibilidade do testemunho e, ao questioná-lo e relativizá-lo, acabava por fortalecer a autoridade do próprio exame pericial do delinqüente.

Fechava-se o "cerco ao circo". Na perspectiva da Escola Positiva, a precariedade dos processos judiciais iniciava-se nos interrogatórios policiais, produtores de falsas provas, por incúria ou truculência, e consagrava-se nas salas dos tribunais, onde os jurados aceitavam-nas sem ressalvas, do mesmo modo como o faziam com os depoimentos das testemunhas. Só os homens da ciência, os médicos à frente, poderiam romper esse circuito vicioso, interpondo-se em vários pontos críticos do processo, controlando e disciplinando os procedimentos e qualificando os resultados.

A confiança na capacidade do exame em desvendar os segredos do comportamento humano, no entanto, levava os adeptos da Escola Positiva a propor uma aplicação muito mais difundida para ele.

4. A busca da generalização do exame médico-legal

A utilização sistemática e a busca do fortalecimento da autoridade do exame médico-legal no ambiente jurídico era uma estratégia prioritária dos adeptos da Escola Positiva, como pretenderam demonstrar as reflexões desenvolvidas até aqui. Mas além de procurar sobrepor o exame às outras formas de produção de verdade que habitavam o mesmo ambiente, deslocando-as e desqualificando-as, os positivistas também buscavam a generalização do *direito de examinar*. A reivindicação de aplicar o exame aos mais diversos grupos sociais, nos mais diversos

---

munho (Katzenstein, 1940, p. 200). Sua presença no Brasil em 1940 muito provavelmente se devia à sua condição de refugiada do nazismo.

194. Rodrigues, 1922, p. 109.

195. Katzenstein, 1940, p. 211.

campos da atividade humana, partia do mesmo otimismo metodológico em seus resultados que até agora vimos sendo propagandeado nos tribunais. A crença depositada na sua eficácia e em seu arcabouço científico é que justificava a busca de sua generalização social. Tal fenômeno era parte, sem dúvida, da confiança entusiasmada que o período do entre-guerras depositava nas possibilidades e na infalibilidade da ciência.

Mas o primeiro grupo social a ser plenamente "capturado" ainda era – tarefa incomodamente inconclusa – o dos próprios delinqüentes. Uma questão recorrente nas páginas das revistas estudadas era a insatisfação com o fato de que, para a determinação da periculosidade do criminoso, os médicos só intervinham quando acionados. Os préstimos profissionais dos médicos peritos poderiam ser requisitados por qualquer autoridade judiciária ou policial[196], mas o problema estava em que tal só se dava apenas quando tais autoridades tinham algum interesse em fazê-lo. O que os médicos reivindicavam era que o exame médico-legal fosse realizado em *todos* os delinqüentes, por força de lei.

Esse tipo de preocupação ocupava as sessões da Sociedade de Medicina Legal e Criminologia desde seus dias iniciais. Em ata de uma de suas primeiras sessões, podia-se ler:

> Em todo o fato jurídico devia ser obrigatória a apuração da responsabilidade jurídica e da responsabilidade médica, devendo esta ser expressamente consagrada na lei, e obrigatório o exame mental do criminoso em todos os processos.[197]

Leonídio Ribeiro, em Conferência sobre o caso Febrônio, considerava que, caso assim fosse, grande parte dos crimes e das atrocidades a ele atribuídas poderiam ser evitadas: "A conclusão mais dolorosa de todo este caso, para nós médicos legistas brasileiros, é verificar que ainda não se pratica no Brasil, nem mesmo na capital da República, a perícia sistemática dos delinqüentes."[198] Para Ribeiro,

---

196. Machado, Alcântara. Perícia Médica (de um curso de medicina legal para estudantes de direito). *Revista de Criminologia e Medicina Legal*, São Paulo, n. 2, 279-295, ago. 1928, p. 282.

197. Costa, Oscar D. A pericia psychiatrica e a responsabilidade criminal. *Archivos da Sociedade de Medicina Legal e Criminologia*, São Paulo, v. 1, n. 2, 79-81, mai. 1922, p. 80.

198. Ribeiro, Leonídio. O caso Febrônio. Algumas considerações sobre o sadismo. *Archivos da Sociedade de Medicina Legal e Criminologia*, São Paulo, v. 2, n. 1, 3-22, nov. 1927, p. 20.

> (...) as autoridades e os juízes que se ocuparam então do caso não estavam infelizmente ao par das tendências modernas dos especialistas de todo o mundo, que consideram as reações anti-sociais repetidas no mesmo indivíduo como uma conseqüência, quase sempre, de taras ou doenças mentais, facilmente demonstráveis pelos peritos.[199]

Sempre que possível, essa demanda receberia o respaldo de eventos científicos. Em novembro de 1928, na I Conferência Latino-americana de Neurologia, Psychiatria e Medicina Legal, realizada em Buenos Aires, é aprovada a moção que

> (...) preconiza, de acordo com a orientação moderna do Direito Penal em matéria de imputabilidade, a inclusão do exame médico-legal obrigatório dos delinqüentes, antes da condenação, no objetivo de estabelecer sua temibilidade.[200]

Apregoava-se como modelo o sistema judiciário da Bélgica, talvez o país que mais conseqüentemente adotou o programa da Escola Positiva, ali dirigida pelo Professor Vervaeck. Neste país, o exame obrigatório de todos os delinqüentes teria sido garantido na legislação e efetivado na prática com sucesso. Com isso, os "anormais" eram encaminhados ao tratamento adequado, cabendo aos tribunais julgar apenas os indivíduos "normais". Edmur Whitaker exultava com o resultado desse sistema: na reabertura do serviço judiciário de 1938 na cidade de Anvers, fato inusitado, não havia nenhum caso a ser julgado. A aplicação generalizada do exame médico-legal havia esvaziado o tribunal.[201]

Uma vez o réu havendo se transformado em sentenciado, a execução de sua pena também deveria ser o máximo possível regulada por exames médico-legais sistemáticos. Neles deveriam embasar-se as durações e as condições dos estágios da pena. Como vimos, o exame também cumpria papel fundamental na concessão do livramento condicional.

Na prisão, o comportamento desviante deveria seguir sendo "monitorado" pelo exame. Flamínio Fávero, quando exerceu a direção da Penitenciária de São Paulo, con-

---

199. Ribeiro, 1927, p. 20.

200. *Revista de Criminologia e Medicina Legal*, anno I, vol. IV, nos. 1 e 2, janeiro e fevereiro de 1929, p. 229.

201. Whitaker, Edmur de. A psiquiatria e a defesa social. *Arquivos de Polícia e Identificação*, São Paulo, v. 2, n. 1, 1938-1939a, p. 314.

siderava o exame sistemático dos internos quase uma panacéia para a resolução dos problemas cotidianos daquela instituição. Merecia grande atenção do diretor o que ele chamava de "o problema sexual das prisões", caracterizado principalmente pelo homossexualismo e pela masturbação. Em artigo dedicado ao tema, Fávero fez um apanhado das propostas surgidas para resolver o problema. É interessante notar a menção às "visitas íntimas", idéia então recente que foi duramente criticada por Fávero. Para combater a proposta, o médico negava a imperiosidade fisiológica da prática do sexo e prescrevia as benesses da abstinência. Para ele, a continência absoluta e por longo tempo não faria mal aos indivíduos "mentalmente sãos".[202] Aqui entraria o papel do exame, necessário para detectar o indivíduo anormal e encaminhá-lo a tratamento. Com exame e vigilância sistemáticos, o problema sexual nas prisões deixaria de existir.

Ainda com referência ao espaço penitenciário, havia um outro projeto que pretendia submeter o delinqüente a exame mesmo depois de sua morte. Seu autor era Hilário Veiga de Carvalho, então professor de Medicina Legal das Faculdades de Medicina e de Direito. Sua proposta era a criação de uma "Seção de Anatomia Patológica" na Penitenciária de São Paulo, destinada a examinar os internos que falecessem durante o cumprimento da pena. Uma de suas funções seria, até certa medida, trivial: salvaguardar a instituição no que se referia à causa da morte do sentenciado. Já a segunda finalidade inscrevia-se na busca do aprimoramento científico da criminologia: "terminar, quando seja o caso, o estudo do homem criminoso". Contestava o eminente professor a tese de que o delinqüente já era "suficientemente estudado em vida, através do seu estudo biotipológico".[203]

Ao conceber uma "clínica criminal" diferenciada e análoga a uma "clínica médica", Carvalho admitia assim uma humanidade diferente para o delinqüente. A necroscopia do criminoso, portanto, poderia ensinar "duma forma objetiva e insofismável quais as exatas alterações e desvios que apresenta o ser humano", principalmente nos "campos da neuropatologia e da endocrinopatologia".[204]

---

202. Fávero, Flamínio. O problema sexual nas prisões. *Revista Penal e Penitenciária*, São Paulo, v. 4-8, n. 1-2, p.113-128, 1947.

203. Carvalho, H., 1942, p. 485-486. Pierre Darmon analisa o grande interesse dos médicos da França de fins do século XIX pelos cadáveres dos criminosos: "Sob a alegação do progresso da biologia, a morte do condenado é analisada, escrutada. Transformado em fonte de experimentação, o supliciado vê-se destituído da posse de seu corpo. A asfixia de seus tecidos é estudada, a freqüência de seus batimentos musculares e cardíacos *post mortem* cronometrada. É cronometrado, igualmente, o tempo de sobrevida de seus espermatozóides. Após o que os crânios são aferidos, os cérebros dissecados em meio a polêmicas e o conjunto entregue à curiosidade do público em algum museu anatômico" (Darmon, 1991, p. 164).

204. Carvalho, H, 1942, p. 486.

Assim, com a seção de anatomia patológica criminal, o controle sobre o uso do corpo que caracterizaria as penas modernas subsistiria após a morte do condenado. O autor da proposta se mostrava ciente das complicações legais e morais da proposta.[205] Seus argumentos procuravam dar conta destas objeções, fossem elas provenientes de quaisquer das doutrinas do direito penal. Se a fundamentação dos clássicos fosse admitida, Carvalho sustentava a legitimidade de se esquartejar o cadáver do delinqüente com base em sua "dívida para com a sociedade" e em sua conseqüente culpa moral. Mais interessante eram os argumentos de Carvalho para o caso de admitidos os pressupostos positivistas:

> Se alguma restrição se quiser fazer, porém, à doutrina livre-arbitrista, e se se quiser desviar a questão do campo da culpa moral para o do objetivismo determinista, então gritemos todos nós que nos deixem estudar o criminoso até as suas mais finas e primitivas estruturas, a fim de podermos fornecer bases mais firmes e quiçá incontrovertíveis em que se apóiem as doutrinas positivas.[206]

Evidentemente, toda a argumentação de Carvalho ainda se alimentava da retórica antiliberal e de negação dos direitos individuais que caracterizou o período Vargas. Ao propor a seqüestração do corpo morto como continuidade do seqüestração do corpo vivo, o professor pretendia fazer prevalecer os interesses da ciência, do Estado e do "bem comum" sobre os interesses egoístas e socialmente limitados do indivíduo.

Mas a confiança que os positivistas depositavam no dispositivo do exame médico-legal e em seu caráter científico estimulava-os a defender a generalização de sua aplicação para muito além das prisões e dos tribunais. Na verdade, o objeto da medicina legal positivista tendia para o conjunto da sociedade. Os médicos legistas e seus aliados institucionais estavam sistematicamente reivindicando o reconhecimento da importância dos exames e laudos médicos nos mais diversos ambientes sociais, como a escola, a fábrica, o quartel, ou a

---

205. Darmon também trata do intenso debate moral e legal que cercou a disputa por "cabeças de criminosos célebres" da França de final do século XIX, opondo os "defensores do avanço científico" aos "espíritos reacionários presos a preconceitos de ordem moral, religiosa, ou liberal" (Darmon, 1991, p. 164-165 e 168-169).

206. Carvalho, H., 1942, p. 487.

fila da busca de emprego. Por um lado, a visão biologizada do comportamento humano fazia que a intervenção da medicina se apresentasse como indispensável – ou pelo menos de grande utilidade – sempre que as atitudes e o comportamento de um indivíduo estivessem sob alguma forma de apreciação. O escopo ampliado do universo desejado pelo exame médico-legal justificava-se, portanto, pela vitalidade das teses do determinismo biológico. Por outro lado, o fortalecimento do conceito da noção de periculosidade ampliava o foco da defesa social para além do muro da prisão. Juntamente com a noção de perversão,

> (...) a noção de "perigo", de "indivíduo perigoso", (...) permite justificar e fundar em teoria a existência de uma cadeia ininterrupta de instituições médico-judiciárias. Perigo e perversão: é isso que (...) constitui a espécie de núcleo essencial, o núcleo teórico do exame médico-legal.[207]

Este era o sentido do sonho médico-social de Heitor Carrilho, conforme a análise de Peter Fry. O diretor do Manicômio Judiciário do Rio de Janeiro pretendia fazer fichas psicológicas para toda a população, com o objetivo de "prevenir crimes ainda não cometidos".[208]

Marcos Alvarez demonstra como essa "tendência totalizadora" já se dava desde os primeiros tempos da criminologia no Brasil, quando se expandia "o horizonte da normalização para todas as ações consideradas 'anormais', dirigindo-se virtualmente para os modos de vida da pobreza urbana em geral". Segundo o autor, a tarefa de combater o crime confundia-se, portanto, com a tarefa de "regenerar moralmente a sociedade".[209]

Enfim, o exame, nas suas mais diversas formas, constituía-se em instrumento prioritário para abarcar parcelas crescentes do corpo social e submetê-las às estratégias de controle social preconizadas pela Escola Positiva. Por exemplo, reivindicava-se a necessidade de se examinar os imigrantes, dentro da perspectiva eugenista de selecionar "os melhores elementos" para ajudar

---

207. Foucault, 2001c, p. 43.

208. Fry, Peter. Direito positivo versus direito clássico: a psicologização do crime no Brasil no pensamento de Heitor Carrilho. In: Figueira, Sérvulo (Org.). *A Cultura da Psicanálise*. São Paulo: Brasiliense, 1985, p. 132.

209. Alvarez, 1996, p. 172-173.

a compor a população do país. Moraes Mello, o psiquiatra da penitenciária, lamentava a inexistência da seleção eugênica dos imigrantes, definindo-a muito além de uma simples escolha étnica. Com relação ao tema da imigração, Mello propunha o ajuste do foco do coletivo para o individual, fazendo aparecer então a figura do exame:

> E seleção, seleção eugênica, não significa apenas a escolha do elemento antropológico; vai mais além, e não prescindindo das qualidades somáticas do elemento considerado, requer um minucioso estudo de suas tendências racionais e de suas determinantes psicológicas.[210]

Com as restrições à imigração impostas pelo Governo Vargas, principalmente após a implementação da política de cotas em 1934, o discurso médico-selecionador ganhava mais audiência, mas a precariedade das políticas concretas nesse campo nunca conseguiu satisfazer quer o movimento eugênico, quer a Escola Positiva.

O diálogo entre positivistas e eugenistas também se estendia para a defesa do exame pré-nupcial. Representantes da medicina legal se fizeram presentes no I Congresso Brasileiro de Eugenia, em 1929, e trataram do tema em sua comunicações.[211] Mesmo em 1944, quando já decaía drasticamente a influência do pensamento eugênico, podia-se encontrar ressonâncias da mesma proposta. Naquele ano, Ernestino Lopes Jr., professor de Medicina Legal da Escola da Polícia e da Escola Paulista de Medicina, defendia o exame dos noivos como forma de combater o suicídio, já que a medida possibilitaria a obtenção de uma prole "física e psiquicamente sadia".[212]

No entanto, ainda que não se perca de vista tal amplitude do projeto positivista, pode-se reconhecer algumas priorizações. Em se tratando de grupos so-

---

210. Mello, José de Moraes. A finalidade eugênica da luta anti-alcóolica. *Revista de Criminologia e Medicina Legal*, São Paulo, v. 4, n. 1-2, 3-8, jan.-fev. 1929, p. 4.

211. Ver, por exemplo, Porto-Carrero, J.P. O exame pre-nupcial como factor eugenico – Communicação ao I Congresso Brasileiro de Eugenia. *Revista de Criminologia e Medicina Legal*, São Paulo, ano 1, v. 5, n. 3-6, p. 14-20, mar.-jun. 1929; e Ribeiro, L. A idade e o casamento – Temma official do Congresso Brasileiro de Eugenia. *Revista de Criminologia e Medicina Legal*, São Paulo, ano 1, v. 5, n. 3-6, p. 21-28, mar.-jun. 1929.

212. Lopes Júnior, Ernestino. Suicídio e Higiene Mental. *Arquivos da Polícia Civil de São Paulo*, São Paulo, v. 8, 351-355, 2. sem. 1944, p. 355.

ciais "desejados" pela medicina legal, havia um claro predomínio de três deles na hierarquia das preocupações da Escola Positiva: os homossexuais, os menores e os trabalhadores urbanos. Deles nos ocuparemos no capítulo que segue.

IV. Os grupos sociais privilegiados pelo projeto positivista

A anormalidade nem sempre é passível de ser capturada pela lei e pelo aparato prisional. Daí o conceito de "periculosidade", que acabou por se consolidar como a principal sustentação de dispositivos extra-legais capazes de abarcar amplos setores da população, justificando os mecanismos de controle que freqüentemente extrapolavam o acervo legal dedicado ao crime e ao delito. No período de que nos ocupamos, comportamentos e grupos sociais que representassem algum "perigo à sociedade" foram objeto do discurso da Escola Positiva. Todos eles de alguma forma transitavam na fronteira muitas vezes ambígua que separava a norma da lei: os loucos, os alcoólatras, as prostitutas, os epilépticos, os "vagabundos", os menores, os homossexuais e os trabalhadores urbanos. Na verdade, os três últimos eram objeto de uma maior preocupação por parte da medicina legal positivista. De longe, eram os mais assíduos freqüentadores das revistas especializadas pesquisadas.

Quando analisa a influência das idéias da Escola Positiva sobre os juristas brasileiros[1], Marcos Alvarez também identifica os grupos sociais mais visados pelo discurso positivista: as mulheres, os loucos e os menores. Apenas estes últimos não discrepam do conjunto que ora apresentamos. Algumas aproximações podem ser feitas para explicar a diferença. Em primeiro lugar, os períodos estudados não são plenamente coincidentes. Alvarez se ocupa da última década do século XIX e das três primeiras do século XX, ao passo que aqui abordamos os anos 20, 30 e parte dos 40. Em outras palavras, a última década do estudo de Alvarez é a primeira década do nosso período. Que em seu recorte não esteja a década de 30 talvez explique a ausência ali dos homossexuais e dos trabalhadores urbanos. Aqueles de fato tornaram-se um tema prioritário apenas nesse período[2], o que guarda relação com a política populacional de Vargas, como veremos na conclusão deste capítulo. E a preocupação com o mundo do trabalho foi, evidentemente, um dos eixos centrais da reordenação institucional que o Estado varguista dirigiu.

O objeto de estudo tampouco coincide. Se em ambos os casos o discurso perseguido é o da Escola Positiva, por outro lado os seus emissores preferenciais diferem: num caso, os juristas, noutro, os médicos. Isto pode ajudar a explicar a menor presença das mulheres nas revistas de medicina legal estudadas. De certa forma, o dis-

---

1. Em Alvarez, 1996.
2. Green, 1999, p. 191-194.

curso jurídico tinha um grau maior de abstração filosófica, mais preocupado com as possibilidades teóricas existentes, ao passo que o discurso médico-legal era carregado de um empirismo mais imediato. Em outras palavras, com exceção das prostitutas, o mundo feminino ainda era em grande parte doméstico, não constituindo um "perigo significativo" para o ordenamento social. A população carcerária feminina, por exemplo, representava uma ínfima minoria em relação ao total de presos. Ressalve-se, no entanto, que não cabe concluir daí que as mulheres estivessem completamente ausentes do discurso médico positivista e das revistas que costumavam reproduzi-lo. Há material viável para pesquisas interessantes, e o tema tem pertinência. Apenas que no escopo do presente estudo houve a necessidade de uma priorização, ainda que certamente reducionista e empobrecedora, mas que partiu daquela assumida pelos próprios autores estudados. Os loucos, por sua vez, deixaram de ser objeto preferencial da medicina legal, capturado que foi pela psiquiatria, processo que representou uma derrota para o projeto disciplinar de Nina Rodrigues.[3]

De qualquer modo, as razões da preocupação mais urgente da medicina legal positivista com o mundo do trabalho, com os menores e com os homossexuais transparecerão com maior concretude nas reflexões que serão desenvolvidas ao longo deste capítulo.

1. Os trabalhadores urbanos[4]

A medicina legal do período entre-guerras pensou e concebeu o trabalho enquanto objeto científico. De seu ambiente intelectual, saíram propostas de intervenção no mundo do trabalho a partir de critérios médicos, marcadamente influenciados pela biotipologia. Procuraremos agora abordar esse discurso e algumas de suas implicações práticas, priorizando os espaços repressivos de seqüestração, como as penitenciárias e casas de correção, por um lado, e o mercado de trabalho industrial, por outro. Como será a intenção demonstrar, em todos esses espaços a presença cotidiana e dirigente da medicina legal era sistematicamente reivindicada e valorizada. Trataremos da concepção de trabalho como terapêutica penal, de sua racionalização médica na fábrica e da resposta científica à desorganização representada pelo acidente e pela doença profissional.

---

3. Corrêa, 1998, p. 167.

4. Parte do conteúdo deste item, devidamente adaptado, está publicado na Revista Asclepio, de Madrid (Ferla, Luis. O trabalho como objeto médico-legal em São Paulo dos anos 30. *Asclepio*, Madrid, v. LVII, n.1, p. 237-263, 2005);

O trabalho como terapêutica penal

A medicina legal concebia o trabalho como seu objeto de reflexão em perspectiva bastante ampla. Num sentido, como será discutido mais adiante, tratava-se de colaborar na racionalização científica da produção e de evitar acidentes e doenças profissionais. Noutro, o trabalho era considerado como a mais privilegiada estratégia de regeneração de indivíduos "descaminhados". Na perspectiva dos positivistas, se o delinqüente era um enfermo, a terapêutica mais indicada era o trabalho. O trabalho como terapia no tratamento do delinqüente partia da concepção central da Escola Positiva, que via neste um enfermo com predisposições psicobiológicas ao ato anti-social. Assim, apesar da visão fortemente biologizada do comportamento humano, o entorno social prejudicado também poderia e deveria sofrer intervenção. Tais conceitos é que justificavam a seqüestração do indivíduo considerado perigoso, de forma a submetê-lo à disciplina do trabalho.

A regeneração de que se trata aqui é essencialmente a regeneração da utilidade social do condenado. Utilidade compreendida não apenas a partir de seu aspecto diretamente econômico, mas também por uma dimensão normalizadora e moralizadora, ao permitir que a disciplina implicada no ato de trabalhar pudesse se transmutar em disciplina social e constrangimento da atitude delinqüente. Foucault, quando analisa a penitenciária, aborda a utilidade do trabalho e os mecanismos pelos quais opera no corpo e na consciência do condenado:

> Não é como atividade de produção que ele é intrinsecamente útil, mas pelos efeitos que toma na mecânica humana. É um princípio de ordem e regularidade; pelas exigências que lhe são próprias, veicula, de maneira insensível, as formas de um poder rigoroso; sujeita os corpos a movimentos regulares, exclui a agitação e a distração, impõe uma hierarquia e uma vigilância que serão ainda mais bem aceitas, e penetrarão ainda mais profundamente no comportamento dos condenados (...)[5]

Esta perspectiva não era exclusiva dos médicos preocupados com o tema. No ambiente médico-legal, a priorização do trabalho enquanto terapêutica penitenciária não costumava contrapor médicos e juristas. Por exemplo, assim se manifestava Basileu Garcia, um dos principais juristas da época e então professor catedrático de Direito Penal da Faculdade de Direito da Universidade de São Paulo:

---

5. Foucault, 1999, p. 203.

O trabalho é uma imperiosa necessidade no cárcere. (...) Para ser possível a *regeneração do delinqüente* é preciso que ele se entregue a uma ocupação útil, que lhe constitua um *meio de cura*, impedindo-o de voltar aos seus antigos maus pensamentos, às suas diabólicas maquinações, e que lhe favoreça a obtenção de meios para viver honestamente depois que saia do cárcere. Na ociosidade, que é a mãe de todos os vícios, está muita vez a razão dos crimes. (...) O trabalho penal, visando a regeneração do delinqüente, deve também colimar a sua ressocialização, no sentido de que lhe torne possível mais tarde uma vida proveitosa à sociedade, como elemento útil integrado à comunhão social.[6]

Mas não se tratava apenas de fazer o condenado trabalhar. O trabalho dentro das prisões também deveria ser racionalizado cientificamente, de forma a otimizar as possibilidades de regeneração. Para isso, havia que se reconhecer o papel da medicina biotipológica. Dentre suas diversas funções, estaria a de possibilitar uma melhor individualização da pena, reivindicação central da Escola Positiva, por meio da orientação profissional biotipologicamente realizada. Por isso, a necessidade de conhecer a fundo o indivíduo delinqüente, já que esse conhecimento permitiria a prescrição do tratamento mais adequado. Daí também as recorrentes críticas que os criminologistas e médico-legistas faziam às limitações das instituições carcerárias em fornecer ao preso uma variedade de ofícios profissionais que permitisse satisfazer suas "aptidões, predisposições e necessidades terapêuticas personalíssimas" (ver Figura 1, de E a H). A criação, em 1941, da Colônia Penal Agrícola de Taubaté obedeceu a essas pressões. Além disso, em 1939, a criação do Laboratório de Biotipologia Criminal da Penitenciária de São Paulo permitiu um aprimoramento da estrutura científica disponível para contemplar tais objetivos.[7]

Ao se contrapor o programa e o discurso, o balanço das conquistas da criminologia positivista também aqui é necessariamente parcial. Se, por um lado, lograram a criação de instituições voltadas a seus objetivos, como as referidas acima, com o reconhecimento de prerrogativas que essas instituições implicavam, por outro as

---

6. Garcia, B. Regimes adequados ao cumprimento das penas de reclusão e detenção – estabelecimentos de prisão provisória. *Arquivos da Polícia Civil de São Paulo*, São Paulo, v. 4, 617-624, 1942, p. 622, grifos meus.

7. Para uma reflexão sobre essas questões contemporânea aos acontecimentos, ver Ássaly, Alfredo Issa. Sugestões para a reforma do regulamento da penitenciária de São Paulo. *Arquivos da Polícia Civil de São Paulo*, São Paulo, v. 10, p. 31-50, 2. sem. 1945.

lamentações em torno da insuficiência destas mesmas instituições e prerrogativas impregnavam as explicações do fracasso do regime penitenciário, cada vez mais incontornavelmente admitido à medida que passavam os anos 30.

No entanto, do que os positivistas apresentavam de ativo nesse balanço, grande parte se devia ao ambiente ideológico da época, não apenas com relação às necessidades de controle e defesa social, e ao reconhecimento do papel da ciência nisso, mas pelo discurso de "valorização" do trabalho que se procurava disseminar, principalmente desde os próprios escritórios do aparelho estatal.

A "valorização" do trabalho e o não-trabalho como perigo

Tanto atuando dentro dos muros das prisões quanto no interior da fábrica, a medicina legal compartilhava e conferia cientificidade à valorização do trabalho que impregnava a ideologia e a política do Governo Vargas dos anos 30. A retórica varguista de valorização do trabalho pretendia fornecer suporte ideológico ao reordenamento do mercado do trabalho que se empreendia então sob a direção do Estado. Esse reordenamento, por sua vez, atendia às demandas por modernização capitalista e disciplinarização da mão-de-obra, na esteira da crise de 29 e das convulsões sociais dos anos 20. Ângela de Castro Gomes chama a atenção para o fato de que a força e onipresença da retórica da valorização do trabalho eram tanto maiores e necessárias quanto mais se tivesse em conta que a sociedade brasileira havia sido escravocrata por 400 anos e foi a última a deixar de sê-lo.[8] O trabalho que sujava a mão também sujava a alma, e era justamente este estigma que se buscava definitivamente superar.

Por outro lado, o estigma que deveria desaparecer no trabalhador deveria ser reforçado no "desocupado". Se o trabalho era terapia e regeneração, inversa mas coerentemente o não-trabalho era considerado causa paradigmática do ato anti-social. Por isso, juntamente com o "menor", o chamado "vadio" aparece como o pré-delinqüente por excelência. Como afirmava Basileu Garcia um pouco mais acima, "na ociosidade, que é mãe de todos os vícios, está muita vez a razão dos crimes". O "vadio", intrinsecamente perigoso, também deveria ser de alguma forma seqüestrado e submetido à redisciplinarização pelo trabalho. Com essa perspectiva, Flamínio Fávero defendia que o Estado deveria garantir que o cotidiano de trabalho do egresso das prisões não sofresse solução de continuidade ao recomeçar este a vida em liberdade, alertando também para os perigos da ociosidade:

---

8. Gomes, A. de C. Ideologia e trabalho no Estado Novo. In: Pandolfi (Org.). *Repensando o Estado Novo*. Rio de Janeiro: Editora FGV, 1999, p. 55.

Básico, é o trabalho. O egresso, que traz o aprendizado e o treino intensivo de um ofício, precisa trabalhar. E logo. (...) O trabalho é a arma de ação eficaz para todas as vitórias, para a saúde e para a vida. (...) A inatividade enferruja as máquinas e desmantela a economia de um povo. É pelo trabalho que o ser físico se integra em todas as suas funções, atingindo a plenitude de sua finalidade, no desenvolvimento metódico e eficiente dos seus órgãos, sistemas e aparelhos e, também, se mantém em boa saúde. (...) A ociosidade é chave para a prisão, caminho certo para as doenças e enxada que cava a sepultura do indivíduo e, também, de um povo.[9]

Alfredo Issa Ássaly, burocrata de carreira no mundo jurídico-policial, Secretário da Segurança Pública de São Paulo de 1943 a 1945, era um estudioso dedicado do tema do trabalho e também se mostrava particularmente preocupado com a questão da "vagabundagem" e da mendicidade. Pare ele, as instituições centrais nesse caso seriam a polícia e as chamadas casas de correção[10], concebendo um papel prioritário para a medicina. À polícia caberia o "recrutamento" dos desocupados e o estudo médico-científico de cada um, com o objetivo de classificá-los e encaminhá-los ao "tratamento" mais adequado. Ássaly considerava que

(...) a investigação da etiologia da vagabundagem e da mendicância deve ter início desde a *prisão policial para 'averiguações'*, estudando-se a individualidade dos que são conduzidos à presença das autoridades policiais como vadios, mendigos, ébrios habituais ou como de tal suspeitos. É a polícia quem recebe – de início – toda a escumalha social, os perturbadores da ordem e os indivíduos perigosos. O estudo desses mal-viventes deve ser feito por um serviço especializado, tendo-se em vista a constituição sômato-psíquica dos mesmos, os seus antecedentes policiais, judiciários, econômicos e sociais, de maneira a ser possível classificá-los à luz de um critério antropo-social, verificando-se se são doentes, anômalos, inválidos, desempregados, ociosos válidos, ocasionais ou profissionais, a fim de ser determinada medida hospitalar, de assistência social ou a

---

9. Fávero, Flamínio. Higiene mental e egressos dos presídios. *Arquivos da Polícia Civil de São Paulo*, São Paulo, v. 8, 335-338, 2. sem. 1944, p. 336 a 337.

10. O Estado de São Paulo possuía, desde 1902, mas funcionando desde então com muitas descontinuidades, uma "colônia correcional" na Ilha Anchieta, direcionada para abrigar mendigos e "vagabundos" (Figura 2). Em 16 de setembro de 1943, era inaugurado o Recolhimento da Penha, na cidade de São Paulo, com a mesma finalidade.

instauração do competente processo de contravenção, para efeito de recolhimento em estabelecimento adequado.[11]

Na visão de Ássaly, esse estudo do indivíduo permitiria decidir não apenas o seu destino institucional, mas também a "natureza de trabalho que concorrerá para sua reabilitação".[12]

De uma forma geral, era dessa maneira que a medicina legal positivista enxergava o trabalho nos espaços repressivos de "regeneração" de indivíduos "desviados", sejam presidiários ou "vagabundos". No entanto, mesmo na fábrica, espaço teoricamente mais normalizado e lugar ideal de destino dos indivíduos disciplinados ou re-disciplinados, a medicina se fazia necessária enquanto saber especializado capaz de identificar desvios e tratá-los devidamente[13]. A fábrica também era lugar de desajustes, e o acidente de trabalho era dos mais freqüentes e preocupantes.

O interesse médico-legal pelo acidente de trabalho

Dentro da fábrica, a medicina legal se propunha a auxiliar na racionalização do trabalho e na melhor adaptação do operário ao espaço e à disciplina fabris, como se discutirá mais adiante. O acidente do trabalho aparecia então como o elemento perturbador dessa ordem racionalizada e, por isso, receberia atenção dedicada da medicina legal, que era àquela época também medicina do trabalho. O tema da infortunística ocupava lugar central entre as preocupações da medicina legal.[14] Assim era não apenas porque a medicina do trabalho ainda não existia enquanto especia-

---

11. Ássaly, Alfredo Issa. Trabalho a mendigos e vagabundos. *Arquivos da Polícia Civil de São Paulo*, São Paulo, v. 7, 5-13, 1. sem. 1944b, p. 8, grifo do autor.

12. Ássaly, 1944b, p. 9.

13. Evidentemente, a fábrica desde há muito havia sido espaço de moralização da classe operária, antes mesmo dos esforços científicos de racionalização do trabalho. Tradicionalmente, procurava-se estabelecer "(...) uma vinculação entre a obediência às regras de boa moral e a disciplina da fábrica." (Fausto, 1984, p. 220). No entanto, há que se registrar que Roberto Machado e equipe, ao tratar do século XIX, parece não identificar o mesmo fenômeno: "A fábrica não é ainda instituição criada para produzir, através de mecanismos disciplinares, o bom trabalhador". (Machado; Loureiro; Luz; Muricy, 1978, p. 349)

14. Mariza Corrêa localiza o início da relação da medicina legal positivista com o tema dos acidentes de trabalho na década de 20 (Corrêa, 1998, p. 34). Sintomaticamente, o primeiro compêndio publicado no país, em 1926, é assinado por três dos principais nomes da medicina legal brasileira da época: Peixoto, Afrânio; Fávero, Flamínio; Ribeiro, Leonídio. *Medicina legal dos acidentes de trabalho e das doenças profissionaes. Noções de infortunística: doutrina, perícia, técnica, legislação.* Rio de Janeiro: Francisco Alves, 1926.

lidade autônoma[15], permanecendo o tema objeto legítimo da medicina legal, mas principalmente porque era considerado em si mesmo um tema de primeira relevância. A Sociedade de Medicina Legal, por exemplo, freqüentemente trazia o assunto para a discussão em suas sessões[16]. De muitas delas, saíram propostas de reformas legislativas sobre o tema.[17] Assim foi quando da elaboração e promulgação das leis de acidentes de trabalho de 1934 e 1944, momentos nos quais o papel da Sociedade foi de grande protagonismo[18]. Flamínio Fávero, ao fazer um balanço de 15 anos da entidade, em 1936, nomeava as questões que foram privilegiadas no período, e os acidentes de trabalho aí apareciam com destaque.[19]

Quatro anos depois, a mesma entidade iria organizar a Segunda Semana Paulista de Medicina Legal, nessa edição toda dedicada à infortunística. Flamínio Fá-

---

15. Está, na verdade, começando a se constituir autonomamente, a partir de prescrições da lei de acidentes de trabalho de 1934, mas ainda de forma incipiente e pouco institucionalizada. Almeida Júnior, por exemplo, já em 1941, apontava a inexistência de qualquer curso da especialidade no Brasil (Almeida Júnior, A. Medicina e infortunística. *Arquivos da Sociedade de Medicina Legal e Criminologia de S. Paulo*, São Paulo, v. 12, 299-359, 1941. Suplemento. Anais da Segunda Semana Paulista de Medicina Legal Dedicada à Infortunística, 1940, São Paulo, p. 308).

16. A Sociedade possuía no seu organograma, inclusive, uma seção de infortunística (ver Anexo 1).

17. Sobre os impactos da lei federal nº 3724, de 15 de janeiro de 1919, que regulamentou por primeira vez a questão do acidente de trabalho no Brasil, ver Moura, Esmeralda B. B. de, Higiene e Segurança do trabalho em São Paulo nas primeiras décadas republicanas: em torno da definição de acidente do trabalho. *Revista de História*, São Paulo, n. 127-128, p.163-179, ago-dez. 1992 a jan-jul. 1993.

18. Para conhecer reflexões referentes à lei de 1934 (decreto 24637 de 10 de julho de 1934), ver: Fávero, Flamínio. A nova lei de accidentes do trabalho. *Archivos da Sociedade de Medicina Legal e Criminologia de S. Paulo*, São Paulo, v. 5, p.55-60, 1934. Já com relação à lei de 1944 (decreto 7036, de 10 de novembro de 1944), ver as sessões de 30 de abril, de 14 de maio e 31 de maio de 1943 da Sociedade (Arquivos da Sociedade de Medicina Legal e Criminologia de S. Paulo), São Paulo: v. 14, n. 1-3, 1943, p. 33-39 e 59-62), ou, ainda, Leme, J. de M. Projeto da nova lei de acidentes do trabalho. *Arquivos da Sociedade de Medicina Legal e Criminologia de S. Paulo*, São Paulo, v. 15, n. 1-3, p. 67-75, 1944, que tratam de discussões prévias à promulgação; ou, Fávero, Flamínio. O conceito de acidente de trabalho na nova lei. *Arquivos da Sociedade de Medicina Legal e Criminologia de S. Paulo*, São Paulo, v. 16, n. 1-3, p. 5-8, 1945, e Leme J. de M. Alguns aspectos médicos da nova lei de acidentes do trabalho. *Arquivos da Sociedade de Medicina Legal e Criminologia de S. Paulo*, São Paulo, v. 16, n. 1-3, p. 42-51, 1945, como exemplos já de uma interpretação da referida lei. Quando da promulgação da lei de 1919 (decreto 3724, de 15 de janeiro), a Sociedade todavia ainda não existia.

19. Fávero, 1936, p. 150,

vero, no discurso de encerramento do encontro, afirmava ter sido essa a primeira vez que o tema da infortunística merecia a realização de um evento como esse no país.[20] A realização em si de tal certame é mais um testemunho da urgência que o tema demandava no meio. Nesse evento, Almeida Júnior, membro destacado da Sociedade e colaborador recorrente das revistas especializadas, médico também particularmente preocupado com questões relativas ao mundo do trabalho, sintetizava a importância da atuação médica em infortunística:

> O que realmente interessa ao operário, ao patrão e à sociedade, é que não haja acidentes, e, para nos aproximarmos cada vez mais desse ideal, torna-se indispensável a cooperação ativa dos médicos. Cooperação no exame prévio do candidato a emprego, a fim de que se promova o tratamento antecipado dos doentes, o afastamento dos que representem perigo aos outros, e, ainda, a adaptação de cada operário ao tipo de atividade que mais lhe convenha. Cooperação, em seguida, na influência que a Medicina possa exercer sobre as condições de instalação, de organização e de regime de trabalho. Cooperação, finalmente, na educação preventiva do povo, e, particularmente, da classe operária.[21]

A importância e prioridade conferidas a esse tema evidentemente respondiam às implicações econômicas que envolvia. Os infortúnios do trabalho eram, antes de tudo, fonte de prejuízos. Com eles, perdiam a indústria, as companhias seguradoras e os próprios trabalhadores. Em termos macroeconômicos, tudo acabava por se traduzir em perdas para o país. Além disso, e aqui aponta uma primeira identificação com o crime, o acidente de trabalho representava uma ruptura violenta do ordenamento harmônico que devia prevalecer no interior da fábrica, uma perturbação da ordem tão indesejável quanto os movimentos paradistas.

A analogia crime-acidente, criminoso-trabalhador

Certamente, também por originar-se das mesmas penas, mas não somente por isso, o discurso voltado ao acidente de trabalho, o "ato anti-social" fabril,

---

20. Fávero, F. Discurso de encerramento, *Arquivos da Sociedade de Medicina Legal e Criminologia de S. Paulo*, São Paulo, v. 12, 489-497, 1941b. Suplemento. Anais da Segunda Semana Paulista de Medicina Legal Dedicada à Infortunística, 1940, São Paulo, p. 490.
21. Almeida Júnior , 1941, p. 307.

era estruturalmente análogo ao criminológico. Se o criminoso era portador de predisposições biológicas para o ato anti-social, potencializadas pelo ambiente, assim também o trabalhador com relação ao acidente. De forma equivalente à preocupação da criminologia com o criminoso, secundarizando o crime, na medicina do trabalho a ênfase se direcionava mais ao trabalhador e menos ao acidente. Crime e acidente se tornavam apenas indícios, ainda que fundamentais, para o real conhecimento do indivíduo que os "cometia". Era o mesmo olhar especializado que transformava tanto o criminoso como o trabalhador em objetos de conhecimento médico-científico. Portanto, uma medicina do trabalho deveria antes de tudo se ocupar do

> (...) estudo da personalidade do trabalhador, do seu perfil morfológico e psíquico, de seus caracteres individuais, hereditários, raciais, normais e patológicos, em face do meio e de seus múltiplos elementos, ora solicitando qualidades apuradas para o bem, ora engravescendo ou despertando taras jacentes como gênese de doenças ou acidentes do trabalho.[22]

Por isso também, aqui o papel do médico era central, devidamente armado com suas teses prevencionistas. Mais uma vez, era o exame médico o instrumento essencial, o único capaz de encontrar, medir e classificar as predisposições. E assim era porque se identificava no fator humano a principal causa do acidente.

As causas dos acidentes

Como o crime, o acidente de trabalho teria causas externas, ou ambientais, e internas, ou individuais. As primeiras eram reconhecidas e algumas vezes discriminadas. No entanto, eram as últimas apenas que mereciam a atenção da medicina legal, ou porque consideradas como as únicas legitimamente pertencentes à alçada da medicina, ou porque assumidas como as mais importantes, ainda que muito raramente se encontrasse necessidade de alguma forma de comprovação dessa tese.[23] É o que deixa claro Edmur Aguiar Whitaker, em si mesmo uma expressão da

---

22. Matuck, Augusto Estudos médico-legais do acidente do trabalho e da doença profissional. *Arquivos da Polícia Civil de São Paulo*, São Paulo, v. 7, 133-180, 1. sem. 1944, p. 133.

23. Umas das poucas exceções, ainda que com dados escassos, aparece em Pereira, Manuel. O biótipo nos infortúnios do trabalho. *Arquivos da Sociedade de Medicina Legal e Criminologia de S. Paulo*, São Paulo, v. 12, 264-270, 1941b. Suplemento. Anais da Segunda Semana Paulista de Medicina Legal Dedicada à Infortunística, 1940, São Paulo, p. 265-266; e em Mange, R. A redução dos infortúnios do trabalho pela orientação, seleção e formação profissional, *Arquivos*

identidade entre as preocupações voltadas ao crime e ao acidente, já que a um só tempo era destacado médico da polícia paulista e de seu laboratório de antropologia criminal, como vimos, e também um dedicado estudioso do tema da infortunística e da seleção e orientação profissionais.[24] Em trabalho apresentado em 1938 na Sociedade de Medicina Legal, Whitaker afirmava que: "Os acidentes de trabalho têm, em grande parte, uma origem humana. Não deixando de considerar a importância de toda uma série de problemas na prevenção dos desastres, *o primeiro lugar cabe ao fator humano*." [25]

O mais interessante é que Whitaker se mostrava ciente das chamadas causas ambientais, reconhecia com perspicácia algumas delas e seu papel, o que terminava por enfatizar ainda mais a sua priorização do fator humano:

> Todo o mundo está de acordo em que a má organização das indústrias, o fraco interesse que se toma pelo trabalho (...), ou outras circunstâncias ainda do ambiente, tais como as más condições devidas ao pessoal, a exagerada distância entre a habitação e o lugar do trabalho, as horas de trabalho estafante, contribuem em medida maior ou menor para a freqüência dos acidentes. *Porém a mais severa responsabilidade cabe ao fator subjetivo inerente ao fator humano e às suas inaptidões.*[26]

---

da Sociedade de Medicina Legal e Criminologia de S. Paulo, São Paulo, v. 12, 410-416, 1941. Suplemento. Anais da Segunda Semana Paulista de Medicina Legal Dedicada à Infortunística, 1940, São Paulo, p. 412.

24. Algumas de suas publicações acerca do tema são: Whitaker, Edmur de A. A orientação e selecção profissionaes em São Paulo. Novos methodos. *Revista de Neurologia e Psychiatria de São Paulo*, São Paulo, v. 2, 65-74, 1936b; Whitaker, Edmur de A. A prevenção dos accidentes de transito e a selecção médico-psychotéchnica dos conductores de vehiculos rapidos. *Idort*, São Paulo, n. 77, 102-107 1938c; e Whitaker, Edmur de A. A organização da orientação e selecção profissionaes no Instituto 'D. Escolastica Rosa', de Santos, em cooperação com a Cia. Docas. In: Congresso Paulista De Psychologia, Neurologia, Psiquiatria, Endocrinologia, Identificação, Medicina Legal E Criminologia, 1., 1938, São Paulo. Atas... São Paulo: [s.n.], 1938a. p. 9-40.

25. Whitaker, Edmur de A. Importância da selecção médico-psychotéchnica dos indivíduos para a prevenção dos accidentes do trabalho. *Archivos da Sociedade de Medicina Legal e Criminologia de S. Paulo*, São Paulo, v. 9, n. 1-3, 16-21, 1938c, p. 16, grifo meu.

26. Whitaker, 1938c, p. 17, grifo meu.

Outros autores admitiam igualmente o papel das chamadas "causas ambientais", ou "externas". No entanto, estas nunca mereciam qualquer espaço de discussão mais aprofundada. Apareciam quase sempre de forma abstrata, nomeadas em bloco. Sua articulação com as "causas internas" na etiologia dos acidentes e doenças profissionais era reconhecida, mas na posição subordinada de fatores condicionantes ou desencadeantes. Manuel Pereira, outro destacado membro da Sociedade de Medicina Legal, afirmava que a propensão a acidentes ou doenças do trabalho estaria em função da "(...) maior ou menor capacidade de reação ou defesa (...)", e esta oscilaria na dependência de fatores definidos

> (...) em face da idade, da energia despendida nas atividades do trabalho ou ainda em conseqüência das condições de sua *vida social, provocando o despertar de um fator interno, constitucional, a **causalidade interna**,* que, colaborando com o fator externo, profissional, revelam a diminuição orgânica, a inaptidão para o trabalho e, do desequilíbrio, se origina, desta sorte, o acidente-tipo, a doença profissional.[27]

A tendência predominante entre os especialistas apontava, assim, para a *culpabilização da vítima*, o acidentado trazendo em si mesmo a causa do acidente.[28] Mesmo um fator aparentemente resultante de elementos externos à constituição individual, expresso pelas "horas de trabalho estafante", a fadiga, podia ser biologizada e transformada em mais um elemento característico da predisposição a acidentes. O desgaste físico excessivo no trabalho fabril vêm desde os primórdios da industrialização, evidentemente. No Brasil dos anos 30, tampouco as relações de trabalho haviam avançado significativamente para domesticar as condições de exploração da mão-de-obra fabril e melhorá-las qualitativamente. Em alguns aspectos, a crise aberta com o colapso de 1929 inclusive ocasionou degradação do nível de vida, como demonstra Zélia Lopes da Silva.[29] Particularmente, o aprofundamento da especulação imobiliária implicou no

---

27. Pereira, M., 1941b, p. 265, grifos em itálico meus e em negrito e itálico do autor.

28. Para o papel da psicanálise no processo de culpabilização das vítimas de acidentes de trabalho, bem como da psicotécnica na seleção profissional no anos 40, ver Bertolli Filho, Medicina e trabalho: as "ciências do comportamento" na década de 40. *Revista de História*, São Paulo, n. 127-128, p. 37-51, ago-dez. 1992 a jan-jul. 1993.

29. Silva, Zélia L. da. *A domesticação dos trabalhadores nos anos 30*, São Paulo: Marco Zero, 1990, p. 38-43.

deslocamento das residências operárias para bairros distantes, longe das fábricas, o que indicava "(...) um agravamento das condições de sobrevivência da família operária, à medida que aumentam os gastos com transportes e também o desgaste físico de sua força de trabalho".[30]

Mas o reconhecimento da fadiga operária não lograria se consolidar em consenso social. Além de, em si mesma, denunciar os níveis de exploração da mão-de-obra, a questão da fadiga poderia se transformar, nos primeiros anos 30, em uma variável importante e inconveniente do reordenamento das relações do mercado de trabalho que se processava a partir do Estado, particularmente na discussão das leis sobre férias e jornada de trabalho. Justamente para aumentar seu poder de barganha nesse debate, entidades representativas da burguesia industrial simplesmente negavam a existência da fadiga entre os operários:

> (...) o empregado de escritório é um intelectual, trabalha com o cérebro; o operário é um trabalhador braçal, cujo cérebro não despende energias. Ninguém ignora que as pessoas submetidas a intenso esforço cerebral esgotam-se dentro de certo prazo e que os indivíduos acostumados a trabalho manual, intenso e repetido, mas cujo cérebro está habitualmente em repouso, dificilmente conhecerão esse esgotamento. (...) O trabalhador brasileiro aplica sua atividade, em geral, durante um horário suave e nas nossas fábricas não existe ainda aquela disciplina férrea em que o operário é compelido a dar sempre o máximo possível de rendimento.[31]

A perspectiva médico-legal sobre a fadiga do operário não se distanciava desse discurso patronal. Se não chegava ao extremo de simplesmente negá-la, não reconhecia nela os condicionantes sociais. Um índice da superexploração da mão-de-obra, e como tal causador de acidentes, era apresentado como uma debilidade do indivíduo. Nas discussões e estudos sobre o tema, esta era a visão predominante no meio médico-legal. Por exemplo, um dos que assim fazia a abordagem do assunto era Aldo Mário de Azevedo, um engenheiro militante na área[32], autor inclusive de um projeto de lei sobre o assunto, e o fazia para a platéia predominantemente de

---

30. Silva, Z. L., 1990, p. 41.

31. Centro dos Industriais de Fiação e Tecelagem de Algodão. *Relatório de Diretoria 1929/32*, Rio de Janeiro, p. 100. Apud: Silva, Z. L.,1990, p. 64.

32. Aldo de Azevedo assumiu a presidência do IDORT – Instituto de Organização Racional do Trabalho – em 1935 (Antonacci, 1993, p. 182).

médicos de uma Sessão da 1ª Semana Paulista de Medicina Legal[33]: "Como o grau de fatigalidade varia de indivíduo a indivíduo, é de presumir-se que, para iguais condições de trabalho, devem ser mais sujeitos a acidentes os trabalhadores *mais cansáveis*, portanto, os *mais fracos fisiológica ou psicologicamente.*"[34]

Voltamos assim ao terreno da predisposição. Nas palavras de Whitaker: "A causa da maioria dos acidentes devidos ao fator humano deve ser procurada em uma *predisposição* para tal, que alguns trabalhadores possuem. Trata-se de uma disposição *biopsíquica*, posta em evidência por numerosas pesquisas."[35]

Se a predisposição era considerada a causa principal dos acidentes, a causa da predisposição estaria na hereditariedade. Mais uma vez, fica difícil exagerar a força do conceito de hereditariedade àquela época. Mesmo a aptidão para o trabalho e para suas diversas modalidades estava na dependência do patrimônio genético. Whitaker afirmava que o exercício e a aprendizagem pouco podiam fazer para alterar habilidades e debilidades adquiridas hereditariamente.[36]

O percurso discursivo seguido era simples, mas de longo alcance: começava por priorizar o fator humano na casuística dos acidentes e, em seguida, transformava esse fator humano em predisposição biopsíquica, determinada principalmente de forma hereditária. Ao final dessa operação discursiva, o papel do médico resultava imprescindível no que concernia à prevenção do acidente de trabalho, evento transformado em expressão de inadequações individuais de cunho biológico ao trabalho executado. O exame médico prévio e sistemático dos trabalhadores ganhava, dessa forma, uma importância decisiva também para a prevenção de acidentes de trabalho.[37] Era o exame que deveria detectar as predisposições e aptidões do indivíduo e por esse meio permitir uma colocação profissional ou funcional mais adequada. Evitar-se-iam assim os acidentes e de

---

33. No mesmo evento, Augusto Matuck fornecia as convenientes explicações fisiológicas da *individualização* da fadiga. (Matuck, Augusto, Factores de accidentes do trabalho, *Archivos da Sociedade de Medicina Legal e Criminologia de S. Paulo*, São Paulo, v. 8, 517-531, 1937. Suplemento. Annaes da Primeira Semana Paulista de Medicina Legal, 1937, São Paulo, p. 518-519).

34. Azevedo, Aldo M. de. A collaboração do médico na prevenção de accidentes, *Archivos da Sociedade de Medicina Legal e Criminologia de S. Paulo*, São Paulo v. 8, 299-310, 1937. Suplemento. Annaes da Primeira Semana Paulista de Medicina Legal, 1937, São Paulo, p. 303, grifos meus.

35. Whitaker, 1938c, p. 17, grifos meus.

36. Whitaker, 1938c, p. 17.

37. A II Semana de Medicina Legal aprovou uma moção, apresentada por Manuel Pereira, defendendo a generalização do "exame biotipológico prévio e reiterado durante o trabalho". (Sessão de encerramento,1941, p. 486.)

passo se otimizaria o rendimento do trabalho. Essa reivindicação era compartilhada por muitos e freqüentemente formulada nos ambientes médico-legais.[38]

No entanto, o exame médico prévio apenas não bastava. Ainda que necessário e indispensável, não passaria de uma fotografia do estado do indivíduo. Este poderia mudar rapidamente, sob a ação de uma diversidade de fatores, tais como "elementos patológicos eventuais, de intoxicação de origem dietética (o álcool em primeiro lugar) ou ainda motivos ocasionais que venham perturbar ou alterar as condições psíquicas do indivíduo". Por isso Whitaker acabava por defender o controle e a vigilância permanentes sobre os trabalhadores, principalmente se exerciam uma profissão perigosa. A "suspeita de presença do fator de perigo" sempre surgiria quando houvesse "alteração de conduta (...) e anomalias no exercício do mister".[39] Matuck compartilhava da mesma reivindicação: "Mas, também, examinemos o trabalhador antes, muitas vezes durante, e periodicamente sempre, enquanto exerce o seu mister. Vamos desvendar-lhe no organismo a incompatibilidade para o serviço a que se propõe, removendo-a ou desviando-a (...)."[40]

Whitaker conclui defendendo a seleção e orientação profissionais como as soluções definitivas para o problema dos acidentes do trabalho, já que por meio delas se eliminariam "as deficiências humanas, causas preponderantes dos acidentes."[41]

Medicina biotipológica e a seleção e a orientação profissionais

A medicina legal se considerava habilitada para colaborar na tarefa de racionalização científica do mundo do trabalho.[42] Oferecia para isso a sua capacidade de conhecer os corpos e as predisposições e postulava a prerrogativa de orientar a distribuição da energia humana pelo processo produtivo. Mais do que disciplina-

---

38. Ver, por exemplo, Bomfim, R. da C. Prevenção dos accidentes do trabalho. *Archivos da Sociedade de Medicina Legal e Criminologia de S. Paulo*, São Paulo, v. 7, n. 1, 6-8, jan.-abr. 1936, p. 7; e Matuck, Augusto Factores de accidentes do trabalho (2ª parte), *Archivos da Sociedade de Medicina Legal e Criminologia de S. Paulo*, São Paulo, v. 7, n. 3, p. 108-109, set.-dez. 1936.

39. Whitaker, 1938c, p. 18.

40. Matuck, Augusto. Sugestões para a reforma da lei sobre acidentes do trabalho, *Arquivos da Sociedade de Medicina Legal e Criminologia de S. Paulo*, São Paulo, v. 14, n. 1-3, p. 59-62, 1943, p. 60.

41. Whitaker, 1938c, p. 18.

42. Maria Clementina Pereira Cunha reflete sobre o papel da psiquiatria higiênica, à época tampouco plenamente diferenciada da medicina legal, na racionalização do trabalho (Cunha, Maria C. P., *O Espelho do Mundo. Juquery – a história de um asilo*. 2. ed. Rio de Janeiro: Paz e Terra, 1986, p. 186- 192).

rização da mão-de-obra, tratava-se de sua adaptação ao mundo da fábrica, num momento em que o processo migratório desde as regiões mais pobres do país em direção às grandes cidades, São Paulo, em particular, crescia muito, em resposta às igualmente crescentes restrições à imigração por parte do governo Vargas. O adestramento do corpo às exigências do trabalho fabril implicava numa série de adaptações: à disciplina do uso fragmentado e regulado do tempo, aos horários de trabalho, aos ritmos de produção da fábrica e de cada máquina, passando pelo acondicionamento aos movimentos e manobras exigidas. O sucesso de tantas adaptações era a condição científica da prevenção de acidentes e do aumento da produtividade. E como o objeto central dessas tecnologias era o próprio corpo humano, resultava que cabia à medicina produzi-las e operacionalizá-las.

Dessa forma, a metodologia científica que se propunha a identificar as predisposições ao acidente era a mesma que poderia determinar as aptidões profissionais. A medicina postulava, por essa senda, uma participação no movimento racionalizador do processo produtivo, calcado nas possibilidades que a ciência cada vez mais disponibilizava. Tal movimento já vinha dos anos 20, mas foi a partir da crise de 29, e por conta da crise econômica por ela desencadeada, que ganhou força.[43] Sua estratégia central se definia pelo aprofundamento da separação entre o planejamento e a execução do trabalho, expropriando assim o trabalhador de seu saber-fazer.[44] Uma das conseqüências desse processo foi a fragmentação do trabalho, apontando para especializações cada vez maiores. Como explica Zélia Lopes da Silva

> (...) essa diferenciação faz parte das transformações ocorridas com a implantação do sistema de fábrica, que, para se tornar vitorioso, precisou parcelar o processo de trabalho, possibilitando assim a fragmentação do trabalhador através de um sistema hierarquizado de 'funções' (...).[45]

Resultava então que a distribuição da mão-de-obra nessas diversas funções passava a ser um problema da racionalização do trabalho. A produtividade se tornava uma variável dependente da forma como a energia humana era distribuída pelo processo produtivo. Energias mal alocadas, contradizendo a natureza de cada trabalhador, suas tendências e predisposições, não apenas seriam

---

43. Silva, Z. L.,1990, p. 26.
44. Silva, Z. L.,1990, p. 21. Sobre isso, ver também Antonacci, 1993.
45. Silva, Z. L.,1990, p. 21

fontes potenciais de acidentes, como desperdício material e perda de produtividade. Em qualquer caso, prejuízo ao empregador e, em última análise, à economia do país.

Nicolas Pende, em seu texto "Trabalhos recentes sobre Endocrinologia e Psicologia Criminal", citava dados da "New Psychological Association" para exemplificar o aumento de riqueza de um país que seria possibilitado se "todo o cidadão de ambos os sexos fosse bem conhecido e utilizado socialmente segundo suas próprias aptidões". Para os Estados Unidos, esse valor seria de 70 milhões de dólares ao ano.[46] Pende explicava porque a biotipologia seria capaz de produzir esse milagre econômico:

> Somente homens exatamente conhecidos em sua qualidade biotipológica e racionalmente orientados para o ofício ou o trabalho mais conforme ao seu biótipo poderão fazer uma obra fecunda e dotar de máximo rendimento produtivo a técnica da moderna organização científica do trabalho; somente os homens que sejam plenos conhecedores de suas debilidades orgânicas e curados e corrigidos em tempo oportuno das mesmas poderão evitar facilmente os assaltos dos agentes infecciosos, dos agentes tóxicos, dos agentes traumáticos, dos fatores morbosos meteorológicos a que os expõe o trabalho (...).[47]

E como mais uma vez se tratava de predisposições e tendências, a medicina se apresentava como a mais indicada para a tarefa. Manuel Pereira, em texto já citado, assim formulava a questão:

> (...) o estudo biotipológico autoriza-nos a 'colocar cada operário no lugar que merece; favorece-nos a obra de profilaxia contra as enfermidades e a prevenção contra os acidentes; resolve de uma forma mais racional as questões médico-legais ligadas ao trabalho; constitui a base fundamental da proteção higiênica do operário'. Seria obra incompleta, se na prepara-

---

46. Citado por Ássaly, 1945, p. 42.
47. Pende, N. *Trabalhos recentes sôbre Endocrinologia e Psicologia Criminal*, p. 129. Apud: Ássaly, 1945, p. 42-43.

ção do ambiente das fábricas, oficinas, usinas, não se fizesse um estudo completo do elemento humano que aí trabalha (...).[48]

O mesmo autor apontava as variáveis que caracterizariam cada tipo de trabalho: velocidade, habilidade, resistência e força. A partir da classificação de Nicolas Pende, os tipos constitucionais correspondentes a cada uma dessas qualidades seriam: "biótipo longilíneo-tônico", "biótipo longilíneo-flácido", "biótipo brevilíneo estênico-tônico" e o "brevilíneo-flácido".[49]

Vale a pena seguir Manuel Pereira um pouco mais e ver como, a partir desse esquema metodológico e do tipo físico de cada um, ele disponibilizava ferramentas para desenhar uma nova sociedade, com suas forças humanas cientificamente distribuídas pelos conhecimentos da medicina:

> Com a aplicação, portanto, dos modernos preceitos da constituição individual, a Medicina do Trabalho pode prevenir, orientar e selecionar os operários para a espécie de trabalho adequado a cada tipo constitucional. Deste modo, por conseguinte, o longilíneo, possuindo força e rapidez muscular suficientes, habilidade motora e decisão rápida, está apto para as profissões mecânicas, metalúrgicas, de eletricidade, motorista. O biótipo longilíneo astênico, ao invés, deve ter ocupações nas quais não haja necessidade de força e resistência prolongada, apenas rapidez e mobilidade motora, para os ofícios leves e de precisão, como relojoeiro, tipógrafos, datilógrafos. Para o biótipo brevilíneo estênico, com força muscular, resistência neuro-muscular e neuro-psíquica e com relativa lentidão de movimentos e de decisão, deve ele ser encaminhado para os serviços de carpintaria, marcenaria, carreiro, lenhador, açougue. Por fim, o brevilíneo astênico, lento, de pouca resistência e força muscular, deve ser dirigido para os ofícios de cinzelador, ocupações de escritório, e ao desenho. Devem ainda evitar os trabalhos em que permaneçam muito tempo de pé, pela predisposição às varizes ou aos trabalhos sedentários, que dão lugar à obesidade, às dispepsias, às litíases.[50]

---

48. Pereira, M., 1941, p. 265.
49. Pereira, M., 1941, p. 268.
50. Pereira, M., 1941, p. 268-269.

Essa espécie de utopia racionalizadora não era incomum no meio médico-legal.[51] No mesmo evento em que Manuel Pereira apresentava aos colegas tal perspectiva, em outra sessão Roberto Mange, engenheiro militante da causa da racionalização do trabalho, tratava da mesma questão:

> Assim, no volante de um automóvel teremos um motorista de boa capacidade de atenção dispersa e de reação rápida e segura, ao passo que no controle de um processo químico delicado e perigoso encontraremos um operador cuja memória pronta e precisa lhe indicará a qualquer instante, de acordo com as instruções recebidas, qual o modo de intervir. Em qualquer desses casos teremos assegurado o menor risco possível na execução da atividade profissional, não só para o operador como para a coletividade.[52]

Alfredo Issa Ássaly, por sua vez, externava o seu entusiasmo pela biotipologia numa divisa que parecia sintetizar o modelo de gerenciamento médico do trabalho: "Conhecer os homens, valorizá-los, melhorá-los, utilizá-los, para o máximo rendimento do indivíduo e da coletividade".[53]

É importante reconhecer nessas propostas médicas de racionalização do trabalho o seu viés autoritário, na medida em que propunham que a escolha do ofício de um indivíduo dependesse de variáveis medicamente determinadas, e não de eventuais preferências ou conveniências do próprio indivíduo. Isso se coadunava com a atmosfera ideológica predominante na época, que desvalorizava as concepções liberais de direitos individuais e enfatizava reiteradamente a supremacia do "bem comum" sobre interesses particulares. Escolher seu próprio trabalho e, pior, optar voluntariamente por não trabalhar, eram atitudes que o Estado cada vez menos estava disposto a tolerar, apoiando-se na retórica coletivista de cunho autoritário[54].

---

51. Whitaker propôs, na sessão de 30 de outubro de 1935 da Sociedade de Medicina Legal, que as escolhas das carreiras universitárias também obedecessem a "aconselhamentos" médico-científicos (Whitaker, Edmur de A. A selecção à entrada das Universidades, *Archivos da Sociedade de Medicina Legal e Criminologia de S. Paulo*, São Paulo, v. 6, n. 1, p. 104-106, 1935).

52. Mange, 1941, p. 415.

53. Ássaly, 1942b, p. 291.

54. Para uma análise do "solidarismo" republicano de fins do século XIX na França, em mais de um aspecto bastante similar ao discurso coletivista autoritário de Vargas, ver Harris, 1993, p. 116.

Ássaly, em comunicação à Sociedade de Medicina Legal, colocava-se como intérprete dessas idéias:

> À luz da filosofia individualista do trabalho, cada um tem o direito de empregar a sua atividade no que bem entender, ou de não empregá-la em coisa alguma. Mas contra essa concepção (...) a consciência moderna se levanta: todo o indivíduo que ficar inativo, não sendo inválido e estando em idade de trabalhar, falta ao primeiro dever que lhe impõe a sua qualidade de membro da sociedade, e o Estado pode e deve intervir para obrigá-lo a cumprir o seu dever, adotando as medidas apropriados a esse fim.[55]

Em certo sentido, também aqui se manifestava um aprofundamento da expropriação do saber-fazer do trabalhador e da separação entre o planejamento e a execução do trabalho, referidas há pouco.

Ainda que não caiba neste espaço uma análise extensiva do tema para além do universo de São Paulo, não se deve esquecer que tais idéias utópicas de organização social a partir da biotipologia não expressavam uma idiossincrasia restrita ao ambiente médico-legal paulista. A densidade científica que possuíam se expressava no intenso intercâmbio internacional que seus adeptos empreendiam, sempre a partir da referência patriarcal de Nicolas Pende. Refletia isso a grande freqüência de autores brasileiros em revistas internacionais dedicadas ao tema e vice-versa. Como exemplo significativo, pode-se aludir à publicação de um artigo de Leonídio Ribeiro e Walter Berardinelli na revista argentina "Anales de Biotipología, Eugenesia y Medicina Social"[56]. Berardinelli era colega de Ribeiro na Universidade do Brasil. O artigo referido trazia uma síntese da concepção totalitária das potencialidades sociais da biotipologia:

---

55. Ássaly, Alfredo Issa. Quatro dias entre quatrocentos vagabundos, *Arquivos da Polícia Civil de São Paulo*, São Paulo, v. 5, 21-54, 1. sem. 1943, p. 23.

56. Para conhecer um pensamento mais acabado de concepção de organização social a partir de critérios biológicos, e também como outro exemplo da circulação internacional dessas idéias, ver a proposta de "biocracia" que Edouard Toulouse à mesma época fazia à sociedade francesa em Campos Marín, Ricardo. La gestión de la desigualdad: la utopía biocrática de Edouard Toulouse. In: Huertas, Rafael; Ortiz, C. (Ed.). *Ciencia y fascismo*. Madrid: Doce Calles, 1998.

> O conhecimento da constituição individual é a base indispensável para o exercício de todas as atividades humanas; na escola e no campo da educação física, para o estabelecimento de grupos homogêneos; no escritório e na repartição, para a orientação e seleção profissionais; nos tribunais e nas penitenciárias, para a individualização da pena, reeducação e cuidado dos delinqüentes; na política, na administração, na sociedade, para que cada um tenha, biologicamente, seu lugar adequado; nas organizações de saúde pública, nos serviços de profilaxia; e, finalmente, na Eugenia, sobretudo, na campanha de profilaxia do crime, tomando como base o conhecimento precoce da 'constituição delinqüencial' (...).[57]

Esse corpo doutrinário é interessante enquanto objeto de reflexão histórica por si próprio. Independentemente de que tenha sido transformado em realidade concreta, ou da extensão em que possa tê-lo feito, o discurso médico biotipológico merece ser devidamente conhecido e estudado. Mas quando a idéia procura ganhar concretude, deixa-se conhecer ainda melhor, e ajuda a iluminar a realidade mais ampla que a condiciona. Um exemplo revelador pode ser fornecido por um processo seletivo que a Light promoveu em 1940, onde as teses médicas fortemente influenciadas pela biotipologia procuraram orientar os critérios de escolha dos candidatos.

Um caso exemplar de seleção profissional medicalizada: a Light

Augusto Matuck era o nome da Sociedade inevitavelmente associado à infortunística. A maioria de seus estudos apresentados nas sessões da entidade tratava do tema, tornando-o uma referência obrigatória. Em 1940, Matuck era também médico do Hospital da Light. Esta condição lhe proporcionava um espaço privilegiado para a aplicação empírica de muitas de suas concepções relacionadas com a seleção e a orientação profissionais.

Sobre os processos seletivos, Matuck defendia não apenas a generalização do exame prévio, mas também sua sofisticação e detalhamento. Por isso, criticava a insuficiência do exame clínico realizado quando da concessão da carteira de trabalho, incapaz de preencher as necessidades protagonizadas por um verdadeiro exame prévio, que pudesse "convencer [o empregador] de haver encontrado a quem entregar uma modalidade de trabalho". Considerava o autor que os avanços nesse campo estariam perfeitamente compatibilizados com o movimento pela racionalização do trabalho

---

57. Ribeiro, L.; Berardinelli, W. Biotipologia criminal. *Anales de Biotipología, Eugenesia y Medicina Social*, Buenos Aires, n. 83, 1939, p. 15, tradução minha. Devo esta referência a Gustavo Vallejo.

que o IDORT[58] dirigia. Por um lado, o exame prévio protegeria a indústria de "contratações infelizes", de trabalhadores com preexistências mórbidas ou inadaptações profissionais, evitando perda de produtividade, acidentes e doenças do trabalho, incluindo nestes casos indenizações "injustas" pelo desconhecimento de lesões préexistentes, com repercussões em última análise econômicas. Por outro, se revestia de profundo "sentido humanitário", ao "poupar ao holocausto de certas indústrias os mal precatados, os ignorantes ou desconhecedores da invalidez iminente". Enfim, "adotando-o, o fornecedor do emprego defende o seu patrimônio industrial realizando uma bela campanha de sentimentos nobres preservando da morte e da invalidez um sem número de homens, mulheres e crianças".[59]

Vem a propósito, portanto, conhecer como seria o exame prévio preconizado por Matuck. Preferencialmente, não deveria ser realizado por um único médico, mas por "juntas julgadoras especializadas", evitando-se assim a vulnerabilidade de critérios excessivamente pessoais. O exame propriamente dito deveria produzir uma ficha que contivesse os

> (...) antecedentes, familiares e pessoais, uma documentação biológica, roentgenograma torácico, rigoroso controle de análises de sangue, urina, escarro, etc; registro dos estados funcionais dos aparelhos respiratório, circulatório, nervoso, renal, visual, auditivo, ósteo-muscular, etc., moléstias infecto-contagiosas, venéreas, assim como heranças mórbidas.[60]

Para Matuck, o exame prévio devia ser complementado pelo exame periódico e sistemático, a ser realizado a cada um ou dois anos, permitindo ao trabalhador o acompanhamento de sua própria saúde, e ao empregador a decisão sobre a "(...) conveniência de se manter, de se afastar ou de se deslocar apenas periódica ou definitivamente o trabalhador, a juízo médico."[61]

---

58. Sobre o tema, consultar Antonacci, 1993.

59. Matuck, Augusto, O exame médico prévio do operário, *Arquivos da Sociedade de Medicina Legal e Criminologia de S. Paulo*, São Paulo, v. 12, 280-298, 1941. Suplemento. Anais da Segunda Semana Paulista de Medicina Legal Dedicada à Infortunística, 1940, São Paulo, p. 281-283.

60. Matuck, 1941, p. 284.

61. Matuck, 1941, p. 284.

Toda essa estrutura médico-laboral estava, segundo Matuck, modelarmente em vigência nas Novas Construções da Light, sob sua coordenação.[62] E como exemplo paradigmático, foi apresentado um relatório com os dados de um processo seletivo na dita empresa, no qual 8068 candidatos foram submetidos a exames médicos. O relatório constava, na verdade, de uma listagem de ocorrências médicas que justificaram as recusas ocorridas, com o total verificado para cada uma delas.[63] Considerando-se que um mesmo candidato recusado poderia tê-lo sido por mais de uma razão médica, os dados não permitem conhecer o total de candidatos recusados, mas sim os motivos da recusa com os respectivos totais. A lista era bastante extensa, testemunhando também a complexidade do exame. Incluía, por exemplo, queimaduras, existência de cicatrizes, conjuntivites, estrabismos, laringites, deformidades da caixa torácica, úlceras, varizes, gripes, gagueiras, malária, sífilis, dentre muitas outras possíveis razões de exclusão. Não cabe aqui discutir as concepções de patologia e normalidade embutidas nessa lista, mas alguns itens merecem alguma atenção. O próprio autor destacava um deles, afirmando que não pode

> (...) dar ingresso aos que se apresentaram em condições péssimas de robustez, acusando emagrecimento pronunciado. Os longilíneos nessas condições formaram a maioria, pois sabemos o quanto a desproporção entre o peso total do corpo e altura impressionam ao exame médico.[64]

282 candidatos, 3,5% do total, foram recusados por apresentarem "desproporção entre peso e altura". Tal desconformidade morfológica, nesse caso atuando como fator determinante do destino profissional de muitos candidatos, é todavia capaz de impressionar também ao historiador. É difícil não reconhecer aqui sobrevivências da primazia da morfologia no julgamento das qualidades humanas que tanto sucesso teve nos tempos de Cesar Lombroso. Desproporções físicas denuncia-

---

62. Um outro artigo, de outro médico da Light, informa que, além do exame prévio, também o periódico era executado na Companhia, "com reflexos positivos na prevenção de acidentes". (Bragança, U. Estatísticas comparativas de acidentes do trabalho nas construções hidro-elétricas, *Arquivos da Sociedade de Medicina Legal e Criminologia de S. Paulo*, São Paulo, v. 12, 458-484, 1941. Suplemento. Anais da Segunda Semana Paulista de Medicina Legal Dedicada à Infortunística, 1940, São Paulo, p. 483).

63. Os dados foram também discriminados por nacionalidade dos candidatos.

64. Matuck, 1941, p. 285.

vam a desarmonia corporal, que por sua vez denunciava desarmonias espirituais, de ordem moral e intelectual.

Outra causa médica de recusa que constava do relatório e pede alguma reflexão são as *cicatrizes*. Elas ali aparecem ou simplesmente não adjetivadas ou adjetivadas de muitas formas diferentes: "cicatrizes das faces frontais", "cicatrizes por ferimentos antigos", "cicatrizes nos membros inferiores", "cicatrizes de operação de hérnia", "cicatrizes na parede abdominal", "cicatrizes por queimaduras", etc. Inevitavelmente, conclui-se que possuir algum tipo de cicatriz, independentemente da causa, implicava em rejeição. A cicatriz parecia então se constituir em um estigma em si mesma, um estigma que denunciava alguma debilidade: orgânica, no caso de resultante de alguma cirurgia; moral, no caso de ser causada por ferimento de luta; ou ainda orgânica, mas num outro sentido, quando os ferimentos, incluindo as queimaduras, denunciavam uma predisposição a acidentes. Enfim, não parecia prudente contratar trabalhadores portadores de cicatrizes, por conta justamente da possibilidade da existência de ao menos alguma dessas debilidades. Um total de 209 cicatrizes está registrado como causa de rejeição no relatório.[65]

Outro caso significativo corresponde à reprovação de um candidato por possuir "epilepsia em família".[66] Caso solitário, mas emblemático, por confluir no exame de um indivíduo tanto a forte influência da crença no determinismo hereditário, como a igualmente forte estigmatização do epiléptico, aspectos clássicos do acervo científico manuseado pela medicina legal positivista, como vimos no capítulo anterior. E como o estigma da epilepsia se transferia com o sangue familiar, a reprovação do candidato resultava assim justificada.[67]

O fundamental desse processo seletivo para nossa análise é a densidade de poder que a medicina de orientação biotipológica acabou por incorporar quando teve oportunidade para tal. Ainda que não tenha se generalizado, um caso concreto de seleção profissional dirigida nesses moldes foi apresentado à comunidade científica como paradigma bem sucedido. Em plena década da depressão econômica e do desemprego massivo, milhares de homens fizeram fila às portas da Light em busca de um trabalho e de uma vida melhor, levando consigo para a devida apreciação e julgamento nada mais que seu próprio corpo.

---

65. Erving Goffman, em seu trabalho sobre os estigmas, alude à cicatriz enquanto desvantagem cuja "importância na adaptação social e emocional abarca inconscientemente tudo". (Goffman, E.. *Estigma – la identidad deteriorada*. Buenos Aires: Amorrortu, 1970 , p. 21).

66. Matuck, 1941, p. 289.

67. Goffman chama a atenção também para os mecanismos de transmissão do estigma aos que convivem com o estigmatizado (Goffman, 1970, p. 63).

Da fábrica à prisão, um mesmo objeto

Como já temos insistido, a medicina legal dos anos 30 se caracterizava pela amplitude de sua atuação. E por todos os meios sociais pelos quais se movimentava, acabava por tratar do tema do trabalho. Seja na prisão ou na fábrica, na fila do emprego ou na "casa de correção", o trabalho era considerado uma estratégia disciplinar e médica a um só tempo, imprescindível na busca da estabilização social. O que se manipulava de fato era um binômio constituído pelo trabalho e pelo corpo humano. A tarefa do médico consistia em harmonizar os pólos deste binômio da melhor maneira possível. Nas instituições penitenciárias, tratava-se de encontrar o trabalho que atendesse às "necessidades terapêuticas" do condenado, e para isso se fazia necessário o conhecimento detalhado do próprio condenado, suas deficiências de personalidade e suas predisposições mórbidas. Na fábrica e no mercado de trabalho em geral, pouca coisa diferia na essência metodológica dessa tarefa, já que o objetivo ali seria conhecer e adaptar as tendências do indivíduo a um ofício determinado, para melhorar a produtividade e também evitar acidentes e doenças profissionais.

Em todos os casos, a medicina se apresentava com todo um otimismo científico portador de grandes promessas. O trabalho enquanto objeto de uma medicina legal impregnada de determinismos biológicos havia se transformado em estratégia de gerenciamento de seres humanos, seja como terapêutica penal, seja como força produtiva. O discurso que tratava do tema o fazia em perfeita articulação e complementaridade com outros discursos então bastante difundidos: o da Escola Positiva de criminologia e o de "valorização" e racionalização científica do trabalho. Daí sua história de relativo sucesso na época e suas implicações práticas, ainda que parciais, em fábricas, penitenciárias e casas de correção. Evidentemente, esse projeto de gerenciamento do trabalho por critérios médicos biotipológicos não atingiu a concretude e disseminação com que sonhavam seus adeptos, mas sem nenhuma dúvida teve impacto no debate científico e na própria realidade. Poderiam dizê-lo os desempregados de então que perambulavam espreitados pelas ruas da cidade, talvez com maior autoridade aqueles portadores de incômodas "desproporções entre peso e altura"...

Mas o projeto positivista também se ocupava dos trabalhadores ou criminosos do amanhã.

2. Os menores[68]

A priorização da infância

> Na criança de um ano é, às vezes, possível já reconhecer o futuro criminoso. É na primeira infância, ou na puberdade, que se revelam as primeiras tendências para as atitudes anti-sociais, que se concretizam e agravam progressivamente, sob a influência geral do ambiente. Existem, na criança, os chamados 'sinais de alarme' de tais predisposições e tendências ao crime, sinais que podem ser de natureza morfológica, funcional ou psíquica.[69]

Esta é uma passagem já bem conhecida do médico e professor Leonídio Ribeiro, e já fizemos uso dela ao iniciar esse texto. Parece uma imagem invertida do conto "Na colônia Penal", de Kafka. Nesta, o criminoso era executado com a inscrição do seu crime em seu próprio corpo. Um agente, em nome do Estado, entalhava-lhe na pele o seu pecado. Na versão de Ribeiro, é no começo da vida que o médico, agente do Estado, procurará ler no indivíduo e no seu corpo o seu futuro crime.

A radicalidade da citação expõe de maneira aguda o discurso da Escola Positiva. A ousadia do projeto positivista, no limite voltado ao controle social de toda a população a partir de uma rede institucional medicamente gerenciada, tinha muito de utópico. Mais a frente, faremos um balanço de suas conquistas e das resistências encontradas. Mas já nos é possível admitir que, na busca da implementação do programa positivista, em si bastante abrangente, complexo e diversificado, os seus adeptos teriam de impor algumas priorizações. Alguns objetivos pareciam mais factíveis e urgentes que outros. Os positivistas se mostravam mais seguros, confiantes e agressivos na tentativa de captura de determinados grupos sociais enquanto objetos privilegiados de seu discurso, em detrimento de outros. Além, obviamente,

---

68. Com o título "El niño, el médico, el policía y el patrón: Infancia y determinismo biológico en el Brasil de entre-guerras", o conteúdo deste item foi publicado em versão adaptada e em espanhol como um capítulo da obra coletiva: Miranda, Marisa e Vallejo, Gustavo (Orgs.), *Darwinismo Social y Eugenesia en el mundo latino*. Buenos Aires: Siglo Veintiuno, 2005.

69. Apud Corrêa, 1982, p. 60-61.

dos delinqüentes sentenciados propriamente ditos, havia um grupo em especial que parecia mais facilmente conforme às concepções da Escola: o dos menores.

Os positivistas herdaram de Lombroso a preocupação com a infância no combate à delinqüência. O criador da Escola associava a criança ao homem selvagem e ao homem primitivo, cada um a seu modo representando estágios anteriores da evolução do homem adulto branco europeu. O atavismo que levava ao comportamento criminoso significava nada menos do que a não superação patológica de algum momento anterior da marcha evolutiva. Por isso, Lombroso associava o comportamento infantil ao do seu criminoso nato. Em sua principal obra, o autor apresentava as "provas convincentes" dessa sua teoria, demonstrando que as crianças possuíam cada uma das atitudes que caracterizariam o criminoso: a cólera, a vingança, o ciúme, a mentira, a falta de senso moral e de afeição ("Não há dúvida de que o senso moral falta entre as crianças nos primeiros meses de sua existência e mesmo ao fim do primeiro ano"), a crueldade ("Foi a criança que inventou a gaiola de junco e de vime, as armadilhas, as redes de borboletas e milhares de outros pequenos engenhos de destruição e tortura"), a preguiça e a ociosidade ("Elas se recusam a um trabalho constante e mesmo a qualquer novo trabalho para o qual não sentem aptidão"), o uso de gíria, a vaidade, o alcoolismo e o jogo ("Os que vivem na boa sociedade não se dão conta da paixão que as crianças têm pelas bebidas alcoólicas; mas, nas classes populares, tem-se ocasião de observar com que voluptuosidade as crianças de peito bebem vinho e os licores, enquanto seus pais se divertem com sua embriaguez. (...) A paixão do jogo é também um traço característico da primeira idade, sobre a qual é desnecessário insistir"), a predisposição à obscenidade, a imitação e a falta de previdência.[70]

Isso seria assim porque:

> (...) os germes da loucura moral e do crime se encontram, não por exceção, mas numa feição normal, já nos primeiros anos do homem, assim como no embrião encontram-se, constantemente, certas formas, as quais, no adulto, são monstruosidades. Desse modo, a criança representaria um homem privado do senso moral, o que os alienistas chamariam de louco moral, e nós, um delinqüente nato.[71]

---

70. Lombroso, 2001, p. 125-136.
71. Lombroso, 2001, p. 126.

Esta passagem é particularmente semelhante à de Leonídio Ribeiro acerca da possibilidade de se identificar tendências criminosas em uma criança de um ano, citada acima. Mas, nas décadas que separam o mestre italiano do discípulo brasileiro, as teorias da Escola Positiva se transformaram muito, quanto mais não fosse por uma significativa depuração das formulações mais grotescas e rudimentares, como as reproduzidas acima. As duas passagens referidas, se têm em comum a defesa da necessidade de se prestar atenção à criança e procurar nela manifestações de inclinações anti-socias, em Lombroso estas constituíam a regra e a normalidade nessa fase da vida, enquanto em Ribeiro significavam "um sinal de alarme", pois denunciavam um "desvio", uma anomalia do desenvolvimento "normal". Para o primeiro, uma boa educação corrigiria e eliminaria as tendências criminosas, não o logrando fazer apenas nos casos dos criminosos natos, por definição "incorrigíveis". À época de Ribeiro, ganhava muito mais importância o conceito de *predisposição*, em detrimento dos determinismos mais absolutos dos tempos de Lombroso. Por isso, nos anos 30, tinha muito mais sentido a reivindicação de se examinar cada criança, já que os "predispostos" precisariam ser identificados e reconhecidos, em nome da profilaxia criminal, do que em fins do século XIX, quando a obra de Lombroso fazia sucesso. Mas o olhar de Ribeiro e de seus colegas sobre a infância também se relacionava com a perspectiva determinista na explicação do ato anti-social.

Como já vimos, o determinismo da Escola Positiva fundamentava-se da negação do livre arbítrio. Há, consequentemente, todo um debate acerca da responsabilidade penal do criminoso. De um lado, os positivistas consideravam tal noção destituída de sentido, já que o criminoso obrava por consequência de predisposições de ordem biológica combinadas com imposições do meio. De outro, os representantes da Escola Clássica persistiam na defesa da idéia da livre escolha e consequente responsabilidade do criminoso, que por tal deveria ser devidamente castigado. No entanto, quando se tratava de um delinqüente menor de idade, o conceito de livre arbítrio e discernimento se tornava mais vulnerável, fazendo que a audiência das teses positivistas ganhasse nesse campo mais aceitação. De certa forma, o discurso em torno da menoridade se tornou uma espécie de *núcleo duro* do discurso dos positivistas, em que estes pareciam menos propensos a acordos e concessões. Além disso, a política que defendiam para tratar a menoridade servia como laboratório e como paradigma para toda a questão da criminalidade e da defesa social. Este debate esteve presente na I Semana Paulista de Medicina Legal, em 1937:

Consideremos as causas de delinqüência dos menores, não como juristas, mas como biologistas, observando que sempre que o médico fala de delinqüência por anomalia orgânica encontra uma série de opositores que lhe contrapõem objeções filosóficas e jurídicas, alegando que os atos dos indivíduos anormais não podem ser acoimados de criminosos em direito penal porque delinqüente é somente aquele que desejou (quis) o próprio crime e não aquele que o executou por força das próprias necessidades ou circunstancias orgânicas. *E no entanto, se essas necessidades orgânicas são de grande importância nos adultos, que valor não têm elas na idade evolutiva do indivíduo.*[72]

Por isso, uma luta histórica dos positivistas, na qual contaram com muitos aliados, era o reconhecimento da menoridade enquanto categoria especial: a ela deveria corresponder uma justiça e instituições de internamento específicas. Tais conquistas não deixavam de atender também à obsessão classificatória dos positivistas, destinada a viabilizar o tratamento individualizado do delinqüente. O reconhecimento da menoridade seria o começo do processo de classificação dos delinqüentes, como defendia o psiquiatra da Penitenciária de São Paulo, em trabalho premiado pela Academia Nacional de Medicina em 1928: "Fugindo [de] todas as classificações de autores de atos anti-sociais, porque nenhuma das até hoje propostas satisfaz às necessidades da Criminologia, uma primeira divisão se impõe: Menores e Adultos".[73]

A classificação, que deveria atingir a construção de grupos cada vez mais específicos e mais próximos ao indivíduo, não poderia ser viabilizada sem que antes começasse pelos grandes grupos e categorias sociais. E desde tais patamares, quanto maior a diferenciação alcançada, maior seria a eficácia terapêutica. É também por isso que o período do entre-guerras se caracterizaria por um alto grau de institucionalização no campo do combate ao ato anti-social. Presídios femininos, abrigos para "vagabundos", manicômios judiciários, por exemplo, são instituídos também para atender a esse preceito.[74] E naturalmente assim também se fez com as crianças e os adolescentes.

---

72. Pennino, Joaquim Basilio. Relações entre a intelligencia e a delinquencia juvenil. *Archivos da Sociedade de Medicina Legal e Criminologia de S. Paulo*, São Paulo, v. 8, 147-154, 1938. Suplemento. Annaes da Primeira Semana Paulista de Medicina Legal, 1937, São Paulo, p. 147-8, grifos meus.

73. Mello, 1928, p. 25.

74. Em São Paulo, o Manicômio Judiciário é criado em 1927; o Presídio Feminino e o Recolhimento da Penha, para mendigos e "vagabundos", em 1943.

O reconhecimento da especificidade do menor se dá com a criação de um juizado especial e com a instituição do Código de Menores, em 1927.[75] Trata-se de um primeiro texto legal sistematizado sobre o tema na história do país, tendo como objeto a regulamentação do trabalho de crianças e adolescentes e a definição do destino de menores infratores.[76] O processo penal tradicional, a partir de então, só poderia atingir os maiores de 18 anos. O que não significava que os assim inimputáveis estivessem juridicamente excluídos da possibilidade de enquadramento e tratamento, como demonstrava o parágrafo 2° do artigo 68:

> Se o menor for abandonado, pervertido, ou estiver em perigo de o ser, a autoridade competente promoverá a sua colocação em asilo, casa de educação, escola de preservação, ou o confiará a pessoa idônea, por todo o tempo necessário à sua educação, contanto que não ultrapasse a idade de 21 anos.[77]

Dos 14 aos 18 anos, o infrator estaria submetido a um processo especial, em instituições de internamento determinadas. O artigo que define isso (n° 69) já introduzia aspectos da individualização da pena:

> O menor indigitado autor ou cúmplice de fato qualificado crime ou contravenção, que contar mais de 14 anos e menos de 18, será submetido a processo especial, tomando, ao mesmo tempo, a autoridade competente, as precisas informações a respeito do estado físico, mental e moral dele, e da situação social, moral e econômica dos pais, tutor ou pessoa incumbida de sua guarda.[78]

Mas são os parágrafos do referido artigo que definem melhor a indeterminação da pena que decorre da individualização:

---

75. Ruth Harris demonstra como a criação do Juizado de Menores, em 1912 na França, atendeu à mesma lógica (Harris, 1993, p. 128).
76. Alvarez, 1996, p. 220.
77. Fávero, 1945a, v. 2, p. 385.
78. Fávero, 1945a, v. 2, p. 386.

§1: Se o menor sofrer de qualquer forma de alienação ou deficiência mental, for epiléptico, surdo-mudo, cego, ou por seu estado de saúde precisar de cuidados especiais, a autoridade ordenará seja submetido ao tratamento apropriado;

§2: Se o menor não for abandonado, nem pervertido, nem estiver em perigo de o ser, nem precisar de tratamento especial, a autoridade o recolherá a uma escola de reforma, pelo prazo de um a cinco anos.

§3: Se o menor for abandonado pervertido, ou estiver em perigo de o ser, a autoridade o internará em uma escola de reforma, por todo o tempo necessário à sua educação que poderá ser de três anos, no mínimo, e de sete anos, no máximo.[79]

Os períodos de "tratamento" aparecem indefinidos e independentes do ato que em tese tê-lo-ia motivado: "(...) pelo prazo de uma a cinco anos, (...) por todo o tempo necessário (...)". Aqui, o destino, a duração e as condições do tratamento do menor já pouca coisa tinham a ver com o que ele *teria feito* de condenável, mas muito mais com o que os técnicos responsáveis definissem como o que ele *era*. Ainda que a "autoridade" a que se refere o texto fosse o Juiz de Menores, suas decisões não poderiam ser tomadas sem que especialistas fossem consultados, os médicos em particular. Era o programa dos positivistas concretizado em lei. É por isso que Marcos Alvarez, quando analisa a influência da Escola Positiva entre os juristas brasileiros, considera o Código de Menores de 1927 uma resposta dos positivistas ao agravamento dos conflitos sociais que o Brasil vivia naquela década. O autor identifica no conteúdo desta lei a incorporação das teses centrais da Escola: a busca do conhecimento e a classificação dos criminosos, a individualização e a indeterminação das penas, a abolição do júri, etc.[80]

Mesmo autores contemporâneos faziam essa identificação de forma consciente. Em muitos textos da época, a legislação da menoridade era concebida como verdadeiro modelo para tratar não apenas da delinqüência infanto-juvenil, mas da criminalidade de uma forma geral, sempre a partir de seu molde positivista. Quando fazia o balanço do Sistema Penitenciário Brasileiro, Lemos Brito[81] tratava do tema desta forma:

---

79. Fávero, 1945a, v. 2, p. 386.
80. Alvarez, 1996, p. 194 e 230.
81. José Gabriel de Lemos Brito foi um dos maiores penitenciaristas brasileiros, sendo autor de um amplo levantamento das condições das prisões do país, publicado em 1924 com o título "Os sistemas penitenciários do Brasil".

[No Código de Menores] (...) encontraremos em esboço a sentença indeterminada, o estágio probatório da liberdade definitiva, a individualização do tratamento nos estabelecimentos de reforma, a abolição da figura legal da reincidência em relação aos menores, o desprezo integral à irritante questão do discernimento, a liberdade vigiada e a criação dos comissários de vigilância, (...) e outras muitas medidas importantes que deveriam desenvolver-se, sobretudo na capital do país e em São Paulo. Foi aí, senhores, que a prevenção criminal teve no Brasil a sua visão mais clara e verdadeira. A provada insuficiência de tantos sistemas penitenciários não nos está dizendo, afinal, que em vez de regime repressivo, no futuro, hão de os povos ter códigos de prevenção ou (...) um Código de Educação, e medidas de segurança?[82]

A individualização do tratamento, por outro lado, não poderia ser viabilizada sem que a estrutura institucional estivesse aparelhada para colher as informações do indivíduo necessárias para tal. É o que exigia o mesmo artigo 69 e é o que os positivistas sempre reivindicariam como atribuição essencial da rede institucional de "assistência aos menores". No ano de 1936, em seu discurso por ocasião da inauguração do Laboratório de Biologia Infantil, Leonídio Ribeiro teve a oportunidade de explicar melhor esse aspecto:

A nova concepção da justiça de menores, suprimindo completamente a noção de discernimento e de culpa, para dar feição mais científica e humanitária ao problema da delinqüência infantil, impôs, desde logo, a criação de serviços auxiliares especializados, a fim de ser possível informar aos tribunais sobre as condições particulares de cada criança, sob o ponto de vista médico, antropológico, mental e psicológico. Começaram então a surgir, por toda a parte, depois da guerra, os institutos de estudo e observação da infância e da adolescência.[83]

Assim, as instituições para menores teriam quatro atribuições fundamentais: seqüestração, nos interesses da defesa social, ao retirar da sociedade os menores "perigosos", ou seja, delinqüentes ou potencialmente delinqüentes; tratamento

---

82. Brito, 1943, p. 322.
83. Ribeiro, Leonídio. Laboratorio de Biologia Infantil – Discurso pronunciado pelo seu Director Dr. Leonidio Ribeiro. *Archivos de Medicina Legal e Identificação*, Rio de Janeiro, v. 7, n. 14, 171-177, 1937b, p. 172.

e regeneração do menor internado; seu estudo sistemático, para definir seu tratamento; e, a partir desse tipo de estudo, melhor conhecimento das causas da criminalidade no país. Estes dois últimos objetivos eram os que Ribeiro procurava conferir ao Laboratório de Biologia Infantil, criado e dirigido por ele, no Rio de Janeiro, e seus colegas paulistas ao Instituto de Pesquisas Juvenis, instituição similar criada em São Paulo no mesmo ano de 1936. O estudo de cada menor deveria ser feito antes de seu internamento nas instituições oficiais de assistência. Mesmo se tal objetivo, ousado para as condições da época, fosse integralmente atingido, seria ainda tímido e insuficiente para os propósitos dos positivistas. Idealmente, na sua dimensão prevencionista, tais "centros científicos" não deveriam se ocupar apenas dos menores delinqüentes, mas também dos que ainda não haviam delinqüido, mas poderiam fazê-lo. Para isso, teriam de adquirir a capacidade de identificar no seio da sociedade as crianças e adolescentes potencialmente desviantes, portadores de "periculosidade". Evidentemente, neste ponto, a deficiência institucional era gritante. Não eram essas iniciativas exemplares que poderiam cobrir com seu manto toda a sociedade, e o potencial da medicina no campo da prevenção da criminalidade ainda não poderia se realizar plenamente. Daí o tom reinvindicativo e carregado de promessas que também aqui tingia a fala positivista:

> Dentre as causas da criminalidade, em geral, e particularmente da delinqüência infantil, destacam-se, ao lado das ambientais, as de ordem biológica. A medicina está sendo, por isso, chamada a desempenhar papel importante na obra de profilaxia do crime. A prevenção criminal só será realidade no dia em que houver, *por toda parte*, institutos e laboratórios de estudos da criança e do adolescente, sob o ponto de vista médico, antropológico, psicológico e pedagógico, a fim de ser possível descobrir, precocemente, os sinais e tendências daquilo que Di Tullio chamou constituição delinqüencial.[84]

Esse caráter totalizante que distinguia o programa positivista é que lhe conferiria um balanço sempre necessariamente parcial acerca de seu grau de implementação. Uma das razões desta parcialidade, além da abrangência quase utópica, era

---

84. Ribeiro, Leonídio. Aspectos médicos do problema da delinqüência infantil. *Archivos da Sociedade de Medicina Legal e Criminologia de S. Paulo*, São Paulo, v. 8, n. 1-3, 13-18, 1937a, p. 17-18, grifo meu.

a falta de uniformidade teórica acerca do tema, tanto no meio médico-legal, como entre a intelectualidade mais ampla preocupada com o problema da menoridade. Por exemplo, na abordagem acerca da etiologia da delinqüência infanto-juvenil, havia discordâncias sobre as causas prevalecentes, opondo as de origem biológica às de cunho sócio-ambientais.

Causas da delinqüência infanto-juvenil: entre a biologia e a sociologia

O próprio Código de Menores, quando prescrevia a necessidade de se fazer a investigação sobre cada um dos menores, procurava contemplar todas as possibilidades e não explicitar nenhum exclusivismo nesta questão:

> (...) tomando, ao mesmo tempo, a autoridade competente, as precisas informações a respeito do estado físico, mental e moral dele, e da situação social, moral e econômica dos pais, tutor ou pessoa incumbida de sua guarda.

Cândido Motta Filho, à época diretor do Serviço de Assistência aos Menores de São Paulo, pendia para a importância dos fatores sociais, com ênfase na questão familiar:

> No inquérito que procedi no Abrigo de Menores, em 300 internados, verificamos quase com a precisão de uma regra, que a falta de enquadramento social da criança resultava geralmente por culpa do meio, em grande número por culpa dos pais. Vítimas de casais desfeitos, órfãos de mãe ou órfãos de pais.[85]

Esta priorização do fator social como causa da delinqüência infanto-juvenil a partir da precariedade da família iria encontrar grande receptividade entre os psicólogos. Era o caso, por exemplo, de Maria Luiza Peeters[86]:

---

85. Motta Filho, Cândido. O problema da adaptação social da criança. *Archivos da Sociedade de Medicina Legal e Criminologia de S. Paulo*, São Paulo, v. 8, n. 1-3, 19-32, 1937, p. 28.
86. Formada pela Universidade de Louvain (Bélgica) e professora de Psicologia da Faculdade de Filosofia de Campinas.

(...) não há nenhuma condição física particular que tenha uma influência importante sobre a delinqüência juvenil. (...) Um grande número de crianças culpadas provém de lares infelizes, lares desfeitos, lares sem disciplina, lares imorais. As várias pesquisas realizadas, tanto na Europa como na América, revelam que um dos fatores mais importantes da delinqüência são as condições defeituosas da vida familiar.[87]

Dessa forma, a ausência ou a fragilidade da célula familiar apareciam quase sempre como fatores fundamentais, ainda que não houvesse um discurso homogêneo acerca nem mesmo de quais seriam os fatores sociais preponderantes e como eles atuariam sobre a criminalidade da criança e do adolescente. Muitas vezes, dentre as causas ditas sociais aparecem a influência "maléfica" do cinema, da literatura e até mesmo das cantigas populares.[88] Pobreza e exclusão social, por outro lado, eram fatores bastante negligenciados nos estudos da época.

No outro pólo, dentre os defensores mais entusiastas da primazia das causas biológicas na etiologia da criminalidade infanto-juvenil, naturalmente vamos reencontrar Leonídio Ribeiro. A citação que abre este texto demonstra isso. Mas tampouco aqui havia consenso sobre quais seriam as causas biológicas e como atuariam, como discutido no capítulo anterior. Também tratamos ali do aporte da endocrinologia às concepções mais biodeterministas que se difundiram nos anos 30. O próprio Leonídio Ribeiro era um representante da vertente endocrinológica da criminologia. Seu colega na Universidade do Brasil, Rocha Vaz, produziu estudos importantes na área, dentre os quais o premiado "Tipos morfológicos e patologia"[89], também já abordado no capítulo precedente. Nesse trabalho, Vaz se ocupou demoradamente das crianças, procurando tratar de forma específica das relações que nelas existiam entre tipo físico e comportamento. As crianças "anormais" ("delinqüentes, sem teto, atrasados psíquicos") apresentariam anomalias físicas correspondentes a suas anomalias psíquicas:

---

87. Peeters, Maria Luiza. A psicologia científica e a prevenção das crises sociais. *Arquivos da Polícia Civil de São Paulo*, São Paulo, v. 9, 155-168, 1. sem. 1945, p. 165.

88. Franco, João Evangelista. Literatura infantil e delinqüência dos menores. *Arquivos da Polícia Civil de São Paulo*, São Paulo, v. 5, p. 217-221, 1. sem. 1943; Mendes, Manuel Gândara. A higiene mental no adolescente. *Arquivos da Polícia Civil de São Paulo*, São Paulo, v. 8, 357-358, 2. sem. 1944, p. 358; e Silva, Luis. Polícia e humanismo. *Arquivos da Polícia Civil de São Paulo*, São Paulo, v. 7, 321-329, 1. sem. 1944, p. 325.

89. Vaz, 1944a, 1944b.

> (...) em todas elas há verdadeira inversão da fórmula psíco-física normal: em vez de predominarem os tipos pícnicos-ciclotímicos, predominam os astênicos-esquizotímicos, sendo também encontrados freqüentemente os tipos mistos e os displásicos, estes últimos, como os atléticos, tão raros em crianças normais.[90]

Assim, a cada disfunção endócrina na criança corresponderia uma alteração morfológica e comportamental. Por exemplo, a criança hipertireoidéia possuiria

> corpo esbelto, elegante, magro, longilíneo, (...) membros, especialmente os superiores, longos em relação ao tronco, mãos e pés delgados (...). A metade inferior do corpo é sempre mais desenvolvida em relação à superior, que se apresenta menor e magra. (...) A testa é caracterizada por cabelos abundantes, espessos, ondulantes (...) O nariz é antes longo e estreito, os lábios delgados (...).[91]

A descrição física prosseguia, bastante detalhada. Em seguida, o autor descrevia a personalidade correspondente a este tipo físico de criança:

> Sob o ponto de vista do dinamismo, estas crianças são taquiprágicas e taquipsíquicas, bem como são rapidíssimas todas as reações funcionais, até de tipo explosivo, porém exauríveis com facilidade; palavras, movimentos e pensamento, prontos; a ação segue o pensamento com grande facilidade; além disto existe uma fácil emotividade e hiperexcitabilidade psíquica, fantasia ardente, facilidade em inventar, intuição, vontade fortíssima, disposição altruística de ânimo, e inteligência de tipo sintético: é este o verdadeiro temperamento passional, patético artístico-intuitivo.[92]

Por sua vez, se a perturbação hormonal fosse devida a um excesso funcional da glândula pituitária, a criança, dita *hiperpituitárica*, poderia ser reconhecida pelo seu

---

90. Vaz, 1944a, p. 280.

91. Vaz, 1944a, p. 286.

92. Vaz, 1944a, p. 286-287.

(...) corpo grande, desarmônico, por causa da estatura exagerada e do exagerado desenvolvimento em largura e comprimento do nariz, da mandíbula, das mãos e dos pés. A testa é grande (...), os membros, longos em relação ao tronco. A pele é seborráica, lívida (...).[93]

O temperamento que corresponderia a este tipo físico provavelmente seria considerado digno de maior preocupação: "Os hiperpituitários sob o ponto de vista moral são excessivamente fracos e egoístas, fleumáticos, com escasso espírito de aventura e combatividade".[94]

Já no que se refere a possibilidades de desvios de ordem sexual, eram as crianças hipertímicas as que deveriam demandar maiores cuidados. Após mais uma detalhada descrição de suas características físicas típicas, tais como "nariz pequeno, boca pequena, articulações frouxas", dava-se também um resumo de sua personalidade:

(...) estes jovens hipertímicos são candidatos às perversões sexuais e morais. A incerteza sexual e a forma pueril que se notam na face e nas formas somáticas, é também observada [sic] na esfera psíquica, que é, por assim dizer, parada na fase pueril e pré-púbere, ao passo que a esfera sexual se apresenta com tendências homossexuais ou à ambivalência sexual. E do lado moral se nota também um defeito de inibição dos instintos e egoísmo exagerado.[95]

Na conclusão de seu trabalho, Rocha Vaz postularia a implementação prática do potencial destas idéias, na senda da defesa da sociedade e da prevenção à criminalidade:

Estaria, talvez, ali, o meio de despistar e reconhecer os criminosos antes do crime, por meio de um estudo demorado e completo da personalidade das crianças anormais, a fim de descobrir nelas as tendências para reações anti-sociais, realizando por essa forma a única profilaxia criminal científica e útil.[96]

---

93. Vaz, 1944a, p. 287.
94. Vaz, 1944a, p. 287.
95. Vaz, 1944a, p. 288.
96. Vaz, 1944a, p. 200.

Ao ler o texto de Rocha Vaz, a sua radicalidade biologicista pode, de forma legítima, levar o estudioso a desconfiar de sua representatividade, ainda que a favor da qual deponham os autores que cita, o cargo que ocupa e a autoridade da revista que o acolhe. Mas já no final da década de vinte, estas idéias freqüentavam importantes congressos científicos de âmbito internacional. Como na Primeira Conferência Latinoamericana de Neurologia, Psiquiatria e Medicina Legal, reunida na cidade de Buenos Aires, em novembro de 1928.[97] Um dos votos ali aprovados falava a mesma linguagem determinista, prevencionista e biológica de Rocha Vaz e Leonídio Ribeiro na abordagem da delinqüência infanto-juvenil, ainda que com maior ênfase na psiquiatria:

> Considerando que na atualidade a psiquiatria se vai orientando para a doutrina constitucionalista, e que a infância, em suas várias fases, representa a época que melhor permite determinar os vários tipos constitucionais – normais e patológicos – e realizar dessa forma as aspirações do método genético; considerando que esse estudo poderá esclarecer problemas muito graves, relacionados com outros ramos da ciência, e encarreirar por um trilho mais seguro a profilaxia mental: Faz votos para que em todas as Faculdades de Medicina sul-americanas se propugne a instituição da clínica neuro-psiquiátrica infantil, autônoma, ou anexa à clínica comum de psiquiatria.[98]

A possibilidade de um discurso comum

Mas, ao contrário do que poderia ser lógico supor, não havia na literatura especializada um debate acirrado entre os defensores das perspectivas mais biologizantes e os adeptos de abordagens mais sociologizadas. Na verdade, a oposição entre eles não era absoluta. Raramente o discurso desembocava num exclusivismo intransigente. Postulava-se uma definição hierárquica entre as possíveis causas da criminalidade infanto-juvenil, e não a exclusão de pontos de vista contrários. É interessante notar que os textos freqüentemente faziam referência à multiplicidade da etiologia do crime, mesmo que fosse para reconhecer uma influência majorada

---

97. Participaram dela como delegados brasileiros: Henrique Roxo, Faustino Esporel, Pacheco e Silva e Ernani Lopes (Primeira Conferencia Latino-Americana de Neurologia, Psychiatria e Medicina Legal. *Revista de Criminologia e Medicina Legal*, São Paulo, v. 4, n. 1-2, 229-232, jan.-fev. 1929, p. 229).

98. Primeira..., 1929, p. 230-231.

de determinados fatores. Isto em parte pode ser explicado pela própria correlação de forças dentro dos campos científicos voltados ao tema.

Esta falta de definição clara e esta tendência conciliadora entre as posições opostas iriam se refletir, inclusive, nas assembléias científicas dedicadas ao tema. Assim foi no Primeiro Congresso Latinoamericano de Criminologia, realizado em Buenos Aires em julho de 1938, que priorizou esta discussão. Seu tema oficial número um era justamente a "importância dos fatores biológicos e sociológicos nas reações antisociais dos menores". Nas intervenções, prevaleceu o ecletismo. O Prof. Carlos de Arenaza, representante argentino e relator oficial do tema, deu ênfase aos fatores sociais, novamente centrados no lar e na família, mas não descartou os fatores biológicos.[99] Pacheco e Silva, em seu relatório sobre essa discussão, testemunhava que a mesma indefinição e o mesmo ecletismo se refletia no conjunto da delegação do Congresso, mas ao mesmo tempo registrava uma importante unanimidade:

> Os delegados se manifestaram sobre o trabalho do prof. Arenaza, entendendo alguns serem de maior relevância os fatores biológicos e outros, dando maior proeminência aos fatores sociológicos. Todos, porém, foram acordes em que os países americanos se preocupem na implantação de estabelecimentos destinados a menores anormais do tipo das casas-lares.[100]

O encerramento do debate, a cargo do ministro argentino Eduardo Coll, deve haver causado certa expectativa com relação à posição que assumiria. Sua saída não poderia deixar de ser salomônica, afirmando que tanto os fatores sociológicos como os biológicos deveriam ser "(...) considerados com igual interesse no tratamento e na formação do espírito dos menores delinqüentes."[101]

Desta forma, o debate acerca das causas da delinqüência infanto-juvenil quase sempre resultava num discurso carregado de ambigüidades. Na terminologia de Thomas Kuhn, havia ainda uma disputa entre teorias candidatas a paradigma, e não um paradigma legitimamente aceito enquanto tal.[102] Bruno Latour, por sua vez, diria que estas idéias estariam se movimentando na região cinzenta que separa

---

99. Pacheco e Silva, A. C. Impressões do 1° Congresso Latinoamericano de Criminologia. *Arquivos de Polícia e Identificação*, São Paulo, v. 2, n. 2, 643-645, 1940, p. 643.

100. Pacheco e Silva, 1940, p. 644.

101. Pacheco e Silva, 1940, p. 644.

102. Ver Kuhn, 1998.

a mera ficção do fato científico reconhecido, procurando mobilizar aliados que as afastassem da primeira condição e as aproximassem da segunda.[103] Eram idéias científicas que possuíam vitalidade suficiente para serem discutidas e reproduzidas, mas insuficiente para interditar do mesmo debate as idéias antagônicas.

Mas há outra razão para essa suavização das fronteiras teóricas entre as duas perspectivas, que tem relação com o tipo de determinismo biológico que os positivistas concebiam nos anos trinta, aqui sim com importantes diferenças em relação aos tempos oitocentistas de Lombroso. Como vimos, o conceito central passou a ser o de *predisposição*, que relativizou o determinismo absoluto antes associado ao *criminoso nato*. Ainda que, ao fim da vida, Lombroso houvesse encarecido os fatores sociais da criminalidade[104], o personagem criado por ele se caracterizava por trazer consigo a inclinação para o crime como parte de sua essência física e mental, e a sua imunidade a quaisquer tentativas de regeneração levou muitos adeptos da Escola Positiva a defender a pena de morte. Por outro lado, seus seguidores do período do entre-guerras iriam conferir ao meio-ambiente o papel de elemento facilitador ou constrangedor do ato anti-social, atuando sobre o indivíduo e suas tendências. Aqueles portadores de periculosidade social seriam justamente os que apresentassem *predisposição* ao ato anti-social. Esta predisposição poderia ser potencializada pelo meio social, se este tampouco fosse saudável, ou, pelo contrário, restringida e anulada, em caso de um meio higiênico e moralizador. Por isso, as análises das relações do homem com o seu meio, particularmente do indivíduo desviante, estavam impregnadas de metáforas ligadas à microbiologia pasteuriana. É o médico pediatra do Instituto de Pesquisas Juvenis de São Paulo quem explica:

> Considere-se, agora, a criança tão delicada e sensível, sujeita a influências familiares, onde uma tara latente imprime uma conduta e uma atitude negativa em relação a este ser. A criança, aí, não só sofrerá uma pressão maior desse meio desfavorável, mas trazendo também na estrutura íntima do seu ser a predisposição latente representada pela hereditariedade, oferecerá uma porta aberta que torna mais fácil a atuação destes fatores ambientais sobre si mesmos. Infere-se daí a desvantagem da criança portadora de uma certa predisposição de herança patológica em função de um meio que ofereça os mesmos defeitos: a sua influência nefasta é quase inevitável.[105]

---

103. Ver Latour, 2000a.
104. Darmon, 1991, p. 64-65.
105. Dias, 1938, p. 157.

Daí a necessidade da seqüestração do "desviante" em casos de ambientes ou indivíduos demasiadamente degradados. Um meio social de disciplinarização e moralização, estruturado em torno da educação e do trabalho, poderia ser capaz de constranger as tendências e predisposições anti-sociais. Desta forma, estavam dadas as condições para o estabelecimento de um amplo terreno de acordo e de discurso comum entre todos os intelectuais e técnicos envolvidos com o problema da delinqüência infanto-juvenil. Pelas razões expostas, esse discurso comum foi capaz de abarcar a defesa da importância das instituições de internamento do delinqüente.

O internamento do menor: estudo, tratamento e defesa social

Na questão do internamento de menores, prescrevia-se um papel central para o Estado. Não apenas teria de vir dele a instituição e manutenção da rede asilar necessária, como a autoridade para forçar o internamento. Neste aspecto em particular, o Estado deveria sobrepujar a família como instituição prevalecente sobre o destino do menor. Aqui também, tal discurso se coadunava com a concepção antiliberal de Estado que as classes dirigentes da época privilegiavam. O psiquiatra da Penitenciária do Estado, quase que por dever de ofício e não sem um toque de impaciência, pensava desta forma:

> Como medida de profilaxia social, a assistência judiciária e médico-pedagógica aos menores responde a uma das maiores necessidades sociais, mas é preciso que, além de ser exercitada por pessoal tecnicamente capaz e de moral elevada, as leis se não prendam a princípios arcaicos e perturbadores do progresso, como, entre outros, a noção errônea de que o Direito, que decorre do dinamismo social, confere ao pai amoral e incapaz o poder de transviar o filho. A sociedade tem o direito e o dever biológico de defender-se, pode e deve, por conseguinte, criar todas as medidas precisas ao seu bem estar e ao seu progresso.[106]

Almeida Júnior, professor de Medicina Legal da Faculdade de Direito de São Paulo e autor sistematicamente preocupado com o tema de delinqüência infanto-juvenil, reforçava o argumento:

---

106. Mello, 1928, p. 27.

> Não repugna mais, ao legislador, entrar no âmbito do pátrio poder, regulando-o, cerceando-o, inibindo-o mesmo, no pressuposto de que o pai é um simples mandatário do Estado, cumprindo a este retirar-lhe a autoridade, cada vez que aquele não exerça satisfatoriamente o mandato que lhe foi confiado.[107]

Evidentemente, o Estado fez valer essa prerrogativa. Muitas famílias foram julgadas incapazes de educar seus filhos e tiveram estes recolhidos e analisados em instituições de assistência para menores. Foi o que aconteceu, por exemplo, com a adolescente P. P., de 15 anos. Internada no "Serviço de Abrigo e Triagem" em 27 de março de 1939, foi lá analisada por profissionais do Instituto de Pesquisas Juvenis. No laudo respectivo, a história da razão da separação de P.P. de sua família:

> A menor era desobediente, indisciplinada, não obedecendo a mãe, saía para a rua com um namorado, que havia arranjado, e os encontros fortuitos se repetiam. Tendo ido a uma festa de São Benedito, na vizinhança de sua casa, na companhia de diversas amigas, lá encontrando-se com o namorado. Desviando-se das companheiras, foi com ele para lugar ermo, alta madrugada, onde tiveram gozos genésicos; isto foi com o consentimento da menor. Percebendo a menor que tinha sido ludibriada pelo rapaz, pois ele lhe havia prometido casamento, pediu a uma amiga que relatasse o fato à sua mãe. Esta, sabedora, comunicou ao DD. Juiz de Direito de Tietê, que julgou a menor em situação de abandono, destituindo o pátrio poder, devido à mãe não cumprir os deveres para com a sua filha, e tomou outras providências. Entregou-a ao Serviço Social dos Menores para até a maioridade ser colocada em escola de reforma. O S.S.M. internou-a no Abrigo Provisório, com o fim de ser examinada na Sub-diretoria Técnico-Científica: exame médico, social e psicopedagógico, exigido pela lei.[108]

---

107. Almeida Júnior, A. O hiato nocivo na vida legal dos menores. *Archivos da Sociedade de Medicina Legal e Criminologia de S. Paulo*, São Paulo, v. 4, 55-80, 1933, p. 56.

108. Gaby, Benedita, Cópia da investigação sôbre a menor P.P.. *Arquivos da Polícia Civil de São Paulo*, São Paulo, v. 8, 93-95, 2. sem. 1944, p. 93.

O Estado, após julgar da incapacidade da mãe no cumprimento de seus deveres com a filha, notadamente o dever da vigilância, iniciava o processo de investigar a menor para subsidiar a individualização de seu tratamento. Era o Código de Menores sendo aplicado.

Mas, neste aspecto, o balanço geral era claramente negativo. Como vimos, o internamento de menores abandonados ou perigosos atendia ao preceito positivista de viabilizar a individualização da pena. Esta reivindicação vinha do século XIX e havia desembocado na fundação do Instituto Disciplinar[109], em 1902.[110] Já nos anos 30, tal iniciativa se mostraria tímida, insuficiente e, para muitos, fracassada. Em 1937, Cândido Motta Filho, ex-diretor da Instituição, fazia um balanço amargo da sua existência. Por um lado, tratava-se de uma instituição que nem conseguiu se generalizar como deveria, atingindo um número insignificante de menores, nem foi capaz de cumprir o objetivo da individualização do tratamento dentro de suas paredes. O juiz, que seria a autoridade competente para decidir das condições e da duração da pena, não recebia as informações que deveriam subsidiar suas decisões:

> O que adiantava recolher um menor num estabelecimento de reforma, se [o juiz] não tinha elementos para avaliar da personalidade do menor? Como poderia afirmar a sua salvação, se a vida fechada e estandardizada do reformatório era contrária à índole do internado?[111]

O resultado era a não individualização e a conseqüente impossibilidade do tratamento:

> O Instituto era um depósito de menores. Na chácara enorme, havia um regime comum, uma disciplina feroz. Menores de todas as idades e de todos os tamanhos, de todos os temperamentos. Adolescentes

---

109. Sobre o papel de Paulo Egídio e de Cândido Mota na campanha para a criação do ID, ver Alvarez, 1996.

110. Até então, São Paulo contava apenas com instituições privadas de recolhimento, tais como o Lyceo do Sagrado Coração de Jesus, o Abrigo de Santa Maria, o Instituto D. Ana Rosa e o Instituto D. Escholastica Rosa, de Santos, mas onde o Estado não possuía prerrogativas nem recursos para efetivar ali o internamento de menores que considerasse necessário (Santos, Marco Antonio C. dos. Criança e criminalidade no início do século. In: Priori, Mary del (Org.). *História das crianças no Brasil*. São Paulo: Contexto, 2000, p. 222).

111. Motta Filho, 1937, p. 22.

impulsivos, epilépticos, violentos, ao lado de ladrões dissimulados e perversos. Pequenos abandonados, tímidos e fracos, ao lado de pervertidos e degenerados.[112]

E mesmo que um tal tratamento científico e individualizado fosse possível, seu alcance seria pífio em termos quantitativos: "E o que valia salvar este ou aquele, se o Estado não tinha elementos para atender a milhares e milhares de menores que rumavam para a desgraça e para o crime?"[113]

O destino institucional reservado para esse enorme "excedente" era a opção tradicional, herdada dos tempos pré-republicanos: as prisões comuns, o que perpetuava a promiscuidade que abrigava crianças, adolescentes e adultos no mesmo espaço. Evidentemente, aqui as críticas dos positivistas eram muito mais ácidas e sistemáticas.[114]

Portanto, a questão do internamento de menores era considerada extremamente sensível à época, tanto pelo papel fundamental a ele atribuído no combate à delinqüência como pela enorme distância em relação ao estado ideal almejado para sua implementação, seja em termos qualitativos como quantitativos. Se os menores não fossem destinados às prisões, a alternativa, considerada sinistra pelos especialistas, positivistas ou não, era a povoação das ruas por crianças e adolescentes.

A rua: o pior ambiente

Espaço do perigo e do medo, a rua representava o ambiente moralmente insalubre por excelência, imagem reversa do ideal estereotipado pela família moral e fisicamente higiênica. Caldo de cultura dos vícios, das perversões, da marginalidade, a rua alimentava no imaginário popular a ameaça da perdição e do crime. Esta associação da rua com o *mal* é antiga e quase universal, mas conheceu um desenvolvimento extraordinário com a industrialização e a urbanização explosivas do

---

112. Motta Filho, 1937, p. 22-23.

113. Motta Filho, 1937, p. 22.

114. Nem mesmo quando em estabelecimentos mistos fossem previstas seções especiais para segregar os menores dos adultos, tal solução era considerada satisfatória, como externavam as críticas quando da inauguração em 1942 do Instituto Correcional Anchieta, que incluía instalações de um educandário para menores, consideradas inadequadas por estarem próximas à prisão do Instituto (Criação do Instituto Correcional da Ilha Anchieta. *Arquivos da Polícia Civil de São Paulo*, São Paulo v. 4, 689-700, 2. sem. 1942, p. 690).

século XIX. Esmeralda Moura reconhece no prefácio que Dickens escreveu para "Oliver Twist", publicado em 1838, o medo dos "horrores das ruas de Londres".[115]

A revolução industrial e os fenômenos a ela associados produziram dois novos personagens da cena urbana: a classe operária e a multidão anônima. Mais esta do que aquela fundamentaria o *medo urbano* e povoaria a produção cultural e o imaginário como um todo. Como diz Walter Benjamin, "a multidão, nenhum outro objeto impôs-se com mais autoridade aos literatos do Oitocentos."[116] A rua era o *locus* da multidão, e o medo da multidão era o medo da rua.

O perigo que a rua representava era muito maior e mais dramático quando se tratava de crianças e adolescentes. Por se encontrarem na fase considerada decisiva da formação da personalidade, nelas as más influências poderiam ter mais conseqüência. Mas, contraditoriamente, e para o pesar dos reformistas preocupados com o assunto, as ruas da cidade estavam intensamente povoadas destes seres imaturos. Ali, o "menor na rua" transformava-se no temível "menor de rua", nas palavras de Esmeralda Moura.[117] Em discurso em que agradecia o Prêmio Oscar Freire de Criminologia de 1943, pelo seu trabalho "Menores abandonados e delinqüentes", o pediatra Carlos Prado ajudava a construir essa imagem do menor, destinada a uma vida longa no imaginário da sociedade brasileira: "As estatísticas de todos os tempos, de todos os países, dizem a mesma cousa: criança abandonada é sinônimo em regra de criança vagabunda, doente, ladra ou criminosa."[118]

É interessante verificar como Prado descrevia o que faziam os menores na rua em 1943. Lendo sua análise, o leitor de princípios do século XXI, ao ter em mente as megacidades miseráveis e violentas de seu tempo, pode ser assaltado por um profundo sentimento de nostalgia histórica ou pela certeza de estar o mundo urbano mergulhado em um processo de irreversível decadência:

> Longe de diminuir, as legiões de moleques crescem como as formigas buliçosas e daninhas, invadindo e assolando todos os bairros. Não

---

115. Moura, Esmeralda B. B. de. Meninos e meninas na rua: impasse e dissonância na construção da identidade da criança e do adolescente na República Velha. *Revista Brasileira de História*, São Paulo, v. 19, n. 37, 85-102, 1999, p. 86.

116. Benjamin, W.; Horkheimer, M.; Adorno, T.; Habermas, J. *Textos escolhidos*. São Paulo: Abril Cultural, 1983, p. 36.

117. Moura, 1999, p. 101.

118. Prado, Carlos. Discurso de Agradecimento. *Archivos da Sociedade de Medicina Legal e Criminologia de S. Paulo*, São Paulo, v. 14, n. 1-3, 102-108, 1943, p. 105.

sei o número aproximado desses garotos que batem o poste e quebram vidraças, tocam campainhas, jogam o gude e futebol nos passeios, fazem barquinhas nas enxurradas, roubam leite, carne e pão, pedem dinheiro para enterrar o irmãozinho, chocam o ônibus e o 'camarão'[119], vendem santinhos, surrupiam tampões de automóveis, gritam nomes sujos e escrevem obscenidades nas paredes, jogam cascas de banana na calçada, e assobiam *"Manolita'*; não sei, ao certo, mas deve andar por muitas dezenas de milhares.[120]

Em certo sentido, era mais uma vez a família precária que tinha a culpa, pois ao não dar conta de suas obrigações morais e higiênicas, acabava por "empurrar" os seus filhos para porta afora. Cândido Motta Filho atribuía ao problema familiar, à debilidade do lar, importância decisiva na gênese do menor da rua (aproveitando mais uma vez para minimizar possíveis causas biológicas):

(...) temos testemunhado, constantemente, esses casos da criança rumar para a rua e perder-se na degradação, não por índole perversa, a moralidade congênita, impulsos anti-sociais. Mas porque vive num meio familiar infeliz. O pai bêbado e vagabundo não pode compreender o filho. A mãe exausta e martirizada não pode compreender o filho. Os exemplos de casa são os piores possíveis.[121]

Por outro lado, se o lar infeliz expulsava a criança, a rua a atraía. Este é um dos dilemas com os quais os reformadores do período se viam obrigados a lidar. As ruas estavam cheias de crianças e adolescentes não apenas porque as condições materiais de vida ou as condições morais da família tornavam isso possível. De certa forma, havia que se lidar com o fascínio que as ruas exerciam sobre estes seres frágeis de personalidade "incompleta". Citando Louis Rivière, autor de *"Mendiants et Vagabonds"*, João Dória, então Diretor do Instituto de Criminologia da Bahia, demonstrava como se complementavam a precariedade do lar e a fragilidade da criança com o fascínio das ruas para a gênese da criminalidade:

---

119. Bonde fechado de cor vermelha utilizado em São Paulo.
120. Prado, 1943, p. 105.
121. Motta Filho, 1937, p. 28.

> Desde cedo, o pai para um lado, a mãe para outro, vão em busca da oficina, ficando as crianças, por todo o dia, nos corredores e nos porões das habitações coletivas. Fácil se torna irem para a rua, onde tudo lhes excita a curiosidade, para os quais se despejam tentadoramente as amostras comerciais. Basta, às vezes, o mau conselho de um camarada mais velho para vencer a resistência de uma vontade ainda muito fraca; um primeiro furto passando despercebido, outro mais grave será levado a efeito, e a criança pode enveredar assim, sem sentir, ao caminho que leva à prisão.[122]

Almeida Júnior também assinalava a questão do fascínio das ruas. Para ele, tal fenômeno atingia mais os adolescentes que as crianças, tomados por uma tendência irresistível em "afastar-se dos pais":

> Nos quarteirões operários do bairro do Brás, sobretudo nas ruas Caetano Pinto e Carneiro Leão, verificamos o fato ao vivo. À tardinha, de cada casa sai uma família, com cinco, dez ou mais pessoas. Instalam-se os chefes à porta, e, sob o seu olhar vigilante, permanecem brincando os pequenitos. Os outros fogem. Na primeira inspeção feita, tivemos a impressão de que não havia, no bairro, crianças de 12 a 14 anos. Mas demos logo com elas. Evitam a proximidade da casa, vão agrupar-se em vários pontos, longe das vistas paternas. Formam zonas de concentração, nos terrenos vagos, ao lado das fábricas fechadas, nas travessas menos habitadas, onde possam dar livre expansão às inclinações para a turbulência e para o ruído.[123]

Mas, segundo o mesmo autor, também os pré-adolescentes se sentiam ambientados na rua. Daí, sua atração pelo trabalho ambulante:

> A infância pré-púbere tem acentuado pendor por esse gênero de vida. A atividade ambulante, ao acaso das circunstâncias, com o seu contingente de imprevisto e de aventura, responde melhor à sua psicologia, avessa à disciplina, à regularidade das obrigações e à monotonia

---

122. Dória, João Rodrigues da Costa, Delinqüência infantil. *Revista Penal e Penitenciária*, São Paulo, v. 4-8, n. 1-2, 143-152, 1947, p. 145.

123. Almeida Júnior, 1933, p. 66 e 67.

do trabalho uniforme. É vida independente, sem fiscalização próxima. Pode o menor, nos seus percursos, parar às vitrinas ou correr; desviar-se da rota mais curta, estacionar à porta do circo ou do cinema; fazer roda em torno dos 'camelots'; juntar-se a outros de sua idade, para tropelias e competições esportivas; arriscar um níquel seu, ou mesmo do patrão, no jogo de 'cara ou coroa'; tirar 'fumaçadas' de cigarros de companheiros benévolos. A vida ambulante é menos profissão que brinquedo. Há, certamente, no seu exercício, para avantajá-la sobre o trabalho industrial, maior conformidade com a psicologia infantil. Mas, sobre serem as circunstâncias físicas das intempéries, a incerteza da alimentação, a promiscuidade, causas de debilidade e moléstia, as condições morais da rua são pavorosas. Só os caracteres privilegiados podem resistir-lhe à força deturpadora.[124]

A rua, portanto, era o espaço simultâneo do perigo e do desejo.[125] Por isso, às crianças e aos adolescentes se tornava espaço interdito por excelência.[126] Principalmente porque a rua impossibilitava a vigilância sistemática. Esta só poderia ser viável em casa, no asilo, na escola ou no trabalho. Mas tais alternativas não tinham todas a mesma aceitação. A figura do menor trabalhador já não conseguiria o mesmo consenso alcançado pelo menor internado.

A ambigüidade do discurso acerca do trabalho infanto-juvenil

Na questão do trabalho do menor, a intelectualidade dedicada ao tema dividia-se novamente. Havia os que o defendiam, concebendo-o enquanto paliativo para melhorar a vida das famílias pobres. Havia os que o combatiam radicalmente como prejudicial em essência às necessidades e possibilidades da criança, e ainda havia os que o toleravam enquanto mal menor que evitasse a alternativa das ruas, desde que exercido "com as mínimas condições higiênicas e de segurança".

---

124. Almeida Júnior, 1933, p. 74 e 75.
125. Walter Benjamin atribui ao surrealismo a melhor leitura da rua como o espaço do desejo. (Fer, Briony. "Surrealismo, mito e psicanálise". In: Fer, B.; Batchelor, D.; Wood, P. *Realismo, Racionalismo, Surrealismo – A arte no entre-guerras*. São Paulo: Cosac & Naify, 1998, p. 187-188). O autor vai ainda buscar em escritores como Baudelaire e Poe imagens da rua e da multidão como objetos de desejo e fascínio (Benjamin; Horkheimer; Adorno; Habermas, 1983, p. 38-39).
126. Moura, 1999, p. 86.

A legislação sobre o tema ajudou a pautar o debate. O Código de Menores proibia o trabalho industrial para menores de 14 anos, com algumas possibilidades de exceção para os que tivessem de 12 aos 14 anos.[127] Mas lei de 1932 acabou com elas, absolutizando a proibição.[128] Almeida Júnior está entre os que aplaudiram esta interdição:

> O trabalho das crianças, de 12 a 14 anos, ou é inócuo ao organismo infantil, ou é nocivo. Se inócuo, seja ele permitido a todos os menores dessa idade. Se nocivo, não será a ciência da leitura e da escrita que lhe irá atenuar os efeitos, assim como não é de justiça, nem humano que se permita o sacrifício da saúde da criança, sob pretexto de beneficiar adultos que dela dependam.[129]

Mas o autor não se iludia acerca do cumprimento da lei. Para ele, os menores de 14 anos "necessitados de trabalhar, acham-se todos trabalhando, e, de preferência, na indústria." O trabalho infantil conciliaria a necessidade material de famílias carentes, por um lado, com a maior lucratividade do empregador por outro: "(...) todos sabem como é preferido o trabalho industrial dos menores, que, sobre ser mais barato, é exercido por um operariado dócil e relativamente disciplinado."[130]

A indústria se defendia deste tipo de acusação. A sua entidade de classe questionava as tentativas de regulamentação do trabalho infantil:

> (...) estas aspirações dos grupos sindicalistas e socialistas do velho mundo não têm por base razões de ordem fisiológica ou higiênica, mas sim considerações de ordem puramente econômica. (...) No Brasil, existem numerosíssimas crianças entre 13 e 14 anos que labutam nas indústrias, concorrendo de forma eficientíssima para a melhoria das condições dos

---

127. Esmeralda Blanco B. de Moura registra que as regulamentações do trabalho do menor já vinham desde fins do século XIX, por meio dos "Códigos Sanitários do Estado", mas sem que fossem devidamente respeitados (Moura, Esmeralda B. B. de. Crianças operárias na recém-industrializada São Paulo. In: Priori, Mary del (Org.). *História das crianças no Brasil*. São Paulo: Contexto, 2000, p. 271).
128. Almeida Júnior, 1933, p. 59.
129. Almeida Júnior, 1933, p. 60-61.
130. Almeida Júnior, 1933, p. 62 -63.

que lhes são caros, sem que isto importe na perda da sua saúde ou no retardamento da sua evolução psíquica.[131]

O industrial Jorge Street foi um dos pioneiros deste tipo de discurso, defendendo o trabalho do menor como forma de resgatá-lo das ruas. Por sua vez, Francisco Matarazzo inovou radicalmente na utilização do trabalho infantil, importando máquinas pequenas adaptadas para crianças, utilizadas na Fábrica de Tecidos Mariângela.[132] Dentro do ambiente médico-legal pelo qual vimos nos movimentando ao longo deste texto, vamos encontrar algum respaldo à posição dos industriais. Por exemplo, no Instituto de Biotipologia Criminal da Penitenciária do Estado de São Paulo, o chefe de sua Seção de Sociologia assim se manifestava sobre o tema:

> Deixar que as crianças dessa idade perambulem pelas ruas; não aproveitá-las no trabalho, quando vão dos 11 aos 14 anos (...) é facilitar a corrupção, é incentivar a delinqüência. (...) Dificultar o trabalho, mesmo antes dos 14 anos, como fazem determinações modernas, afigura-se, diz o ilustre penitenciarista Dr. Aureliano Duarte, digno membro do Conselho Penitenciário do Estado, um pernicioso efeito da ociosidade e um vasto campo de cultura da vadiação e da indisciplina. Organizar e dirigir o trabalho dos menores, garantindo-lhes a alimentação simples, mas sadia, será a melhor sementeira das indústrias nacionais, dos soldados que, além do corpo, tenham alma, de brasileiros, que não sejam apenas uma raça, mas um povo que se imponha pelo cérebro, ordem e tenacidade.[133]

Mas, de uma forma geral, a oposição ao trabalho infantil se generalizou nos anos 20 e 30, abrangendo médicos, juristas, as organizações dos trabalhadores, órgãos da imprensa e instituições do Estado.[134] A maneira enfática como Almeida Júnior rebatia os argumentos dos industriais em 1933 já era representativa de um discurso bastante disseminado na sociedade:

---

131. Citado por Almeida Júnior, 1933, p. 73.
132. Moura, 1999, p. 88; Moura, 2000, p. 264 e 276.
133. Aboláfio, José. Da necessidade da criação de uma instituição protetora do condenado. *Revista Penal e Penitenciária*, v. 3, São Paulo, n. 1-2, 267-274, 1942, p. 267 e 268.
134. Moura, 1999, p. 96.

As "numerosíssimas crianças entre 13 e 14 anos" que, no Brasil ou alhures, labutam na indústria, como se fossem adultos, não estão bem onde se acham. A indústria sofreria, se elas fossem impedidas de prestar serviços; sofreriam também as famílias obreiras; sofreríamos todos. Esse argumento não pode ser esquecido. Mas o direito das crianças deve antepor-se aos demais direitos. O direito de crescer normalmente precisa ser garantido pela lei. O direito de brincar é sagrado. Que se procurem outros remédios para o mal das indústrias; que se amparem de outra forma as famílias desafortunadas, mas não à custa da saúde das crianças.[135]

O trabalho do adolescente maior de 14 anos, todavia, não merecia a mesma contestação. O texto de Almeida Júnior estava preocupado com o limbo jurídico onde repousavam aqueles que tinham de 11 a 14 anos de idade. Até os 11 anos a lei prescrevia a obrigatoriedade escolar. Dos 14 anos em diante, o menor poderia trabalhar legalmente. Além disso, o Código de Menores previa a possibilidade de seu internamento em estabelecimentos especiais, até a idade de 18 anos. Portanto, de alguma forma o maior de 14 anos também estava sujeito à disciplina penal. É com o menor que não se encontrava nem na escola nem no mercado de trabalho e ainda permanecia fora do alcance da justiça que deveriam se preocupar os poderes públicos, pois este "hiato nocivo" implicava em falta de vigilância e controle. Mariza Corrêa associa tal preocupação diretamente com o surgimento das instituições científicas de estudo da personalidade de crianças e adolescentes:

> São essas crianças, desde então fora do mercado de trabalho e do alcance das leis penais – e que não tinham, portanto, como serem identificadas -, que vão ser objeto da atenção de médicos, psicólogos, juristas, pedagogos e senhoras católicas. Na mesma época começaram a ser criados espaços institucionais especiais para analisar o seu comportamento: o Instituto de Pesquisas Juvenis e o Serviço Social de Assistência e Proteção aos Menores, em São Paulo; o Laboratório de Biologia Infantil, no Instituto de Identificação, no Rio.[136]

---

135. Almeida Júnior, 1933, p. 73-74.
136. Corrêa, 1982, p. 60. No mesmo texto, a autora ressalta a influência do fascismo italiano na elaboração desses projetos e nas propostas correlatas de Leonídio Ribeiro.

Aí começam a transparecer alguns matizes e ambivalências do discurso acerca do trabalho infantil. Muitas vezes ele vai ser considerado um mal menor, se comparado ao abandono das ruas e à precariedade do lar. Também o trabalho agrícola era considerado menos nocivo do que o industrial. Desta forma, a condenação ao trabalho infantil perdia a radicalidade e ganhava relativizações. O próprio diretor geral do Departamento Nacional do Trabalho, Afonso Bandeira de Mello, emprestava a sua autoridade a tal discurso mediador:

> (...) nos campos o trabalho ao ar livre é sempre menos penoso que nos ambientes, muitas vezes incômodos e anti-higiênicos, das fábricas e das embarcações marítimas. Outrossim, o trabalho agrícola é freqüentemente feito em grupo de famílias, em que os menores trabalham em cooperação com os pais e sob sua imediata vigilância. Demais, quando os pais se afastam para o trabalho no campo, onde muitas vezes faltam escolas, torna-se perigoso deixar em casa as crianças, sem assistência, devido à mobilidade, à irreflexão e à inconseqüência próprias da idade infantil.[137]

Tampouco se questionava o trabalho como terapia de regeneração – a chamada laborterapia – nas instituições de recolhimento de menores. A própria fundação do Instituto Disciplinar, em 1902, já prescrevia a regeneração do menor por meio do trabalho.[138] Reivindicações nesta direção já vinham de fins do século XIX. Ferreira Antunes localiza estudo de José Rodrigues Dória, de 1894, em que ele faz um elogio do trabalho infantil dentro dos reformatórios:

> Quanto à recuperação dos "menores" infratores, o doutor Rodrigues Dória propunha que "o tratamento a aplicar" para a "cura deste tão grande mal social" devesse se pautar por três "indicações capitais": "a educação, o trabalho e a moralidade". Introduzir os jovens na moral, educá-los e fazê-los trabalhar – para essa finalidade, o conhecido médico qualificava como "magnífica" a instituição dos "reformatórios", designação italiana para estabelecimentos de atenção aos "meninos vagabundos e delinqüentes". Ali, as crianças encontrariam todos os cuidados higiênicos precisos, trabalho assíduo, quer indus-

---

137. Apud Corrêa, 1998, p. 423.
138. Moura, 2000, p. 277; e Santos, 2000, p. 225.

trial, quer agrícola, a instrução literária indispensável e conveniente, além da educação moral e religiosa.[139]

Na verdade, a justificação do trabalho como tratamento da delinqüência extrapolava o universo da criança e do adolescente, como vimos mais acima. Com relação à menoridade, havia ainda uma preocupação em adequá-la ao mundo do trabalho desde cedo. A concepção do menor enquanto força econômica a ser preservada impregnava mesmo o discurso dos que mais combatiam o trabalho infantil, como Almeida Júnior:

> Nesta fase da vida (...) se resolve quase sempre (...) o destino ulterior do indivíduo; decide-se sobre sua validez ou invalidez social; determina-se ele se virá a viver por si, contribuindo para o bem estar comum, ou se, ao contrário, pesará sobre os ombros alheios; se será um produtor ou mero consumidor; se ocupará um lugar útil, na grande oficina do trabalho humano, ou se irá avolumar a corte dos que povoam os presídios e os manicômios, os hospitais e os asilos.[140]

Portanto, era na infância que o futuro se decidia. Havia duas alternativas: ou a criança se tornaria um ser *produtivo*, inserido no mercado de trabalho, devidamente disciplinado para atender às suas exigências, ou se converteria no seu oposto, num pária social, num *marginal*. O acompanhamento sistemático do crescimento da criança, pela família, pelo professor e pelo médico deveria reconhecer o mais precocemente suas inclinações, para subsidiar as intervenções necessárias. O interessante aqui é que o conhecimento científico mobilizado para tal poderia ser útil não apenas para reconhecer as mais incipientes tendências anti-sociais, se possível "reconhecendo o futuro criminoso na criança de um ano", mas também para identificar as inclinações profissionais, com igual precocidade. Estamos novamente a tratar do tema da orientação profissional. Já demonstramos a sua valorização entre os profissionais da medicina legal e da criminologia. Aqui faz-se necessário apenas ressaltar a defesa insistente da precocidade em sua aplicação: havia que se identificar na criança seus pendores profissionais o mais cedo possível, à exemplo do que se prescrevia para prevenir a delinqüência. Em congresso médico de 1938, em São Paulo, podia-se ouvir:

---

139. Antunes, 1999, p. 81.
140. Almeida Júnior, 1933, p. 55.

> Nenhum indivíduo recém-nascido é capaz de desempenhar atividade profissional, mas está treinando desde a primeira infância qualidades físicas e mentais que se tornam úteis, ainda mais, indispensáveis, no exercício da futura profissão.[141]

Assim, a preocupação de Leonídio Ribeiro com a primeira infância parece não ter sido solitária. Mesmo futuros líderes da sociedade poderiam ser identificados entre crianças ainda balbuciantes:

> (...) a partir do segundo ano, pode-se distinguir a criança que domina intimidando, sobrepujando, atacando seu companheiro e a criança que domina inspirando, encorajando e conduzindo.[142]

A proposta da autora do artigo, Maria Luiza Peeters, era a de que tal criança, após identificada a sua capacidade de liderança, deveria ser encaminhada a "escolas para chefes", que deveriam ser criadas especialmente para esta clientela.[143]

O ideal da orientação profissional seria estabelecer as primeiras definições profissionais já nos primeiros tempos da carreira escolar, como propunha Edmur Whitaker no mesmo congresso. Sua proposta era de que as crianças, ao sair da escola primária, passassem por um processo seletivo, sendo divididas, dessa forma, em dois grupos. Um deles seria destinado aos estudos secundários e o outro para o aprendizado profissional.[144] Aqui, a visão organicista que caracterizou os regimes autoritários e fascistas se expressava na distinção na população entre aqueles destinados ao trabalho intelectual (cérebro), daqueles destinados ao trabalho manual (mãos). O critério para tal estaria fundamentado em predisposições "psicofísicas" de cada indivíduo, o que conferiria à organização assim obtida um viés a um só tempo "natural" e meritocrático.

---

141. Schneider, Izabel. Aspectos psicológicos da orientação profissional. In: Congresso Paulista De Psychologia, Neurologia, Psiquiatria, Endocrinologia, Identificação, Medicina Legal e Criminologia, 1., 1938, São Paulo. *Atas...* São Paulo: [s.n.], 1938, p. 45.

142. Peeters, 1945, p. 158.

143. Peeters, 1945, p. 167.

144. Whitaker, 1938a, p. 12. O paradigma poderia ser o exame de inteligência "11+", aplicado na Inglaterra desde os anos 20 até os anos 60, que direcionava 20% das crianças para escolas secundárias, destinadas a um futuro curso superior, e 80% para escolas técnicas. (Gould, 1999, p. 310-311).

A autoridade científica que sustentava a legitimidade dessas metodologias buscava superar a autoridade familiar e do próprio indivíduo para a definição de seu destino profissional, à semelhança das disputas entre formas de produzir a verdade de que tratamos no capítulo precedente. Aqui, tratava-se prioritariamente de desqualificar a orientação da família. Para Schneider, os pais, via de regra,

> (...) enchem a cabeça da criança com idéias erradas, envenenam o pensamento, tão sugestionável, com a apresentação do quadro do futuro brilhante e o resultado é: fracasso, tempo perdido, desilusões. E os pais desanimam os filhos sem querer, apenas como fruto de pura boa vontade. Eles não têm nenhum contato mental com os filhos, não confiam neles, não entendem as suas idéias, falam só das desvantagens de dadas profissões, louvam outras tais, que eles acham bonitas ou boas por um puro consenso social de vantagem econômica ou de glória; são ambiciosos, querem profissões liberais, querem sucessos para seus filhos, sem saber julgar se o filho possui as qualidades exigidas para tais profissões.[145]

Reforçava-se novamente a imagem de que a ciência e o Estado seriam os agentes que tinham as condições de saber o que seria melhor para cada um e para a coletividade: "A boa O.P. [orientação profissional], baseada no conhecimento biológico, psicológico e social do indivíduo, julga sempre os interesses gerais da pessoa orientada e age com muito tato e compreensão".[146]

A infância, portanto, deveria ser sistematicamente acompanhada, observada, analisada, no interesse a um só tempo da defesa e da riqueza da sociedade e por meio dos mesmos conhecimentos.

A criança, o médico, o policial e o patrão

O projeto positivista, em ultima análise, procurava estabelecer uma simbiose com o Estado. Dele, demandava o reconhecimento de prerrogativas, notadamente do direito de examinar, e um considerável aprimoramento institucional voltado aos seus objetivos. De sua parte, prometia ao Estado a resolução do problema da criminalidade e a otimização do mercado de trabalho. Tanto num caso como no outro, os positivistas insistiam na prioridade a ser dada às crianças e aos adolescentes. A

---

145. Schneider, 1938, p. 48.
146. Schneider, 1938, p. 49.

intervenção da ciência por meio do Estado sobre essa etapa da vida poderia, por um lado, redisciplinar em tempo hábil o elemento desviante e por fim viabilizar sua utilização no mercado de trabalho e, por outro, otimizar a distribuição das energias humanas na sociedade, ajudando a compatibilizar o indivíduo com o ofício que lhe seria mais adequado. Nos dois casos, dava-se a valorização do conhecimento científico, da importância da atuação o mais precoce possível sobre o indivíduo, da capacitação para o mundo do trabalho como objetivo último, e do papel do Estado como agente diretor e viabilizador de todo o processo.

Conseqüentemente, o programa da Escola Positiva para a questão da menoridade se apoiava numa concepção de Estado autoritário e centralizador, concepção que tinha à época grande penetração. A ciência concorria para o fortalecimento do papel de intérprete do bem comum que o Estado se atribuía. O referencial de verdade que detinha o conhecimento científico buscava legitimar a interferência do Estado na vida cotidiana. Por isso, cabia ao indivíduo e mesmo à família reconhecer sua subordinação ao poder estatal. Por exemplo, assim deveria ser na questão da destituição do pátrio poder, quando a família fosse julgada incapaz de cumprir com as suas responsabilidades com a educação do menor. Mas também na definição do destino profissional do futuro trabalhador, a ciência e o Estado deveriam ter suas prerrogativas cada vez mais amplamente reconhecidas. Tanto num caso como no outro, estava presente a idéia de que o Estado seria o único agente capaz de viabilizar a construção de um mercado de trabalho dócil e produtivo. O determinismo biológico dos positivistas considerava que em muito poderia contribuir para isso, examinando, investigando e acompanhando a criança o mais sistemática e cientificamente possível, reconhecendo precocemente suas tendências para o crime ou para o trabalho e buscando transformar aquelas nestas.

No entanto, e apesar da conformidade com a ideologia então predominante, há que se reconhecer que muito do que foi aqui abordado nunca saiu do plano teórico. Por exemplo, a capilaridade social das instituições destinadas à prevenção da criminalidade por meio do estudo da criança e do adolescente, examinando-os "por toda parte", nunca foi mais que incipiente. Tampouco a "Cidade de Menores" de Leonídio Ribeiro, um ousado projeto asilar, saiu do papel.[147] Como insistimos ao longo do texto, o discurso da Escola Positiva era moldado num tom permanentemente reivindicativo e reformista. Seu caráter utópico fica claro ao estudioso do tema e muitas vezes também ficava aos homens daquela época. O que se deu, no entanto, é que também no que diz respeito à questão dos menores, muita coisa de tal projeto virou realidade concreta. O Código de Menores, como vimos, o demons-

---

147. Ver Corrêa, 2001.

tra. Por outro lado, o Instituto de Biologia Infantil, do Rio de Janeiro, e o Instituto de Pesquisas Juvenis, de São Paulo, se nunca passaram de instituições modelares, não se generalizando, acabaram por influenciar muitos destinos humanos com seus laudos e suas investigações, por exemplo. Que o digam os juízes que com eles embasaram suas decisões sobre o internamento de menores.

Além disso, várias das concepções dos positivistas acabaram por criar raízes duradouras no imaginário da sociedade brasileira, das quais a estigmatização dos "menores de rua" enquanto delinqüentes em potencial é das mais significativas, como já insistiu Mariza Corrêa.[148] Outra idéia persistente, que à época que abordamos ganhou verniz científico baseado na forma como foram manipulados os conhecimentos sobre a hereditariedade, é a de que filho de criminoso tende a sê-lo também. Que tal idéia sobreviva, e não apenas no Brasil, testemunha-o notícia recentemente veiculada na imprensa, dando conta que na Inglaterra será implementado acompanhamento especial do Estado aos filhos de criminosos, considerados mais propensos ao crime que as demais crianças.[149] Pelo visto, o "criminoso em potencial" segue à solta...

3. Os homossexuais[150]

As teses biodeterministas encontravam também na questão do homossexualismo vasto campo de aplicação. Ao retirar o tema do terreno do pecado e do crime e patologizá-lo, a medicina se propunha a explicar um tipo de comportamento social por meio de algum distúrbio orgânico, na maior parte das vezes, de caráter hormonal. Se o menor se prestava a objeto da Escola Positiva por não possuir "discernimento", inviabilizando o uso da noção de livre arbítrio que sustentava as teses da Escola Clássica, o homossexual se apresentava como o "anormal" biológico por excelência, já que seu comportamento "anti-social" não dependeria de sua vontade, mas de imposições de origem orgânica.

As primeiras décadas do século XX assistiram a um avanço do processo de patologização do homossexualismo. O discurso científico sustentava que o homossexual lhe pertencia, considerando-o expressão de um problema médico, digno de estudo e de tratamento. O discurso contraposto, muito mais antigo, mas nem por isso ex-

---

148. Corrêa, 2001, p. 96.

149. Woolf, Marie. Londres vai monitorar filho de criminoso. *Folha de S. Paulo*, São Paulo, 17 ago. 2004. Folha Mundo, p. A11.

150. Uma versão adaptada e em espanhol do conteúdo desse item está publicado em Ferla, Luis. Gregorio Marañón y la apropiación de la homosexualidad por la medicina legal brasileña. *Frenia:* Revista de Historia de la Psiquiatría, Madrid, v. 4, n. 1, p. 53-76, 2004.

tinto, associava o homossexualismo com crime ou pecado. Na Europa, este debate é herdado do século XIX.[151] No Brasil, ganharia densidade nos anos 30, quando a questão homossexual tornar-se-ia recorrente nas revistas de medicina legal e criminologia. Nelas, é claramente reconhecível a hegemonia do discurso médico acerca do tema, ainda que os defensores da criminalização estivessem presentes.

No entanto, esse quase consenso em torno da aceitação do tema enquanto objeto da medicina desaparece quando se adentra ao conteúdo mesmo dos discursos científicos. Aí, as divergências começam a aparecer, posto que não havia acordo acerca de *como* a ciência poderia dar conta da tarefa de explicar o homossexualismo e *quais* especialidades médicas estariam mais capacitadas para fazê-lo. No período aqui abordado, a maioria dos médicos buscaria as respostas na psicanálise de Freud ou nas teorias hormonais do médico espanhol Gregorio Marañón. No que concerne ao ambiente médico-legal brasileiro, estas encontraram mais aceitação e difusão do que aquela. A influência das teses de Marañón na Escola Positiva brasileira foi decisiva para a patologização do homossexualismo no país.

Por sua parte, a história do homossexualismo no Brasil já conta com alguma reflexão historiográfica importante. Com relação ao século XX, a obra de James Green, "Além do Carnaval", é obrigatória[152]. Especificamente sobre as relações entre medicina legal e homossexualismo no Brasil da década de 30, recorte mais coincidente com o desse estudo, há o texto "O direito de curar", de Masseder Pereira.[153] Ambos reconhecem a presença das idéias de Marañón nos trabalhos da medicina legal brasileira. Na obra de Green, pode-se ler:

> Duas figuras internacionais, em particular, se destacaram por exercer uma maior influência em moldar as noções brasileiras sobre homossexualidade e sua ligação com a raça, o gênero, a criminalidade e a biologia. Um deles foi Cesare Lombroso, o criminologista italiano, e o outro foi Gregorio Marañón, um professor da Universidade de Madri.[154]

---

151. Pereira, Carlos Alberto Messeder. O direito de curar: homossexualidade e medicina legal no Brasil dos anos 30. In: Herschmann, N. M., Pereira, C. A. M. (Ed.), *A invenção do Brasil Moderno: medicina, educação e engenharia nos anos 20-30*, Rio de Janeiro: Rocco, 88-129, 1994, p. 117.

152. Green, 1999.

153. Pereira, C. A. M., 1994, p. 88-129.

154. Green, 1999, p. 199.

E também:

> As idéias de Marañón acerca das origens endocrinológicas da homossexualidade foram adotadas pela maior parte dos demais médicos e criminologistas brasileiros que escreviam sobre o assunto nos anos 30.[155]

Enfim, o objetivo aqui não é mais uma vez demonstrar a existência em si destas influências, mas sim buscar compreender *como* foram exercidas, que conceitos foram operacionalizados e com que outros conceitos estes se articularam. Para poder fazer isso, será necessária uma rápida revisão do pensamento do médico espanhol voltado ao tema. O material empírico para a demonstração da apropriação e manuseio destas idéias será fornecido pelos trabalhos dos – para nós já familiares – médicos-legistas do laboratório de antropologia criminal da polícia de São Paulo.

A teoria da intersexualidade

Gregorio Marañón foi um dos nomes mais destacados da medicina espanhola do século XX, com uma produção intelectual de monta, e não apenas no campo médico, destacando-se suas reflexões sobre história e literatura. Seu reconhecimento ultrapassou as fronteiras da Espanha. Particularmente o intercâmbio que manteve com seus pares latinoamericanos foi intenso e profícuo.[156]

A principal obra de Marañón utilizada pelos médicos brasileiros interessados no tema da homossexualidade é *"La evolución de la sexualidad y los estados intersexuales"*, publicado em 1930. Na verdade, trata-se de uma segunda edição de *"Los estados intersexuales en la especie humana"*, de 1929. A tese central de Marañón ali desenvolvida era a de que os dois sexos não constituiriam pólos opostos e absolutamente antagônicos. A configuração sexual de cada indivíduo seria sempre uma *mistura* de caracteres sexuais femininos e masculinos, e a "dosagem" de cada componente seria o resultado do balanço hormonal. Entre os dois tipos puros ideais, praticamente inexistentes, estariam os estados intermediários pelos quais toda a humanidade se distribuiria:

---

155. Green, 1999, p. 200.
156. Álvarez, Raquel P. *Marañón y el pensamiento eugénico español*. Madri: [s.n.],[2004?]. Mimeografado, p. 1. Este artigo contém uma interessante análise das relações entre a teoria da intersexualidade e o pensamento eugênico de Marañón.

> (...) o 'macho-tipo' e a 'fêmea-tipo' são entes quase em absoluto fantásticos; e, pelo contrário, os estados de confusão sexual, em uma escala de infinitas graduações que se estendem desde o hermafroditismo escandaloso até aquelas formas tão atenuadas que se confundem com a própria normalidade, são tão numerosos que há poucos seres humanos cujo sexo não esteja maculado por uma dúvida concreta ou por uma sombra de dúvida.[157]

Esta identidade fundamental entre homem e mulher remontaria a um passado sexualmente indiferenciado. Desde uma origem bissexual, a humanidade estaria progredindo rumo a uma diferenciação crescente. Considerando, portanto, a existência de uma gradativa variação que vai da "fêmea-tipo" ao "macho-tipo", os casos patológicos começariam a ser reconhecidos no ponto desta escala em que a predominância de um dos sexos passaria a ser cada vez menos identificável. Dito de outra forma, a patologia teria lugar quando da falta de um predomínio seguro e bem definido de um sexo sobre o outro.

Para fazer este diagnóstico e localizar um determinado indivíduo nessa espécie de mapa da sexualidade, Marañón determinava as propriedades biológicas que seriam típicas de cada sexo (assim, sexo e sexualidade acabavam por resultar na mesma coisa). A metodologia consistiria, então, em determinar a presença dessas características e concluir pela predominância das masculinas ou femininas e em que proporção. É o que o médico espanhol chamava de "caracteres sexuais", que poderiam ser anatômicos ou "funcionais". Os anatômicos primários corresponderiam aos órgãos genitais; os secundários, a outras características do corpo não diretamente relacionadas à reprodução, tais como a distribuição corporal de gordura e de pêlos ou a largura da bacia. Os caracteres anatômicos secundários seriam particularmente utilizados na produção de laudos médico-legais no Brasil, como veremos adiante.

Por outro lado, a definição dos chamados caracteres funcionais denunciavam mais claramente a atribuição de papéis sociais aos sexos que fazia Marañón. Como propriedades eminentemente femininas, estariam o instinto de maternidade e o cuidado direto da prole, a maior sensibilidade aos estímulos afetivos e menor disposição para o trabalho abstrato e criativo, menor aptidão para a impulsão motora ativa e para a resistência passiva e a voz de timbre

---

157. Marañón, Gregorio. *Los estados intersexuales en la especie humana*. Madrid, Javier Morata, 1929, p. 39, tradução minha (esta observação vale para todas as demais citações de obras de Marañón que vêm a seguir).

agudo. Além de se caracterizar pelo negativo destas propriedades, a "masculinidade", por sua vez, poderia ser medida pela maior presença do instinto de atuação social, como expressão da "defesa do lar". Várias questões culturais e ligadas ao comportamento resultavam assim determinadas pelo balanço hormonal. Portanto, se a maternidade era a função sexual por excelência da mulher, o trabalho o era para o homem:

> *Para mim é indubitável esta significação estritamente sexual do trabalho masculino, oposto à maternidade da mulher.* A natureza marca, com uma claridade que está por cima das opiniões dos homens, esta divisão biológica na atividade social dos dois sexos.[158]

Dessa forma, consolidava-se enquanto formulação de fundo médico-biológico uma infinidade de clichês acerca da diferença entre os sexos, como a associação da racionalidade e da atitude ativa com o homem e da emoção e da passividade com a mulher.[159]

Mas a misogenia das teses de Marañón não se esgotava nesta biologização dos papéis sociais tradicionais. Nelas, aparecia uma curiosa aplicação de idéias evolucionistas, identificando uma direção no processo de aprimoramento biológico, e este apontaria do feminino ao masculino. Para Marañón, a mulher "estacionaria" sua evolução morfológica na adolescência, quando desenvolveria uma diferenciação "colateral" para especializar seu corpo para a maternidade. Somente após o climatério, o corpo da mulher retomaria o processo evolutivo, por isso adquirindo vários caracteres "virilizadores"[160]. Daí, e desde uma perspectiva lamarckiana, Marañón concluía que

> (...) somente privando à mulher de sua maternidade durante um número considerável de gerações, poder-se-ia lograr a quimera, que alguns crêem realizável, de que seu organismo se igualasse ao do homem. Mas como muito antes de lograr-se este resultado a Huma-

---

158. Marañón, 1929, p. 56, grifos do autor.

159. Marañón chegava a considerar a mulher uma "irmã menor do homem" (Marañón, 1929, p. 234).

160. Marañón, 1929, p. 40.

nidade haveria desaparecido, eis aqui por que o sonho dos feministas não se realizará jamais.[161]

O homem se tornava, assim, o objeto do desejo da mulher, sua meta evolutiva:

> Os dados e meditações que expusemos (...) confirmam de um modo absoluto estes pontos de vista sobre a posição *não antagônica, e sim sucessiva, dos dois sexos*. A feminidade é, com efeito, uma *etapa intermediária* entre a adolescência e a virilidade. A virilidade é uma *etapa terminal* na evolução sexual. (...) A feminidade, por ser uma etapa intermediária, leva em si, incluída, uma essência de perene juventude, um mistério inesgotável de possibilidades; mas, por isso mesmo, há um momento em que seu progresso encontra um topo invencível e se converte, por fim, em uma aspiração. A masculinidade, por outro lado, por representar uma fase terminal, equivale a uma forma diferenciada e quase perfeita (...).[162]

Se o masculino seria a "aspiração" do feminino, que objetivo buscaria o homem na marcha de sua evolução biológica, posto que já teria atingido a "fase terminal"? Marañón responde:

> O progresso do homem não pode, por sua vez, dirigir-se à conquista de nenhuma forma ulterior. Depois dele, não há nada mais. Ou se limita, portanto, à perfeição concêntrica de sua própria virilidade; ou, talvez, coloca o fim de seu progresso, fora já dos limites biológicos, em uma aspiração à imortalidade.[163]

---

161. Marañón, 1929, p. 39.
162. Marañón, 1929, p. 235-236, grifos do autor. Nesta passagem e em muitas outras similares, Marañón parece não reconhecer uma contradição entre o que aqui está dito e a tese, igualmente repetida por ele com freqüência, de que uma presumível evolução biológica apontaria a uma diferenciação sexual crescente.
163. Marañón, 1929, p. 236-237. Para a segunda edição, publicada um ano depois, Marañón sentiu a necessidade de explicar um pouco melhor esse ponto, esforçando-se por dar-lhe alguma relativização, muito provavelmente para responder a contestações que, bastante ra-

Mas isto não significava, para Marañón, que a marcha evolutiva não fosse uma tarefa que a humanidade deveria colocar a si mesma, e isso para ambos os sexos. O homem normal enquanto homem ideal, para o autor, estaria inserido na história humana como objetivo racional a ser alcançado, concepção impregnada das idéias de evolução e progresso herdadas do século XIX, numa espécie de naturalização da história:

> Os homens atuais não podemos nos orgulhar de nosso sexo como de uma coisa perfeita. A plena diferenciação sexual é ainda rara. Logo veremos que essa diferenciação deve ser uma das metas de nosso progresso, se bem que progresso de vários séculos.[164]

Outra vez, o inimigo oculto interior

A tese de Marañón, por outro lado, concebia o ser humano como sede de um conflito. O sexo predominante deveria derrotar e subjugar o sexo secundário, chamado por ele de "sub-sexo". Este, portanto, assumia o papel de elemento negativo, o "mal" que, porventura vitorioso, seria capaz de produzir infelicidade e dificultar uma vida saudável. Mas, mesmo quando o sexo predominante se impunha e o indivíduo conseguia levar uma vida "normal", havia que se ter em conta que o sub-sexo derrotado, mas não destruído, permanecia como ameaça:

> Fixada assim a importância dos fatores endócrinos no mecanismo da sexualidade, *fica admitida também a hipótese da primitiva bis-*

---

zoavelmente, pode-se admitir que tenham existido. Para isto, incluiu a seguinte nota: "À imortalidade ou, pelo menos, à prolongação da vida, que é uma forma mais modesta da mesma aspiração. Recorde-se a resposta de Mr. Bergeret quando uma senhora lhe perguntava se não desejaria ser imortal: 'não senhora, me contentarei com ser eterno'. Não é um acaso que fizesse esta pergunta uma mulher a um homem e não o contrário. É interessante fazer notar que os intentos de prolongamento da vida, de que tão pródiga é a história da medicina, hajam sido sempre suscitados por homens e não por mulheres; e intentados repetidamente neles e não nelas. O equivalente na mulher, respeitemo-lo, é 'a emancipação'; isto é, a aspiração viril, a superação da feminilidade." (Marañón, Gregorio. *La evolución de la sexualidad y los estados intersexulaes*. Madrid: Javier Morata, 1930, p. 249).

164. Marañón, 1929, p. 2.

> *sexualidade da gônoda, com ulterior predomínio de um dos sexos, mas com uma permanência latente do sexo contrário.*[165]

Quando a latência se transformasse em realidade, produzir-se-iam as patologias de natureza sexual. Marañón trabalhava com a idéia de predisposição, por outra parte tão cara à criminologia de então. O seu determinismo biológico se limitava a indicar que a constituição de um dado indivíduo poderia tender a um dado comportamento ou a dada morbidez, mas sempre segundo os condicionantes do ambiente, que poderiam ser inibidores ou facilitadores de tais tendências. Para Marañón,

> (...) dada a enorme freqüência dos estados intersexuais humanos e a facilidade com que se produzem e desaparecem em indivíduos de aparência sexual normal, há que se admitir *que o soma humano, no qual normalmente se encontram signos do sexo oposto junto com os do sexo primário, conserva esses restos heterossexuais não em qualidade de um vestígio morto, mas como disposições latentes que podem reviver em determinadas circunstâncias monstruosas, patológicas anormais, ou ainda normais.*[166]

Por isso, "(...) posto que a interssexualidade orgânica é tão freqüente, a maioria dos seres humanos teria uma atitude primária para a homossexualidade, que logo desenvolver-se-ia ou não."[167] Assim, todo indivíduo possuiria um lado obscuro que corresponderia ao outro sexo, adormecido até que as condições do meio possibilitassem sua manifestação. O desenvolvimento normal de uma existência humana implicaria no controle dessa parte minoritária que existiria em cada um, desse verdadeiro "mal oculto". Estamos a tratar novamente do inimigo oculto interior que habita em cada indivíduo, herdado do decadentismo do século XIX, como discutimos no começo desse texto. Marañón se juntava, dessa forma, a Lombroso, Stevenson, Stoker e Freud:

---

165. Marañón, 1929, p. 197, grifos do autor.
166. Marañón, 1929, p. 191.
167. Marañón, 1929, p. 136.

> (...) as mais profundas e desconcertantes desgraças, que quebram para sempre o reto sentido da vida, provêm do inimigo interssexual que nos espreita, escondido em nossa própria estrutura. Umas vezes é a homossexualidade declarada, que coloca ao ser humano à margem da normalidade; outras, o mesmo instinto homossexual, sufocado pelas inibições sociais e religiosas, que converte à vítima em mártir silencioso de uma culpa não merecida (...)[168]

Mas a aceitação das idéias de Marañón não responde apenas à incorporação desse mito ao seu discurso científico. O médico espanhol atuava num ambiente científico que possuía evidentemente seus paradigmas consolidados. Estes teriam que ser respeitados para que suas idéias fossem reconhecidas.

A identidade entre o normal e o patológico na medicina

A teoria da intersexualidade, na forma proposta por Marañón, apesar de hoje parecer claramente absurda, conformava-se ao paradigma de sua época, ao menos no que tange à diferenciação entre o normal e o patológico, e parece haver sido condicionada por ele. Georges Canguillen demonstra que, a partir principalmente do pensamento de August Comte e de Claude Bernard, difundiu-se a idéia de que a diferenciação entre os estados normal e patológico possuía apenas uma dimensão quantitativa, permitindo que se pudesse identificar uma natureza contínua e essencialmente homogênea entre os dois estados. A passagem do saudável ao enfermo se dava sempre por algum excesso ou deficiência do organismo, sem alteração da natureza dos processos fisiológicos – a patologia apenas como extensão da fisiologia, não se constituindo legitimamente como campo científico autônomo. Comte, inclusive, influenciou o mundo intelectual como um todo com tal idéia, incidindo no campo médico desde fora, mas de maneira decisiva. Em 1908, na 40ª aula de seu curso de filosofia positiva, Comte ensinava:

> De acordo com o princípio eminentemente filosófico que de agora em diante constitui a base geral e direta da patologia positiva (...), o estado patológico não difere em absoluto radicalmente do estado fisiológico, com respeito ao qual somente poderia constituir, em qualquer aspecto, um mero prolongamento mais ou menos extenso

---

168. Marañón, 1929, p. 228.

dos limites de variação, quer sejam inferiores ou superiores, próprios de cada fenômeno do organismo normal, sem poder produzir nunca fenômenos verdadeiramente novos, que – em determinado grau – já não tivessem em absoluto análogos meramente fisiológicos.[169]

Claude Bernard, desde sua perspectiva médica, chegava basicamente à mesma conclusão:

> Tais idéias de luta entre dois agentes opostos, de antagonismo entre a vida e a morte, saúde e a enfermidade, a natureza bruta e a natureza animada, já cumpriram seu ciclo. É necessário reconhecer em toda parte a continuidade dos fenômenos, sua insensível graduação e sua harmonia.[170]

Marañón, por meio da teoria da intersexualidade, iria participar deste paradigma, reforçando com isso a aceitação da legitimidade científica de suas idéias. Pela teoria da intersexualidade, a fronteira patológica passava a ser pertinente também para as questões da sexualidade. O reconhecimento de uma homogeneidade fundamental entre o normal e o patológico, aplicado para o universo dos problemas da sexualidade, por sua vez permitiria o aprofundamento da apropriação médica dos casos de "confusão sexual" ou mesmo o alargamento deste conceito. Marañón chamava a atenção para todo um universo de casos patológicos insuspeitados, de "desvios" silenciosos à percepção do homem comum, mas não ao especialista treinado para tal:

> Todos nós diferenciamos na espécie humana, e em muitas das outras espécies animais, o macho da fêmea por um conjunto de detalhes morfológicos e funcionais, de conhecimento empírico, mas muito exato. Quando a mistura desses dois grupos de caracteres é muito visível, não é necessária nenhuma investigação especial para diagnosticar a intersexualidade: nas vitrinas dos museus, ou nas barracas das feiras, o monstro hermafrodita é compreendido pelo visitante como

---

169. Citado por Canguillen, G. *Lo normal y lo patológico*. Madrid: Siglo veintiuno, 1978, p. 28, tradução minha.

170. Citado por Canguillen, 1978, p. 46-47, tradução minha.

um organismo bissexuado, sem necessidade de explicações técnicas; e, na rua, ou num espetáculo público, a mulher virago ou o homem afeminado se destacam em seguida de todos os demais. Mas estes casos tão fáceis são os extremos da série intersexual, casos, portanto, raros. A multidão das formas disfarçadas (...) que terminam, quase sem nos darmos conta, na própria normalidade sexual, requerem, pelo contrário, um estudo atento e científico das características distintivas de cada sexualidade.[171]

Ao tempo em que Marañón produzia tais reflexões, essa estratégia de *apagamento* das fronteiras visíveis entre o patológico e o não patológico também estava sendo amplamente utilizada no universo da medicina legal. Foucault descreve esse fenômeno:

A peritagem médico legal não se dirige a delinqüentes ou inocentes, não se dirige a enfermos em contraste com não enfermos. Mas a algo que é, creio, a categoria dos 'anormais'; ou, se preferem, é nesse campo não de oposição, mas de gradação do normal ao anormal, onde se desdobra efetivamente a peritagem médico legal.[172]

Assim começa a ser mais compreensível a incorporação das teses da intersexualidade de Marañón pela medicina legal, incluindo a praticada no Brasil, tendo-se também em conta que a homossexualidade ocupava lugar prioritário no universo anormal então considerado. A metodologia de construir uma gradação que vai do normal ao patológico era compartilhada pelo pensamento do médico espanhol e pela medicina legal de forma geral, facilitando a incorporação daquele por esta. Além disso, a endocrinologia, base da teoria da intersexualidade, ganhava visibilidade e aparentava ser capaz de cumprir papéis bem mais além do universo eminentemente clínico, como abordamos no capítulo precedente e como explica José Martínez, contextualizando a obra de Marañón:

---

171. Marañón, 1929, p. 5.
172. Foucault, Michel. *Los anormales. Curso del Collège de France (1974-1975)*. Madrid: Akal, 2001b, p. 47, tradução minha.

(...) algumas das teorias e especialidades médicas em voga no momento, como era o caso da Endocrinologia que Marañón cultivava, ofereciam respostas mais ajustadas aos tempos, reforçadas ademais com a autoridade que confere a Ciência a diversas questões – criminalidade, incapacidades, degeneração da raça, etc. – que inquietavam a amplos setores da opinião pública e da classe política.[173]

Assim, a aceitação e difusão da teoria da intersexualidade respondia à sua conformação com relação ao paradigma médico-científico então vigente, ao prestígio da especialidade médica que a abrigava, a endocrinologia, e a de seu próprio autor, já renomado internacionalmente quando a consolidava em livro. Mas, para prosseguir no entendimento dessa influência e do grau que alcançou, faz-se necessário analisar um pouco melhor a própria medicina legal do período de entre-guerras, agora já com uma atenção mais particular para o caso brasileiro e paulista.

A medicina legal brasileira nos anos 1930 e a questão da homossexualidade

Já discutimos como o campo da criminologia e da medicina legal abrigava um considerável dissenso teórico entre as diversas especialidades médicas e como isso dava lugar a uma intensa disputa entre elas. Como aludimos antes, no tratamento da questão da homossexualidade, tal conflito era traduzido pela oposição entre as teses de Freud e as de Marañón. Neste sentido, a teoria da intersexualidade se ofereceu aos médicos identificados com as interpretações mais biologicizadas do crime e da anormalidade como um instrumento renovado a ser mobilizado no confronto.

O ponto de partida para tratar a questão, sob o ponto de vista "especializado" dos médicos-legistas, era de que o homossexual era um enfermo carente de tratamento médico, e não um criminoso ou pecador, como já enunciado mais acima.[174] Mas a oposição entre os discursos que viam na homossexualida-

---

173. Martínez P. J. *Sobres gozos y sombras: la actividad científica en la España de Marañón (1887-1960)*. Albacete: Universidad de Castilla-La Mancha, p. 40, tradução minha.

174. Apenas em 1992, a Organização Mundial da Saúde suprimiria o diagnóstico de homossexualidade da Classificação Internacional de Enfermidades (Donat, A. A. *La psiquiatría ante la desmedicalização de la homosexualidad: el ejemplo americano.* [s.n, s.d]. Mimeografado,). No entanto, recentemente um deputado da Assembléia Legislativa do Rio de Janeiro apresentou um projeto de lei propondo ajuda institucional para a "cura da homossexualidade",

de uma doença ou uma atitude criminosa deve ser bastante matizada. Não se pode identificar nesse caso o princípio da "porta giratória" para se diferenciar o indivíduo criminoso do indivíduo doente, pois ambas as figuras tendiam a se encontrar na personagem do anormal.

Considerar o homossexual um criminoso ou um enfermo tampouco implicava em prescrever profilaxias muito diferentes para o "mal", constituindo-se basicamente no acompanhamento médico-policial sistemático e, quando necessário, na seqüestração em "instituições adequadas". Em termos práticos, a vida do homossexual, principalmente se este pertencia às camadas mais pobres da população, era objeto de sistemática perseguição policial, não dependendo isso do estatuto jurídico de seu comportamento e da sua opção sexual. Independentemente das justificativas científicas, morais ou ideológicas, o que todos os envolvidos na repressão ao homossexualismo concordavam era que o indivíduo que o praticava era anormal e perigoso, doente ou criminoso fosse. Ainda que o homossexual não mais constasse nos códigos explicitamente como penalizável desde 1830, havia dispositivos legais outros que poderiam ser aplicados para seu enquadramento, como os relacionados a "atos obscenos em público" ou a "vadiagem", sempre que a autoridade policial assim quisesse.[175] A vida de homossexuais perseguidos, que de alguma forma transparece nos documentos produzidos pela própria polícia, incluindo aí as "investigações científicas" do seu corpo médico, está marcada pela presença cotidiana na prisão e pelas constantes mudanças de cidade por conta disso.

Dentro desse contexto de uma polícia medicalizada, e da patologização do ato anti-social, que incluía o homossexualismo, resta verificar como as idéias de Marañón eram concretamente aplicadas nos laboratórios de antropologia criminal das polícias brasileiras.

O grande difusor de Marañón no Brasil foi Leonídio Ribeiro. Em 1938, Ribeiro publicava "Homossexualismo e endocrinologia", livro prefaciado pelo próprio Marañón. Foi diretor da Revista "Arquivos de Medicina Legal e Identificação", veículo no qual artigos de Marañón apareciam com certa freqüência. Seu local de trabalho, dentro de um laboratório científico a serviço da polícia, permitiu-lhe "estudar" uma grande quantidade de delinqüentes, incluindo não poucos homossexuais, ou assim considerados. Em 1933, foi agraciado com o

---

tendo inclusive recebido o parecer favorável das Comissões de Constituição e Justiça e de Saúde do dito parlamento (Calligaris, Contardo. A cura da homossexualidade. *Folha de S. Paulo*, São Paulo, 7 out. 2004. Folha Ilustrada, p. E10).

175. Sobre a evolução legal do questão homossexual e as "adaptações" da atividade policial para tratá-la, ver Green, 1999, p. 55-58.

Prêmio Lombroso, concedido pela Academia Real de Medicina Italiana, pela apresentação de um relatório de suas pesquisas científicas desenvolvidas no referido laboratório. Suas investigações, ali relatadas, tratavam de patologias da impressão digital, dos tipos sangüíneos dos índios guaranis, dos biotipos criminais afro-brasileiros e das relações entre a homossexualidade masculina e o mal-funcionamento endócrino.[176] Para este último tema, Ribeiro realizou estudos em 195 homossexuais que foram colocados à sua disposição pelos cárceres da polícia do Rio de Janeiro. Este estudo, de alguma forma, tornou-se um padrão para outros legistas dedicados ao tema.[177]

Em São Paulo, também os médicos da polícia iriam instrumentalizar as idéias de Marañón para tratar da questão da homossexualidade. Dos três médicos que ali trabalhavam, Whitaker sem dúvida era quem estava melhor situado na vertente mais psiquiatrizante da criminologia, como vimos no capítulo anterior. Por isso mesmo, torna-se interessante verificar o uso que fazia das idéias de Marañón para tratar da questão homossexual. Em julho de 1937, ele apresentava, em Sessão da I Semana Paulista de Medicina Legal, os resultados de uma pesquisa sua denominada "Contribuição ao estudo dos homossexuais". Ali, Whitaker trazia para a análise dos pares oito casos de "pederastas passivos", que seriam de "grande interesse do ponto de vista médico-social". No resumo dos respectivos laudos, podem ser encontrados, ao lado de diagnósticos de teor psiquiátrico, registros dos já referidos caracteres sexuais secundários da classificação proposta por Marañón, colaborando com a tarefa de construir o personagem do homossexual a partir de critérios científicos. Assim se dava com o laudo de um garçom de 19 anos que foi encaminhado para exames em 18 de setembro de 1936. Além de apresentar "leve psicopatia (...), personalidade medíocre (...)", possuía também "(...) bacia de tipo feminino aproximado, pelos do púbis de conformação feminina aproximada." Por sua vez, um comerciário de 20 anos, proveniente do Rio de Janeiro, foi examinado em 10 de junho de 1937. Seu laudo indicava, dentre outras coisas, "inteligência limitada" e "bacia e parte inferior do corpo de tipo feminino". Outro garçom, de 32 anos, foi examinado em 22 de setembro de 1937. Os médicos da polícia acabaram por concluir tratar-se de uma personalidade "bastante medíocre, de tipo esquizóide, com tendências

---

176. Green, 1999, p. 130.

177. Para conhecer a atuação de Ribeiro em processo judicial de grande repercussão na época, em qual a homossexualidade do acusado teve papel central, ver Fry, 1982, p. 65-80.

à instabilidade"[178]. E, mais uma vez, os caracteres secundários de que trata Marañón são perscrutados com tenacidade no corpo analisado:

> (...) aspecto normal à inspeção, excetuada a largura da bacia, ligeiramente exagerada. O panículo adiposo a esse nível e regiões circunvizinhas é regularmente desenvolvido, determinando contornos arredondados (bacia de tipo feminino) e a distribuição de tipo misto dos pelos do púbis. Ausência de pelos no tronco.[179]

Em todos os oito casos apresentados, os laudos registrariam ao menos algum "carácter secundário feminino", sendo os mais freqüentes a largura da bacia e a distribuição de gordura e de pelos pubianos. Todos igualmente apresentavam "anomalias de personalidade".[180] Anos mais tarde, quando Whitaker se propunha explicitamente a discutir laudos que buscassem a "(...) elucidação do mecanismo psicológico ou psicopatológico do delito", seu olhar pericial continuava a não negligenciar a presença dos caracteres secundários femininos: "(...) Largura aumentada da bacia. Apesar de emagrecido, o panículo adiposo, ao nível da bacia e regiões circunvizinhas, é regularmente desenvolvido, determinando contornos arredondados (bacia de tipo feminino)."[181]
Por outro lado, Whitaker, em nenhum momento de sua apresentação, fez menção à representatividade de sua pesquisa. Os casos analisados apareciam sempre como paradigmáticos, mesmo que fosse pela ausência de qualquer ressalva a respeito. Em sua conclusão, reafirmava seu alinhamento mais "psiquiatrizante" na análise da etiologia da homossexualidade, mas sem descartar o componente endócrino:

> (...) a importância imediata do elemento endócrino diminui no conjunto dos casos de homossexualidade masculina, considerada a provável freqüência das formas exógenas. (...) O estudo de nossos casos de

---

178. Whitaker, Edmur de A. Contribuição ao estudo dos homossexuaes, *Archivos da Sociedade de Medicina Legal e Criminologia de S. Paulo*, São Paulo, v. 8, 217-222, 1938. Suplemento. Annaes da Primeira Semana Paulista de Medicina Legal, 1937b, São Paulo.
179. Whitaker, 1937b, p. 220.
180. Whitaker, 1937b, p. 221.
181. Garçon homossexual examinado em janeiro de 1937. Whitaker, 1938-1939b, p. 132.

homossexualidade confirma a idéia de ser esta anomalia um aspecto das personalidades psicopáticas (em sua forma endógena), ou uma conseqüência destas (em sua forma exógena), o papel do elemento endócrino sendo aqui (forma endógena) idêntico ao que desempenha nas psicopatias.[182]

Na verdade, essa combinação de diagnósticos de debilidades da saúde mental e de presença de caracteres sexuais secundários de tipo feminino nos laudos de homossexuais era uma constante monótona na medicina legal brasileira do período.

Outro especialista no tema era Pedro Moncau Jr., colega de Whitaker no laboratório de antropologia criminal da polícia paulista. Como vimos em capítulo precedente, enquanto Whitaker era o especialista psiquiátrico do grupo, Moncau Jr. era o perito endocrinologista. Dois anos depois que seu colega apresentava aos pares os resultados de suas investigações no laboratório, Moncau Jr. o fazia em outro evento científico da categoria.[183] Sua perspectiva era mais marcadamente pendiana, a começar pelo título do trabalho: "Pesquisas endocrinológicas em criminosos". Ali estavam contidos os resumos dos laudos de 6 indivíduos, considerados pelo apresentador como os mais interessantes de um total de 86 submetidos a exame clínico-endócrino no decorrer de um ano no laboratório. Fica claro que a seleção dos casos "mais interessantes" correspondia também aos que melhor se adaptavam aos preceitos teóricos privilegiados pelo autor: "(...) foi possível verificar, em alguns indivíduos, relações nítidas entre anomalias orgânicas e funcionais, principalmente de natureza endócrina, e os delitos de que se tinham tornado culpados."[184]

O primeiro caso que Moncau Jr. apresentou não se referia a um homossexual, mas foi enquadrado de alguma maneira em expressão de desvio de natureza sexual. A repetição, neste caso, do mesmo padrão de identificação da presença de caracteres sexuais femininos indicava que a homossexualidade seria, para estes médicos, apenas uma das expressões possíveis de desequilíbrio sexual anômalo. Além de patologizar o comportamento sexual considerado anormal, essa perspectiva se articulava com a tese de Marañón sobre a escala gradativa que se desloca do normal ao patológico. Neste percurso, multiplicavam-se as possibi-

---

182. Whitaker, 1937b, p. 222.
183. O Primeiro Congresso Paulista de Psicologia, Neurologia, Psiquiatria, Endocrinologia, Identificação, Criminologia e Medicina Legal, realizado em São Paulo, em julho de 1938.
184. Moncau Júnior, 1938-1939, p. 93.

lidades de anomalias a serem identificadas. O laudo em questão tratava de um homem "de 27 anos, casado, (...) acusado, pela própria esposa, de tentativas de atos libidinosos e imorais". O exame de seu corpo chamou a atenção do perito pela "(...) escassez de pelos, pela implantação feminina de pelos do púbis, pelo tamanho exíguo do pênis", constituindo "(...) um ligeiro desvio para o polo feminino dos caracteres somáticos."[185]

A segunda observação apresentada por Moncau Jr. tampouco fazia referência a homossexualismo. No entanto, o exame médico indicava tratar-se de um "tipo clássico de eunucóide", diagnóstico apoiado nos caracteres sexuais masculinos deficientes, principalmente a debilidade do sistema piloso e do tamanho dos testículos. Ainda que o "paciente" houvesse afirmado que sempre manteve relações sexuais "normais", para o médico isso em nada demonstrava a falência do diagnóstico de eunucoidismo, já que "(...) sabido como é, nos próprios castrados, são possíveis as funções genitais, embora estéreis."[186] Esse caso é particularmente interessante para ilustrar o manejo das teses da intersexualidade para tratar de indivíduos delinqüentes cujo comportamento pelo qual eram acusados nenhuma relação tinha com homossexualidade, ou mesmo com delitos de ordem sexual. Por isso, não é demais reproduzir a conclusão do laudo, que contém inclusive alguma sobrevivência do primeiro lombrosianismo:

> Este indivíduo conta inúmeras passagens pelas várias delegacias, principalmente por vadiagem, furtos, roubos; cumpriu pena na Colônia Correcional do Estado; esteve internado na Ilha dos Porcos. Tudo isso denota um baixo nível moral, aliás estereotipado na expressão de sua fisionomia.[187]

Dos outros quatro casos discutidos, dois se referiam a "pederastas passivos" e outro a acusado de "libidinagem com menores". Em todos os laudos, repetia-se de forma sistemática a descrição dos caracteres sexuais femininos. Às vezes, a redação do texto traía o esforço quiçá algo demasiado em identificá-los, como no caso de um dos "(...) pederastas (...) que apresentava *talvez* um *esboço* de ginecomastia".[188] O conjunto, conclui Moncau Jr., era

---

185. Moncau Júnior, 1938-1939, p. 93-99.
186. Moncau Júnior, 1938-1939, p. 94.
187. Moncau Júnior, 1938-1939, p. 94.
188. Moncau Júnior, 1938-1939, p. 97, grifos meus.

> (...) constituído, como vemos, por uma série de anomalias sexuais, de diversos graus, em indivíduos do sexo masculino e caracterizadas, o mais das vezes, por um afastamento, maior ou menor, das manifestações normais em indivíduos deste sexo, notando-se uma tendência morfológica, funcional ou psíquica, para o polo sexual oposto.[189]

A explicação, para o autor, era fornecida pela teoria da intersexualidade de Marañón, da qual fez um resumo no próprio artigo. Os laudos que apresentou seriam, inclusive, uma demonstração prática em pequena escala do universo de variações possíveis no percurso do normal ao patológico: "É interessante notar aqui a gradação quase insensível de um para outro caso, ilustrando assim exemplos de intersexualismo gradativamente crescentes."[190] Confiante por um tal respaldo científico, Moncau Jr. se mostrava consciente da importância desse seu trabalho para o aprimoramento da criminologia como ciência e da repressão ao crime e ao ato anti-social:

> Acreditamos que o estudo apresentado torne bem patente a possibilidade de se pesquisar e encontrar, em cada caso concreto, um possível substrato orgânico, responsável por uma *tendência* ao desvio da norma de conduta, de que resulta um ato delituoso qualquer. Decorre naturalmente daí, também, a possibilidade de se estabelecer com maior precisão a imputabilidade de um indivíduo acusado de um determinado crime e, conseqüentemente, avaliar com maior precisão o grau de responsabilidade que lhe cabe e isto com bases biológicas seguras e que não podem deixar de ser tomadas em conta, ao ser ele estudado. Eis, senhores membros deste Congresso, a contribuição que julguei útil trazer a debate, como demonstração incompleta embora, dos vastos horizontes que começam a ser descortinados no campo da endocrinologia e do quanto pode a biologia vir em auxílio da justiça, permitindo conclusões mais justas e verdadeiras.[191]

Aprimorando a construção do indivíduo anormal

---

189. Moncau Júnior, 1938-1939, p. 97.

190. Moncau Júnior, 1938-1939, p. 99.

191. Moncau Júnior, 1938-1939, p. 100.

Portanto, a teoria da intersexualidade, da forma como a consagrou Marañón, encontrou terreno fértil na medicina legal e na criminologia brasileiras. Colaborou para isso a urgência que recebeu o tema nesse meio, demandando respostas científicas para "resolvê-lo". Marañón parecia fornecê-las e o fazia por meio da endocrinologia, então uma especialidade médica de crescente prestígio, e que já havia possibilitado o aparecimento de uma derivação de êxito internacional, a endocrinologia criminal capitaneada por Nicolas Pende. Os herdeiros de Lombroso no Brasil identificaram nas idéias de Marañón uma oportunidade de fortalecimento de suas concepções biodeterministas, permanentemente acossadas por posições mais psicologizadas ou sociologizadas acerca da explicação do ato anti-social. Nesse campo de disputas que era a criminologia de então, os neolombrosianos encontrariam refúgio no ecletismo da escola constitucionalista, levando consigo as novidades científicas que lhes poderiam ser de utilidade. Como vimos, o caráter totalizador e aberto da criminologia constitucionalista advogava a integração de todas as perspectivas médicas na construção do personagem delinqüente, o que facilitara a aceitação da endocrinologia criminal e, de passo, da tese da intersexualidade de Marañón.

Os laudos periciais estudados expressavam esse ecletismo. Assim, os peritos manuseavam variáveis fornecidas pelas diversas especialidades médicas, que acabavam traduzidas em sinais de anormalidade, ou estigmas, em linguagem mais lombrosiana. Todas elas acabavam por compor um mosaico por meio do qual transpareceria a figura do delinqüente e de suas anormalidades. Particularmente, os caracteres sexuais secundários se tornavam objeto de investigação no corpo do delinqüente, inclusive sem que este fosse necessariamente "acusado" de práticas homossexuais, ou mesmo de qualquer delito de natureza sexual. Em última análise, Marañón facilitara não apenas o trato científico da homossexualidade, como fornecera novas variáveis para a construção do indivíduo anormal. Produziam-se pequenas suspeições morfológicas que se somavam a outras de caráter psiquiátrico e que colaboravam entre si na construção da certeza científica que se esperava de um laudo pericial e que residia na constatação da anormalidade e da periculosidade do indivíduo examinado. Enfim, a acolhida que a medicina legal deu às idéias de Marañón acerca do tema da sexualidade permitiu o enriquecimento do repertório e do acervo teórico para a tarefa de identificação e enquadramento do indivíduo "anormal".

4. Menores, trabalhadores e homossexuais, ou a população enquanto bem da nação

A presença dos menores, homossexuais e trabalhadores urbanos nos escritos da medicina legal e da criminologia estudados, e com a intensidade e a prioridade com que se dava, possui uma explicação que é pertinente aos três grupos a uma só vez. De uma certa forma, aqueles dentre eles que desviassem da norma representavam um questionamento frontal do projeto de sociedade que se buscava construir a partir das políticas do Estado varguista, concebidas enquanto expressão do biopoder de que trata Foucault.

A "sociedade de normalização", para este autor, não se constituía apenas na generalização dos mecanismos e das instituições disciplinares de forma a "recobrir todo o espaço social".[192] A norma disciplinaria a vida, não apenas ao nível do corpo, mas também da população. Na intersecção entre o poder que atuava sobre o corpo do indivíduo e o poder que procurava administrar a população, a norma se estabeleceria. O *biopoder* seria, então, não apenas o poder sobre a *vida do corpo*, como também sobre a *vida da população*.[193] Ao primeiro, Foucault chamou de "poder disciplinador" e, ao segundo, de "poder regulador". Por meio de tecnologias disciplinadoras que vieram do século XVI, e de reguladoras que surgiram na segunda metade do século XVIII[194], mas que se desenvolveram extraordinariamente ao longo dos séculos seguintes, este biopoder de dupla face

> (...) foi elemento indispensável ao desenvolvimento do capitalismo, que só pôde ser garantido à custa da inserção controlada dos corpos no aparelho de produção e por meio de um ajustamento dos fenômenos de população aos processos econômicos.[195]

Daí que o Estado passasse a se ocupar dos diversos processos biológicos populacionais: a proliferação, os nascimentos e a mortalidade, o nível de saúde,

---

192. Foucault, 2000, p. 302.

193. Foucault, 2000, p. 302.

194. Foucault, Michel. *História da sexualidade*: a vontade de saber. 14 ed. Rio de Janeiro: Graal, 2001a, p. 131.

195. Foucault, 2001a, p. 132.

a duração da vida, a longevidade, a habitação e a migração.[196] No período do entre-guerras, o aumento populacional estava no centro das estratégias populacionais de quase todos os Estados, na esteira do desastre biológico ocasionado pela Primeira Guerra e antevisto por conta da seguinte. Aí se incluía sem dúvida o Brasil da era Vargas.

Portanto, desde essa perspectiva nos fornecida pelas reflexões de Foucault acerca do poder regulador sobre as populações, ganha mais sentido a preocupação da medicina legal brasileira com os menores, os trabalhadores urbanos e os homossexuais. Todos os três grupos possuíam importância estratégica na construção do perfil populacional projetado pelo Estado. A infância representava o lastro da força produtiva do "Brasil do amanhã". O menor perigoso e anormal, por outro lado, seria sua própria negação, a corrosão das bases estruturais do edifício do futuro da nação. O homossexual, por sua vez, seria a óbvia sabotagem de toda a política de aumento populacional, evidentemente com todo o revestimento moral que caracterizava essa perspectiva. E o trabalhador disciplinado e produtivo seria o ponto de chegada, o objetivo último das estratégias de biopoder, com as quais buscava colaborar a medicina legal e a criminologia positivistas.

---

196. Foucault, 2001a, p. 131.

Caderno de imagens

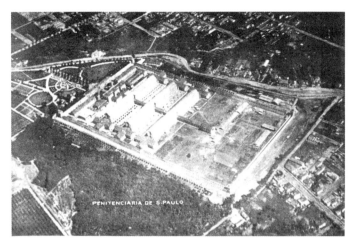

Vista geral do edifício e do terreno da Penitenciária de S. Paulo.

Um aspecto da fachada principal.

Figura 1 (A e B) – A Penitenciária do Estado (fotos publicadas em 1933).

A entrada.

Uma vista parcial do edifício.

Figura 1 (C e D) – A Penitenciária do Estado (fotos publicadas em 1933).

As oficinas de marcenaria.

A fábrica de calçados.

Figura 1 (E e F) – A Penitenciária do Estado (fotos publicadas em 1933).

A oficina de costura.

A cozinha.

Figura 1 (G e H) – A Penitenciária do Estado (fotos publicadas em 1933).

Figura 2 – A Colônia Correcional da Ilha Anchieta (fotos publicadas em 1943).

Figura 3 – A diretoria da Sociedade de Medicina Legal e Criminologia em 1943 (Flamínio Fávero é o terceiro da direita para a esquerda).

Diagrama do Biótipo humano e critérios fundamentais para a formação de um perfil Biotipológico individual (Pende)

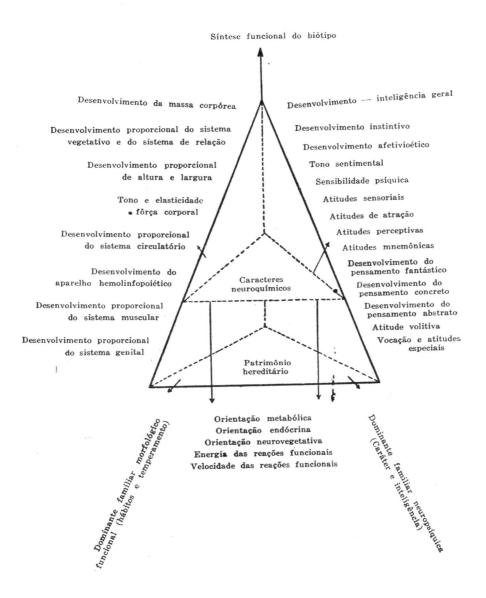

Figura 4 – A Pirâmide de Pende.

Figura 5 – O antropômetro de Viola do Instituto Oscar Freire.

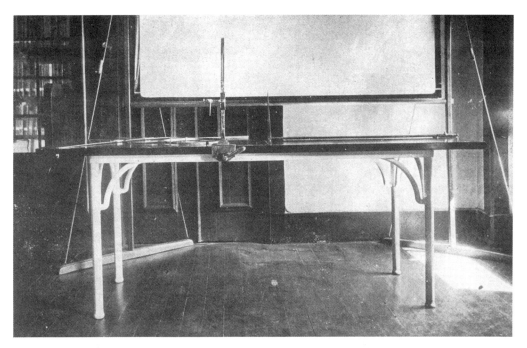
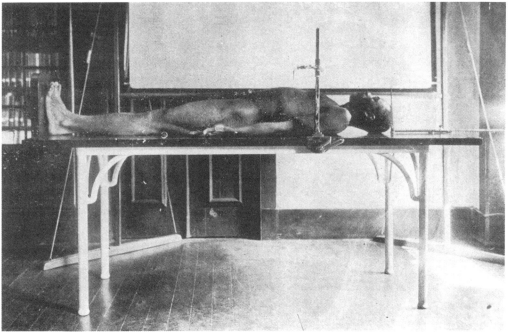

Figura 6 – O antropômetro de Viola do Instituto de Identificação do Rio de Janeiro (em repouso e em uso).

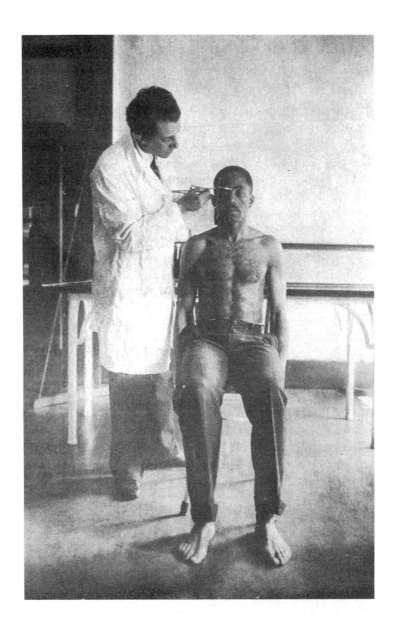

Figura 7 – Exame antropométrico no Instituto de Identificação do Rio de Janeiro.

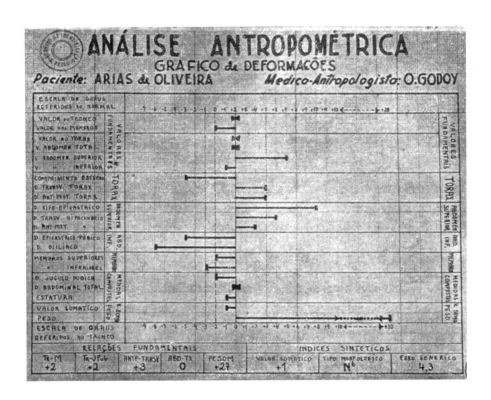

Figura 8 – Gráfico de Deformações.

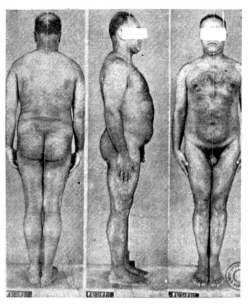
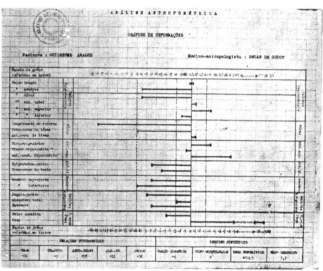

Figura 9 – Fotografia de examinando e Gráfico de Deformações correspondente extraídos de laudo de 1938.

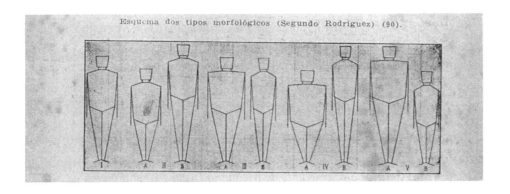

Figura 10 – Esquema de uma das classificações morfológicas utilizadas nos anos 40.

Fontes das Figuras

– Figura 1: *Arquivos de Medicina Legal e Identificação*, Rio de Janeiro, n. 7, ago. 1993, p. 156-157 e 160-161;
– Figura 2: *Arquivos da Polícia Civil de São Paulo*, São Paulo, v. 5, 1. sem. 1943, p. 28-29;
– Figura 3: *Arquivos da Sociedade de Medicina Legal e Criminologia de São Paulo*, São Paulo, v. 14, n. 1-3, 1943, p. 79;
– Figura 4: *Revista Penal e Penitenciária*, São Paulo, v. 2, n. 1-2, 1941, p. 79;
– Figura 5: *Arquivos da Polícia Civil de São Paulo*, São Paulo, v. 6, 2. sem. 1943, p. 201;
– Figura 6: *Arquivos de Medicina Legal e Identificação*, Rio de Janeiro, n. 7, ago. 1933, p. 258-259;
– Figura 7: *Arquivos de Medicina Legal e Identificação*, Rio de Janeiro, n. 7, ago. 1933, p. 258-259;
– Figura 8: *Arquivos de Polícia e Identificação*, São Paulo, v. 2, n. 1, 1938-9, p. 211;
– Figura 9: *Arquivos de Polícia e Identificação*, São Paulo, v. 2, n. 2, 1940, p. 592-593;
– Figura 10: *Arquivos da Sociedade de Medicina Legal e Criminologia de São Paulo*, São Paulo, v. 13, n. 1-3, 1942, p. 198.

V. Um balanço: conquistas e resistências

Neste capítulo, procuraremos fazer um balanço da aplicação do programa positivista. Para isso, analisaremos algumas de suas principais conquistas, objetivos que não só se transformaram em realidade, como trazem até os dias de hoje suas marcas: a criação do Manicômio Judiciário de São Paulo e a instituição do livramento condicional, no final dos anos 20, e o estabelecimento legal das medidas de segurança, no início dos anos 40.

Não que as vitórias da criminologia e da medicina legal positivistas se resumam a isso. Muitas delas já foram de alguma forma abordadas ou anunciadas nas páginas anteriores deste estudo: a promulgação do Código de Menores, a criação dos laboratórios de antropologia criminal, a não criminalização do homossexualismo no Código Penal de 1940, o avanço na diversificação do aparato repressivo (desde a inauguração da própria Penitenciária do Estado, em 1920, até a Colônia Agrícola de Taubaté e o Presídio Feminino, já nos anos 40, passando pela inauguração do Manicômio Judiciário, no início dos anos 30) e a generalização da identificação civil obrigatória.

Se houve a intenção de abordar algumas das conquistas de maneira mais detida nesse capítulo, é porque sua análise não apenas permitirá um quadro mais completo do lado de ativos do balanço a que nos propusemos fazer, como também e principalmente nos fornecerá uma melhor compreensão de como se impuseram na prática alguns dos conceitos fundamentais da doutrina positivista. Além disso, as permanências de muito do que será discutido, já entrado o século XXI, dão a essa análise uma pertinência adicional.

Também com relação às causas das derrotas e dos obstáculos encontrados pelos positivistas, já abordamos ou aludimos a muitas delas: a heterogeneidade teórica e a fragmentação doutrinária decorrente, a vitalidade de formas de produção da verdade que competiam com o exame médico-legal, o alto custo econômico e institucional da implementação plena do projeto. Já neste capítulo, nos ocuparemos dos principais grupos sociais que ofereceram resistências às estratégias e reivindicações dos positivistas. Pela posição chave que ocupavam no que diz respeito a essa discussão, dois grupos tiveram papel decisivo: os juristas e os indivíduos perseguidos pelo aparato repressivo.

1. As conquistas

O Manicômio Judiciário
Nominalmente, um Manicômio Judiciário tem a função de recolher insanos que cometeram crimes ou sentenciados que enlouqueceram na prisão. É possível identificar na consolidação desta instituição uma nítida conquista do programa da

Escola Positiva, que subsiste até os dias atuais. Sua inserção no aparato repressivo permitiu um salto de qualidade na busca da individualização e da indeterminação da pena. Na verdade, a medicalização das condições e da duração da pena encontrou no interior dos seus muros sua mais acabada expressão. Neste sentido, o Manicômio Judiciário representaria o paradigma penitenciário para aqueles mais convictos dentre os positivistas.

No entanto, sua origem histórica talvez esteja na Inglaterra da virada do século XVIII para o XIX, portanto muito antes de Lombroso e da consolidação da criminologia. Ali, "asilos de segurança" teriam sido criados em resposta aos atentados que o rei George II havia sofrido em 1786, 1790 e 1800, todos de autoria de indivíduos "alienados".[1] De forma mais definida, pode-se identificar como o primeiro estabelecimento destinado especialmente a criminosos alienados a prisão de Broadmor, também na Inglaterra, criada em 1870.[2] A partir de então, o manicômio judiciário iria se generalizar por vários países da Europa e nos Estados Unidos, muito antes de sua primeira inauguração no Brasil.[3] Na França, sua criação foi resultado de uma ampla campanha para a separação dos delinqüentes entre os "criminalmente insanos, degenerados e doentes crônicos" e os presos menos violentos e "mais tratáveis".[4]

No Brasil, lei de 1903 definia a obrigatoriedade da construção de manicômios judiciários em cada Estado do país.[5] Mas os defensores da idéia tiveram que esperar quase duas décadas para comemorar o início efetivo de sua implementação. O primeiro Manicômio Judiciário do país foi criado em 1921, em sua capital.[6] Uma grande rebelião no Hospício Nacional foi o estopim para se decidir criar uma instituição que abrigasse os internos mais perigosos. Em 27 de janeiro de 1921, o Hospício foi semidestruído por uma revolta liderada pelos internos na "Seção Lombroso", destinada justamente aos loucos "de maior periculosidade". Apenas com a intervenção policial, a situação foi controlada. Menos de três meses depois, era lançada a pedra fundamental do Manicômio Judiciário do Rio de Janeiro. A inauguração se deu

---

1. Antunes, 1999, p. 120.
2. Carrara, 1998, p. 48.
3. Antunes, 1999, p. 114.
4. Harris, 1993, p. 80.
5. Decreto nº 1132, de 22 de dezembro de 1903. Provisoriamente, enquanto isso não fosse possível, havia que se estabelecer seções especiais para loucos-criminosos nos hospícios públicos existentes (Carrara, 1998, p. 191).
6. Para uma análise do processo histórico que deu origem ao Manicômio Judiciário do Rio de Janeiro, ver Carrara, 1998.

em 30 de Maio de 1921, com a presença do ministro da Justiça Alfredo Pinto e de representantes do Presidente da República, Epitácio Pessoa.[7]

Localizado junto às Casas de Detenção e Correção do Rio de Janeiro, a nova instituição foi entregue à direção do médico-psiquiatra Heitor Carrilho, professor catedrático da Faculdade de Medicina e chefe da referida "Seção Lombroso" do Hospício Nacional. Apesar da evidente precipitação dos acontecimentos por conta da rebelião, o diretor empossado deixava claro que a iniciativa respondia à "(...) velha aspiração dos criminalistas e psiquiatras do Rio de Janeiro (...), tão insistentemente reclamada no livro, na tribuna, na imprensa, nos relatórios, como nas revistas médicas (...).".[8]

Em São Paulo, o Senador Alcântara Machado, à época também presidente da Sociedade de Medicina Legal e Criminologia, apresentou um projeto de lei em 13 de dezembro de 1927, propondo a criação local do Manicômio Judiciário.[9] Havendo transitado rapidamente nas duas casas legislativas do Estado, o projeto se transformaria em lei em 26 de dezembro daquele ano. No entanto, a inauguração e a conseqüente transferência dos criminosos alienados e dos alienados criminosos de um pavilhão do Hospício do Juquery para as novas instalações só teriam lugar em dezembro de 1933.[10]

A iniciativa de Machado refletia a posição da entidade que presidia. A Sociedade orgulhava-se de forma reiterada com o fato de que a idéia foi originada em suas reuniões. Em 1945, quando da solenidade do jubileu da entidade, a criação do Manicômio Judiciário seguia sendo apontada como a sua maior realização até então.[11]

O Manicômio Judiciário de São Paulo diferiu de seu congênere fluminense nos critérios para sua localização. Por seu caráter ambíguo, entre prisão e hospital, esse tipo de instituição poderia em tese ser estabelecido junto à penitenciária, ao

---

7. Carrara, 1998, p. 193-194; e Antunes, 1999, p. 114-115.

8. Carrilho, Heitor. O Manicômio Judiciário do Rio de Janeiro – seus fins medico-legaes e sociaes. *Archivos da Sociedade de Medicina Legal e Criminologia de S. Paulo*, São Paulo, v. 2, n. 3, 228-251, fev.-mar. 1928, p. 230.

9. Manicômio Judiciario do Estado de S. Paulo. *Archivos da Sociedade de Medicina Legal e Criminologia de S. Paulo*, São Paulo, v. 2, n. 1, nov. 1927, p. 173.

10. Whitaker, Edmur de A. Resenha de Pacheco e Silva (A. C.) – O Manicomio Judiciario do Estado de São Paulo. Historico. Installação. Organização. Funccionamento. Officinas Graphicas do Hospital de Juquery, Juquery, 1935. *Archivos de Polícia e Identificação*, São Paulo, v. 1, n. 2, p. 484, 1937c.

11. Jubileu da Sociedade de Medicina Legal e Criminologia de São Paulo. *Arquivos da Polícia Civil de São Paulo*, São Paulo, v. 10, 419-20, 2. sem. 1945, p. 419.

asilo de loucos ou em local totalmente isolado. Para Heitor Carrilho, a última seria a melhor opção, o que reforça a tese de que os espaços de controle social medicalizado preferencialmente deveriam se localizar em pontos afastados da vida urbana.[12] Razões de ordem econômica teriam determinado a localização do Manicômio do Rio ao lado das Casas de Correção e Detenção do Estado, à Rua Frei Caneca. Mas Carrilho enfatizava que sua administração era absolutamente independente destas, subordinada à Assistência a Psicopatas do Rio de Janeiro. Fisicamente, a sua construção também refletia essa completa autonomia, sem nenhum contato com os prédios prisionais. Como vantagem da opção adotada, havia a facilidade para o transporte de presos para a realização de exames médico-legais. Além disso, numa perspectiva mais estratégica, Carrilho apontava para a crescente transformação das prisões em reformatórios com fins terapêuticos, o que aproximaria os dois tipos de instituições e, no futuro, acabaria por diluir suas fronteiras.[13]

Apesar destas considerações, em São Paulo preferiu-se construir o Manicômio junto ao Hospício do Juqueri, e subordiná-lo à mesma administração, sob responsabilidade do médico-psiquiatra Pacheco e Silva. Carrilho elogiava essa opção pelo que ela tinha de garantia do caráter hospitalar da instituição, antes que carcerário.[14]

No entanto, de uma forma geral, o paradigma estabelecido para a instituição paulista estava no Manicômio Judiciário do Rio de Janeiro, mesmo porque até então era o único do gênero no país. As funções que Carrilho projetava para a organização que dirigia estavam desde o início colocadas para a administração de Pacheco e Silva. Dois meses depois de aprovada a lei que criou o Manicômio Judiciário de São Paulo, Heitor Carrilho foi convidado a dar uma Conferência na capital paulista para tratar do tema e assim ajudar seus colegas dali a precisar os parâmetros do funcionamento da nova instituição. Para ele, este tipo de estabelecimento deveria atender a quatro finalidades. Primeiramente, teria que cumprir um papel de "instituto

---

12. Machado; Loureiro; Luz; Muricy, 1978, p. 279-80.

13. Carrilho, 1928, p. 231-232. Daí a luta dos positivistas pelo reconhecimento do tempo internado em manicômios judiciários ou em hospitais no cômputo da pena cumprida, para aqueles condenados que tinham que ser transferidos para tratamento. O artigo 34 do Código Penal de 1940 finalmente iria considerar desta forma, depois de quase uma década de debates entre clássicos e positivistas sobre o tema (sobre isso, ver Ássaly, Alfredo Issa, A propósito do artigo 68 da Consolidação das Leis Penais. *Arquivos da Sociedade de Medicina Legal e Criminologia de S. Paulo*, São Paulo, v. 12, n. 1-3, 21-3, 1941a; Ássaly, Alfredo Issa, A loucura superveniente no Código Penal de 1940. *Arquivos da Polícia Civil de São Paulo*, São Paulo, n. 2, p. 75-91, 2. sem. 1941b; Fávero, 1941c, p. 68).

14. Carrilho, 1928, p. 231.

psiquiátrico-legal", destinado a examinar e observar presos enviados para tal fim de prisões comuns. Em segundo lugar, exerceria a função de um estabelecimento de assistência médico-psiquiátrica, pois para ali seriam enviados a tratamento todos os condenados que, no curso do cumprimento da pena, apresentassem perturbações mentais. Seria ainda um órgão de defesa social, voltado à seqüestração de "delinqüentes isentos de responsabilidade por motivos de afecção mental" e que fossem considerados perigosos para a segurança pública a critério da Justiça. Por fim, deveriam ser desenvolvidas ali atividades de pesquisa e estudos, que contribuíssem para o aprimoramento científico da criminologia.[15]

De forma um tanto surpreendente, era a primeira dessas funções a que Carrilho considerava a mais importante, por cima das atribuições supostamente terapêuticas do Manicômio. As numerosas internações para exame de sanidade mental demonstravam, para ele, uma impregnação das concepções positivistas no meio jurídico do Rio de Janeiro, cada vez mais interessado "na personalidade a na biologia do criminoso".[16] Isso parecia justificar um otimismo entusiasmado no que concernia às disputas doutrinárias com os adeptos da Escola Clássica e à imposição dos objetivos positivistas:

> Esse fato é, sem dúvida, a marcha natural para o triunfo, no nosso meio, das doutrinas positivas e para a sonhada individualização da pena, que é bem um capítulo notável da biologia criminal. Caminhamos, assim, para a época em que será feito sistematicamente o exame mental do delinqüente, que deve ter, ao lado de sua ficha datiloscópica, a sua ficha psicológica ou seu psico-biograma (...). A culta magistratura do Distrito Federal muito tem, já, em conta a personalidade do criminoso, inclinando-se assim, para o critério recomendável de olhar mais para o delinqüente, ao invés de só para o seu delito, com o que melhor fará a defesa social que deve ser o escopo da Justiça criminal.[17]

As atribuições médico-periciais, assim como o papel de centro produtor de conhecimento científico, correspondiam aos objetivos dos laboratórios de antropologia criminal que seriam criados na década seguinte, de que já tratamos em capítulo

---

15. Carrilho, 1928, p. 233-234.
16. Carrilho, 1928, p. 234.
17. Carrilho, 1928, p. 234.

precedente.[18] A este ponto de nossa reflexão, deve estar claro que tal coincidência de atribuições não constituía superposição de prerrogativas que dessem lugar a conflitos institucionais. Antes, tratava-se da busca da generalização da criminologia científica dentro do aparelho do Estado e na própria sociedade como um todo. Já insistimos por várias vezes, e não conseguiremos evitar fazê-lo ao longo do que resta deste texto, no caráter utópico e abrangente do projeto da Escola Positiva. Na verdade, tanto enquanto centros científicos como enquanto órgãos médico-periciais, as diversas iniciativas institucionais se demonstravam insuficientes para dar conta da demanda que lhes era imposta, quanto mais para cumprir os ideais utópicos dos positivistas.

No que diz respeito ao Manicômio Judiciário de São Paulo, isso já estava claro em fins da década de 30 e começo dos anos 40. Em 1943, José Augusto de Lima, Juiz de Direito da Segunda Vara Criminal de São Paulo, lamentava a grande demora para a realização dos exames de sanidade mental na instituição, devido à falta de capacidade de internamento para este fim.[19] A observação médica necessária para a elaboração do laudo demandava a internação por um tempo mínimo, o que cada vez se tornava mais inviável. O juiz reclamava das conseqüências perversas resultantes de tal precariedade: o atraso de até vários meses em muitos processos e a inconveniência de réus supostamente perigosos permanecerem soltos ou presos em lugares inadequados por conta da indefinição de sua situação.[20] Muitas vezes, a falta de vagas fazia que juízes de comarcas do interior do Estado nomeassem peritos de duvidosa capacidade, o que resultava em impugnação dos laudos e a nomeação de outros peritos para a elaboração de novos laudos, gerando desconfiança nos mecanismos da utilização do saber médico em processos judiciais, além evidentemente do atraso implicado.

Como exemplo, verifiquemos o que se deu na Comarca de Novo Horizonte no ano de 1943. Em 12 de setembro de 1941, um lavrador de 45 anos de idade cometera um assassinato a tiros e golpes de foice, sem que tivesse havido discussão ou luta com a vítima. A falta de uma razão aparente para o crime motivou a realização dos exames de sanidade mental. Por falta de vagas no Manicômio Judiciário da capital, o juiz nomeou dois médicos residentes na comarca. A imperfeição do respectivo

---

18. Os laboratórios da Polícias do Rio e de São Paulo, criados em 1932 e 1934, respectivamente, e o da Penitenciária do Estado de São Paulo, instituído em 1939.

19. Artigo da revista da Penitenciária de 1940 afirma que o Manicômio Judiciário de São Paulo abrigava então "trezentos e poucos reclusos", sob a responsabilidade de uma equipe de três médicos (Duas ..., 1940, p. 238).

20. Lima, José A. de. A individualização da pena e os inquéritos policiais. *Arquivos da Polícia Civil de São Paulo*, São Paulo, v. 6, 5-19, 2. sem. 1943, p. 13.

laudo provocou um acordo entre a defesa e a Promotoria Pública para o pedido de sua impugnação. Novas tentativas para o internamento do réu no Manicômio Judiciário foram frustradas, mais uma vez por falta de vagas. Dessa forma, outros peritos foram nomeados e os exames refeitos. O novo laudo referenciava-se no modelo de Edmur Aguiar Whitaker, e parece por fim haver sido aceito como válido pela Justiça.[21]

Já a função pretensamente terapêutica da instituição manicomial para criminosos deu ensejo a um discurso propagandístico de defesa de sua criação e do seu fortalecimento. O tom humanista desse discurso estava articulado com a retórica mais geral da Escola Positiva, na sua arenga contra as teses punitivas dos clássicos, supostamente baseadas em conceitos anacrônicos e metafísicos de castigo e vingança. O humanismo desse discurso parecia prescindir de um otimismo terapêutico que lhe justificasse, mesmo porque este se demonstrava cada vez mais frágil.

No intervalo entre a lei de criação e a efetiva inauguração do Manicômio de São Paulo, período incomodamente longo para os entusiastas da iniciativa (de 1927 a 1933), Pacheco e Silva fez uma verdadeira campanha de denúncia das condições dos presos insanos em cadeias comuns. Com repercussão na grande imprensa, uma Conferência sua realizada em 1929, ilustrada com fotografias, "(...) mostrou a vida espantosa dos loucos recolhidos nos xadrezes, alguns dos quais eram acorrentados às grades da prisão".[22]

No entanto, a razão mais profunda da criação do Manicômio Judiciário repousava mesmo na busca do aprimoramento dos mecanismos de defesa social. Isso parece ter sido assim não apenas no caso paulista.[23] Carrilho insistia na importância da identificação da periculosidade do delinqüente e na sua conseqüente seqüestração como prerrogativas da instituição que dirigia. Para ele, o exame pericial não deveria apenas

---

21. Vaz; Froelich, 1943, p. 267. Apesar disso, a realização dos exames incorreu em erros metodológicos grosseiros para o paradigma da época, como proceder a interrogatórios de cunho psicológico na presença de pessoas estranhas à tarefa e a especializações médicas. Em dada oportunidade, o examinando foi perguntado sobre o que iria fazer após sair da prisão. O laudo registra que a resposta afirmando que "iria roubar" motivou o "dr. Delegado a [fazer-lhe] uma longa lição de moral.". Durante o relato de outro interrogatório, em determinada altura informa-se que "a sala de exames, na Polícia, está agora com muita gente." (Vaz; Froelich, 1943, p. 272 e 274).

22. Almeida Júnior, Antonio Carlos de. Discurso de saudação do Prof. Dr. Antonio de Almeida Junior ao Prof. Dr. Antonio Carlos Pacheco e Silva. *Archivos da Sociedade de Medicina Legal e Criminologia de São Paulo*, São Paulo, v. 10, n. 1-3, 129-134, 1939, p. 131.

23. Já indicamos mais acima como na França se defendia a urgência da separação dos criminosos mais perigosos e com menores possibilidades terapêuticas (Harris, 1993, p. 80).

(...) estabelecer diagnósticos e orientar a terapêutica, mas, também, com segurança de dados e rigoroso determinismo, indicar a conclusão médico-legal da temibilidade, no interesse da prevenção de reações anti-sociais. Foi, sem dúvida, pensando na obra profilática do delito que incumbe aos Manicômios Judiciários, que o Professor Juliano Moreira repetia, no ato da inauguração do Manicômio do Rio de Janeiro, esta frase de notável mentalista: 'mais que os alienados perigosos são dignos de nosso interesse as suas vítimas certas ou prováveis.'[24]

Casos emblemáticos de criminosos célebres foram utilizados junto à opinião pública para a justificação dos manicômio judiciários.[25] A pena indeterminada que estas instituições propiciavam poderia assegurar uma maior tranqüilidade social com a perspectiva do enclausuramento *ad vitae* desses personagens assustadores. Este foi o caso já abordado de Febrônio Índio do Brasil, o indivíduo que por mais tempo viveu encarcerado na história do sistema penal moderno do Brasil. Inocentado por insanidade mental, por meio de laudos de Heitor Carrilho e Leonídio Ribeiro, Febrônio foi enviado ao Manicômio Judiciário, de onde nunca mais saiu.[26]

Em São Paulo, o papel cumprido por Febrônio na justificação de um estabelecimento especial para presos "perigosos e incuráveis" foi exercido pelo chamado "Preto Amaral", acusado de matar e estuprar quatro crianças e adolescentes nos arrabaldes de São Paulo, durante os meses de dezembro de 1926 e janeiro de 1927. Preso e examinado por peritos, veio a falecer na enfermaria da Cadeia Pública em 2 de junho de 1927, vítima de tuberculose pulmonar. No laudo que redigiu sobre o caso, Pacheco e Silva alertava que "a volta de semelhantes anômalos mentais ao seio da sociedade deverá ser obstada por todos os meios, porquanto eles não tardam em recomeçar a atividade criminosa." Por isso, o diretor do Juqueri e futuro diretor do Manicômio Judiciário de São Paulo, então prestes a ser criado em lei, defendia que, "verificada a não imputabilidade do criminoso, o mesmo deverá sofrer reclusão perpétua num asilo de alienados, medida que nos parece mais acertada que a detenção penitenciária".[27]

---

24. Carrilho, 1928, p. 239, grifos meus.

25. Corrêa, 1998, p. 221; e Green, 1999, p. 210.

26. Ignoro se Febrônio de fato já faleceu, mas tal possibilidade é praticamente certa, dado que em 1982, quando Peter Fry o visitou, ele contava já com 86 anos (Fry, 1982, p. 79).

27. Pacheco E Silva, Antonio Carlos; Rebello Neto, J. Um sadico-necrophilo: o Preto Amaral. *Archivos da Sociedade de Medicina Legal e Criminologia de S. Paulo*, São Paulo, v. 2, n. 1, 91-

Na perspectiva que considera o manicômio judiciário uma instituição primordialmente de defesa social, havia uma dimensão marcadamente pragmática, voltada à resolução de problemas específicos do funcionamento cotidiano dos asilos públicos. Mais identificados a hospitais que a prisões, eles não possuíam a estrutura coercitiva e repressiva que a periculosidade de internos criminosos supostamente exigiria. Esta era uma queixa sistemática dos funcionários e médicos dos hospícios que recebiam, por força de lei, esse tipo de "interno-problema". Como argumento adicional, que cumpria a função de quase uma chantagem, era apontada a facilidade para fugas que uma instituição não-carcerária inevitavelmente oferecia. No caso do Rio de Janeiro, a citada rebelião de 1920 apenas ajudou a tornar a questão mais dramática e explícita.[28]

Em São Paulo, como demonstrou Maria Clementina Pereira Cunha, a lei de 1927 que criou o Manicômio Judiciário também atendeu a antigos reclamos dos alienistas e diretores do Hospício do Juqueri, havia muito insatisfeitos com a "inconveniência, para a disciplina interna, do convívio entre alienados criminosos e os demais."[29] O problema já vinha sendo sentido desde os primeiros tempos do asilo. Franco da Rocha, antecessor de Pacheco e Silva e primeiro diretor da instituição, registrou seu primeiro protesto com relação ao tema em 1903, quando as instalações do Juqueri estavam recém-inauguradas. O diretor não se conformava com a presença de quatro criminosos no hospício, pelo transtorno cotidiano que causavam. Não apenas eles desafiavam com pertinácia os frágeis dispositivos contra fugas, como absorviam desproporcionalmente a energia do corpo funcional do hospício, drenando-a da atenção aos internos com maiores probabilidades terapêuticas. Por isso, Rocha defendia sua transferência para a prisão comum.[30]

De uma forma geral, o manicômio judiciário representava a viabilização de parte do programa positivista não apenas naquilo que ali se referia à manipulação médica da pena, mas também a uma reivindicação que vinha dos tempos de Lombroso e de seu criminoso nato: a seqüestração e o isolamento radical e perpétuo dos indivíduos considerados incorrigíveis, nos interesses da "segurança pública". Essa

---

112, nov. 1927, p. 104 e 108. Sobre os entrecruzamentos das noções de raça, crime e homossexualidade presentes nos laudos dos casos de Febrônio e Amaral, ver Green, 1999, p. 208-213.

28. Tratando do mesmo tema na França do século XIX, Ruth Harris afirma que a lei de 1838, que destinava os delinqüentes insanos aos hospícios, acabava por provocar constantes frustrações pelas atividades destruidoras que estes ali promoviam (Harris, 1993, p. 107).

29. Cunha, 1986, p. 86.

30. Antunes, 1999, p. 100.

proposta, por muitos considerada uma alternativa mais humana à pena de morte, evidentemente reforçava a retórica positivista no que ela tinha de preocupada com a defesa social.

Em certo sentido, o fortalecimento da ênfase do discurso nessa direção foi um mecanismo de defesa contra a decadência da Escola, acusada historicamente de facilitar a impunidade criminal. Para Ruth Harris, a associação entre impunidade e intervenção médica nos tribunais tivera seu início na segunda década do século XIX, na França, quando um grupo de médicos "defendeu vários réus acusados de crimes brutais, como assassinato, canibalismo, estupro e mutilação". Alegando monomania, uma modalidade de distúrbio mental que só se expressaria com relação a um objeto ou atividade, os médicos reivindicavam a absolvição dos acusados. Houve firme contestação dos juristas, alarmados tanto pela impunidade sugerida a crimes tão repulsivos quanto pela intromissão alheia em seu ofício.[31]

A partir de então, a crítica à utilização de determinismos biológicos nas salas dos tribunais freqüentemente passava pelo receio de maior impunidade que supostamente acarretaria.[32] O discurso positivista, e por conseguinte seu programa de intervenção social, sempre oscilou entre dois pólos: de um lado, a retórica humanista de regeneração do delinqüente, em última análise irresponsável pelos seus atos, indigno de castigo portanto; e de outro, a reivindicação de mecanismos mais eficientes de defesa da sociedade, que possibilitassem a exclusão do convívio social de indivíduos perigosos, sem as incômodas restrições impostas por acervos legais impregnados de concepções liberais. Toda vez que o pêndulo transitava nesse segundo extremo, as possibilidades de acordo e de aceitação das teses positivistas ampliavam-se. Em outras palavras, toda vez que o discurso positivista se mostrava persuasivo no que dizia respeito ao combate à criminalidade e à desordem social, ganhava adeptos e respaldo social.

Com relação a isso, é possível identificar um ponto de inflexão com a criação dos manicômios judiciários. Antes deles, o fantasma da impunidade acompanhava sempre a tese positivista da negação do livre-arbítrio e da conseqüente irresponsabilidade dos criminosos. O temor daqueles obcecados com a segurança da sociedade era tanto maior quanto mais se sabia serem os elementos mais perigosos justamente os mais aptos ao diagnóstico de irresponsabilidade. Resolver o inaceitável paradoxo de inocentar os mais bárbaros criminosos e não ser capaz

---

31. Harris, 1993, p. 14.
32. Harris, 1993, p. 130.

de oferecer a eles um destino institucional adequado e seguro era o papel central destinado aos manicômios judiciários.

No entanto, não se pode negligenciar o caráter essencialmente ambíguo desse tipo de instituição. Pelo contrário, foi justamente essa sua característica ambivalente entre prisão e hospital que facilitou a sua consolidação histórica, como bem demonstrou Sérgio Carrara.[33] O delinqüente de alta periculosidade, estigmatizado na figura do "degenerado", representava a um só tempo um embaraço jurídico e um temor social. Ele mesmo um ser ambíguo, entre o criminoso e o louco, não tinha na prisão e no hospício o seu *locus* conveniente, e sua livre movimentação pela sociedade era considerada a mais inaceitável das alternativas.

Além disso, o Manicômio Judiciário surgiu também como a acomodação possível entre as concepções clássicas e positivistas, ao reconhecer a ambigüidade inerente entre o louco que agia por imposição de sua anormalidade bio-psíquica, carente de tratamento, e o criminoso que exercitava seu livre-arbítrio quando praticava o ato anti-social, merecedor, portanto, de castigo e punição.

Essas ambigüidades, portanto, representaram a força e a fraqueza dos manicômios judiciários desde seu surgimento até os dias atuais.[34] Elas, na verdade, estão por trás dos complexos dilemas colocados ao funcionamento cotidiano dessas instituições, via de regra fracassadas tanto como prisões quanto como hospitais. Mas, por outro lado, é justamente tal ambivalência que contribuiu para a resolução dos impasses e inconveniências que se acumulavam no sistema jurídico-penal, perigosamente próximo à paralisia quando defrontado com a figura incômoda e assustadora do "criminoso degenerado".

Não nos parece nem um pouco problemático considerar desde essa perspectiva a criação e o funcionamento do Manicômio Judiciário de São Paulo, pelo menos dentro do período de que nos ocupamos na presente pesquisa. Idealizado e proposto pelos adeptos da Escola Positiva, e comemorado como uma conquista decisiva de seu programa[35], sua viabilização certamente deveu-se também ao consentimento de seus adversários clássicos, de alguma forma aliviados pelo "depuramento" da penitenciária de seu público mais ostensivamente "anormal" e "patológico", procurando com isso esvaziar os reclamos positivistas que buscavam dar às prisões feições de hospital. Por cima de tais dissensões doutrinárias, havia ainda o decisivo alívio de amplos setores da sociedade, tranqüilizados com a perspectiva de que os Febrô-

---

33. Carrara, 1998.
34. Carrara, 1998, especialmente a parte referente às conclusões, p. 195-199.
35. Edmur de Aguiar Whitaker chegou a considerá-lo o "coroamento da orientação de Lombroso" (Whitaker, 1937c, p. 484).

nios e Amarais da vida seriam por fim retirados do convívio público e destinados a instituições "adequadas" pelo resto de suas vidas.

O livramento condicional

Igualmente sobrevivente até nossos dias, o instituto do livramento condicional também responde às reivindicações da Escola Positiva e pode ser considerado uma de suas conquistas mais importantes. Libertar um condenado antes de que cumprisse a totalidade de sua pena, e tomar esta decisão com base em sua individualidade medicamente determinada, possibilitou um avanço significativo em direção à indeterminação da pena e ao fortalecimento da transferência da ênfase do crime ao criminoso, com o conseqüente avanço do poder médico nas questões penais.

Já vimos na introdução deste trabalho que a indeterminação da pena ocupava posição central no programa positivista. A busca por sua implementação significava a transposição das concepções teóricas da escola, como a negação do livre-arbítrio, a afirmação de vários determinismos biológicos e a patologização do ato anti-social, ao terreno empírico da manipulação concreta do destino de indivíduos sujeitos ao sistema penal.

A verdade é que a indeterminação absoluta, enquanto dispositivo de controle da execução da pena que estivesse na dependência apenas da individualidade do delinqüente, nunca existiu em lugar algum. Tal configuração esteve sempre no horizonte utópico que guiou as estratégias dos reformistas. No entanto, inegavelmente podem ser reconhecidos diversos níveis de indeterminação que foram historicamente se consolidando nesses quase dois séculos de sistema jurídico-penal moderno. Foucault demonstra como as "circunstâncias atenuantes", instituídas em lei pela primeira vez na França em 1832, acabaram por falsear o "princípio da convicção íntima", ao admitir na prática que provas duvidosas implicassem em penas mitigadas.[36] A concepção clássica de que só poderia haver condenação com a certeza da culpabilidade, e que vislumbrava uma justiça que dependesse apenas da confirmação da ocorrência do ato criminoso e da identificação de seu autor, sofria ali um primeiro questionamento importante. A "alma do criminoso" iniciava seu retorno aos tribunais, após haver sido rechaçada pela negação das heranças medievais em matérias penais que a Revolução Francesa parecia haver consolidado. Cada

---

36. Foucault, 2001c, p. 12.

vez mais, ela passou a ser julgada *juntamente* com o crime, para que a Antropologia Criminal em muito viria a contribuir.[37]

Desde então, a indeterminação da pena se insinuou por diversas maneiras no mundo das regulações penais, nos seus campos legislativo, judicial e administrativo, este correspondendo à execução da pena propriamente dita. Mas o fato de que fosse sempre parcial e nunca absoluta nos coloca um problema: a cada conquista na direção de um maior grau de indeterminação, como é o caso do livramento condicional, reconheciam os contemporâneos que isso significaria uma aproximação a um objetivo ideal, não considerando cada uma delas como um objetivo em si mesmo? Dito de outra forma, em termos emprestados à ciência militar, estariam conscientemente lutando por objetivos táticos subordinados a um objetivo estratégico? Ao menos para aqueles identificados com a Escola Positiva, a resposta é afirmativa. Quem nos ajuda a chegar a esta conclusão é Basileu Garcia, professor de Direito Penal da Faculdade de Direito de São Paulo:

> O ideal seria que as penas (...) fossem individualizadas. O ideal seria que a individualização se desse não somente na fase legislativa, em que sempre a tiveram em vista os códigos penais, nem tão só na fase judicial, de que hoje trata já com mais carinho o moderno Código Penal Brasileiro, mas que fosse também exercida na fase executiva, ou administrativa. (...) É preciso que as pessoas que seguem de perto a vida do criminoso na prisão e que tenham, pela sua cultura, pela sua aptidão funcional, pelos elementos de investigação de que se cercam, meios para bem conhecê-lo na sua realidade antropológica e psicológica, possam pronunciar-se perante a Justiça Criminal sobre a conveniência da cessação da pena. A pena bem individualizada é, repito, um ideal penal. Ideal, na verdade, dificilmente realizável. (...) O livramento condicional aparece como uma das providências inteligentemente concebidas no sentido de se conseguir, *cada vez mais, na prática, a relativa indeterminação da sentença penal*.[38]

---

37. Foucault, 1999, p. 20. Stephen Gould chama a atenção para a utilização pelos positivistas das "circunstâncias atenuantes" enquanto forma de implementar a indeterminação da pena (Gould, 1999, p. 141).

38. Garcia, Basileu, O livramento condicional na moderna legislação brasileira. *Revista Penal e Penitenciária*, São Paulo, v. 2, n. 1-2, 193-210, 1941, p. 195-197, grifos meus.

Também as recorrentes metáforas médicas tão ao gosto dos positivistas articulavam o livramento condicional com as doutrinas positivistas e com a patologização do ato anti-social. O próprio Basileu Garcia, em outro momento da aula da qual reproduzimos o trecho acima, fazia uso desse recurso revelador:

> (...) se um médico declarasse antecipadamente a um enfermo dever tomar, durante seis meses, determinado remédio, e que não precisaria voltar mais ao consultório, porque após aquele tempo estaria garantidamente curado, seria, sem dúvida alguma, um charlatão, porque a nenhum médico é possível assegurar curas com a indicação de prazos improrrogáveis. Que devemos pensar (...) do papel desempenhado pelo juiz que, defrontando-se, por exemplo, com um ladrão, irresistivelmente propenso à constante prática de crimes contra a propriedade, lhe aplicasse uma pena de seis meses de prisão e lhe dissesse que deveria estar readaptado à sociedade após aqueles seis meses?[39]

Flamínio Fávero também costumava se referir ao livramento condicional nesses termos, considerando-o como um período de "convalescença ao ar livre a detentos robustecidos por uma terapêutica de incontestável eficiência (...)".[40] Na verdade, a analogia médica do livramento condicional vem de muito antes, dos tempos iniciais da antropologia criminal. Stephen Gould localiza uma passagem de Ferri em que o suposto absurdo das penas pré-determinadas era comparado a que, num hospital, "algum médico quisesse estabelecer para cada doença um período definido de permanência no estabelecimento."[41] Ruth Harris, por sua vez, recupera concepções de Garofalo, outro patriarca da Escola Positiva, expressas praticamente em termos idênticos.[42]

A mesma autora, ainda se movimentando nos tempos de Lombroso, chama a atenção para uma outra dimensão do encarecimento da liberdade condicional por parte dos positivistas: o aprimoramento da defesa social pela separação entre incorrigíveis e redimíveis, fazendo de outra forma o que cabia também ao Manicômio Judiciário.[43] Estava embutida aqui já um desencanto com as possibilidades regene-

---

39. Garcia, 1941, p. 195-196.
40. Fávero, 1941a, p. 514.
41. Apud Gould, 1999, p. 141.
42. Apud Harris, 1993, p. 126.
43. Harris, 1993, p. 127.

radoras da prisão, que teria tomado conta da França de fins do século XIX.[44] Mas no Brasil de 1940, que promulgava seu novo Código Penal, e que já teve tempo de experimentar em grande medida tal desilusão, a discriminação entre primários e reincidentes nas condições legais para a concessão do livramento condicional parecia buscar o mesmo propósito, como veremos adiante. A figura do reincidente iria ser uma das traduções do criminoso perigoso e incorrigível, herdeiro do criminoso nato de Lombroso e do degenerado de Morel e Magnan.

É interessante reproduzir esse percurso, da Europa oitocentista ao Brasil dos anos quarenta, procurando acompanhar a evolução legal e real do instituto do livramento condicional. Neste trajeto, um conceito iria surgir e permear crescentemente os mecanismos de regulação da liberdade condicional, a ponto de acabar por ocupar ali a posição central: a *periculosidade*.

O livramento condicional e a periculosidade

A exemplo das demais instituições do direito penal, também o livramento condicional nasceu e se difundiu na Europa antes de cruzar o Atlântico. A Inglaterra teria sido o primeiro país a adotá-lo na legislação, sob a denominação "*tickets of leave*", em 1847. Seguiram-na Portugal, em 1861, a Alemanha, em 1871, e a França em 1885.[45] Por volta disso, surgiu nos Estados Unidos, no estado de Nova York, a Penitenciária de Elmira. Concebida como um estabelecimento de reeducação, seu funcionamento procurava assumidamente se inspirar nos ensinamentos de Lombroso. Uma das conseqüências dessa orientação estava na possibilidade de condicionar a duração da pena ao "progresso" de cada condenado: ele poderia ter sua pena abreviada, desde que a administração do estabelecimento o julgasse recuperado.[46]

No Brasil, a primeira previsão legal do livramento condicional se deu com o Código Penal republicano, promulgado em 1890. Tratavam do tema os artigos 50 a 52. A condição para que se concedesse a liberdade condicional repousava no bom comportamento do condenado e no cumprimento de metade da pena, que por sua vez teria que ser de mais de seis anos.[47] Mas ainda não havia

---

44. Harris, 1993, p. 108.

45. Branco, Aurélio Castelo. Trabalho ao ar livre, colônias agrícolas e estabelecimentos marítimos. *Arquivos da Polícia Civil de São Paulo*, São Paulo, v. 4, 591-600, 2. sem. 1942, p. 592; e Harris, 1993, p. 127.

46. Darmon, 1991, p. 182-183.

47. Sítio eletrônico Jus Navegandi (http://www1.jus.com.br/doutrina/texto.asp?id=5161). Acesso em: 17 dez. 2004 São as mesmas disposições que se encontram nos artigos 11 e 12 da lei estadual 1406, que estabelecia o regime penitenciário do Estado de São Paulo (São Paulo

chegado o momento de a lei virar realidade. Tais artigos nunca chegaram a ser aplicados na prática. A razão para isso estava no artigo 50, que estipulava um estágio em penitenciária agrícola antes da concessão do livramento condicional, procurando dar ao novo instituto o caráter de um estágio do sistema penal progressivo, ou "irlandês". A questão é que não havia estabelecimentos deste gênero no país àquela época. São Paulo criaria a sua Colônia Penal Agrícola, em Taubaté, apenas em 1941.

O decreto federal nº 16665, de 6 de novembro de 1924, estabeleceu novas bases para o livramento condicional e criou uma nova oportunidade para sua transformação em realidade. Seu artigo primeiro ratificava a condição de bom comportamento do requerente na prisão e a necessidade do cumprimento de metade da pena, mas esta poderia ser agora de pelo menos quatro anos, reduzindo em dois anos o que previa o Código Penal.[48]

O requisito de um estágio em colônia agrícola não desapareceu do texto, mas sofreu relativizações que acabaram por não inviabilizar a aplicação da lei. O parágrafo terceiro do mesmo artigo número um oferecia uma alternativa à exigência de que uma quarta parte da pena fosse cumprida nesse tipo de penitenciária, admitindo sua substituição por "serviços externos de utilidade pública". Além disso, na impossibilidade de uma ou outra coisa, a concessão do livramento ainda poderia ser exeqüível, mas nesse caso elevando-se o cumprimento mínimo da pena a dois terços, em lugar de metade.[49]

Mas as novidades do decreto não paravam aí. O seu artigo segundo instituía o Conselho Penitenciário.[50] A ser nomeado pelo Presidente de cada Estado, o novo órgão teria como atribuição principal avaliar os pedidos de livramento condicional e emitir pareceres quanto à recomendação ou não da concessão. Possuindo caráter consultivo, tais pareceres deveriam ser encaminhados para subsidiar a decisão do juiz, que deveria ser aquele que condenou o requerente ou o juiz de execuções criminais, onde este existisse, como era o caso de São Paulo. A verdade é que a autoridade do Conselho Penitenciário muito raramente seria contrariada pelo juiz responsável pela decisão de conceder o livramento.

(Estado). *Collecção Das Leis e Decretos do Estado de S. Paulo De 1913*. São Paulo: Typ. do Diario Official, 1914, v. 23, p. 51).

48. Brasil. *Collecção das Leis da República dos Estados Unidos do Brasil De 1924*. Actos do Poder Executivo (junho a novembro). Rio de Janeiro: Imprensa Nacional, 1925, v. 3, p. 392.

49. Brasil, 1925, v. 3, p. 392.

50. Brasil, 1925, v. 3, p. 392.

Por fim, mas não menos importante, o quarto artigo do decreto federal em questão inaugurava a apreciação da personalidade do condenado como condição para conceder-lhe o livramento. Previa-se a apresentação de um relatório do Diretor do estabelecimento penal onde cumpria sentença o requerente, que deveria conter informações como:

1) Circunstâncias peculiares à infração da lei penal que possam concorrer para apreciação da índole do preso;
2) Caráter do liberando, revelado tanto nos antecedentes, como na prática delituosa, que oriente sobre a natureza psíquica e antropológica do preso (tendência para o crime, instintos brutais, influência do meio, costumes, grau de emotividade, etc.).

Portanto, já não bastava o bom comportamento para o condenado com os prazos de pena regulamentares obter a liberdade antecipada. Entrava em cena a "alma" do criminoso, a ser reconstruída cientificamente com a ajuda da medicina e da psiquiatria. O comportamento disciplinado no cárcere passava a ser apenas uma das informações necessárias para tal, ainda que de grande importância. Além disso, o próprio crime retornava à cena, enquanto variável útil ao conhecimento da "índole do preso". De uma maneira geral, percebe-se uma perda substancial do controle do condenado sobre seu destino. Até então, pelo menos era o que previam os artigos estéreis do Código de 1890 que tratavam do tema, um condenado que decidisse seguir "as regras do jogo" na prisão deveria habilitar-se a deixá-la antes do tempo. Com o decreto de 1924, seu destino passava a depender da leitura de seu próprio passado, incluindo aí o crime que cometera, e da leitura de sua alma que os laudos médicos produziriam. No avanço da indeterminação da pena, avançava juntamente o poder médico, e recuavam a pretensa universalidade da abstração jurídica e o poder do condenado sobre seu próprio destino.

Na prática, o decreto 16665 se prestou a interpretações desencontradas, sendo aplicado desde diferentes perspectivas e produzindo resultados diversos. Sua redação ambígua possibilitava isso. Por um lado, o artigo quarto discriminava o conteúdo do relatório informativo do diretor da penitenciária, inquirindo da personalidade do sentenciado sua "índole" e suas "tendências para o crime". Por outro, o artigo primeiro discriminava explicitamente as condições para a concessão do livramento, restringindo-as ao bom comportamento e aos prazos de cumprimento da pena. Por esta brecha, as diferentes leituras se impuseram. Os interessados em fortalecer a indeterminação médica da pena agarravam-se ao artigo quarto, ao passo que aqueles mais apegados ao classicismo penal enfatizavam a suficiência do primeiro artigo.

Entre aqueles, um dos mais convictos era o juiz Edgard Costa, do Rio de Janeiro. Suas sentenças sobre o livramento condicional sempre procuravam esclarecer o que para ele seria uma confusão decorrente da redação infeliz do decreto. Mas o cuidado e a dedicação com que fazia isso, buscando a ajuda de jurisprudências e de bibliografias autorizadas, inclusive do autor do projeto que originou o decreto, denotava o caráter polêmico do tema. Para o juiz, a utilidade do conhecimento da personalidade do sentenciado seria útil, inclusive, para se verificar se o eventual bom comportamento não seria produto de simulação e hipocrisia. Em sentença de 19 de novembro de 1927, Costa aplicou tais concepções, denegando requerimento de livramento condicional com base no relatório do diretor da Casa de Correção do Rio de Janeiro, que informava que o sentenciado não expressara até então nenhuma manifestação de arrependimento. Além disso, ainda segundo o relatório, o delito que cometera denunciava uma "profunda e fria perversidade" e "uma temível capacidade de odiar."[51] Nesse caso, fica evidente que o crime continuava a pesar no destino do criminoso, configurando quase exclusivamente a sua "índole" e a conseqüente sentença denegatória.

No ano seguinte, Costa emitiria nova sentença em outro caso, com o mesmo resultado negativo e quase com a mesma argumentação. O condenado Telêmaco Alves Garcia satisfazia os dois requisitos genéricos para a obtenção de sua liberdade condicional: havia cumprido dois terços da pena e teve bom comportamento na prisão, conforme o relatório do diretor da Casa de Correção No entanto, apesar de o exame médico não haver detectado "nenhuma perturbação mental definida", "dos seus antecedentes mórbidos" constavam "sinais ou sintomas encontradiços na epilepsia". O estigma deste distúrbio, já analisado em capítulo precedente, foi suficiente para indicar que Telêmaco seria portador de uma "temibilidade eventual", o que por sua vez bastou para Costa indeferir a concessão do benefício. Mais que isso, o juiz ainda defendia que a sua pena deveria ser inclusive aumentada, em nome da defesa social e pelo "bem do próprio condenado".[52]

Na verdade, esse caso também ilustra exemplarmente o ziguezague jurídico que a redação ambígua da lei e as interpretações divergentes poderiam ocasionar: o parecer de Costa contrariava o do Conselho Penitenciário, que recomendava o livramento, mas, por sua vez, seria contrariado pela Corte de Apelação, que por fim se pronunciaria pela

---

51. Costa, Edgard. Condições para o livramento condicional. *Revista de Criminologia e Medicina Legal*, São Paulo, n. 2, 422-6, ago. 1928, p. 423, 425-426.

52. Costa, Edgard. Despacho reformado. *Revista de Criminologia e Medicina Legal*, São Paulo, v. 2, n. 3-4, set.-out. 1928, p. 262.

concessão do benefício. O parecer final da Corte ressaltava o comportamento exemplar de Telêmaco na prisão e secundarizava a temibilidade registrada em laudo.[53]

Em São Paulo, os condenados que sonhavam com o encurtamento de seus dias na prisão não puderam fazer uso do decreto 16665 até, pelo menos, 28 de julho de 1928. Neste dia, pela primeira vez no estado, cinco sentenciados recebiam a liberdade condicional, em solenidade no pátio da Penitenciária.[54] O primeiro agraciado era um condenado célebre: tratava-se do ex-sargento da Força Pública José Rodrigues de Mello, condenado a 30 anos de prisão por haver assassinado um oficial da Missão Francesa que veio a São Paulo no início do século para colaborar no processo de modernização da Polícia. Havendo cumprido 23 anos da pena, Mello foi objeto do primeiro parecer relativo a livramento condicional em São Paulo e foi contemplado.

Na referida solenidade, chama a atenção o discurso de Franklin Piza, o então diretor da Penitenciária do Estado. Sua exposição foi um autêntico manifesto em defesa da antropologia criminal e da Escola Positiva, ressaltando a negação do livre arbítrio e os vários determinismos na etiologia do crime. Mas o que havia de inusitado em suas palavras era a sua defasagem teórica com relação aos conhecimentos dessa corrente de pensamento. Na verdade, o discurso de Piza parecia mais uma relíquia histórica sobrevivente dos tempos de Lombroso:

> Porque já hoje nenhum espírito culto nega que o crime não é produto da vontade livre do agente, mas tem como causas geradoras três fatores principais: - meio individual, meio social e meio cósmico. Por meio individual entende-se a *conformação craniana, cerebral*, o temperamento, o

---

53. Guimarães, Francelino; Moraes, Sarmento; Piragibe, Vicente; Soares, Arthur. Livramento condicional. *Revista de Criminologia e Medicina Legal*, São Paulo, v. 2, n. 3-4, set.-out. 1928, p. 261.

54. Livramento Condicional. *Revista de Criminologia e Medicina Legal*, São Paulo, n. 2, 464-469, ago. 1928b, p. 464. No entanto, Lemos Brito menciona a concessão de três livramentos condicionais em São Paulo, entre 1920 e 1921, e mais um no Ceará, "quando era Governador Justiniano de Serpa" (Brito, 1943, p. 312). Desde a solenidade referida, em 1928, até 1942, o Conselho Penitenciário de São Paulo analisou 2064 pedidos de livramento condicional, posicionando-se favorável à concessão em 965 deles (Conselho Penitenciário – sua organização e função. *Revista Penal e Penitenciária*, São Paulo, v. 2, n. 1-2, 451-9, 1942, p. 456-457).

caráter, a *conformação do corpo*, enfim, de modo geral, o que se relaciona com o organismo físico do homem (...).[55]

O que pensava Piza sobre tais questões tem pertinência para o tema de que ora tratamos. Já vimos na teoria da lei e na sua aplicação a importância estratégica que o relatório do diretor do estabelecimento penal do condenado tem na concessão do livramento condicional. Por sua vez, o destino do relatório era o Conselho Penitenciário. Seria, portanto, igualmente interessante procurar inferir de sua composição algo de seu alinhamento doutrinário.

Em São Paulo, o Conselho Penitenciário foi instituído pela lei estadual 2168-A, de 24 de dezembro de 1926, e pelo decreto 4365, de 31 de janeiro de 1928. A primeira incorporou à legislação estadual o decreto federal sobre o livramento condicional acima referido, e o segundo regulamentou-o. A composição do Conselho já havia sido especificada pelo decreto federal: o procurador seccional da República, o chefe do Ministério Público do Estado, três professores de direito ou juristas em atividade forense e dois professores de medicina ou clínicos profissionais.[56]

A preponderância de juristas sobre médicos poderia dar a idéia de que o poder da medicina no tema do livramento condicional estaria em posição subordinada. Ou, em outros termos, que a criminologia positivista não estaria em condições de exercer neste espaço a aplicação de seus conceitos centrais. No entanto, os nomes que acabaram por preencher estas vagas indicam justamente o contrário, ajudando mais uma vez a evitar o reducionismo que associa o conflito entre clássicos e positivistas apenas a uma luta corporativista entre juristas e médicos. Por exemplo, o presidente do Conselho, Cândido Mota, autor de um livro justamente chamado "A classificação dos criminosos", foi o responsável pela penetração institucional da Escola Positiva na Faculdade de Direito de São Paulo, como assinalou o estudo de Marcos Alvarez.[57] Ainda compunham o Conselho Alcântara Machado, Flamínio Fávero e Pacheco e Silva[58], cujos alinhamentos teóricos em termos de direito penal a essa altura já nos são bastante familiares.

---

55. Livramento..., 1928b, p. 465, grifos meus.
56. São Paulo (Estado). *Collecção das leis e decretos do Estado de S. Paulo de 1926.* São Paulo: Officinas do Diario Official, 1926, v. 36, p. 75.
57. Alvarez, 1996.
58. Livramento Condicional. *Archivos da Sociedade de Medicina Legal e Criminologia de S. Paulo,* São Paulo, v. 2, n. 3, 306-10, fev.-mar. 1928a, p. 310. Em 7 de abril de 1942, com a morte de Cândido Mota, Flamínio Fávero e Pacheco e Silva foram nomeados presidente e vice do Conselho Penitenciário, respectivamente (Conselho..., 1942, p. 452).

Na prática, os pareceres do Conselho Penitenciário de São Paulo interpretaram o alegado defeito de redação do decreto federal 16665, e a ambigüidade decorrente, a favor da necessidade de apreciação da "índole" e das "tendências para o crime" do requerente como condição para conceder a liberdade condicional. No entanto, a exemplo do que tivemos oportunidade de analisar em sentença da justiça do Rio de Janeiro, freqüentemente era o crime cometido que informava quase exclusivamente da personalidade do criminoso.

Por exemplo, assim se deu com o parecer do pedido de Joaquim Candido Garcia, condenado por haver matado um compadre e amigo de infância, de cuja esposa havia se tornado amante, o que ajudou a dar ao crime a perversidade alegada. Em 19 de junho de 1916, Garcia degolou a vítima com um canivete, no caminho desta do trabalho para casa. Completava-se assim o quadro moralmente deplorável que envolveu o crime, com o assassinato não apenas de um amigo de infância, mas de "um trabalhador responsável que voltava para casa em busca do descanso merecido". Segundo o Boletim Criminológico do psiquiatra da penitenciária, Dr. Moraes Mello, os doze anos de reclusão bem comportados, sem nenhuma falta, apenas confirmavam o traço determinante do seu caráter: a hipocrisia. Por esta senha, o parecer do Conselho acabou por indeferir o pedido, afirmando que "não se pode negar que o delito em toda a sua crueldade e os seus motivos determinantes estão a demonstrar o caráter do delinqüente e a sua temibilidade".[59]

Há diversos outros exemplos que repetem esse mesmo padrão, em que a gravidade alegada do crime prevalecia sobre o bom comportamento na prisão e mesmo acabava por dispensar exames mais demorados acerca da "personalidade do condenado".[60]

No entanto, ao longo das décadas de 30 e 40, como já tivemos a oportunidade de analisar, o aprimoramento institucional da criminologia positivista possibilitou uma melhor capacitação para a "apreciação da personalidade" do delinqüente. Particularmente o Instituto de Biotipologia Criminal cumpriria um papel decisivo para alimentar as avaliações do Conselho Penitenciário, como também já discutimos. Além disso, sua criação praticamente coincidia com a promulgação do novo Código Penal, que por fim consagraria o conceito da periculosidade e o papel dos responsáveis pela sua determinação, nos processos de livramento condicional.

Os artigos 60 a 63 do Código Penal de 1940 estavam dedicados ao livramento condicional. Como condições para a concessão do benefício, a nova lei exigia:

---

59. Conselho Penitenciário – Alguns pareceres. *Revista de Criminologia e Medicina Legal*, São Paulo, v. 5, n. 3-6, 121-34, mar.-jun. 1929, p. 125-128.

60. Ver, por exemplo, os pareceres reproduzidos em Conselho..., 1929, p. 128-9 e p. 129-31.

- que o condenado houvesse cumprido pelo menos 3 anos de prisão, confirmando a tendência liberalizadora que vinha desde o Código de 1890, que estipulava um mínimo de 6 anos, e passava pelo decreto 16665, que rebaixara a exigência para 4 anos. É possível que a crescente desilusão com a capacidade regeneradora da penitenciária estivesse por trás dessa tendência;
- que a pena houvesse sido cumprida em mais da metade, para os criminosos primários, ou mais de três quartos, para os reincidentes. Foi mantida a mesma exigência das leis anteriores, com a novidade da discriminação restritiva para os reincidentes. Como já analisamos um pouco mais acima, reforçava-se aqui a noção de incorrigibilidade daqueles que "obstinavam-se" na vida criminosa, assimilando-os ao conceito de "personalidade delinqüencial", descendente em linha direta do criminoso nato de Lombroso. Além disso, as preocupações com a defesa social certamente pressionaram por uma compensação à maior liberalidade com os primários;
- que fosse verificada a ausência ou a cessação da periculosidade, e provado bom comportamento durante a vida carcerária e aptidão para prover à própria subsistência mediante trabalho honesto.[61]

De saída, todas as considerações acerca da personalidade do criminoso, sua índole, seu caráter e suas tendências ao crime, já poderiam ser referenciadas num só e mesmo conceito: o de periculosidade, denotando sua consolidação no meio médico-legal. Além disso, corrigiu-se a redação ambígua do decreto de 1924, colocando-se todas as exigências num mesmo artigo e restringindo a possibilidade de interpretações divergentes. Desde então, não se poderia mais conceder liberdade antecipada a um condenado que ainda se demonstrasse perigoso à sociedade.

Tratando especificamente de São Paulo, as novas determinações legais colocaram os laboratórios de antropologia criminal da Polícia e da Penitenciária em posição-chave no enredo institucional do livramento condicional. Não se trata mais de *complementar* o relatório do diretor da Penitenciária com informações acerca da personalidade do sentenciado, a compor com as avaliações sobre seu comportamento um mosaico que representasse o criminoso perante o Conselho Penitenciário, mas de responder a um quesito obrigatório para a decisão. Além disso, a determinação da periculosidade não poderia prescindir do trabalho do corpo médico dos referidos laboratórios.

O reconhecimento da periculosidade medicamente determinada, enquanto característica definidora da tendência a cometer crimes, coroava os esforços da criminologia positivista para deslocar as perspectivas jurídicas do crime para o criminoso. Daí que o diretor do Instituto de Biotipologia Criminal declarasse, logo

---

61. Fávero, 1945a, v. 2, p. 369.

após a entrada em vigência do novo Código, que um indivíduo que cometesse um crime não deveria ser considerado um criminoso, caso declarado ausente de periculosidade.[62]

Enfim, o instituto da liberdade condicional cumpriu o papel tático de viabilizar "parcelas" de indeterminação da pena. Procuramos demonstrar como o poder médico teve aumentada sua participação nesse processo no decorrer do período que estudamos, em consonância com o fortalecimento do conceito de periculosidade. No entanto, a liberdade condicional permitia apenas a *diminuição* da pena, fazendo que a almejada indeterminação operasse apenas num sentido. Chegamos ao final do percurso pelo qual acompanhamos a evolução do livramento condicional num ponto em que os indivíduos considerados não perigosos deveriam ser postos em liberdade antecipadamente. Mas aqueles que permanecessem perigosos até o fim da pena, que destino deveriam ter? Pelas concepções clássicas de responsabilidade moral e de modulação da pena pelo crime, deveriam ganhar as ruas. Pelas concepções positivistas, deveriam permanecer encarcerados enquanto sua *moléstia* persistisse, em nome da defesa social e da própria regeneração do criminoso. O Código Penal de 1940, por meio das medidas de segurança, abriria as portas para a viabilização da segunda alternativa, prescrevendo a indeterminação da pena também no sentido contrário, pela primeira vez permitindo o *aumento* do tempo da seqüestração, quando isso fosse considerado necessário.

As medidas de segurança

No Código Penal de 1940, tratavam das medidas de segurança os artigos 75 a 101. O artigo 88 as dividia em patrimoniais e pessoais. As primeiras seriam a interdição de estabelecimento ou de sede de associação e o confisco. Não são particularmente interessantes à nossa abordagem, a não ser naquilo que têm de testemunho do crescimento da intervenção estatal na vida social da época.

Por outro lado, as medidas de segurança pessoais representavam uma expressão radical da concretização de teses centrais do positivismo criminológico, pois seriam "destinadas à segregação, vigilância, reeducação e tratamento dos indivíduos perigosos, ainda que moralmente irresponsáveis."[63] Poderiam ser detentivas e não detentivas. Como medidas de segurança detentivas, o Código previa a internação em manicômio judiciário, em casa de custódia e tratamento, em colônia agrícola

---

62. Teles, 1943, p. 108.

63. Whitaker, Edmur de A. O novo Código Penal do Brasil à luz da Psicologia e Psiquiatria Jurídicas. *Arquivos da Polícia Civil de São Paulo*, São Paulo, v. 1, 225-58, 1 sem. 1941, p. 227.

ou em instituição de trabalho, de reeducação ou de ensino profissional. Por fim, as medidas de segurança não detentivas compreendiam a liberdade vigiada, a proibição de freqüentar determinados lugares e o exílio local.[64]

Francisco Campos, na exposição de motivos que introduzia o novo Código, enfatizava a diferença entre pena e medida de segurança. Enquanto aquela teria caráter repressivo, condicionada principalmente pelo delito cometido, esta seria uma medida de "prevenção" e "assistência social", e seria estabelecida em conformidade com a periculosidade do indivíduo em questão. Por isso, não possuiria duração determinada, prolongando-se enquanto durasse o estado perigoso, como estabelecia o artigo 88.[65] Neste sentido, as medidas de segurança representavam mais um avanço da sobreposição do princípio da culpabilidade pelo da periculosidade.

Esta, por sua vez, poderia ser presumida em lei ou medicamente determinada. O artigo 78 pressupunha como perigosos os irresponsáveis, os "retardados mentais", os condenados por crime cometido em "estado de embriaguez pelo álcool ou substância de efeitos análogos", os reincidentes em crime doloso, e os "condenados por crime que hajam cometido como filiados a associação, bando ou quadrilha de malfeitores".[66] Chama a atenção aqui mais uma vez a presença dos reincidentes, reforçando novamente a sua associação com o indivíduo perigoso e com tendências ao crime, a exemplo do que já discutimos quando tratávamos do livramento condicional.

Inexistindo a presunção legal da periculosidade, esta poderia ser determinada a partir da personalidade e dos antecedentes do indivíduo, tarefa destinada aos peritos médicos por excelência.[67]

O diagnóstico de periculosidade poderia representar a detenção de um indivíduo por toda a sua vida. De fato, foi exatamente o que aconteceu no "caso Febrônio", como já tivemos oportunidade de analisar. Por isso, a comprovação da autoria dos crimes de que foi acusado perdeu importância a partir do momento em que os peritos consideraram-no um indivíduo perigoso. E assim continuaram a fazê-lo toda vez que seus pareceres foram solicitados a título de reavaliação,

---

64. Fávero, 1945a, v. 2, p. 375.

65. Fávero, 1945a, v. 2, p. 374.

66. Silva, Oswaldo. A aplicação da medida de segurança detentiva – internação em instituto de trabalho. *Arquivos da Polícia Civil de São Paulo*, São Paulo, v. 10, 167-74, 2. sem. 1945, p. 167.

67. Fávero, 1941c, p. 71.

forçando a permanência de Febrônio no Manicômio Judiciário do Rio de Janeiro por mais de meio século.[68]

Este caso também demonstra que a absolvição em julgamento não eliminava a aplicabilidade de medidas de segurança, conclusão a que se poderia ser levado por uma falsa interpretação do Código quando este dizia que as medidas de segurança só poderiam ser empregadas *post delictum*.[69] O próprio consultor jurídico da Secretaria de Segurança Pública de São Paulo procurou deixar bem claro esse ponto, ao enfatizar que "pouco importa que o sujeito ativo seja ou não criminoso, seja condenado ou absolvido." Para Oswaldo Silva, as medidas de segurança se referiam apenas à periculosidade do indivíduo, portanto nenhuma relação tinham "quer com a imputabilidade, quer com a responsabilidade."[70]

Já a questão que colocamos com referência ao livramento condicional, acerca da consciência dos contemporâneos do caráter tático do dispositivo, concebido como aproximação a uma maior indeterminação da pena, tem igual pertinência para o tema das medidas de segurança. O mesmo jurista que então nos respondeu fornece aqui a mesma resposta:

> Se não encontramos em nosso moderno Código Penal a pena absolutamente indeterminada, temos a indeterminação das medidas de segurança. Como sabem, a sua execução é subordinada à periculosidade. Há dispositivo expresso no Código, declarando que não cessará, em hipótese alguma, a aplicação de uma medida de segurança, sem se concluir pela cessação da periculosidade do paciente.[71]

Daí que as metáforas médicas também servissem para a defesa das medidas de segurança, novamente fazendo alusão à incongruência de se pré-definir o período de tratamento em função da *doença-crime*, e não o condicionando à individualidade do *paciente-criminoso*, exatamente nos mesmos termos utilizados para tratar do livramento condicional, apenas com sinal trocado. Lá, tratava-se de diminuir a pena, aqui, de aumentá-la. Flamínio Fávero, já como diretor da Penitenciária do Estado, de quem temos citado várias dessas analogias, não deixou de abordar as medidas de segurança desde tal perspectiva:

---

68. Fry, 1982, p. 65-80.
69. Whitaker, 1941, p. 233.
70. Silva, O., 1945, p. 167.
71. Garcia, 1941, p. 196-7.

No presídio, que é um hospital de feição toda própria, [os readaptáveis] recebem o tratamento que a pena faculta, atendendo ao seu aspecto nitidamente pessoal. O tempo para isso é variável. Quase como na terapêutica médica. Há doentes e não doenças. Em regra, o Código prescreve o máximo necessário para a readaptação do delinqüente, podendo este máximo ser alargado ainda, se necessário, por medidas de segurança.[72]

Mas quando se referiam a uma das medidas de segurança especificamente, a liberdade vigiada, as metáforas médicas informavam um outro aspecto do pensamento positivista: o conceito de predisposição como elo entre as causas biológicas e ambientais na etiologia do crime. Voltavam as associações *criminoso-micróbio, ambiente-caldo de cultura*, na esteira da microbiologia pasteuriana. A vigilância teria por fim acompanhar a "convalescença" do indivíduo "recém-curado", mas possivelmente ainda frágil se exposto a ambientes demasiadamente "contaminados". Tinham o mesmo sentido as medidas de segurança de exílio local e de proibição de freqüentar determinados locais. Ainda com relação à liberdade vigiada, deve-se registrar que se tratava de medida que sempre acompanhava o livramento condicional, mas que não se restringia a isso. Teoricamente, poderia ser uma medida intermediária entre a detenção e a liberação absoluta. Sua cessação dependia de relatório policial, que, defendiam os positivistas, não poderia prescindir do subsídio dos peritos médicos-legistas.[73]

De uma forma geral, as medidas de segurança podem ser consideradas como parte do esforço positivista em busca do enquadramento de indivíduos e grupos sociais que se encontravam fora do alcance das leis penais. Representavam, portanto, uma aproximação do limite da lei ao limite da norma. Nesse sentido, muitos identificaram no novo dispositivo uma excelente oportunidade para capturar de forma mais consistente e legalmente respaldada a enorme população de delinqüentes de pequenos delitos: "punguistas, arrombadores, vigaristas, mendigos e vadios".[74] Abria-se assim a possibilidade legal de internamento de longa duração de todos aqueles que obstinavam em não se integrar ao mundo do trabalho, e que até então logravam ludibriar o sistema repressivo por conta da difícil comprovação de seus delitos. Na polícia, a queixa contra a imunidade dessa população incomodamente problemática era recorrente:

---

72. Fávero, 1944, p. 336.

73. Ássaly, 1942b, p. 299.

74. Silva, O., 1945, p. 168.

(...) é quase impossível reunir, num inquérito policial, provas suficientes que autorizem a condenação, desde que se trate de um vigarista ou um punguista, sabido como é que tais delitos, instantâneos por excelência, e com aspectos todos especiais na sua execução, não deixam qualquer vestígio além da queixa e dos protestos da vítima.[75]

Oswaldo Silva, o consultor jurídico da Secretaria de Segurança Pública de São Paulo, publicou na revista da Polícia um parecer sobre o tema, indicando o percurso legal para a tão esperada superação desta "fragilidade policial". Na sua visão, finalmente chegara a oportunidade para lograr a tarefa de "expurgar os maus elementos das populações laboriosas."[76] O autor do texto e a revista que o vinculou expressam a intenção de capacitar a polícia do Estado na aplicação das medidas de segurança.

Na recapitulação da tessitura legal que respaldaria esta estratégia, Silva lembrava que as medidas de segurança não estavam previstas apenas no Código Penal, mas também na Lei de Contravenções Penais, promulgada em outubro de 1941. Ali, expandia-se o grupo de indivíduos presumivelmente perigosos, incluindo-se os reincidentes em jogos de azar e no "jogo do bicho" e os condenados por vadiagem e mendicância.[77]

Além disso, a possibilidade de aplicação de medidas de segurança independentemente de comprovação de culpa, em sentenças absolutórias, como previa o artigo 79 do Código Penal, eliminava os inconvenientes legais que até então entravavam o trabalho da polícia. Tratava-se agora de reconhecer a periculosidade do agente. Se não presumida em lei, laudos periciais poderiam atestá-la, com base na personalidade e nos antecedentes do indivíduo desviante ou potencialmente desviante.

Porém, mesmo com tanto aplainamento legal, persistiam alguns obstáculos jurídicos à mais livre atuação policial. Como vimos, em seu artigo 76, o Código Penal restringia a aplicação das medidas de segurança aos casos *post delictum*. Ou seja, exigia a comprovação do crime ou da contravenção, justamente a obrigação da qual Silva pretendia dispensar a Polícia. A solução estaria num *deslocamento* mais que sutil:

---

75. Silva, O., 1945, p. 168.
76. Silva, O., 1945, p. 170.
77. Artigo 14 do decreto-lei 3688, de 3 de outubro de 1941, citado por Silva, O., 1945, p. 168.

(...) como é fácil de avaliar-se, os indivíduos que vivem exclusivamente do produto do crime (vigaristas, punguistas, ventanistas, escrunchadores, etc., etc.) são, sempre, *vadios*. Ora, elaborando um inquérito com provas suficientes da vadiagem, de molde a autorizar a condenação, estará a Polícia, ao depois, com elementos bastantes para pleitear a aplicação da medida de segurança.[78]

O artigo 15 da referida Lei de Contravenções Penais estabelecia que o condenado por vadiagem deveria ser internado em colônia agrícola ou em instituto de trabalho, de reeducação ou de ensino profissional, pelo prazo *mínimo* de um ano.[79]

Por fim, Silva ainda buscou no Código de Processo Penal dois artigos que facilitariam ainda mais as coisas para a polícia. No artigo 549, podia-se ler que o conhecimento de um fato pela autoridade policial, mesmo não constituindo infração penal, poderia determinar a aplicação de medida de segurança, após a abertura de inquérito para a averiguação de todos os elementos que poderiam interessar à "verificação da periculosidade do agente". Por sua vez, o artigo 378 do mesmo código dispunha que a aplicação da medida de segurança poderia ser determinada pelo juiz criminal "ainda no curso do inquérito", mediante representação da autoridade policial.[80]

Ao fim desse percurso pelo acervo da legislação penal do país, o consultor da Secretaria de Segurança Pública oferecia às autoridades policiais do Estado um mecanismo de extraordinário alcance repressivo. Ao longo da seleção e do encadeamento de artigos legais que fizera, percebe-se a gradual substituição do crime pelo seu agente, real ou potencial, como foco do aparato repressivo. Pelo que propunha Silva, um indivíduo poderia ser preso por ato que logo em seguida se demonstrasse não ser uma infração penal. No entanto, se o mesmo revelasse, desde a perspectiva policial, "possuir caracteres de indivíduo socialmente perigoso", um inquérito poderia ser aberto, com o objetivo de averiguar se existiria de fato a periculosidade. Com a ajuda dos peritos médicos, que atestariam sobre a personalidade do indivíduo e suas tendências ao crime, a polícia levantaria tudo que pudesse acerca de sua vida e de seus antecedentes. E mesmo antes de encerrar o inquérito, a medida de segurança poderia ser aplicada, possibilitando o internamento em "instituto de trabalho ou reeducação". Enfim, sem culpa comprovada, todos aqueles que a polícia considerasse

---

78. Silva, O., 1945, p. 169-70, grifo do autor.

79. Artigo 15 do decreto-lei 3688, de 3 de outubro de 1941, citado por Silva, O., 1945, p. 169.

80. Silva, O., 1945, p. 170.

de "vida tortuosa ou sinuosa" poderiam ser retirados do convívio social até mesmo pelo resto da vida, no caso de persistir a alegada periculosidade. [81]

Como fica claro pelo exercício de interpretação legal que faz Oswaldo Silva, as medidas de segurança representaram um aumento formidável do poder de arbítrio da polícia no reordenamento das leis penais do país. Por isso, para Mariza Corrêa elas seriam antes que tudo mecanismos de defesa da ordem política e social repressiva instaurada em 1937 com o Estado Novo. De fato, como Elizabeth Cancelli insiste em sua reflexão sobre a polícia da Era Vargas, esta era justamente a principal instituição de sustentação do regime[82], e faz sentido que o Código Penal de 1940 lhe aprimorasse a capacidade de intervenção. A relação das medidas de segurança com Estados autoritários é confirmada pelo fato de que o modelo seguido pelo Brasil veio do Código Penal da Itália fascista, promulgado em 1931.[83] Ricardo Campos, Rafael Huertas e José Martínez fazem a mesma associação, exemplificando com a implementação das "medidas de seguridad" na Espanha em 1928, durante a ditadura de Primo de Rivera.[84]

Ainda seguindo a tese de Corrêa, essa característica das medidas de segurança, que as colocaria mais diretamente vinculadas ao regime político, comprova que estariam mais para manifestações de autoridade direta do que para sutilezas disciplinares do gênero caro ao pensamento de Michel Foucault.[85] Esta conclusão é diametralmente oposta à que chegaram os pesquisadores Peter Fry e Sérgio Carrara, para quem foi justamente "(...) em 1940, através da figura legal da medida de segurança, que se formaliza, no Brasil, a tendência disciplinadora e normalizadora que Michel Foucault tentou retraçar desde sua origem (...)."[86]

Essa divergência de interpretações pode ter sido facilitada pelo fato de que as medidas de segurança não foram implementadas na realidade de forma plena e generalizada. Fry e Carrara atribuem a esterilidade dos dispositivos legais correspondentes a uma contradição essencial no Código Penal de 1940. O sistema binário ali consagrado, estruturado pela pena e pela medida de segurança, reconhecia dois tipos de indivíduos: aqueles que violavam voluntariamente o contrato social, e que por isso deveriam ser castigados pela pena adequada, e aqueles levados ao crime

---

81. Silva, O., 1945, p. 171-172.
82. Cancelli, 1993, p. 22.
83. Whitaker, 1941, p. 233.
84. Campos Marín; Martínez Pérez; Huertas, 2000, p. 112.
85. Corrêa, 1998, p. 355.
86. Fry, Peter; Carrara, Sérgio. As vicissitudes do liberalismo no direito penal brasileiro. *Revista Brasileira de Ciências Sociais*, São Paulo, v. 2, n. 11, 48-54, 1986, p. 50.

por determinismos biológicos e sociais de que não conseguiam subtrair-se, para os quais as medidas de segurança viabilizariam o encaminhamento a "tratamento" apropriado. Mas o que os autores em questão enfatizam é que não se tratava de um sistema coerente para dar conta de dois tipos de criminosos diferentes, mas de "duas concepções ou representações divergentes do indivíduo, mais particularmente do criminoso, em nossa sociedade: o paradigma 'clássico' e o paradigma 'positivista'".[87] O Código Penal de 1940 foi, de fato, uma solução de compromisso entre as duas escolas, de forma categórica na questão das medidas de segurança, refletindo a correlação de forças à época. Naturalmente, criava-se assim um arranjo instável, suscetível a reacomodações decorrentes justamente das mudanças nesta correlação ao longo dos anos e décadas de vigência do Código. O projeto positivista, não apenas na questão das medidas de segurança, mas em toda a sua extensão, sempre demandou um custo material e institucional bastante grande, cuja viabilidade esteve na dependência de um consenso mínimo entre os responsáveis envolvidos.

O criminalista Heleno Cláudio Fragoso fez um balanço do fracasso da implementação prática das medidas de segurança justamente a partir destas debilidades, segundo ele concretizadas nos seguintes fatores:

> O superpovoamento das prisões; a ausência de elementos de tratamento; a impossibilidade de distinção, durante a execução, das medidas de segurança e das penas devido à inexistência dos estabelecimentos especiais que eram previstos pelo Código de 1940; e a imperfeição técnica dos juízos de periculosidade que os juízes deveriam proceder.[88]

É bem verdade, e isso é pertinente para o presente estudo, que o Estado de São Paulo se empenhou para que não fosse assim. Apenas nove meses depois da entrada em vigor do novo Código Penal, o Secretário de Segurança Pública, Alfredo Issa Ássaly, destinou uma seção especial do Instituto Correcional da Ilha Anchieta (Figura 2) para receber todos aqueles submetidos a medidas de segurança detentivas, com exceção dos encaminhados ao Manicômio Judiciário.[89] No entanto, em seu relatório de atividades do ano de 1943, Ássaly se mostrava bastante descontente com a situação do estabelecimento, em todos os aspectos muito distante de algo destinado a "tratar" indivíduos perigosos com base em conhecimentos científicos da sua

---

87. Fry; Carrara, 1986, p. 49-50.

88. Citado por Fry; Carrara, 1986, p. 51.

89. Silva, O., 1945, p. 172.

personalidade, mais parecendo um "depósito de presidiários". Procurando reverter este quadro, o Secretário determinou que todos os 270 internados fossem encaminhados para o Laboratório de Antropologia Criminal da Polícia de São Paulo, para que o protocolo de cada internado recebesse o "boletim de antecedentes criminais e o laudo de exame sômato-psíquico".[90]

Mas a tentativa de transformar a Ilha Anchieta em reformatório científico de indivíduos tidos como perigosos malogrou, a despeito da tenacidade de Ássaly.[91] Outra tentativa de criar um estabelecimento com a mesma finalidade viria no Governo de Jânio Quadros, na cidade de Taubaté, aparentemente com o mesmo resultado.[92]

Como concluem Fry e Carrara, a pouca aplicação prática do sistema das medidas de segurança não decorreu da "crítica dos princípios que o informavam", mas da referida falta de condições concretas para sua viabilização. Tanto foi assim, que vários dos pressupostos positivistas retornariam na reforma do Código Penal de 1984. Apesar da extinção das medidas de segurança no novo texto, a pena de prisão recebeu várias modificações voltadas à sua modulação conforme a *personalidade* do criminoso. Para tal, a lei previu a criação de órgãos técnicos responsáveis pelos exames necessários: os "Centros de Observação Criminológica" e as "Comissões Técnicas de Classificação".[93]

Não cabe no presente estudo avaliar mais detalhadamente as inovações do Código de 1984[94], tampouco inventariar seu impacto efetivo na realidade. Mas sem dúvida tem muita pertinência para nossa reflexão o fato de que as concepções positivistas que impuseram as medidas de segurança no texto legal de 1940 ressurgissem com vitalidade quarenta e cinco anos depois. Essa é a razão da inclusão do tema nesse capítulo que aborda as conquistas duradouras da Escola Positiva. Não

---

90. Ássaly, Alfredo Issa. A Polícia de São Paulo – Relatório das atividades da Polícia de São Paulo em 1943, apresentado ao Excelentíssimo Senhor Doutor Fernando Costa, Interventor Federal no Estado, pelo Dr. Alfredo Issa Ássaly, Secretário de Estado dos Negócios da Segurança Pública. *Arquivos da Polícia Civil de São Paulo*, São Paulo, v. 7, 351-379, 1. sem. 1944a, p. 369.

91. Ássaly também procurou aprimorar as condições para a aplicação das medidas de segurança não detentivas, inaugurando em 1944 um patronato destinado a fiscalizar a liberdade vigiada, o exílio local e a proibição de freqüentar determinados locais, atendendo a sugestão do próprio Código Penal, que atribuía tais funções à Polícia apenas na falta do patronato (Primeiro Aniversário da gestão do dr. Alfredo Issa Ássaly na Secretaria da Segurança Pública. *Arquivos da Polícia Civil de São Paulo*, São Paulo, v. 8, 487-546, 2. sem. 1944, p. 542-543).

92. Fry; Carrara, 1986, p. 50.

93. Fry; Carrara, 1986, p. 51-52.

94. Para tal, no que se refere às medidas de segurança, sugerimos o referido artigo de Fry e Carrara (Fry; Carrara, 1986).

deixa de ser isso um impressionante indicativo da profundidade que aquelas idéias acabaram por atingir no imaginário e na vida institucional da sociedade brasileira.

2. As resistências

A oposição do mundo jurídico

Ao longo deste texto, já temos insistido bastante no simplismo da análise que associa a oposição entre clássicos e positivistas exclusivamente a uma disputa corporativa entre juristas e médicos. Nisto estamos acompanhados de muitos estudiosos do assunto. Já vimos como Foucault demonstra que, a partir do primeiro terço do século XIX, o perito médico-legal veio em socorro do sistema jurídico quando este se encontrou frente ao impasse de julgar o crime sem razão.[95] A capacidade de julgar se via inviabilizada quando um indivíduo aparentemente dotado de razão cometia um crime sem explicação. Esta foi uma das portas de entrada da psiquiatria para a sua imposição nos tribunais, mas também permitiu ao juiz que pudesse continuar a exercer seu ofício de julgar.

Por sua vez, Ruth Harris considera que os juristas foram, a um só tempo, os principais antagonistas e colaboradores dos médicos. Segundo ela, a aproximação entre os dois campos, de uma forma aparentemente paradoxal, teria sido em muito facilitada pela difusão das teorias degeneracionistas, já que por meio delas foram aproximados os conceitos de crime e de loucura. Além disso, a crescente imposição do quesito da periculosidade, em detrimento do muito mais problemático e polêmico tema da responsabilidade – veremos o quão espinhosa era a questão de se decidir sobre a responsabilidade de um delinqüente e de quem seria tal atribuição – ajudou a criar um ambiente de maior colaboração entre as profissões.[96] A determinação da periculosidade parecia um aprimoramento considerável dos mecanismos de defesa social, ao permitir a separação de indivíduos indesejáveis do convívio social, e nisso contava com o apoio entusiasmado tanto de médicos como de juristas.

Por outro lado, as razões da aproximação entre os dois grupos poderia atender a motivações muito mais pragmáticas e oportunistas. Pierre Darmon chama a atenção para a adesão às idéias positivistas de um significativo grupo de profissionais do direito: os advogados de defesa, porque muitos deles enxergavam na negação do livre-arbítrio a possibilidade de justificar a absolvição de seus clientes.[97]

---

95. Foucault, 2001c, p. 147-54.
96. Harris, 1993, p. 27, 69 e 93.
97. Darmon, 1991, p. 175.

Com relação ao Brasil, as reflexões de Marcos Alvarez tratam também da convivência entre médicos e juristas sob o manto da criminologia positivista.[98] Aliás, seu objeto é justamente a influência da Escola no meio jurídico brasileiro, o que demonstra por si só que as relações entre eles não poderiam ser resumidas a conflitos corporativistas. Nesse caso, não se explicaria a enorme influência entre juristas de um corpo doutrinário que enfatizava a intervenção médica em assuntos da justiça.[99]

Para Alvarez, o tipo peculiar de liberalismo que se desenvolveu no Brasil teria facilitado as acomodações entre os clássicos e os positivistas.[100] O seu caráter autoritário e antidemocrático se mostrava receptivo às doutrinas de afirmação da desigualdade social, a que se prestava com facilidade a antropologia criminal. Além disso, mais uma vez na direção dos interesses da defesa social, muitos juristas viam com simpatia os esforços dos positivistas em trazer para dentro da alçada dos mecanismos de controle social os grupos sociais formalmente fora do alcance das leis penais[101], como é o caso, por exemplo, dos menores e dos homossexuais.

Assim, de uma forma geral, as possibilidades de colaboração e de estabelecimento de objetivos comuns estiveram sempre presentes nas relações entre médicos e juristas. Havendo estabelecido este marco, e exorcizando as simplificações empobrecedoras, resta analisar também as contradições e os embates que marcaram essa convivência.[102]

Se a complementariedade entre os objetivos de médicos e juristas no combate ao crime era complexa e abordável desde múltiplas perspectivas e possibilidades, tampouco as causas de seus conflitos podem ser facilmente resumidas e simplificadas. Mas sem dúvida cumpriram aqui papel decisivo dois fatores fundamentais: por um lado, o já analisado receio de impunidade resultante da retórica médica nos tribunais; por outro, a defesa de prerrogativas profissionais de duas categorias distintas em torno a um mesmo objeto.

Esses dois temas condicionaram a mais acirrada polêmica que agitou a Sociedade de Medicina Legal e Criminologia de São Paulo em sua história, ao menos

---

98. Alvarez, 1996.

99. Alvarez, M. *Bacharéis, criminologistas e juristas: saber jurídico e nova escola penal no Brasil.* São Paulo: Método, 2003, p. 34-35.

100. Alvarez, 2003, p. 213-240.

101. Alvarez, 1996, p. 98.

102. Para uma análise mais detida da complementariedade da atuação e do pensamento dos profissionais da medicina e do direito nos limites do positivismo penal brasileiro, recomendamos ao leitor interessado justamente o texto de Alvarez (Alvarez, 1996).

no período de que nos ocupamos. Aliás, nada mais natural que as principais discordâncias e diatribes entre as duas categorias profissionais desaguassem ali, já que era objetivo da entidade dotá-las de um discurso minimamente comum. O fato é que tal tarefa muitas vezes exigia que "se quebrassem muitos ovos antes de se ter o omelete pronto". O momento em que se deu a referida discussão também é significativo: de abril a outubro de 1928, logo após a aprovação legislativa da criação do Manicômio Judiciário de São Paulo, mas ainda alguns anos antes de sua efetiva inauguração.[103] Todos os condicionantes que envolveram a criação deste estabelecimento encontravam-se, então, em plena efervescência, trazendo os temas do livre arbítrio e do determinismo à superfície das reuniões da Sociedade.

Na sessão de 14 de abril daquele ano, José Soares de Mello, então promotor público da capital de São Paulo, apresentava a ordem do dia, intitulada "Loucura moral e responsabilidade". Sua Conferência partia do relato de um episódio real: no julgamento de um homicídio recente, a defesa solicitou a absolvição da ré argumentando que o laudo médico apontara loucura moral. Em posição contraposta, Mello defendia a prisão da acusada, para ele o destino mais adequado para todos os casos similares, ao menos enquanto o Manicômio Judiciário não estivesse pronto e em pleno funcionamento. O promotor não apenas sustentava a responsabilidade penal de quem agia sob a influência da loucura moral, como discordava da habilitação dos médicos para dar algum parecer legal no assunto. Para ele, a definição da responsabilidade penal de um criminoso era da alçada exclusiva da justiça, e qualquer intromissão de outras categorias profissionais nessa atribuição seria inaceitável. Mas Mello não compareceu desarmado a ambiente tão inseguro: no caso em questão, o Tribunal de Justiça acatara essa sua tese e rejeitara a argumentação da defesa e a pertinência do laudo médico[104], o que lhe servia de legitimação frente ao auditório.

Aberto o debate, imediatamente se conformaram dois grupos antagônicos, que protagonizariam acaloradas discussões por sete sessões consecutivas da Sociedade.[105] Ao grupo capitaneado pelo próprio Soares de Mello, opôs-se outro liderado por Flamínio Fávero. Neste, figurava Marcondes Vieira, um dos peritos que assina-

---

103. Como vimos, o Manicômio Judiciário de São Paulo só entraria em funcionamento efetivo em 1933.

104. Ordem do dia de 14 de abril de 1928. *Revista de Criminologia e Medicina Legal*, São Paulo, n. 1, 216-217, jul. 1928, p. 216.

105. Realizadas em 14 e 30 de abril, 14 e 30 de Maio, 14 de junho, 14 de agosto e 1º de outubro de 1928.

ra o laudo questionado por Mello e que dera origem à polêmica.[106] Os que se agruparam ao redor do então secretário da entidade defendiam a existência de irresponsabilidade e de responsabilidade atenuada de vários dos criminosos e reafirmavam que seria atribuição da perícia médica determiná-las. Na verdade, muitos anos depois, Fávero lamentaria um mal-entendido que teria contaminado toda a discussão, qual seja, a confusão entre os conceitos de responsabilidade e imputabilidade. Para ele, acabou-se por tomar como sinônimas as duas coisas, o que de fato não seriam. Enquanto imputabilidade seria "a condição de quem tem aptidão para realizar com pleno discernimento um ato", a responsabilidade por sua vez seria não mais uma qualidade do agente, mas uma conseqüência do ato efetivamente praticado.[107] No caso da responsabilidade legal, sua determinação seria de fato atribuição exclusiva do juiz, mas da imputabilidade deveriam dar parecer os médicos:

> O médico, pelo exame biopsíquico do paciente, apura o seu estado de consciência, a sua vontade, os seus instintos sociais e, assim, em última análise, fornece ao aplicador da lei informes sobre a possibilidade de ter um indiciado capacidade de receber uma imputação. Ao juiz, evidentemente, não compete fazer diagnósticos e prognósticos de ordem médica; necessitando deles para aplicar a lei, o único indicado a falar é o médico.[108]

Já os argumentos de Soares de Mello, diferentemente do que se poderia supor, não se pautaram pela reafirmação de princípios iluministas e liberais, nem se alimentaram de autores renomados do direito clássico. Em vez disso, o promotor público buscou movimentar-se no terreno do adversário, manuseando suas próprias armas. Seus argumentos reivindicavam sustentação científica, e os autores a que recorria eram justamente as grandes referências da medicina legal. Tal atitude não era incomum entre juristas da época. Fazer frente ao prestigiado discurso científico por fora dele, recorrendo a concepções consideradas "bacharelescas" e metafísicas,

---

106. Ordem do dia de 14 de Maio de 1928. *Revista de Criminologia e Medicina Legal*, São Paulo, n. 1, 217-218, jul. 1928, p. 218.
107. Fávero, 1945a, v. 2, p. 387-388.
108. Fávero, 1945a, v. 2, p. 392.

não produzia muitas perspectivas de sucesso. Essa era, de fato, uma das razões para a significativa afluência de advogados e juízes às entidades da medicina legal.[109]

Nesse sentido, um dos grandes triunfos que utilizava Mello eram as conclusões do Congresso Internacional de Alienistas e Neurologistas, realizado em Genebra no ano de 1907, que recomendava aos juízes que não inquirissem os médicos quanto à responsabilidade dos réus, por se tratar de questão metafísica, e não científica.[110] Além disso, associando irresponsabilidade com aumento da reincidência criminal, Mello utilizava autores que o ajudavam a demonstrar a periculosidade de enfermos mentais, e portanto a ameaça à defesa social que sua absolvição ou a suavização da sentença poderiam causar. Para isso, eram citados, por exemplo, estudos de Franco da Rocha e de Pacheco e Silva que supostamente demonstrariam a alta periculosidade dos enfermos mentais.[111]

Esta estratégia confirma, mais uma vez, que grande parte da insatisfação de juristas com a intervenção médica nos tribunais se dava muito mais por conta de preocupações com a fragilização da segurança social do que por supostas ameaças às bases liberais e iluministas do direito moderno. Esta forma de pensar se manifestava nas mais altas esferas do poder público. Naquele mesmo ano de 1928, durante cerimônia de inauguração de uma comarca de justiça no interior de São Paulo, o então Secretário da Justiça e da Segurança Pública do Estado, Salles Júnior, fazia discurso em que alertava para a conseqüência de não se coibir os excessos da Escola Positiva:

> Porque se o crime é, em casos típicos, manifestação cega de psicopatias caracterizadas, que fazem desaparecer a responsabilidade legal, dificilmente se poderá admitir, por outro lado, nos delinqüentes comuns, um estado de ânimo que não implique perturbações de sentidos e de inteligência, remotamente associáveis a formas clínicas imprecisas e vagas, mas aproveitadas sempre pela habilidade da dialética judiciária, como recurso de defesa, e abrigo da impunidade. Livram-se assim da justiça, muitas vezes, os delinqüentes mais temíveis (...).[112]

---

109. Harris identifica o mesmo fenômeno, pelas mesmas razões, na França de fins do século XIX (Harris, 1993, p. 109).

110. Ordem do dia de 14 de Maio..., 1928, p. 218; e Fávero, 1945a, v. 2, p. 391.

111. Sociedade de Medicina Legal e Criminologia – Os debates em torno da questão da responsabilidade attenuada. *Gazeta Clínica*, São Paulo, n. 7, 171-173, jul. 1928, p. 171-172.

112. Salles Júnior, A. C. A crise do direito penal. *Revista de Criminologia e Medicina Legal*, São Paulo, n. 1, 43-8, jul. 1928, p. 46.

Voltando à polêmica na Sociedade de Medicina Legal, esse era o sentido da questão que Mello jogou ao auditório em uma daquelas animadas sessões:

> Se a perícia médico-legal basear o seu laudo sobre a responsabilidade atenuada de um delinqüente julgado insano e perigoso à coletividade, que garantia oferecerá a justiça à sociedade, recorrendo à atenuação da penalidade?[113]

A resposta era ele mesmo quem dava:

> A diminuição da penalidade acarreta diretamente as possíveis reincidências no delito. Uma grande parte dos criminosos reincidentes é constituída pelos inválidos mentais, pelos psicopatas, pelos degenerados, etc. Se o laudo médico-legal opinar pela sua semi-responsabilidade, este fato constituirá um permanente atentado à segurança social. Conclui-se que qualquer redução da responsabilidade é monstruosa sobre ser anticientífica.[114]

O contra-argumento, nesse caso, parece óbvio: a segurança social poderia ser garantida pela internação no Manicômio Judiciário. Efetivamente, esse foi o conteúdo do aparte que fez Fávero àquelas considerações. Ao que Mello replicava lembrando que tal estabelecimento ainda não era uma realidade, e mesmo depois que passasse a ser, permaneceria a ameaça das penas atenuadas por laudos médicos. Mello argumentava que, de qualquer modo, o indivíduo que tivesse sua responsabilidade mitigada poderia ganhar a liberdade antecipadamente, não importando onde a pena fosse cumprida, na prisão ou no manicômio.[115] Esse tipo de argumento acabaria sendo decisivo para a imposição das medidas de segurança no Código Penal de 1940. Como vimos, elas impedem o término do internamento até que fosse constatada cientificamente a cessação da periculosidade.

A polêmica quase paralisou a Sociedade, prolongando-se excessivamente. Como não havia nenhuma perspectiva de construção de um consenso entre os grupos, fez-se um acordo para o encerramento da discussão: o plenário votaria na

---

113. Sociedade..., 1928, p. 171.
114. Sociedade..., 1928, p. 171.
115. Sociedade..., 1928, p. 172.

posição que seria desde então oficializada pela entidade. Tal votação ocorreu no dia 1º de outubro de 1928 e deu vitória ao grupo de Soares de Mello.[116] No entanto, a resolução final aprovada não deixou de preservar um espaço para convenientes acomodações:

> (...) nos exames periciais de sanidade mental não devem ser formulados quesitos sobre a responsabilidade ou imputabilidade ou capacidade civil do paciente. *Mas o perito não se esquecerá, em seu relatório, de que essa é a finalidade do exame,* reunindo e acentuando os fatos de ordem médica que possam concorrer para a solução do problema.[117]

Portanto, na prática, o laudo médico poderia sim determinar a responsabilidade penal, ainda que de forma indireta e intermediada pela decisão do juiz. O grau em que lograria fazê-lo iria depender da autoridade científica com que conseguisse se revestir em cada caso. Além disso, a entrada em cena da variável do Manicômio Judiciário mudou os termos da equação, acomodando os temores dos clássicos ao avanço do poder médico reivindicado pelos positivistas.

Outra conjuntura privilegiada para o estudo dos conflitos entre médicos e juristas teve lugar ao redor da promulgação do novo Código Penal do país, publicado em 1940 e vigente a partir de 1942. Sabidamente, tratava-se de um código doutrinariamente ecléctico, híbrido entre as concepções positivistas e clássicas. Por um lado, reafirmava-se categoricamente a responsabilidade moral do delinqüente, como deixava claro o ministro Francisco Campos desde a exposição de motivos: "[A lei] continua a ter por fundamento a responsabilidade moral, que pressupõe no autor do crime, contemporaneamente à ação ou omissão, a capacidade de entendimento e a liberdade de vontade (...)."[118] Campos justificava essa sua opção teórica de duas maneiras. De um lado, afirmava tratar-se de uma solução pragmática, em busca de garantias contra a paralisia do direito penal, já que não vislumbrava nessa questão possibilidade de um conceito intermediário satisfa-

---

116. Curiosamente, a ata da respectiva sessão é a única que não foi publicada pela entidade, não apenas durante os meses ocupados pela polêmica, como durante todo o período estudado. A vitória de Mello é inferida de posteriores declarações de Fávero, em que ele se dizia pertencente ao grupo derrotado na discussão (Fávero, Flamínio. Relatório do Secretário Geral. *Archivos da Sociedade de Medicina Legal e Criminologia de S. Paulo*, São Paulo, v. 3, n. 2, 64-76, fev. 1932, p. 66; e Fávero, 1945a, v. 2, p. 392).

117. Fávero, 1932, p. 66; e Fávero, 1945a, v. 2, p. 392, grifos meus.

118. Citado por Fávero, 1945a, v. 2, p. 389.

tório, nem os grupos contendores pareciam próximos a construí-lo. De outro, apontava para os perigos de um positivismo penal excessivo e sem freios:

> A autonomia da vontade humana é um postulado de ordem prática, ao qual é indiferente a interminável e insolúvel controvérsia metafísica entre o determinismo e o livre arbítrio. (...) Sem o postulado da responsabilidade moral, o direito penal deixaria de ser uma disciplina de caráter ético para tornar-se mero instrumento de utilitarismo social ou de prepotência do Estado. Rejeitando o pressuposto da vontade livre, o código penal seria uma congérie de ilogismos.[119]

Mas, ao mesmo tempo, o Código admitia significativos avanços da indeterminação da pena e, por conta deles, um igualmente significativo reconhecimento da intervenção médica em vários momentos do processo penal. Além da inclusão das medidas de segurança e da consolidação da periculosidade nos critérios para a concessão do livramento condicional, já discutidas, impunha-se ao juiz a necessidade de levar em conta a personalidade do réu e seus antecedentes na definição da sentença, claramente se distanciando da ortodoxia clássica que pretendia uma relação unívoca entre crime e castigo, na qual se prescindisse do conhecimento do criminoso.[120] Na mesma exposição de motivos, um Francisco Campos mais positivista comentava o artigo correspondente:

> O réu terá de ser apreciado através de todos os fatores, endógenos e exógenos, de sua individualidade moral (...). Ao juiz incumbirá investigar, tanto quanto possível, os elementos que possam contribuir para o exato conhecimento do caráter ou índole do réu – o que importa dizer que serão pesquisados o seu 'curriculum vitae', as suas condições de vida individual, (...), a sua maior ou menor periculosidade.[121]

---

119. Citado por Fávero, 1945a, v. 2, p. 389.

120. Assim prescreviam o artigo 42 do novo Código Penal e o artigo 6 do Código de Processo Penal (citado por Lima, 1943, p. 5).

121. Citado por Ássaly, 1942b, p. 296.

Esse ecletismo refletia a correlação de forças entre as escolas penais e entre os interesses corporativos das categorias profissionais envolvidas.[122] Enquanto "ponto de chegada", o novo código representava a acomodação possível entre essas idéias e agentes sociais. Mas enquanto "ponto de partida", seu ecletismo se transformava em ambigüidade, a ser explorada pelos interesses em disputa. Assim, é um paradoxo apenas aparente que o resultado de um esforço de conciliação entre opostos desse origem a conflitos renovados entre eles. Médicos e juristas, clássicos e positivistas, passariam a apresentar leituras próprias da nova lei, amplificando cada qual as passagens que lhe fossem convenientes.

Era assim que fazia, por exemplo, Alfredo Issa Ássaly, então Diretor Geral da Secretaria da Segurança Pública de São Paulo, às vésperas de se tornar o titular da pasta. Para ele, a nova legislação "afastava-se do bolorento sistema clássico da pena determinada, mais preocupada com o crime do que com o criminoso". E para dar viabilidade à individualização da pena desde então determinada por lei, Ássaly defendia o aprimoramento da infra-estrutura laboratorial da Polícia de São Paulo, a partir de um Serviço de Biotipologia Policial a ser implementado em todo o Estado.[123]

Os que já atuavam nos laboratórios existentes, naturalmente concebiam a nova lei como um fortalecimento de sua atividade. Desde a direção do Instituto de Biotipologia Criminal da Penitenciária do Estado, Pedro Augusto da Silva considerava que a intervenção médica passava a ser necessária em todas as fases do procedimento penal e que, para isso, cada presídio deveria providenciar a criação ou aperfeiçoamento de órgãos técnico-científicos com tal finalidade. Mais que isso, a partir de então seria conveniente o estabelecimento de "anexos psiquiátricos" em cada comarca do Estado.[124]

Do outro lado da "trincheira", os adversários das teses positivistas também saíam a campo em defesa de suas idéias e prerrogativas. O principal articulador e

---

122. A especificidade brasileira está apenas na maneira em que isso foi feito, não no ecletismo legal em si. Na verdade, apesar do forte movimento reformista desencadeado pelos positivistas desde fins do século XIX, reivindicando a "modernização científica" da legislação penal em diversos países, nunca se logrou um código plenamente de acordo aos seus preceitos. O que mais se aproximou disso foi o código italiano de 1921, mas que nunca chegou a ser aplicado (Costa, Oscar D. O ante-projeto brasileiro de Código Penal de 1928. *Revista de Criminologia e Medicina Legal*, São Paulo, v. 4, n. 1-2, 86-97, jan.-fev. 1929, p. 88). O abandono da responsabilidade penal não se impôs nem mesmo no Código Penal de 1931 da Itália, que era a um só tempo a pátria do fascismo e da Escola Positiva (Cura, Mercedes del. Ciencia médica y ciencia penal en el fascismo italiano: el código Rocco. In: Huertas, R.; Ortiz, C. *Ciencia y Fascismo*. Madri: Doce Calles, 1998, p. 65).

123. Ássaly, 1942b, p. 296-299.

124. Silva, P. A., 1941, p. 418.

veiculador do discurso desse grupo era Nelson Hungria, eminente jurista e um dos membros da comissão que redigiu a versão final do Código de 1940.[125] Uma de suas mais veementes intervenções nesse sentido se deu no 1° Congresso Nacional do Ministério Público. Realizado em junho de 1941, entre a promulgação e a entrada em vigência da nova lei penal, o evento se realizava, portanto, em momento estratégico de interpretação desta. Talvez por isso Hungria escolhera o tema da criminologia positivista para sua Conferência.

De início, o jurista questionava a própria pertinência de disciplinas científicas no campo da criminologia: "Biologia, antropologia e psicologia criminais? Onde a prova de que os delinqüentes representavam uma *variedade* da espécie humana exigindo uma biologia *ad hoc*, uma antropologia especial, uma psicologia somente para eles?"[126] Desqualificadas assim já na idéia de sua constituição e na legitimidade de sua especificidade, tais disciplinas eram em seguida questionadas por sua precariedade científica. Nesse ponto, Hungria não deixava de explorar a vulnerabilidade teórica que a própria heterogeneidade fragmentadora dos positivistas deixava exposta, como tratamos em capítulo precedente:

> Como podem reclamar foros de ciência autônoma, com direito à classificação num quadro de *múltiplas* ciências penais, doutrinas que, embora se digam colhidas no campo da experiência, não conseguiram até a presente data provar, sequer, a legitimidade das premissas ou pressupostos de sua autonomia?[127]

E a implicação jurídica da aceitação desses "arremedos de ciência" no campo legal seria, no limite, a negação do próprio direito de punir:

---

125. O ante-projeto elaborado por Alcântara Machado foi entregue ao Governo em 1938, que por sua vez encaminhou-o a uma comissão revisora, responsável pelo texto final publicado em 1940. Nesta transição, o texto do positivista Alcântara Machado foi substancialmente alterado. Isso, e o fato de que a comissão revisora contava exclusivamente com juristas, fez com que Mariza Corrêa identificasse um declínio do prestígio médico no campo legislativo (Corrêa, 1998, p. 245).
126. Hungria, Nelson. Introdução à ciência penal. *Arquivos da Polícia Civil de São Paulo*, São Paulo, v. 3, 487-94, 1. sem. 1942, p. 488, grifos do autor.
127. Hungria, 1942, p. 488, grifo do autor.

Nem jamais se poderá convir, do ângulo de vista jurídico, em que tenha o nome de ciências *penais* teorias que, considerando o crime um fatalismo natural ou um produto necessário da estrutura social, pleiteiam, explícita ou implicitamente, nada menos que a abolição da *pena*, que, na órbita ético-jurídica, só se compreende em correlação com a liberdade volitiva e a *culpa moral*.[128]

Entre as especialidades dedicadas à criminologia, Hungria desferia seus ataques mais impetuosos à endocrinologia, à psicanálise e à psiquiatria, aquelas pela sua fragilidade em território penal, esta justamente pelo oposto, pela ameaça de sua força. A endocrinologia criminal, apesar das esperanças de que era depositária, estava longe de ganhar efetividade, como já discutimos, e isso lhe colocava em posição vulnerável no debate em questão. Mariza Corrêa recupera a intervenção de Hungria no Segundo Congresso Latinoamericano de Criminologia, reunido em Santiago do Chile naquele mesmo ano de 1941, onde ele afirmava que "não há de ser porque entre os delinqüentes se encontram 10% de endocrinopatas a razão para reconhecer na endocrinologia uma causa genética do crime. Eu conheço 'basedowianos' flagrantes que são incapazes de fazer mal a uma formiga".[129] A psicanálise, ainda que sua pouca diferenciação com relação à psiquiatria dificulte um balanço mais definido, tampouco havia se firmado solidamente dentro da criminologia. Por isso, Hungria podia questionar suas pretensões deterministas:

Por outro lado, não há de ser por intermédio do simbolismo em torno do inconsciente que se deverá explicar o fenômeno da delinqüência. Os psicanalistas, fazendo abstração do terreno da predisposição que provém do plasma germinal, imaginaram o complexo de Édipo, mas não explicam porque tal complexo impele certos indivíduos ao crime e outros não.[130]

---

128. Hungria, Nelson, Introdução à ciência penal. *Arquivos da Polícia Civil de São Paulo*, v. 3, 487-94, São Paulo, 1° sem. 1942, p. 488, grifos do autor.

129. Citado por Corrêa, 1998, p. 244.

130. Citado por Corrêa, 1998, p. 244.

Em outra oportunidade, Hungria teria chegado a afirmar que a endocrinologia e a psicanálise não passavam de "rematadas fantasias de misticismo judaico acasalado com metafísica alemã".[131]

Já a psiquiatria deveria merecer por parte dos juristas um maior respeito, pois era tida como um adversário mais sério. Aqui, o ataque de Hungria não seria às bases científicas da especialidade, mas ao seu colonialismo dentro do direito penal. Tratava-se de detê-lo a todo custo, na defesa das prerrogativas dos magistrados. Evidentemente, o terreno de disputa mais acirrado estava, mais uma vez, nas atribuições quanto à definição da responsabilidade penal. No Congresso do Ministério Público de 1941 ecoavam os argumentos da polêmica de 1928:

> A questão da responsabilidade *in concreto* não é, sequer, de ser formulada ao psiquiatra, pois sua solução compete privativamente ao juiz, que, aliás, não está inexoravelmente adstrito ao laudo psiquiátrico, segundo expresso dispositivo da lei processual-penal. Antes de ser uma noção do conteúdo biológico e psicológico, a responsabilidade penal é um conceito jurídico. Se é abstraída esta premissa, permitindo-se que o psiquiatra, com seus conhecimentos específicos, nem sempre coincidentes com os da lei, se substitua ao juiz, estará implantada a anarquia na órbita da justiça penal. A psiquiatria ao deixar o templo de Esculápio para entrar no de Temis, há de curvar-se ante os altares desta e rezar nos seus *ritualis libri*.[132]

Na verdade, no debate que se desenrolava e no momento em que este se dava, a questão central era justamente a da defesa das prerrogativas e da delimitação de territórios. Se fracassadas as tentativas de desqualificações científicas dos oponentes positivistas, até mesmo porque os embates daí derivados se davam em terreno inimigo, havia que defender renhidamente o que Hungria chamava de "nossa posse milenária". Aqui, o tom belicista da polêmica ganhava o paroxismo e quase perdia o caráter metafórico:

> Mais do que nunca, nós, juízes, promotores e advogados do foro de direito criminal, ou professores e escritores de direito penal, temos de pugnar pela nossa *doutrina de Monroe*: o direito penal é para os juristas, exclusivamente para os juristas. A qualquer indébita intromissão em nos-

---

131. Citado por Corrêa, 1998, p. 425.

132. Hungria, 1942, p. 493, grifos do autor.

so *Lebensraum*, em nosso indeclinável 'espaço vital', façamos ressoar, em toque de rebate, os nossos tambores e clarins![133]

Assim estavam os ânimos às vésperas da entrada em vigor do Código Penal de 1940, justamente por conta deste reordenamento legal. No entanto, para melhor compreender o fato de que os conflitos entre médicos e juristas, naquele momento, se revestissem principalmente da disputa por prerrogativas profissionais, ainda permanece pendente uma questão importante: a decadência do prestígio bacharelesco experimentado nas primeiras décadas do século passado. Micael Herschmann demonstra como o desenvolvimento de vários saberes técnicos e especializados, ao longo dos anos 20 e 30, sitiaram cada vez mais o que outrora havia sido o monopólio dos juristas na responsabilidade pela organização social.[134] É o mesmo sentido da análise que faz Sérgio Miceli, revelando como os bacharéis se encontravam acuados pela proliferação de diplomas superiores e de novas profissões, desembocando no que o autor chama de "'desemprego' conjuntural da categoria".[135] O fenômeno tinha relação, evidentemente, com o crescimento da complexidade da sociedade brasileira, que se industrializava e se urbanizava dramaticamente, e com as teses de modernização cientificamente orientada associadas a esses processos. Não cabe aqui aprofundar essa reflexão, mas sem dúvida trazê-la à tona é muito pertinente para ajudar a entender a disposição quase bélica da magistratura no contexto que abordamos, expressa emblematicamente no verdadeiro "toque de ordem unida" de Nelson Hungria aos seus colegas.

Apesar de toda a simbiose que se estabeleceu historicamente entre as escolas penais e entre as categorias profissionais envolvidas, principalmente ao redor do aprimoramento dos mecanismos de defesa social, as contradições entre os grupos nunca deixaram de existir. Particularmente nas conjunturas abordadas, condicionadas pela criação do Manicômio Judiciário e pela reforma da lei penal, tais contradições se viram exacerbadas. Enfim, o positivismo penal e a colaboração dos médicos na tarefa de manter a estabilidade social se mostravam úteis a significativas parcelas da magistratura, mas desde que não ameaçassem o funcionamento do direito penal e a primazia histórica dos juízes no templo de Temis.

Resta agora investigar outro foco de resistência ao projeto positivista, localizado justamente no ponto de apoio de sua alavanca de Arquimedes.

---

133. Hungria, 1942, p. 494.

134. Herschmann, 1994, p. 95.

135. Miceli, Sérgio. *Intelectuais à brasileira*. São Paulo: Cia das Letras, 2001, p. 115-119.

Corpos rebeldes e silenciosos

Em última análise, os conflitos entre médicos e juristas representavam a disputa pela definição do destino dos indivíduos e grupos sociais considerados perigosos. A Escola Positiva, por meio dos conhecimentos articulados pela antropologia criminal, proclamava-se capacitada cientificamente para a tarefa. Seu programa partia do princípio de que a prevenção ao ato anti-social e a regeneração dos que já o cometeram dependiam do conhecimento aprofundado do indivíduo em questão, produzindo-se como resultado o verdadeiro aprimoramento da defesa social. Mas até que ponto os indivíduos *objetivados* dessa maneira permitiram a sua *objetivação*? Que resistência os médicos positivistas e seus aliados encontraram nos corpos que pretendiam examinar, conhecer e disciplinar?

Diz Foucault que "lá onde há poder há resistência"[136] e que "esta nunca se encontra em posição de exterioridade em relação ao poder".[137] Este reconhecimento da resistência imanente ao poder nem sempre é creditado ao pensamento foucaultiano. Por outro lado, surgem muitos riscos de simplificação quando a tarefa é analisar relações de sujeição, poder e controle social a partir dessas reflexões de Foucault. Há que se ter em mente as advertências de muitos autores preocupados justamente com os reducionismos empobrecedores que retiram do conceito de poder de Foucault sua "dimensão multidimensional e complexa".[138]

Mas essa não é a única dificuldade que se nos apresenta nesse ponto da investigação. Nesse momento, passamos a nos movimentar no terreno muito mais desconhecido e silencioso da "história dos vencidos". Além disso, particularmente daqueles de que nos ocupamos aqui, os testemunhos são ainda mais raros e frágeis. O ocultamento de suas vidas era a própria razão de ser do aparato repressivo, e a memória histórica por muito tempo não fez muito diferente. É por isso que Michelle Perrot considera que "a informação, sempre difícil no que tange às classes popula-

---

136. É aproximadamente o mesmo sentido da expressão de Goffman que diz que "sempre que se impõem mundos, se criam submundos." (Goffman, 1974, p. 246); e da advertência que faz Michelle Perrot, ao afirmar que "(...) é preciso lembrar que nunca um sistema disciplinar chegou a se realizar plenamente. Feito para triunfar sobre uma resistência, ele suscita imediatamente uma outra." (Perrot, Michelle. *Os excluídos da história*: operários, mulheres, prisioneiros. 3. ed. São Paulo: Paz e Terra, 2001, p. 55).

137. Foucault, 2001a, p. 91.

138. Por exemplo, esse é justamente o conteúdo do alerta que faz Marcos Alvarez em Alvarez, Marcos. Controle social: notas em torno de uma noção polêmica. *São Paulo em Perspectiva*, São Paulo, v. 18, n. 1, 168-176, 2004, p. 173.

res, é ainda pior em relação ao mundo carcerário ou à delinqüência, por definição obscuros e dissimulados, e sempre descritos pelo olhar legal".[139]

Estas limitações em nossa pesquisa são irrecorríveis, mas algumas inferências são possíveis a partir dos documentos estudados. As resistências identificadas não estavam no plano coletivo e mais espetacular das grandes revoltas populares, como no caso da Revolta da Vacina, por exemplo. Para encontrá-las, teremos que voltar ainda uma vez para os laboratórios de antropologia criminal. Era no coração do projeto positivista, no ritual do exame médico-legal, que as resistências se manifestavam, por meio da não-cooperação do examinando. O papel estratégico do exame para o projeto positivista já foi suficientemente discutido em capítulo anterior. A falta de cooperação de um dos pólos da relação bipolar médico-"paciente" poderia prejudicar a viabilidade do objetivo da própria relação e, por conseqüência, de todo o projeto.

Os laudos estudados contêm diversos exemplos de comportamentos de não-colaboração.[140] As expressões a seguir foram retiradas de vários deles: "torna-se irritável, mostrando má vontade em continuar a prova"[141]; "submete-se de má vontade à prova"[142]; "reluta em compreender as nossas instruções", "não atende às nossas instruções, permanecendo silencioso", "a seguir declara não poder continuar o exame, por desconhecer a finalidade do que fazemos"[143]; "não acha necessário repetir a prova, pois 'pelo ótimo médico que o snr. é, aquilo parece que basta'", "a seguir obstina-se no silêncio, etc., por este motivo sendo interrompida a prova"[144]; "mostra-se impaciente por ter de relatar a sua história mais uma vez"[145]; "diz-nos de novo

---

139. Perrot, 2001, p. 276-277.

140. As atitudes não cooperativas dos examinandos provavelmente sempre acompanharam a realização dos exames médico-legais. Recuando ao ano de 1896, Sérgio Carrara relata o caso Custódio Serrão, de grande repercussão à época. Segundo o autor, "a atitude de Custódio era de suspeita, indignação e resistência frente ao exame a que o submetiam compulsoriamente (...). Além de não querer dar esclarecimentos, Custódio se recusava terminantemente a se deixar medir na parafernália antropométrica do Gabinete (...)." (Carrara, 1998, p. 135).

141. Daunt, Ricardo G.; Whitaker, Edmur de A.; Godoy, Oscar de; Moncau Júnior, Pedro. Anthropo-psychiatria. *Arquivos de Polícia e Identificação*, São Paulo, v. 1, n. 2, 567-597, 1937, p. 428.

142. Whitaker,; Godoy; Moncau Júnior, 1938-1939, p. 162.

143. Whitaker, Edmur de A.; Godoy, Oscar de. Perícia num caso de atentado ao pudor em indivíduo do sexo feminino, oligofrênico. *Arquivos de Polícia e Identificação*, São Paulo, v. 2, n. 2, 598-608, 1940, p. 603.

144. Whitaker; Godoy, 1940, p. 605.

145. Whitaker, Edmur de A.; Moncau Júnior, Pedro. Laudo de perícia psicológica e psiquiátrica (pesquisas da veracidade de declarações). *Arquivos da Polícia Civil de São Paulo*, São Paulo, v.1, 293-304, 1. sem. 1941, p. 294.

que é humanamente impossível atender-nos"[146]; "recusa-se a relatar a história da sua vida"; "submetendo-se a princípio de boa vontade ao exame, a seguir impacienta-se, reclama, mostra-se indócil"; "exprime-se em tom de ligeira revolta, responde como se considerasse as perguntas que lhe são feitas um tanto impertinentes".[147]

Tais atitudes, evidentemente, tornavam mais precárias as conclusões dos exames. Correspondem àquelas expressões umas tantas outras como "não há elementos para um diagnóstico"[148], ou "a prova não é nitidamente negativa, porém faltam elementos para outras deduções".[149]

No entanto, a resignação não era a única reação possível dos médicos examinadores frente à rebeldia de seu objeto. Mais uma vez temos que procurar fugir da idéia de poder como "algo que se possui" e que se exerce apenas de um sentido para outro, opondo um polo ativo e dominante a outro submisso e dominado.[150] Enquanto relação e *algo que circula*, o poder não apenas implica em resistências, como admite a existência de "contra-ataques"[151] e reacomodações.

Dessa forma, muitas das atitudes não colaborativas dos examinandos eram *patologizadas* no diagnóstico final.[152] Por exemplo, assim se deu em exame realizado em 1936 no Laboratório de Antropologia Criminal da Polícia de São Paulo. O "paciente" demonstrara "má vontade em continuar a prova" de hiperpnéa, destinada a provocar artificialmente ataques epilépticos em indivíduos supostamente afetados pelo mal. No final do laudo, apesar da observação de que não havia "elementos para um diagnóstico de epilepsia franca", os médicos concluem que a prova teve resultado "levemente positivo", por conta justamente da "irritabilidade nítida" do

---

146. Whitaker; Moncau Júnior, 1941, p. 302.

147. Whitaker, 1942c, p. 402, 416 e 445.

148. Daunt, Ricardo G.; Whitaker, E. de A.; Godoy, O.; Moncau Júnior, P.. Anthropo-psychiatria. *Arquivos de Polícia e Identificação*, v. 1, n. 2, São Paulo, 567-597, 1937, p. 430.

149. Whitaker, E. de A.; Godoy, O. de; Moncau Júnior, P., A perícia antropopsiquiátrica em torno do crime do Restaurante Chinês. *Arquivos de Polícia e Identificação*, São Paulo, v. 2, n. 1, 151-216, 1938-1939, p. 162.

150. Cf. Foucault, 2001a, p. 89-92.

151. Foucault, Michel. *Microfísica do poder.* 10 ed. Rio de Janeiro: Graal, 1992, p. 226.

152. Este fenômeno tem muita semelhança com a transformação do discurso do delinqüente por meio do laudo pericial, que já discutimos anteriormente (Capítulo 3 – O exame médico legal).

paciente.[153] Na verdade, os diagnósticos de "irritabilidade" e "impulsividade" eram os mais comuns em casos de comportamentos não cooperativos dos pacientes.[154]

No exame específico do teste de Jung-Bleuler, utilizado para "verificação da sinceridade", a resposta à não colaboração tinha um outro sentido. Neste caso, não acatar as regras do jogo, recorrendo ao silêncio obstinado ou respondendo de forma inadequada ao método do teste, significava diretamente confissão de culpa, já que o paciente dessa forma estaria procurando "ocultar os seus pensamentos em relação ao delito".[155]

Apesar desse tipo de acomodação reativa dos médicos, estava sempre colocado um prejuízo incontornável: o enfraquecimento do otimismo metodológico que caracterizava o discurso positivista. Não apenas se propagandeava a necessidade de se conhecer o homem criminoso, como sistematicamente se enfatizava que esse conhecimento deveria ser "exato", "completo", "objetivo". Mesmo que as discordâncias teóricas dividissem internamente os médicos positivistas, fazia-se um esforço considerável para que a imagem externa demonstrasse tal solidez científica. Caso contrário, a capacidade de disputar território com os clássicos e seus aliados ficaria ainda mais comprometida.

Chauí afirma que "a racionalidade científica, ao construir a objetividade, realiza a operação chamada 'determinação completa', pela qual uma realidade é convertida em objeto de conhecimento". Assim, "algo é conhecido objetivamente quando é possível dominá-lo inteiramente pelas operações do entendimento". Estabelecem-se dessa forma as condições para a simbiose entre saber e poder: "a idéia de que é possível esgotar teoricamente um objeto é a idéia de que é possível dominá-lo teoricamente e, portanto, dominá-lo praticamente".[156]

Pois justamente aí incidia a resistência dos corpos examinados. E, ao fazê-lo, ao dificultarem a "determinação completa de suas propriedades"[157], acabavam por fragilizar o discurso positivista e suas pretensões hegemônicas nos terrenos do direito penal e das instituições repressivas do Estado.

---

153. Daunt; Whitaker; Godoy; Moncau Júnior, 1937, p. 430.

154. Ver, como exemplo, além do caso referido, Whitaker, 1942c, p. 465. Erving Goffman cita alguns autores dedicados ao estudo da patologização de comportamentos não cooperativos de internos de instituições totais, onde são descritas, "sob várias categorias – por exemplo, 'deslocamento', 'confusão de nomes' ou 'parafasia' – as várias maneiras pelas quais os pacientes se recusam a responder à sua situação de maneira civil e cooperadora, descrevendo a intransigência como um subproduto psicofisiológico de lesão cerebral, não como uma resposta social a tratamento involuntário e ameaçador." (Goffman, 1974, p. 304).

155. Whitaker; Godoy, 1940, p. 608. Para outro exemplo do mesmo fenômeno, ver Whitaker; Moncau Júnior, 1941, p. 303.

156. Chauí, 1982, p. 34.

157. Chauí, 1982, p. 34.

Como resultado, ao lançarmos nosso olhar um pouco além do recorte temporal de nossa pesquisa, podemos nos deparar com algumas manifestações significativas de ceticismo e resignação com relação às promessas originais desse projeto. E, desta feita, a desilusão viria desde dentro, do próprio núcleo dirigente da medicina legal. Na convocação do 2º Congresso Brasileiro de Medicina Legal e Criminologia, que seria realizado em julho de 1957 na cidade do Recife, previa-se um tema oficial denominado "Da personalidade do delinqüente". Depois da afirmação de que essa questão era causa de "divergências sem termo", o que vem a seguir já está muito longe do otimismo metodológico que caracterizava os documentos que investigamos, a partir do qual se acreditava firmemente na possibilidade do "conhecimento completo" do homem delinqüente e de sua "perfeita regeneração terapêutica" na prisão:

> A personalidade do delinqüente é misteriosa. Por mais que se procure estudá-la e analisá-la com todos os recursos da medicina e da psicologia, subsistem escaninhos indevassáveis. Prognósticos feitos em torno da vida futura do delinqüente, depois de cuidadosa ação da pena, no rigorismo de sua moderna aplicação, falham e os rumos seguidos pelo egresso dos nosocômios da conduta nem sempre são os previstos. Cresce de forma alarmante a reincidência. Por quê? Porque é impossível submeter-se a cânones previamente a personalidade dos indivíduos, honestos ou criminosos.[158]

Enfim, juristas e delinqüentes, cada qual a seu modo, ajudaram a relativizar o projeto positivista e a impor-lhe limitações. No terreno das negociações, compromissos e concessões, muito do projeto vingou, ainda que transformado pelas acomodações resultantes. Mas o sentimento algo amargo de que tais resistências significavam obstáculos inaceitáveis ao "caminho da verdade científica" não abandonou o discurso positivista. Ao abrir mão da integridade de sua utopia biodeterminista, que seria em última análise capaz de aplainar definitivamente as contradições sociais, os médicos identificados com ela não puderam conter suas profundas lamentações. Também aqui, Flamínio Fávero foi o seu melhor porta-voz: "Ó, se a medicina quisesse e pudesse fazer tudo o que lhe compete! E se ela fosse bem compreendida na sua finalidade sublime e divina!"[159]

---

158. 2º Ccongresso de Medicina Legal. *Arquivos da Sociedade de Medicina Legal e Criminologia de São Paulo*, São Paulo, v. 24-6, 79-81, 1955-7, p. 80.

159. Fávero, 1943, p. 295.

Conclusão

A história das idéias biodeterministas articuladas pela Escola Positiva e abraçadas pela medicina legal paulista mostrou-nos muito mais do que sua enorme influência nesse meio. Sua circulação intelectual e institucional produziu impactos sociais importantes, cujas marcas podem ser percebidas até nossos dias.

Mas, para lograr a passagem das concepções teóricas às realizações práticas, o discurso biodeterminista foi obrigado a se transformar e a se adaptar. O exercício de acompanhar o destino destas idéias para além dos gabinetes e laboratórios dos homens de ciência nos revelou a história das transformações a que foram submetidas, resultantes dos choques, mas também das aproximações com outras tradições culturais e intelectuais. O mundo real dos delegados de polícia desconfiados dos tratamentos terapêuticos a delinqüentes, dos juristas ciosos de suas prerrogativas profissionais, da opinião pública apavorada com os crimes bárbaros não se sujeitava pacificamente ao mundo ideal dos tratados da criminologia positivista. Mas tampouco o eliminava por completo. Como vimos, muitas concessões e acomodações pontuaram essa história.

As transformações do discurso da Escola Positiva, bem como as mudanças de ênfases que elas produziram, deram-lhe a versatilidade necessária à sua sobrevivência. Elas se deram em dois planos diferentes: o do *corpus* teórico que sustentava cientificamente o determinismo biológico e a patologização do ato anti-social e o da transposição dessas concepções científicas para propostas concretas de atuação sobre a realidade sócio-histórica.

Com relação ao primeiro desses planos, referimo-nos às atualizações teóricas possibilitadas pelas relações das teses biodeterministas com os desenvolvimentos científicos da medicina, que acabaram por substituir as concepções mais grosseiras da época de Lombroso pelas teorias do constitucionalismo biotipológico. Estas procuravam articular uma maior diversidade de saberes especializados, mais complexos e sofisticados, como a psiquiatria, a psicologia e a endocrinologia criminais. O alcance dessa evolução teórica se expressa pelo contraste entre os exames periciais característicos de cada época. A análise simplista dos traços morfológicos e fisionômicos foi substituída pela miríade de exames médicos que embasariam o laudo pericial paradigmático do período que abordamos. Paradoxalmente, essas crescentes complexidade e multidisciplinariedade dos saberes mobilizados para a construção do laudo acabaram justamente por tornar cada vez mais inviável a generalização do exame, principalmente após a explosão da população carcerária que as décadas seguintes conheceriam.

Já no plano da construção do projeto positivista e da negociação de sua implementação com outros setores da sociedade, importantes modificações também se impuseram. Nesse aspecto, de todos os deslocamentos discursivos que experimentou a Escola, dois foram particularmente significativos. Em primeiro lugar, aquele que relativizou o determinismo radical associado ao criminoso nato. A noção cada vez mais difundida de *predisposição* permitiu a associação das teses biodeterministas com as concepções que enfatizavam a influência do ambiente social na origem do ato anti-social, o que foi facilitado pelo uso das metáforas derivadas da microbiologia pasteuriana, como vimos.

A segunda e decisiva adaptação do discurso positivista foi a gradual substituição da questão da existência ou não do livre arbítrio, fundamento da polêmica interminável acerca da responsabilidade moral do criminoso, pelo conceito bem mais operacionalizável e consensual de *periculosidade*. Importantes conquistas programáticas dos positivistas passaram a ser possíveis quando os interessados na defesa da sociedade se puseram de acordo que menos importava se o crime era resultado da vontade ou da patologia e mais se o indivíduo que o cometera era ou não *perigoso*. Vimos como a criação do Manicômio Judiciário, o livramento condicional e as medidas de segurança fundamentavam-se nesse conceito e resultaram do consenso que ele possibilitou.

A influência das concepções positivistas e a repercussão que alcançaram na realidade também foram devedoras da conjunção com outros discursos e interesses, provenientes de outras esferas de produção de ideologia. Referimo-nos, por exemplo, à demanda por idéias científicas que legitimassem a desigualdade social que partiu de setores das elites do Brasil da Primeira República; à valorização da ciência na tarefa da modernização do país; nesse aspecto, especificamente com relação ao mundo do trabalho, aos projetos de sua racionalização científica; e à decadência do liberalismo e à concomitante justificação da intervenção crescente do Estado na organização econômica e social. Essa atmosfera ideológica apropriada facilitou, sem dúvida, que o discurso que estudamos encontrasse o ambiente propício para sua sobrevivência.

Entretanto, se a capacidade de adaptação do discurso positivista e o ambiente ideológico geral favorável lhe permitiram alcançar resultados práticos importantes, muito de seu projeto ficou pelo caminho. O juiz não foi substituído pelo médico no tribunal, a indeterminação absoluta da pena não foi alcançada, os laboratórios de antropologia criminal não cobriram todo o aparato repressivo, a generalização do direito de examinar, que no limite visava toda a sociedade, ficou muito aquém disso. Procuramos dar conta das principais causas desse fracasso parcial. Mas talvez a comprovação mais significativa do quão distante de seus objetivos utópicos ficaram os positivistas esteja no fato de que a percepção social sobre a prisão jamais aproximou-a da imagem de um hospital.

Dessa forma, em sua plenitude o programa-utopia da Escola Positiva permaneceu historicamente irrealizável. No entanto, a sua construção e a sua circulação social, em si mesmas, representaram um fenômeno de profundas conseqüências para a sociedade brasileira. O "princípio ativo" do projeto positivista estava em seu papel de *vetor orientador* das ações dos agentes sociais que se envolviam em sua implementação. Como vimos, por trás da criação do Manicômio Judiciário, vislumbrava-se um avanço da medicalização da pena e a futura transformação da penitenciária em hospital. Por trás do livramento condicional e das medidas de segurança, deixava-se entrever uma maior indeterminação da pena. E assim se dava também com a criação dos laboratórios de antropologia criminal e demais instituições relacionadas com a generalização do direito de examinar e com o "aprimoramento do conhecimento científico" na área, sempre considerados pelos positivistas como pouco mais que modelos para um futuro ainda a ser conquistado.

Se houvéssemos removido esse pano de fundo formado pelo projeto enquanto utopia, que buscava orientar e dar sentido às ações dos personagens no cenário estudado, certamente não compreenderíamos o enredo da mesma forma que fizemos ao longo dessas páginas. Mas, se o fizermos agora, podemos contemplar com maior nitidez o extraordinário avanço da intervenção médica no combate ao ato anti-social, sustentada pelas teses científicas do determinismo biológico, que aquela época viveu. Desse nosso percurso, parece-nos que sai reforçada a idéia de que os conhecimentos que relacionam corpo e comportamento raramente são social e historicamente estéreis. O seu "canto de sereia" está na quimera de projetar o futuro como a imagem especular dos valores e do imaginário de cada qual.

Isso nos leva de volta a nosso tempo e ao que refletíamos na introdução desse estudo. O debate acerca do atual renascimento do determinismo biológico só tem a ganhar com a participação do conhecimento histórico. Participar da tarefa de dar a conhecer que muito do que hoje se diz e se faz nesse campo já se disse e já se fez em outro tempo é uma atividade estimulante. A sincera pretensão destas páginas é haver colaborado, ainda que modestamente, nessa direção.

Bibliografia

Fontes Documentais

ABOLÁFIO, JOSÉ. Da necessidade da criação de uma instituição protetora do condenado. *Revista Penal e Penitenciária*, v. 3, São Paulo, n. 1-2, p. 267-274, 1942.

ACTA DA SESSÃO ORDINÁRIA DE 14 DE MAIO DE 1930. *Revista de Criminologia e Medicina Legal*, São Paulo, v. 7, n. 1-6, p. 249-251, 1930.

ACTA DA SESSÃO ORDINÁRIA DE 14 DE MARÇO DE 1930. *Revista de Criminologia e Medicina Legal*, São Paulo, v. 7, n. 1-6, p. 246-247, 1930.

ACTA DA SESSÃO ORDINÁRIA DE 30 DE ABRIL DE 1930. *Revista de Criminologia e Medicina Legal*, São Paulo, v. 7, n. 1-6, p. 247-249, 1930.

ALBUQUERQUE, PLÍNIO C. A grande reforma policial. *Arquivos da Polícia Civil de São Paulo*, São Paulo, v. 1, p. 199-203, 1941a.

ALBUQUERQUE, PLÍNIO C. Histórico e organização atual da Escola de Polícia de São Paulo. *Arquivos de Polícia e Identificação*, São Paulo, v. 2, n. 1, p. 225-234, 1938-1939.

ALBUQUERQUE, PLÍNIO C. O ensino policial no Brasil. *Arquivos da Polícia Civil de São Paulo*, São Paulo, v. 1, p. 43-55, 1941b.

ALMEIDA JÚNIOR, ANTONIO DE. Discurso de saudação do Prof. Dr. Antonio de Almeida Junior ao Prof. Dr. Antonio Carlos Pacheco e Silva. *Archivos da Sociedade de Medicina Legal e Criminologia de São Paulo*, São Paulo, v. 10, n. 1-3, p. 129-134, 1939.

ALMEIDA JÚNIOR, ANTONIO DE. Hereditariedade e crime. *Revista Penal e Penitenciária*, São Paulo, v. 4-8, n. 1-2, p. 25-43, 1947.

ALMEIDA JÚNIOR, ANTONIO DE. Medicina e infortunística. *Arquivos da Sociedade de Medicina Legal e Criminologia de S. Paulo*, São Paulo, v. 12, p. 299-359, 1941. Suplemento. Anais da Segunda Semana Paulista de Medicina Legal Dedicada à Infortunística, 1940, São Paulo.

ALMEIDA JÚNIOR, ANTONIO DE. O hiato nocivo na vida legal dos menores. *Archivos da Sociedade de Medicina Legal e Criminologia de S. Paulo*, São Paulo, v. 4, p. 55-80, 1933.

ANDRADE, OSWALD DE. Análise de dois tipos de ficção. CONGRESSO PAULISTA DE PSICOLOGIA, NEUROLOGIA, PSIQUIATRIA, ENDOCRINOLOGIA, IDENTIFICAÇÃO, MEDICINA LEGAL E CRIMINOLOGIA, 1., 1938, São Paulo. Atas... São Paulo: [s.n.], 1938. p.157-162.

ANDRADE, OSWALD DE. Marco Zero I: Chão. São Paulo: Globo, 1991.

ANDRADE, OSWALD DE. Marco Zero II: a revolução melancólica. São Paulo: Globo, 1991.

ARCHIVOS DA SOCIEDADE DE MEDICINA LEGAL E CRIMINOLOGIA DE SÃO PAULO. São Paulo: ano 1, v. 1, n. 1, fev. 1922.

ARCHIVOS DA SOCIEDADE DE MEDICINA LEGAL E CRIMINOLOGIA DE SÃO PAULO. São Paulo: v. 8, 1938. Suplemento. Annaes da Primeira Semana Paulista de Medicina Legal, 1937, São Paulo.

ARCHIVOS DA SOCIEDADE DE MEDICINA LEGAL E CRIMINOLOGIA DE SÃO PAULO. São Paulo: v. 12, 1941. Suplemento. Anais da Segunda Semana Paulista de Medicina Legal Dedicada à Infortunística, 1940, São Paulo.

ARQUIVOS DA POLÍCIA CIVIL DE SÃO PAULO. São Paulo: v. 4, 2. sem. 1942.

ARCHIVOS DA SOCIEDADE DE MEDICINA LEGAL E CRIMINOLOGIA DE SÃO PAULO. São Paulo: v. 14, n. 1-3, 1943.

ARQUIVOS DE POLÍCIA E IDENTIFICAÇÃO. São Paulo: v. 2, n. 1, 1938-1939.

ÁSSALY, ALFREDO ISSA. A loucura superveniente no Código Penal de 1940. *Arquivos da Polícia Civil de São Paulo*, São Paulo, n. 2, p. 75-91, 2. sem. 1941a.

ÁSSALY, ALFREDO ISSA. A Polícia de São Paulo – Relatório das atividades da Polícia de São Paulo em 1943, apresentado ao Excelentíssimo Senhor Doutor Fernando Costa, Interventor Federal no Estado, pelo Dr. Alfredo Issa Ássaly, Secretário de Estado dos Negócios da Segurança Pública. *Arquivos da Polícia Civil de São Paulo*, São Paulo, v. 7, p. 351-79, 1. sem. 1944.

ÁSSALY, ALFREDO ISSA. A propósito do artigo 68 da Consolidação das Leis Penais. *Arquivos da Sociedade de Medicina Legal e Criminologia de S. Paulo*, São Paulo, v. 12, n. 1-3, p. 21-3, 1941b.

ÁSSALY, ALFREDO ISSA. Atestados de antecedentes criminais. Considerações legais e sociais. *Arquivos da Polícia Civil de São Paulo*, São Paulo, v. 5, p. 511-514, 1. sem. 1943a.

ÁSSALY, ALFREDO ISSA. Lar dos Egressos. *Arquivos da Polícia Civil de São Paulo*, São Paulo, v. 4, p. 7-34, 2. sem. 1942a.

ÁSSALY, ALFREDO ISSA. Quatro dias entre quatrocentos vagabundos, *Arquivos da Polícia Civil de São Paulo*, São Paulo, v. 5, p. 21-54, 1. sem. 1943b.

ÁSSALY, ALFREDO ISSA. Serviço de Pesquisas Técnicas. *Arquivos da Polícia Civil de São Paulo*, São Paulo, v. 4, p. 285-305, 2. sem. 1942b.

ÁSSALY, ALFREDO ISSA. Sugestões para a reforma do regulamento da penitenciária de São Paulo. *Arquivos da Polícia Civil de São Paulo*, São Paulo, v. 10, p. 31-50, 2. sem. 1945.

ÁSSALY, ALFREDO ISSA. Trabalho a mendigos e vagabundos. *Arquivos da Polícia Civil de São Paulo*, São Paulo, v. 7, p. 5-13, 1. sem. 1944.

ASSEMBLÉIA GERAL ORDINÁRIA. *Archivos da Sociedade de Medicina Legal e Criminologia de S. Paulo*, São Paulo, v. 8, n. 1-3, p. 98-104, 1937.

ASSEMBLÉIA GERAL ORDINÁRIA. *Archivos da Sociedade de Medicina Legal e Criminologia de S. Paulo*, São Paulo, v. 9, n. 1-3, p. 126-134, 1938.

ASSEMBLÉIA GERAL ORDINÁRIA DE 11 DE NOVEMBRO DE 1940. *Archivos da Sociedade de Medicina Legal e Criminologia de S. Paulo*, São Paulo, v. 11, n. 1-3, p. 152-160, 1940.

ASSEMBLÉIA GERAL ORDINÁRIA DE 8 DE NOVEMBRO DE 1941. *Arquivos da Sociedade de Medicina Legal e Criminologia de S. Paulo*, São Paulo, v. 12, n. 1-3, p. 151-157, 1941.

ASSEMBLÉIA GERAL ORDINÁRIA DE 30 DE OUTUBRO DE 1942. *Arquivos da Sociedade de Medicina Legal e Criminologia de S. Paulo*, São Paulo, v. 13, n. 1-3, p. 125-133, 1942.

ASSEMBLÉIA GERAL ORDINÁRIA DE 30 DE OUTUBRO DE 1943. *Arquivos da Sociedade de Medicina Legal e Criminologia de S. Paulo*, São Paulo, v. 14, n. 1-3, p. 64-76, 1943.

AZEVEDO, ALDO M. DE. A collaboração do médico na prevenção de acidentes, *Archivos da Sociedade de Medicina Legal e Criminologia de S. Paulo*, São Paulo v. 8, p. 299-310, 1938. Suplemento. Annaes da Primeira Semana Paulista de Medicina Legal, 1937, São Paulo.

BAYMA, HENRIQUE. Discurso. *Archivos da Sociedade de Medicina Legal e Criminologia de S. Paulo*, São Paulo, v. 1, n. 1, p. 18-21, fev. 1922.

BOMFIM, R. DA C. Prevenção dos accidentes do trabalho. *Archivos da Sociedade de Medicina Legal e Criminologia de S. Paulo*, São Paulo, v. 7, n. 1, p. 6-8, jan.-abr. 1936.

BRAGANÇA, U. Estatísticas comparativas de acidentes do trabalho nas construções hidro-elétricas. *Arquivos da Sociedade de Medicina Legal e Criminologia de S. Paulo*, São Paulo, v. 12, p. 458-484, 1941. Suplemento. Anais da Segunda Semana Paulista de Medicina Legal Dedicada à Infortunística, 1940, São Paulo.

BRANCO, AURÉLIO CASTELO. Trabalho ao ar livre, colônias agrícolas e estabelecimentos marítimos. *Arquivos da Polícia Civil de São Paulo*, São Paulo, v. 4, p. 591-600, 2. sem. 1942.

BRASIL. *Collecção das Leis da República dos Estados Unidos do Brasil de 1924*. Actos do Poder Executivo (junho a novembro). Rio de Janeiro: Imprensa Nacional, 1925, v. 3.

Brito, Lemos. Evolução do Sistema Penitenciário Brasileiro nos últimos 25 anos. *Arquivos da Polícia Civil de São Paulo*, São Paulo, v. 6, p. 311-337, 2. sem. 1943.

Bruno, Antônio M. Leão. O movimento Rorschach no Brasil. *Arquivos da Sociedade de Medicina Legal e Criminologia de S. Paulo*, São Paulo, v. 15, n. 1-3, p. 6-34, jan.-dez. 1944.

Bruno, Antônio M. Leão. Psicograma de Rorschach – Ficha para seu registro. *Arquivos da Sociedade de Medicina Legal e Criminologia de S. Paulo*, São Paulo, v. 13, n. 1-3, p. 16-29, jan.-dez. 1942.

Carrilho, Heitor. Da temibilidade dos epilépticos. *Revista Penal e Penitenciária*, São Paulo, v.1, n. 2, p. 267-288, 2. sem. 1940.

Carrilho, Heitor. O Manicômio Judiciário do Rio de Janeiro – seus fins medico-legaes e sociaes. *Archivos da Sociedade de Medicina Legal e Criminologia de S. Paulo*, São Paulo, v. 2, n. 3, p. 228-251, fev.-mar. 1928.

Carrilho, Heitor F.; Barros, Manoel C. R. A curiosa mentalidade de um delinquente – Laudo do exame medico-psychologico de Febronio Indio do Brasil. *Revista de Criminologia e Medicina Legal*, São Paulo, v. 5, n. 3-6, p. 53-84, mar-jun 1929.

Carvalho, Hilário Veiga de. Anatomia pathologica e medicina legal. *Arquivos da Sociedade de Medicina Legal e Criminologia de São Paulo*, São Paulo, v. 8, p. 131-140, 1938. Suplemento. Annaes da Primeira Semana Paulista de Medicina Legal, 1937, São Paulo.

Carvalho, Hilário Veiga de. Anatomia Patológica Criminal. *Arquivos da Polícia Civil de São Paulo*, São Paulo, v. 4, p. 485-490, 1942.

Carvalho, Hilário Veiga de. Contribuição para o estudo da histologia forense do cordão umbilical. *Arquivos da Sociedade de Medicina Legal e Criminologia de São Paulo*, São Paulo, v. 8, p. 127-130, 1938. Suplemento. Annaes da Primeira Semana Paulista de Medicina Legal, 1937, São Paulo.

Carvalho, Hilário Veiga de. Da necessidade da perinecroscopia como preliminar á necroscopia. *Arquivos da Sociedade de Medicina Legal e Criminologia de São Paulo*, São Paulo, v. 8, p. 341-344, 1938. Suplemento. Annaes da Primeira Semana Paulista de Medicina Legal, 1937, São Paulo.

Carvalho, Hilário Veiga de. Lesões histológicas do enforcamento. *Archivos da Sociedade de Medicina Legal e Criminologia de São Paulo*, São Paulo, v. 7, n. 3, p. 26, 1936.

Carvalho, Hilário Veiga de. Situação da Criminologia em face da Ética. *Arquivos da Polícia Civil de São Paulo*, São Paulo, v. 9, p. 77-82, 1945.

Carvalho, Hilário Veiga de. Sobre o emprego do urucú (Bixa Orellana), em technica medico-legal. *Arquivos da Sociedade de Medicina Legal e Criminologia de São*

Paulo, São Paulo, v. 8, p. 33-34, 1938. Suplemento. Annaes da Primeira Semana Paulista de Medicina Legal, 1937, São Paulo.

CARVALHO, HILÁRIO VEIGA DE. Um velho thema: a classificação dos criminosos. *Arquivos da Sociedade de Medicina Legal e Criminologia de São Paulo*, São Paulo, v. 8, p. 423-426, 1938. Suplemento. Annaes da Primeira Semana Paulista de Medicina Legal, 1937, São Paulo.

CONFERÊNCIA PENITENCIÁRIA BRASILEIRA. *Revista Penal e Penitenciária*, São Paulo, v. 1, n. 2, p. 443-485, 2. sem. 1940.

Congresso Paulista De Psychologia, Neurologia, Psiquiatria, Endocrinologia, Identificação, Medicina Legal E Criminologia, 1., 1938, São Paulo. *Atas...* São Paulo: [s.n.], 1938.

CONSELHO PENITENCIÁRIO – Alguns pareceres. *Revista de Criminologia e Medicina Legal*, São Paulo, v. 5, n. 3-6, p. 121-34, mar.-jun. 1929.

CONSELHO PENITENCIÁRIO – sua organização e função. *Revista Penal e Penitenciária*, São Paulo, v. 2, n. 1-2, 451-9, 1942.

COSTA, EDGARD, Condições para o livramento condicional. *Revista de Criminologia e Medicina Legal*, São Paulo, n. 2, p. 422-426, ago. 1928.

COSTA, EDGARD, Despacho reformado. *Revista de Criminologia e Medicina Legal*, São Paulo, v. 2, n. 3-4, p. 262, set.-out. 1928.

COSTA, OSCAR D. A pericia psychiatrica e a responsabilidade criminal. *Archivos da Sociedade de Medicina Legal e Criminologia*, São Paulo, v. 1, n. 2, p. 79-81, mai. 1922.

COSTA, OSCAR D. O ante-projeto brasileiro de Código Penal de 1928. *Revista de Criminologia e Medicina Legal*, São Paulo, v. 4, n. 1-2, p. 86-97, jan.-fev. 1929.

CRIAÇÃO DO INSTITUTO CORRECIONAL DA ILHA ANCHIETA. *Arquivos da Polícia Civil de São Paulo*, São Paulo, v. 4, p. 689-700, 2. sem. 1942.

CURSO DE APERFEIÇOAMENTO EM MEDICINA LEGAL. *Arquivos da Polícia Civil de São Paulo*, São Paulo, v. 2, p. 415-418, 1941.

DAUNT, RICARDO G. Discurso de Saudação. *Arquivos da Sociedade de Medicina Legal e Criminologia de São Paulo*, São Paulo, v. 12, n. 1-3, p. 172-177, 1941.

DAUNT, RICARDO G. Contribuição do Serviço de Identificação na lucta contra o delito. *Archivos da Sociedade de Medicina Legal e Criminologia de São Paulo*, São Paulo, v. 8, p. 177-178, 1938. Suplemento. Annaes da Primeira Semana Paulista de Medicina Legal, 1937, São Paulo.

DAUNT, RICARDO G. Revelação de impressões digitaes em pannos. *Archivos da Sociedade de Medicina Legal e Criminologia de São Paulo*, São Paulo, v. 7, n. 3, p. 135-142, 1936.

DAUNT, RICARDO G.; Whitaker, Edmur de A.; Godoy, Oscar de; Moncau Júnior, Pedro. Anthropo-psychiatria. *Arquivos de Polícia e Identificação*, São Paulo, v. 1, n. 2, p. 567-597, 1937.

DAUNT, RICARDO G.; WHITAKER, E. DE A.; GODOY, O.; MONCAU JÚNIOR, P. Laudos periciais. *Arquivos de Polícia e Identificação*, São Paulo, v. 2, n. 2, p. 567-597, 1940.

DIAS, FLÁVIO R. O ambiente familiar como factor predisponente a manifestações de taras pathologicas nos menores da Justiça. *Archivos da Sociedade de Medicina Legal e Criminologia de S. Paulo*, São Paulo, v. 8, p. 155-166, 1938. Suplemento. Annaes da Primeira Semana Paulista de Medicina Legal, 1937, São Paulo.

DO INSTITUTO DE BIOTIPOLOGIA CRIMINAL. *Revista Penal e Penitenciária*, São Paulo, ano 2, v. 2, n. 1-2, p. 445-449, 1941, p. 445.

DONAT, A. A. *La psiquiatría ante la desmedicalização de la homosexualidad: el ejemplo americano*. [s.n, s.d]. Mimeografado.

DÓRIA, JOÃO RODRIGUES DA COSTA, Delinqüência infantil. *Revista Penal e Penitenciária*, v. 4-8, n. 1-2, p.143-152, São Paulo, 1947.

DUAS GRANDES REALIZAÇÕES NA PENITENCIÁRIA DE S. PAULO. O serviço de "Biotipologia Criminal" e a "secção Agrícola de Taubaté". *Revista Penal e Penitenciária*, São Paulo, ano 1, v. 1, n. 1, p. 235-244, 1. sem. 1940.

ESTATUTOS DA SOCIEDADE DE MEDICINA LEGAL E CRIMINOLOGIA DE S. PAULO. *Archivos da Sociedade de Medicina Legal e Criminologia de S. Paulo*, São Paulo, v. 1, n. 1, p. 4-10, fev. 1922.

FÁVERO, FLAMÍNIO. A nova lei de accidentes do trabalho. *Archivos da Sociedade de Medicina Legal e Criminologia de S. Paulo*, São Paulo, v. 5, p.55-60, 1934.

FÁVERO, FLAMÍNIO. Commemoração do 15° anniversario da cadeira de medicina legal. *Archivos da Sociedade de Medicina Legal e Criminologia de São Paulo*, São Paulo, v. 4, p. 243-254, 1933.

FÁVERO, FLAMÍNIO. Conselho Penitenciário do Estado. *Revista Penal e Penitenciária*, São Paulo, v. 4-8, n. 1-2, p. 273-276, 1947.

FÁVERO, FLAMÍNIO. Discurso. *Revista Penal e Penitenciária*, São Paulo, v. 2, n. 1-2, p.513-515, 1941a.

FÁVERO, FLAMÍNIO. Discurso de abertura da "1ª Semana Paulista de Medicina Legal" proferido pelo Prof. Flamínio Fávero (Presidente). *Arquivos da Sociedade de Medicina Legal e Criminologia de São Paulo*, São Paulo, v. 8, p. 5-14, 1938a. Suplemento. Annaes da Primeira Semana Paulista de Medicina Legal, 1937, São Paulo.

FÁVERO, FLAMÍNIO. Discurso de encerramento, *Arquivos da Sociedade de Medicina Legal e Criminologia de S. Paulo*, São Paulo, v. 12, p. 489-497, 1941b. Suplemento. Anais da Segunda Semana Paulista de Medicina Legal Dedicada à Infortunística, 1940, São Paulo.

FÁVERO, FLAMÍNIO. Discurso proferido pelo Prof. Flamínio Fávero na Sociedade de Medicina Legal e Criminologia de S. Paulo, na solemnidade de sua posse na presidência e entrega do Premio Oscar Freire. *Archivos da Sociedade de Medicina Legal e Criminologia de S. Paulo*, São Paulo, v. 8, n. 1-3, p. 125, 1937.

FÁVERO, FLAMÍNIO. Evolução scientifica da Medicina Legal no Brasil. *Archivos da Sociedade de Medicina Legal e Criminologia de São Paulo*, São Paulo, ano 1, v. 1, n. 3-4, p. 148, dez. 1922.

FÁVERO, FLAMÍNIO. Higiene mental e egressos dos presídios. *Arquivos da Polícia Civil de São Paulo*, São Paulo, v. 8, p. 335-338, 2. sem. 1944.

FÁVERO, FLAMÍNIO. *Medicina Legal*. 3 ed. São Paulo: Martins Fontes, vol. 3, 1945a.

FÁVERO, FLAMÍNIO. Novos rumos da criminologia. *Arquivos da Polícia Civil de São Paulo*, São Paulo, v. 2, p. 65-74, 1941c.

FÁVERO, FLAMÍNIO. Novos rumos do tratamento penitenciário. *Arquivos da Polícia Civil de São Paulo*, São Paulo, v. 6, p. 293-298, 1943.

FÁVERO, FLAMÍNIO. O conceito de acidente de trabalho na nova lei. *Arquivos da Sociedade de Medicina Legal e Criminologia de S. Paulo*, São Paulo, v. 16, n. 1-3, p. 5-8, 1945b.

FÁVERO, FLAMÍNIO. O problema sexual nas prisões. *Revista Penal e Penitenciária*, São Paulo, v. 4-8, n. 1-2, p. 113-128, 1947.

FÁVERO, FLAMÍNIO. Relatório da 1ª. Semana Paulista de Medicina Legal. *Archivos da Sociedade de Medicina Legal e Criminologia de S. Paulo*, São Paulo, v. 8, n. 1-3, p. 41-51, 1938b.

FÁVERO, FLAMÍNIO. Relatório do Secretário Geral prof. Flaminio Fávero. *Archivos da Sociedade de Medicina Legal e Criminologia de São Paulo*, São Paulo, v. 3, n. 1, p. 64-76, 1931.

FÁVERO, FLAMÍNIO. Relatório do Secretário Geral. *Archivos da Sociedade de Medicina Legal e Criminologia de S. Paulo*, São Paulo, v. 3, n. 2, p. 64-76, fev. 1932.

FÁVERO, FLAMÍNIO. Relatório do Secretário Geral. *Archivos da Sociedade de Medicina Legal e Criminologia de S. Paulo*, São Paulo, v. 7, n. 3, p. 149-153, 1936.

FÁVERO, FLAMÍNIO; Ferreira, Arnaldo Amado. Diagnose da direção do tiro, posição do agressor e da vítima e da lesão mortal. *Arquivos da Sociedade de Medicina Legal e Criminologia de São Paulo*, São Paulo, v. 14, n. 1-3, p. 36, 1943.

FÁVERO, FLAMÍNIO; Freire, Oscar. Supplemento – Relação chronologica dos trabalhos brasileiros de medicina legal e sciencias affins, de 1814 a 1918, *Archivos da Sociedade de Medicina Legal e Criminologia de S. Paulo*, São Paulo, v. 1, n. 2, p. 86-91, 1922.

FÁVERO, FLAMÍNIO; Lehmann, Otto Cyrillo; Duarte, Aureliano R.; Silva, Boaventura N.; Almeida Júnior, Antônio de; Morais, Flávio Q. Conselho. *Revista Penal e Penitenciária*, São Paulo, v. 4-8, n. 1-2, p.169-70, 1947.

FERREIRA, SIQUEIRA (REL.). Conselho – Parecer n° 1050. *Revista Penal e Penitenciária*, São Paulo, v. 4-8, n.1-2, p. 218-221, 1947.

FRANCO, JOÃO EVANGELISTA. Literatura infantil e delinqüência dos menores. *Arquivos da Polícia Civil de São Paulo*, São Paulo, v. 5, p. 217-221, 1. sem. 1943.

FUNDAÇÃO DA SOCIEDADE. *Archivos da Sociedade de Medicina Legal e Criminologia de São Paulo*, São Paulo, ano 1, v. 1, n. 1, p. 1-3, fev. 1922.

GABY, BENEDITA. Cópia da investigação sôbre a menor P. P. *Arquivos da Polícia Civil de São Paulo*, São Paulo, v. 8, p. 93-95, 2. sem. 1944.

GARCIA, BASILEU. O livramento condicional na moderna legislação brasileira. *Revista Penal e Penitenciária*, São Paulo, v. 2, n. 1-2, p.193-210, 1941.

GARCIA, BASILEU. Regimes adequados ao cumprimento das penas de reclusão e detenção – estabelecimentos de prisão provisória. *Arquivos da Polícia Civil de São Paulo*, São Paulo, v. 4, p. 617-624, 1942.

GODOY, OSCAR DE. Anthropologia criminal. *Arquivos de Polícia e Identificação*, São Paulo, v. 1, n. 2, p. 209-214, 1937.

GODOY, OSCAR DE. A relação entre a estrutura do corpo e o caráter. *Arquivos da Sociedade de Medicina Legal e Criminologia de S. Paulo*, São Paulo, v. 17, n. 1-3, p. 22-36, jan.-dez. 1946.

GODOY, OSCAR DE. Factores biologicos do crime. *Archivos da Sociedade de Medicina Legal e Criminologia de São Paulo*, São Paulo, v. 10, n. 1, p. 55-56, 1939.

GODOY, OSCAR DE. Factores biológicos do crime. *Arquivos de Polícia e Identificação*, São Paulo, v.2, n. 2, p. 426-442, 1940.

GODOY, OSCAR DE. Organização do "Laboratório de Antropologia" do Serviço de Identificação – Súmula das Atividades Práticas. *Arquivos de Polícia e Identificação*, São Paulo, v. 2, n. 1, p. 88-91, 1938-1939.

GUIMARÃES, FRANCELINO; MORAES, SARMENTO; PIRAGIBE, VICENTE; SOARES, ARTHUR. Livramento condicional. *Revista de Criminologia e Medicina Legal*, São Paulo, v. 2, n. 3-4, set.-out. 1928.

HOMENAGEM A ENRICO FERRI. *Revista de Criminologia e Medicina Legal*, São Paulo, v. 6, n. 7-12, p. 147-154, 1929.

HUNGRIA, NELSON. Introdução à ciência penal. *Arquivos da Polícia Civil de São Paulo*, São Paulo, v. 3, p. 487-94, 1. sem. 1942.

JUBILEU DA SOCIEDADE DE MEDICINA LEGAL E CRIMINOLOGIA DE SÃO PAULO, *Arquivos da Polícia Civil de São Paulo*, v. 10, p. 419-20, São Paulo, 2. sem. 1945.

KATZENSTEIN, BETTI. A Psychologia da testemunha. *Archivos da Sociedade de Medicina Legal e Criminologia de S. Paulo*, São Paulo, v. 11, n. 1-3, p.199-219, 1940.

LEHMANN, OTTO C. (REL.). Conselho – Parecer n° 694. *Revista Penal e Penitenciária*, São Paulo, v. 4-8, n.1-2, p. 182-189, 1947.

LEME, J. DE M. Alguns aspectos médicos da nova lei de acidentes do trabalho. *Arquivos da Sociedade de Medicina Legal e Criminologia de S. Paulo*, São Paulo, v. 16, n. 1-3, p. 42-51, 1945.

LEME, J. DE M. Projeto da nova lei de acidentes do trabalho. *Arquivos da Sociedade de Medicina Legal e Criminologia de S. Paulo*, São Paulo, v. 15, n. 1-3, p. 67-75, 1944.

LIMA, JOSÉ A. de. A individualização da pena e os inquéritos policiais. *Arquivos da Polícia Civil de São Paulo*, São Paulo, v. 6, p. 5-19, 2. sem. 1943.

LIVRAMENTO CONDICIONAL. *Archivos da Sociedade de Medicina Legal e Criminologia de S. Paulo*, v. 2, n. 3, p. 306-10, São Paulo, fev.-mar. 1928.

LIVRAMENTO CONDICIONAL. *Revista de Criminologia e Medicina Legal*, n. 2, p. 464-469, São Paulo, ago. 1928, p. 464.

LOMBROSO, CÉSAR. *O homem delinqüente*. Porto Alegre: Ricardo Lenz, 2001.

LOPES JÚNIOR, ERNESTINO. Suicídio e Higiene Mental. *Arquivos da Polícia Civil de São Paulo*, São Paulo, v. 8, p. 351-355, 2. sem. 1944.

MACHADO, ALCÂNTARA. Discurso proferido na Sessão de installação pelo Dr. Alcantara Machado. *Archivos da Sociedade de Medicina Legal e Criminologia de S. Paulo*, São Paulo, v. 1, n. 1, p. 13-17, fev. 1922.

MACHADO, ALCÂNTARA. A psychologia do testemunho – de um curso de medicina pública para estudantes de direito. *Revista de Criminologia e Medicina Legal*, São Paulo, v. 4, n.1-2, p. 47-78, jan.-fev. 1929.

MACHADO, ALCÂNTARA. O ensino de medicina legal nas escolas de direito. *Revista de Criminologia e Medicina Legal*, São Paulo, v. 2, n. 3-4, p. 3-16, 1928.

MACHADO, ALCÂNTARA. Perícia Medica (de um curso de medicina legal para estudantes de direito). *Revista de Criminologia e Medicina Legal*, São Paulo, n. 2, p. 279-295, ago. 1928.

MACHADO, EUGÊNIO. A endocrinologia e a sua contribuição à antropologia criminal. *Arquivos da Polícia Civil de São Paulo*, São Paulo, v. 4, p. 445-458, 2. sem. 1942.

MANGE, R. A redução dos infortúnios do trabalho pela orientação, seleção e formação profissional, *Arquivos da Sociedade de Medicina Legal e Criminologia de S. Paulo*, São Paulo, v. 12, p. 410-416, 1941. Suplemento. Anais da Segunda Semana Paulista de Medicina Legal Dedicada à Infortunística, 1940, São Paulo.

MANICÔMIO JUDICIARIO DO ESTADO DE S. PAULO. *Archivos da Sociedade de Medicina Legal e Criminologia de S. Paulo*, São Paulo, v. 2, n. 1, nov. 1927.

MARAÑON, GREGORIO. La endocrinología y la ciencia penal. *Trabajos del laboratorio de criminología de la Universidad de Madrid*, n.1, p. 79-92,1935.

MARAÑÓN, GREGORIO. *La evolución de la sexualidad y los estados intersexulaes*. Madrid: Javier Morata, 1930.

MARAÑÓN, GREGORIO. *Los estados intersexuales en la especie humana*. Madrid, Javier Morata, 1929.

MARCONDES, DURVAL. Aspectos do aproveitamento prático da psicanálise. Congresso Paulista de Psicologia, Neurologia, Psiquiatria, Endocrinologia, Identificação, Medicina Legal e Criminologia, 1., 1938, São Paulo. *Atas...* São Paulo: [s.n.], 1938. p.183-188.

MARONE, SÍLVIO. Considerações em tôrno de uma nova classificação de missexuais. *Arquivos da Polícia Civil de São Paulo*, São Paulo, v. 10, p. 103-136, 1945.

MATUCK, AUGUSTO. Estudos médico-legais do acidente do trabalho e da doença profissional. *Arquivos da Polícia Civil de São Paulo*, São Paulo, v. 7, p. 133-180, 1. sem. 1944.

MATUCK, AUGUSTO. Sugestões para a reforma da lei sobre acidentes do trabalho. *Arquivos da Sociedade de Medicina Legal e Criminologia de S. Paulo*, v. 14, n. 1-3, p. 59-62, São Paulo, 1943.

MATUCK, AUGUSTO. Factores de accidentes do trabalho, *Archivos da Sociedade de Medicina Legal e Criminologia de S. Paulo*, São Paulo, v. 8, p. 517-531, 1938. Suplemento. Annaes da Primeira Semana Paulista de Medicina Legal, 1937, São Paulo.

MATUCK, AUGUSTO. Factores de accidentes do trabalho (2ª parte), *Archivos da Sociedade de Medicina Legal e Criminologia de S. Paulo*, São Paulo, v. 7, n. 3, p.108-109, set.-dez. 1936.

MATUCK, AUGUSTO. O exame médico prévio do operário. *Arquivos da Sociedade de Medicina Legal e Criminologia de S. Paulo*, São Paulo, v. 12, p. 280-298, 1941. Suplemento. Anais da Segunda Semana Paulista de Medicina Legal Dedicada à Infortunística, 1940, São Paulo.

MELLO, JOSÉ DE MORAES. A finalidade eugênica da luta anti-alcóolica. *Revista de Criminologia e Medicina Legal*, São Paulo, v. 4, n. 1-2, p. 3-8, jan.-fev. 1929.

MELLO, JOSÉ DE MORAES. O pensamento medico-legal hodierno em face da projectada reforma do codigo penal brasileiro. *Revista de Criminologia e Medicina Legal*, São Paulo, ano 1, v. 1, p.15-39, nov.-dez. 1928.

MENDES, MANUEL GÂNDARA. A higiene mental no adolescente. *Arquivos da Polícia Civil de São Paulo*, São Paulo, v. 8, p. 357-358, 2. sem. 1944.

MONCAU JÚNIOR, PEDRO. Pesquisas endocrinológicas em criminosos. *Arquivos de Polícia e Identificação*, São Paulo, v. 2, n. 1, p. 92-101, 1938-1939.

MOTTA FILHO, CÂNDIDO. O problema da adaptação social da creança. *Archivos da Sociedade de Medicina Legal e Criminologia de S. Paulo*, São Paulo, v. 8, n. 1-3, p. 19-32, 1937.

NORONHA, EDGARD M.; TELES, JOÃO C. DA SILVA. Crimes contra os Costumes. *Revista Penal e Penitenciária*, São Paulo, v. 4-8, n. 1-2, p. 87-112, 1947.

NOSSA APRESENTAÇÃO. *Archivos de Policia e Identificação*, São Paulo, n. 1, p. 3, abr. 1936.

ORDEM DO DIA DE 14 DE ABRIL DE 1928. *Revista de Criminologia e Medicina Legal*, São Paulo, n. 1, p. 216-217, jul. 1928.

PACHECO E SILVA, A. C. Impressões do 1° Congresso Latinoamericano de Criminologia. *Arquivos de Polícia e Identificação*, São Paulo, v. 2, n. 2, p. 643-645, 1940.

PACHECO E SILVA, A. C. O perito médico e a questão da responsabilidade. Repressão aos loucos Morais. *Revista de Criminologia e Medicina Legal*, São Paulo, v. 5, n. 3-6, p. 33-52, mar.-jun. 1929.

PACHECO E SILVA, Antonio Carlos; Rebello Neto, J. Um sadico-necrophilo: o Preto Amaral. *Archivos da Sociedade de Medicina Legal e Criminologia de S. Paulo*, São Paulo, v. 2, n. 1, p. 91-112, nov. 1927.

PACHECO E SILVA; Vampré, Enjolras. Sobre um caso de epilepsia psychica. *Revista de Criminologia e Medicina Legal*, São Paulo, v. 6, n. 7-12, p. 67-76, 1929.

PEETERS, MARIA LUIZA. A psicologia científica e a prevenção das crises sociais. *Arquivos da Polícia Civil de São Paulo*, São Paulo, v. 9, p. 155-168, 1. sem. 1945.

PEIXOTO, AFRÂNIO. Atualidade e futuro da Medicina Legal. *Arquivos da Polícia Civil de São Paulo*, São Paulo, v. 3, p.263-268, 1942.

PEIXOTO, AFRÂNIO; Fávero, Flamínio; Ribeiro, Leonídio. *Medicina legal dos acidentes de trabalho e das doenças profissionaes*. Noções de infortunística: doutrina, perícia, técnica, legislação. Rio de Janeiro: Francisco Alves, 1926.

PENNINO, JOAQUIM BASILIO. Relações entre a intelligencia e a delinquencia juvenil. *Archivos da Sociedade de Medicina Legal e Criminologia de S. Paulo*, São Paulo, v. 8, p. 147-154, 1938. Suplemento. Annaes da Primeira Semana Paulista de Medicina Legal, 1937, São Paulo.

PEREIRA, MANUEL. Índice facial nos universitários paulistas. *Arquivos da Sociedade de Medicina Legal e Criminologia de S. Paulo*, São Paulo, v. 12, n. 1-3, jan.-dez. 1941a, p. 16.

PEREIRA, MANUEL. Morfologia constitucional feminina. *Arquivos da Polícia Civil de São Paulo*, São Paulo, v. 4, p. 501-549, 2. sem. 1942.

PEREIRA, MANUEL. O biótipo nos infortúnios do trabalho. *Arquivos da Sociedade de Medicina Legal e Criminologia de S. Paulo*, São Paulo, v. 12, p. 264-270, 1941b.

Suplemento. Anais da Segunda Semana Paulista de Medicina Legal Dedicada à Infortunística, 1940, São Paulo.

PEREIRA, VIRGÍLIO DE SÁ. Da imputabilidade no projecto de Codigo Panal brasileiro. *Revista de Criminologia e Medicina Legal*, São Paulo, v. 6, n. 7-12, 46-66, jul.-dez. 1929.

PORTO-CARRERO, J. P. A responsabilidade criminal perante a psychanalyse. *Archivos da Sociedade de Medicina Legal e Criminologia de S. Paulo*, São Paulo, v. 7, n. 1, p. 31-48, jan.-abr. 1936.

PORTO-CARRERO, J.P. O exame pre-nupcial como factor eugenico – Communicação ao I Congresso Brasileiro de Eugenia. *Revista de Criminologia e Medicina Legal*, São Paulo, ano 1, v. 5, n. 3-6, p. 14-20, mar.-jun. 1929.

PRADO, CARLOS, Discurso de Agradecimento. *Archivos da Sociedade de Medicina Legal e Criminologia de S. Paulo*, São Paulo, v. 14, n. 1-3, p. 102-108, 1943.

PRIMEIRA CONFERENCIA LATINO-AMERICANA DE NEUROLOGIA, PSYCHIATRIA E MEDICINA LEGAL. *Revista de Criminologia e Medicina Legal*, São Paulo, v. 4, n. 1-2, p. 229-232, jan.-fev. 1929.

PRIMEIRO ANIVERSÁRIO DA GESTÃO DO DR. ALFREDO ISSA ÁSSALY NA SECRETARIA DA SEGURANÇA PÚBLICA. *Arquivos da Polícia Civil de São Paulo*, São Paulo, v. 8, p. 487-546, 2. sem. 1944.

PRIMEIRO CONGRESSO PAULISTA DE PSICOLOGIA, NEUROLOGIA, PSIQUIATRIA, ENDOCRINOLOGIA, IDENTIFICAÇÃO, MEDICINA LEGAL E CRIMINOLOGIA. Congresso Paulista De Psicologia, Neurologia, Psiquiatria, Endocrinologia, Identificação, Medicina Legal E Criminologia, 1., 1938, São Paulo. *Atas...* São Paulo: [s.n.], 1938. p.1-3.

QUEIROZ FILHO, ANTÔNIO DE. Informação do Diretor Geral. *Revista Penal e Penitenciária*, São Paulo, v. 4-8, n. 1-2, p. 168-169, 1947.

RELAÇÃO DOS THEMAS E COMMUNICAÇÕES APRESENTADOS E DEBATIDOS NAS SESSÕES PLENARIAS. *Archivos da Sociedade de Medicina Legal e Criminologia de S. Paulo*, São Paulo, v. 9, n. 1-3, p. 68-72, 1938.

RESENDE, JOSÉ DE MOURA. Discurso do Dr. José de Moura Resende, Secretário da Justiça e Negócios do Interior, por ocasião da inauguração oficial do serviço de Biotipologia Criminal. *Revista Penal e Penitenciária*, São Paulo, v. 1, n. 2, p. 497-503, 2. sem. 1940.

REVISTA DE CRIMINOLOGIA E MEDICINA LEGAL. São Paulo: ano 1, v. 4, n. 1-2, jan.-fev. 1929.

REVISTA PENAL E PENITENCIÁRIA. São Paulo: Penitenciária do Estado de São Paulo, ano 2, v. 2, n. 1-2, 1941.

RIBEIRO, LEONÍDIO. A idade e o casamento – Temma official do Congresso Brasileiro de Eugenia. *Revista de Criminologia e Medicina Legal*, São Paulo, ano 1, v. 5, n. 3-6, p. 21-28, mar.-jun. 1929.

RIBEIRO, LEONÍDIO. Aspectos médicos do problema da delinquencia infantil. *Archivos da Sociedade de Medicina Legal e Criminologia de S. Paulo*, São Paulo, v. 8, n. 1-3, 13-18, 1937a.

RIBEIRO, LEONÍDIO. Homosexualismo e endocrinologia. *Archivos da Sociedade de Medicina Legal e Criminologia de São Paulo*, São Paulo, v. 4, n. 1, p. 64-65, 1935.

RIBEIRO, LEONÍDIO. Institutos de Criminologia. *Revista Penal e Penitenciária*, Sâo Paulo, v. 1 n. 2, p. 383-394, 1940.

RIBEIRO, LEONÍDIO. Laboratorio de Biologia Infantil – Discurso pronunciado pelo seu Director Dr. Leonidio Ribeiro. *Archivos de Medicina Legal e Identificação*, Rio de Janeiro, v. 7, n. 14, 171-177, 1937b.

RIBEIRO, LEONÍDIO. O caso Febrônio. Algumas considerações sobre o sadismo. *Archivos da Sociedade de Medicina Legal e Criminologia*, São Paulo, v. 2, n. 1, 3-22, nov. 1927.

RIBEIRO, L.; BERARDINELLI, W. Biotipologia criminal. *Anales de Biotipología, Eugenesia y Medicina Social*, Buenos Aires, n. 83, 1939.

RODRIGUES, ARMANDO. Psychologia da prova testemunhal. *Archivos da Sociedade de Medicina Legal e Criminologia de S. Paulo*, São Paulo, v. 1, n. 3-4, p. 107-118, dez. 1922.

2º CONGRESSO DE MEDICINA LEGAL. *Arquivos da Sociedade de Medicina Legal e Criminologia de São Paulo*, São Paulo, v. 24-26, p. 79-81, 1955-1957.

SALGADO, CESAR. Novos rumos da criminologia. *Archivos da Sociedade de Medicina Legal e Criminologia de São Paulo*, São Paulo, v. 3, n. 3, p. 53-70, dez. 1932.

SALLES JÚNIOR, A. C. A crise do direito penal. *Revista de Criminologia e Medicina Legal*, São Paulo, n. 1, p.43-48, jul. 1928.

SÃO PAULO. *Collecção Das Leis e Decretos do Estado de S. Paulo de 1913*. São Paulo: Typ. do Diario Official, v. 23, 1914.

SÃO PAULO (ESTADO). *Collecção das leis e decretos do Estado de S. Paulo de 1926*. São Paulo: Officinas do Diario Official, v. 36, 1926.

SÃO PAULO (ESTADO). Decreto nº 36387, de 24 de junho de 1960. *Coleção das Leis e Decretos do Estado de São Paulo*, São Paulo, v. 70, p. 459-460, 2. trim. 1960.

SÃO PAULO (ESTADO). Decreto nº 52737, de 7 de Maio de 1971. *Coleção das Leis e Decretos do Estado de São Paulo*, São Paulo, v. 81, p. 53-55, 2. trim. 1971.

SÃO PAULO (ESTADO). Decreto nº 26367, de 3 de setembro de 1956. *Coleção das Leis e Decretos do Estado de São Paulo*, São Paulo, v. 66, p. 349-380, 3. trim. 1956.

SCHNEIDER, IZABEL, Aspectos psicológicos da orientação profissional. In: Congresso Paulista De Psychologia, Neurologia, Psiquiatria, Endocrinologia, Identificação, Medicina Legal E Criminologia, 1., 1938, São Paulo. Atas... São Paulo: [s.n.], 1938.

SESSÃO DE ENCERRAMENTO. *Arquivos da Sociedade de Medicina Legal e Criminologia de São Paulo*, São Paulo, v. 12, p. 485-497, 1941. Suplemento. Anais da Segunda Semana Paulista de Medicina Legal Dedicada à Infortunística, 1940, São Paulo.

SESSÃO DE ENCERRAMENTO. Congresso Paulista De Psychologia, Neurologia, Psiquiatria, Endocrinologia, Identificação, Medicina Legal E Criminologia, 1., 1938, São Paulo. Atas... São Paulo: [s.n.], 1938. p.439-447.

SESSÃO INAUGURAL. Congresso Paulista De Psychologia, Neurologia, Psiquiatria, Endocrinologia, Identificação, Medicina Legal E Criminologia, 1., 1938, São Paulo. Atas... São Paulo: [s.n.], 1938. p 5-8.

SESSÃO ORDINÁRIA DE 30 DE OUTUBRO DE 1939. *Archivos da Sociedade de Medicina Legal e Criminologia de S. Paulo*, São Paulo, v. 10, n. 1-3, p. 87-112, 1939.

SESSÃO SOLENE DE 15 DE NOVEMBRO DE 1938. *Archivos da Sociedade de Medicina Legal e Criminologia de S. Paulo*, São Paulo, v. 9, n. 1-3, p. 135-156, 1938.

SESSÃO SOLENE DE 15 DE NOVEMBRO DE 1939. *Archivos da Sociedade de Medicina Legal e Criminologia de S. Paulo*, São Paulo, v. 10, n. 1-3, p. 113-140, 1939.

SESSÃO SOLENE DE 15 DE NOVEMBRO DE 1941. *Arquivos da Sociedade de Medicina Legal e Criminologia de S. Paulo*, São Paulo, v. 12, n. 1-3, p. 158-187, 1941.

SESSÃO SOLENE DE 15 DE NOVEMBRO DE 1943. *Arquivos da Sociedade de Medicina Legal e Criminologia de S. Paulo*, São Paulo, v. 14, n. 1-3, p. 77-117, 1943.

SESSÃO SOLENE DE 15 DE NOVEMBRO DE 1945. *Arquivos da Sociedade de Medicina Legal e Criminologia de S. Paulo*, São Paulo, v. 16, n. 1-3, p. 82-104, 1945.

SESSÃO SOLENE DE ENCERRAMENTO DA 1A SEMANA PAULISTA DE MEDICINA LEGAL... *Archivos da Sociedade de Medicina Legal e Criminologia de S. Paulo*, São Paulo, v. 8, p. 547-564, 1938. Suplemento. Annaes da Primeira Semana Paulista de Medicina Legal, 1937, São Paulo.

SILVA, LUIZ. A prostituição em face da odontologia legal. *Archivos de Polícia e Identificação*, São Paulo, São Paulo, v. 1, n. 2, p. 293-309, 1937.

SILVA, LUIZ. Odontologia legal. e o código penal. *Arquivos da Polícia Civil de São Paulo*, São Paulo, v. 2, p. 307-311, 2. sem. 1941.

SILVA, LUIZ. Polícia e humanismo. *Arquivos da Polícia Civil de São Paulo*, São Paulo, v. 7, p. 321-329, 1. sem. 1944.

SILVA, OSWALDO, A aplicação da medida de segurança detentiva – internação em instituto de trabalho. *Arquivos da Polícia Civil de São Paulo*, v. 10, p. 167-74, São Paulo, 2. sem. 1945.

SILVA, PEDRO AUGUSTO DA. Discurso. *Revista Penal e Penitenciária*, São Paulo, ano 1, v. 1, n. 2, p. 509-515, 2. sem. 1940.

SILVA, PEDRO AUGUSTO DA. O Serviço de Biotipologia Criminal da Penitenciária de São Paulo e suas finalidades. *Revista Penal e Penitenciária*, São Paulo, v. 2, n. 1-2, p. 417-420, 1941.

SILVA, PEDRO AUGUSTO DA; COLLET E SILVA, TOMAZ DE AQUINO. Criminalidade e doença mental. *Revista Penal e Penitenciária*, São Paulo, ano 1, v. 1, n. 2, p. 255-266, 2. sem. 1940.

SILVA, PEDRO AUGUSTO DA; TELES, JOÃO CARLOS DA SILVA. Sífilis e criminalidade. *Revista Penal e Penitenciária*, São Paulo, ano 1, v. 1, n. 1, p. 37-62, 1. sem. 1940.

Sítio eletrônico Jus Navegandi (http://www1.jus.com.br/doutrina/texto.asp?id=5161). Acesso em: 17 dez. 2004.

SOCIEDADE DE MEDICINA LEGAL E CRIMINOLOGIA – Os debates em torno da questão da responsabilidade attenuada. *Gazeta Clínica*, São Paulo, n. 7, p. 171-173, jul. 1928.

SÓCIOS DA SOCIEDADE EM 15 DE NOVEMBRO DE 1944 [SIC] (1943), *Arquivos da Sociedade de Medicina Legal e Criminologia de S. Paulo*, São Paulo, v. 14, n. 1-3, p. 135-138, 1943.

SÓCIOS DA SOCIEDADE EM 30 DE DEZEMBRO DE 1945. *Arquivos da Sociedade de Medicina Legal e Criminologia de S. Paulo*, São Paulo, v. 16, n. 1-3, p. 110-113, 1945.

SOUSA, O. Machado de. Fundamentos e métodos de classificação de tipos humanos. *Arquivos da Polícia Civil de São Paulo*, São Paulo, v. 4, p. 163-224, 2. sem. 1942.

SOUZA, GERALDO DE PAULA. Discurso. *Archivos da Sociedade de Medicina Legal e Criminologia de S. Paulo*, São Paulo, v. 1, n. 1, p. 22-26, fev. 1922.

STOFFEL, FLORIANO P. M. Três estudos originais de biotipologia. *Arquivos da Polícia Civil de São Paulo*, São Paulo, v. 5, p. 179-215, 1. sem. 1943.

STOKER, BRAM [1897]. *Drácula*. São Paulo: Nova Cultural, 2002.

TELES, JOÃO C. DA S., Determinação médica da ausência ou cessação da periculosidade. *Revista Penal e Penitenciária*, São Paulo, v. 3, n. 1-2, p. 107-21, 1943.

TELES, JOÃO CARLOS DA SILVA. Conclusões Gerais. *Revista Penal e Penitenciária*, São Paulo, v. 4-8, n. 1-2, p. 163-168, 1947.

TELES, JOÃO CARLOS DA SILVA. Determinação médica da ausência ou cessação da periculosidade. *Revista Penal e Penitenciária*, São Paulo, ano 3, v. 3, n. 1-2, p. 107-121, 1942.

TELES, JOÃO CARLOS DA SILVA; LAGE, CÍCERO CARVALHO. Instituto de Biotipologia Criminal – Perícia. *Revista Penal e Penitenciária*, São Paulo, v. 4-8, n. 1-2, p. 233-254, 1947.

TORRES, GONZALEZ ; PARANHOS, ULYSSES. Endocrinologia e crime. *Revista Penal e Penitenciária*, São Paulo, v. 1, n. 1, p.113-128, 1940.

VAZ, ÁTTILA FERREIRA; FROELICH, CARLOS AUGUSTO. Laudo pericial antropopsiquiátrico. *Arquivos da Polícia Civil de São Paulo*, São Paulo, v. 6, p. 264-286, 2. sem. 1943.

VAZ, J. ROCHA. Tipos morfológicos e patologia. *Arquivos da Polícia Civil de São Paulo*, São Paulo, v. 7, p. 233-291, 1. sem. 1944.

VAZ, J. ROCHA. Tipos morfológicos e patologia (conclusão). *Arquivos da Polícia Civil de São Paulo*, São Paulo, v. 8, p. 143-205, 2. sem. 1944.

WHITAKER, EDMUR DE A. A anthropopsychiatria ao serviço da investigação policial – considerações em torno de um caso. *Archivos da Sociedade de Medicina Legal e Criminologia de São Paulo*, São Paulo, v. 7, n. 3, p. 186-204, set.-dez. 1936a.

WHITAKER, EDMUR DE A. A organização da orientação e selecção profissionaes no Instituto 'D. Escolastica Rosa', de Santos, em cooperação com a Cia. Docas. In: Congresso Paulista De Psychologia, Neurologia, Psiquiatria, Endocrinologia, Identificação, Medicina Legal E Criminologia, 1., 1938, São Paulo. Atas... São Paulo: [s.n.], 1938a. p.439-447.

WHITAKER, EDMUR DE A. A orientação biotipológica em antropologia. Definição do argumento. Evolução. Estado atual. O exame psicológico diferencial. *Arquivos da Polícia Civil de São Paulo*, São Paulo, v. 4, p. 389-443, 2. sem. 1942a.

WHITAKER, EDMUR DE A. A orientação e selecção profissionaes em São Paulo. Novos methodos. *Revista de Neurologia e Psychiatria de São Paulo*, São Paulo, v. 2, p. 65-74, 1936b.

WHITAKER, EDMUR DE A. A prevenção dos accidentes de transito e a selecção medico-psychotechnica dos conductores de vehiculos rapidos. *Idort*, São Paulo, n. 77, p. 102-107, 1938.

WHITAKER, EDMUR DE A. A psiquiatria e a defesa social. *Arquivos de Polícia e Identificação*, São Paulo, v. 2, n. 1, p. 314, 1938-1939a.

WHITAKER, EDMUR DE A. A selecção à entrada das Universidades, *Archivos da Sociedade de Medicina Legal e Criminologia de S. Paulo*, São Paulo, v. 6, n. 1, p. 104-106, 1935.

WHITAKER, EDMUR DE A. Contribuição ao estudo dos homosexuaes, *Archivos da Sociedade de Medicina Legal e Criminologia de S. Paulo*, São Paulo, v. 8, p. 217-222, 1938b. Suplemento. Annaes da Primeira Semana Paulista de Medicina Legal, 1937, São Paulo.

WHITAKER, EDMUR DE A. Das vantagens e necessidade de um exame mental systemático dos criminosos. Considerações em torno de um homicídio recente. *Archivos da*

Sociedade de Medicina Legal e Criminologia de São Paulo, São Paulo, v. 7, n. 3, p. 109-126, set.-dez. 1936c.

WHITAKER, EDMUR DE A. Das vantagens e necessidade de um exame mental systemático dos criminosos. Considerações em torno de um homicídio recente. *Archivos de Polícia e Identificação*, São Paulo, v. 1, n. 2, p. 215-225, 1937a.

WHITAKER, EDMUR DE A. Do "criminoso nato" (Lombroso) à idéia das "personalidades delinqüenciais". *Arquivos de Polícia e Identificação*, São Paulo, v. 2, n. 1, p. 116-141, 1938-1939b.

WHITAKER, EDMUR DE A. Importância da selecção médico-psychotéchnica dos indivíduos para a prevenção dos accidentes do trabalho. *Archivos da Sociedade de Medicina Legal e Criminologia de S. Paulo*, São Paulo, v. 9, n. 1-3, p. 16-21, 1938c.

WHITAKER, EDMUR DE A. Laudo de perícia de antropologia criminal e observação criminológica. *Arquivos da Sociedade de Medicina Legal e Criminologia de São Paulo*, São Paulo, v.13, n.1-3, p. 85-111, 1942b.

WHITAKER, EDMUR DE A. O caso do Viaduto do Chá – um autoacusador – estudo criminológico. *Arquivos da Polícia Civil de São Paulo*, São Paulo, v. 5, p. 295-342, 1. sem. 1943.

WHITAKER, EDMUR DE A. O crime e os criminosos à luz da psicologia e da psiquiatria – Estudo acerca de 50 delinquentes – Considerações sobre o problema da delinqüência em São Paulo. *Arquivos da Polícia Civil de São Paulo*, São Paulo, v. 3, p. 355-479, 1. sem. 1942c.

WHITAKER, EDMUR DE A. Organização da "Secção de Psychologia applicada e neuropsychiatria" do "Laboratório de Anthropologia" annexo ao "Serviço de Identificação" do "Gabinete de Investigações de São Paulo" – Estudo de alguns delinquentes. *Archivos de Polícia e Identificação*, São Paulo, v. 1, n. 2, p. 276-291, 1937b.

WHITAKER, EDMUR DE A. Profilaxia do crime. *Arquivos da Polícia Civil de São Paulo*, São Paulo, v. 8, p. 343-346, 2. sem. 1944.

WHITAKER, EDMUR DE A. O novo Código Penal do Brasil à luz da Psicologia e Psiquiatria Jurídicas. *Arquivos da Polícia Civil de São Paulo*, v. 1, p. 225-58, São Paulo, 1. sem. 1941.

WHITAKER, EDMUR DE A. Resenha de Pacheco E Silva (A. C.) – O Manicômio Judiciário do Estado de São Paulo. Histórico. Installação. Organização. Funccionamento. Officinas Graphicas do Hospital de Juquery, Juquery, 1935. *Archivos de Polícia e Identificação*, São Paulo, v. 1, n. 2, 1937c.

WHITAKER, EDMUR DE A.; Godoy, Oscar de. Perícia num caso de atentado ao pudor em indivíduo do sexo feminino, oligofrênico. *Arquivos de Polícia e Identificação*, São Paulo, v. 2, n. 2, p. 598-608, 1940.

WHITAKER, EDMUR DE A.; Godoy, Oscar de; Moncau Júnior, Pedro. A perícia antropopsiquiátrica em torno do crime do Restaurante Chinês. *Arquivos de Polícia e Identificação*, São Paulo, v. 2, n. 1, p. 151-216, 1938-1939.

WHITAKER, EDMUR DE A.; Godoy, Oscar de; Moncau Júnior, Pedro. Laudo de Perícia Antropopsiquiátrica – um caso de livramento condicional. *Arquivos da Polícia Civil de São Paulo*, São Paulo, v. 1, p. 285-293, 1941.

WHITAKER, EDMUR DE A.; Moncau Júnior, Pedro. Laudo de perícia psicológica e psiquiátrica (pesquisas da veracidade de declarações). *Arquivos da Polícia Civil de São Paulo*, São Paulo, v. 1, p. 293-304, 1. sem. 1941.

Bibliografia consultada

ALMEIDA, MARTA DE. *Das Cordilheiras dos Andes à Isla de Cuba, passando pelo Brasil*: os congressos médicos latino-americanos e brasileiros (1888-1929), 2003. Tese (Doutorado em História Social) - Faculdade de Filosofia, Letras e Ciências Humanas, Universidade de São Paulo, São Paulo.

ÁLVAREZ PELÁEZ, RAQUEL. Eugenesia y fascismo en la España de los anos treinta. In: Huertas, Rafael; Ortiz, Carmen (Org.). *Ciencia y fascismo*. Madri: Doce Calles, 1998.

ÁLAVREZ, MARCOS. *Bacharéis, criminologistas e juristas*: saber jurídico e nova escola penal no Brasil (1889-1930), 1996. Tese (Doutoramento em Sociologia) – Faculdade de Filosofia, Letras e Ciências Humanas, Universidade de São Paulo.

ÁLVAREZ, MARCOS. *Bacharéis, criminologistas e juristas: saber jurídico e nova escola penal no Brasil*. São Paulo: Método, 2003.

ÁLVAREZ, MARCOS. Controle social: notas em torno de uma noção polêmica. *São Paulo em Perspectiva*, São Paulo, v. 18, n. 1, p. 168-176, 2004.

ÁLVAREZ, RAQUEL P. *Marañón y el pensamiento eugénico español*. Madri: [s.n.] , [2004?]. Mimeografado.

ANDRADE, RICARDO S. de. Avatares da história da psicanálise: da medicina social no Brasil à medicina nazista e à medicina romântica alemã. In: Herschmann, Micael; Pereira, Carlos Alberto Messeder. *A invenção do Brasil Moderno: medicina, educação e engenharia nos anos 20-30*. Rio de Janeiro: Rocco, 1994.

ANTONACCI, M. A. *A vitória da razão* - o IDORT e a sociedade paulista. São Paulo, Marco Zero, 1993.

ANTUNES, JOSÉ LEOPOLDO FERREIRA. *Medicina, Leis e Moral*: pensamento médico e comportamento no Brasil (1870-1930). São Paulo: Unesp, 1999.

ARENDT, HANNAH . *Origens do Totalitarismo*. São Paulo: Cia das Letras, 1990.

BENJAMIN, W.; HORKHEIMER, M.; ADORNO, T.; HABERMAS, J. *Textos escolhidos*. São Paulo: Abril Cultural, 1983.

BERTOLLI FILHO. Medicina e trabalho: as "ciências do comportamento" na década de 40. *Revista de História*, São Paulo, n. 127-128, p. 37-51, ago-dez. 1992 a jan-jul. 1993.

BLAKE, NIGEL; FRASCINA, FRANCIS. As práticas modernas da arte e da modernidade. In: Frascina, Francis et al. *Modernidade e Modernismo*. A pintura francesa no século XIX. São Paulo: Cosac & Naify, 1998.

CALLIGARIS, CONTARDO. A cura da homossexualidade. *Folha de S. Paulo*, São Paulo, 7 out. 2004. Folha Ilustrada, p. E10.

CAMPOS MARÍN, RICARDO. La gestión de la desigualdad: la utopía biocrática de Edouard Toulouse. In: Huertas, R. e Ortiz, C. (Ed.). *Ciencia y fascismo*. Madrid: Doce Calles, 1998.

CAMPOS MARÍN, RICARDO; MARTÍNEZ PÉREZ, JOSÉ; HUERTAS, RAFAEL. *Los ilegales de la naturaleza*. Medicina e degeneracionismo en la España de la restauración (1876-1923). Madrid: CSIC, 2000.

CANCELLI, ELIZABETH. *A cultura do crime e da lei (1889-1930)*. Brasília: EdUnB, 2001.

CANCELLI, ELIZABETH. *O mundo da violência*: a polícia na era Vargas. Brasília: EdUnB, 1993.

CANGUILLEN, G. *Lo normal y lo patológico*. Madrid: Siglo Veintiuno, 1978.

CARRARA, SÉRGIO. *Crime e loucura* – o aparecimento do manicômio judiciário na passagem do século. Rio de Janeiro: EdUERJ, EdUSP, 1998.

CARVALHO, JOSÉ MURILO DE. *Os bestializados:* o Rio de Janeiro e a República que não foi. 3.ed. São Paulo: Cia das Letras, 2004.

CHAUÍ, MARILENA. *Cultura e democracia:* o discurso competente e outras falas. São Paulo: Moderna, 1982.

CONNOR, STEVE. Pioneiro do DNA defende a nova eugenia. *Folha de S. Paulo*, São Paulo, 18 abr. 2001. Folha Ciência, p. A14.

CORRÊA, MARIZA. Antropologia & medicina legal: variações em torno de um mito. In: Vogt, Carlos et al. *Caminhos Cruzados*: linguagem, antropologia e ciências naturais. São Paulo: Brasiliense, 1982. p.53-63.

CORRÊA, MARIZA. *As Ilusões da Liberdade: a Escola Nina Rodrigues e a Antropologia no Brasil*. Bragança Paulista: EdUSF, 1998.

CORRÊA, MARIZA. A cidade de menores: uma utopia dos anos 30. In: Freitas, Marcos Cezar (Org.). *História Social da Infância no Brasil*. São Paulo: Cortez, 2001.

COSTA, EMÍLIA VIOTTI DA. *Da Monarquia à República*: momentos decisivos. São Paulo: Grijalbo, 1977.

CUNHA, MARIA C. P. *O Espelho do Mundo. Juquery – a história de um asilo*. 2.ed. Rio de Janeiro: Paz e Terra, 1986.

CURA, MERCEDES DEL. Ciencia médica y ciencia penal en el fascismo italiano: el código Rocco. In: Huertas, R.; Ortiz, C. *Ciencia y Fascismo*. Madri: Doce Calles, 1998.

DARMON, P. *Médicos e assassinos na "Belle Époque"*: a medicalização do crime. Rio de Janeiro: Paz e Terra, 1991.

EDLER, F. C. A medicina brasileira no século XIX: um balanço historiográfico. *Asclépio*, Madri, v. 50, n. 2, 1998.

FAUSTO, BORIS. *Crime e cotidiano*: a criminalidade em São Paulo (1880-1924). São Paulo: Brasiliense, 1984.

FER, BRIONY. "Surrealismo, mito e psicanálise". In: Fer, B.; Batchelor, D.; Wood, P. *Realismo, Racionalismo, Surrealismo – A arte no entre-guerras*. São Paulo: Cosac & Naify, 1998.

FERLA, LUIS. "El niño, el médico, el policía y el patrón: Infancia y determinismo biológico en el Brasil de entre-guerras". In: MIRANDA, Marisa e VALLEJO, Gustavo (orgs.), *Darwinismo Social y Eugenesia en el mundo latino*. Buenos Aires: Siglo Veintiuno, 2005.

FERLA, LUIS. Gregorio Marañón y la apropiación de la homosexualidad por la medicina legal brasileña. *Frenia*: Revista de Historia de la Psiquiatría, Madrid, v. 4, n.1, p. 53-76, 2004.

FERLA, LUIS. "Cuerpo y comportamiento: el examen médico-legal en el Brasil de entreguerras". In: VALLEJO, Gustavo e MIRANDA, Marisa (compiladores); *Políticas del cuerpo. Estrategias modernas de normalización del individuo y la sociedad*, Buenos Aires: Editorial Siglo XXI, 2007.

FERLA, LUIS. O trabalho como objeto médico-legal em São Paulo dos anos 30. Asclepio, Madrid, v. LVII, n. 1, p. 237-263, 2005.

FONSECA, GUIDO. Da Escola à Academia de Polícia. *Arquivos da Polícia Civil de São Paulo*, São Paulo, v. 38, p. 5-36, 1982.

FOUCAULT, MICHEL. *Em defesa da sociedade*. São Paulo: Martins Fontes, 2000.

FOUCAULT, MICHEL. *História da sexualidade*: a vontade de saber. 14 ed. Rio de Janeiro: Graal, 2001a.

FOUCAULT, MICHEL. *Los anormales. Curso del Collège de France (1974-1975)*. Madrid: Akal, 2001b.

FOUCAULT, MICHEL. *Os anormais*. São Paulo: Martins Fontes, 2001c.

FOUCAULT, MICHEL. *Microfísica do poder*. 10 ed. Rio de Janeiro: Graal, 1992.

FOUCAULT, MICHEL. *Resumo dos Cursos do Collège de France (1970-1982)*. Rio de Janeiro: Zahar, 1997.

FOUCAULT, MICHEL. *Vigiar e punir*. História da Violência nas Prisões. 20. ed. Petrópolis: Vozes, 1999.
FRY, PETER. Direito positivo versus direito clássico: a psicologização do crime no Brasil no pensamento de Heitor Carrilho. In: FIGUEIRA, Sérvulo (Org.). *A Cultura da Psicanálise*. São Paulo: Brasiliense, 1985.
FRY, PETER. Febrônio Índio do Brasil: onde cruzam a psiquiatria, a profecia, a homossexualidade e a lei. In: Vogt, Carlos et al. *Caminhos Cruzados*: linguagem, antropologia e ciências naturais. São Paulo: Brasiliense, 1982.
FRY, PETER; CARRARA, SÉRGIO. As vicissitudes do liberalismo no direito penal brasileiro. *Revista Brasileira de Ciências Sociais*, São Paulo, v. 2, n. 11, p. 48-54, 1986.
GERHARDT, ISABEL. Estudos busca influência de genes no suicídio. *Folha de S. Paulo*, São Paulo, 30 jul. 2001. Folha Ciência, p. A12.
GERHARDT, ISABEL. Temor de eugenia influencia decisão na Alemanha. *Folha de S. Paulo*, São Paulo, 01 ago. 2001. Folha Ciência, p. A14.
GUIMARÃES, MARIA RITA DE OLIVEIRA. A seleção humana: fantasma em gestação? *Folha de S. Paulo*, São Paulo, p. A3, 16 mar. 2001.
GOFFMAN, ERVING. *Estigma – la identidad deteriorada*. Buenos Aires: Amorrortu, 1970.
GOFFMAN, ERVING. *Estigma*. Notas sobre a manipulação da identidade deteriorada. 4.ed. Rio de Janeiro: Guanabara, 1988.
GOFFMAN, ERVING. *Manicômios, Prisões e Conventos*. São Paulo: Perspectiva, 1974.
GOMES, A. DE C. Ideologia e trabalho no Estado Novo. In: Pandolfi (Org.). *Repensando o Estado Novo*. Rio de Janeiro: Editora FGV, 1999.
GOULD, S. J. *A Falsa Medida do Homem*. São Paulo: Martins Fontes, 1999.
GREEN, JAMES N. *Além do carnaval: a homossexualidade masculina no Brasil do século XX*, São Paulo: Editora UNESP, 1999.
HARRIS, RUTH. *Assassinato e loucura*: medicina, leis e sociedade no *fin de siècle*. Rio de Janeiro: Rocco, 1993.
HERMAN, ARTHUR. *A idéia de decadência na história ocidental*. Rio de Janeiro: Record, 1999.
HERSCHMANN, MICAEL M. A arte do operatório. Medicina, naturalismo e positivismo: 1900-1937. In: Herschmann, Micael M.; Pereira, Carlos Alberto M. (Org.). *A invenção do Brasil Moderno*: medicina, educação e engenharia nos anos 20-30. Rio de Janeiro, Rocco, 1994.
HERSCHMANN, MICAEL M.; Pereira, Carlos Alberto M. O imaginário moderno no Brasil. In: Herschmann, Micael M.; Pereira, Carlos Alberto M. (Org.). *A invenção do Brasil Moderno*: medicina, educação e engenharia nos anos 20-30. Rio de Janeiro: Rocco, 1994b.

HERSCHMANN, MICAEL M.; Pereira, Carlos Alberto M. (Org.). *A invenção do Brasil Moderno*: medicina, educação e engenharia nos anos 20-30. Rio de Janeiro: Rocco, 1994a.

HOBSBAWM, ERIC. *A era do capital*:1848-1875. 4·ed. Rio de Janeiro: Paz e Terra, 1988.

HUERTAS, R. *El delincuente y su patologia*: medicina, crimen y sociedad en el positivismo argentino. Madrid: CSIC, 1991.

KUHN, THOMAS. *A estrutura das revoluções científicas*. 5. ed. São Paulo: Perspectiva, 1998.

LATOUR, BRUNO. *Ciência em ação*: como seguir cientistas e engenheiros sociedade afora. São Paulo: Ed. UNESP, 2000a.

LATOUR, BRUNO. *Jamais fomos modernos*. São Paulo: Ed. 34, 2000b.

LEITE, MARCELO. Burrice é genética, arrisca James Watson. *Folha de S. Paulo*, São Paulo, 04 mar. 2003. Folha Ciência, p. A10.

LEITE, MARCELO. Conselho critica seleção de comportamento. *Folha de S. Paulo*, São Paulo, p. A10, 02 out. 2002.

LEITE, MARCELO. *Promessas do genoma*. São Paulo: UNESP, 2007.

LUCA, TANIA R. DE. *A revista do Brasil:* Um diagnóstico para a (N)ação. São Paulo: UNESP, 1999.

MACHADO, ROBERTO; LOUREIRO, ÂNGELA; LUZ, ROGÉRIO; MURICY, KATIA. *Danação da Norma: Medicina Social e Constituição da Psiquiatria no Brasil*. Rio de Janeiro: Graal, 1978.

MACIEL, LAURINDA ROSA. Medicalização da sociedade ou socialização da medicina?: reflexões em torno de um conceito. *História, Ciências, Saúde: Manguinhos*, Rio de Janeiro, v. 8, n. 2, p. 464-468, 2001.

MAIO, M. CHOR; SANTOS, RICARDO VENTURA (ORG.). *Raça, Ciência e Sociedade*. Rio de Janeiro: Fiocruz/CCBB, 1996.

MARINHO, MARIA GABRIELA S. M. DA CUNHA. *Elites em negociação: breve história dos acordos entre a Fundação Rockefeller e a Faculdade de Medicina de São Paulo (1916-1931)*. Bragança Paulista: Editora Universitária São Francisco, 2003.

MARQUES, VERA R. B. *A medicalização da raça*: médicos, educadores e discurso eugênico. Campinas: Ed. da Unicamp, 1994.

MARTÍNEZ P., J. (S.D.), *Sobres gozos y sombras: la actividad científica en la España de Marañón (1887-1960)*. Albacete: Universidad de Castilla-La Mancha.

MARTINEZ-ECHAZÁBAL, LOURDES. O culturalismo dos anos 30 no Brasil e na América Latina: deslocamento retórico ou mudança conceitual?. In: Maio, M. Chor; SANTOS, Ricardo Ventura (Org.). *Raça, Ciência e Sociedade*. Rio de Janeiro: Fiocruz/CCBB, 1996.

MICELI, SÉRGIO. *Intelectuais à brasileira*. São Paulo: Cia das Letras, 2001.

MIRANDA, MARISA E VALLEJO, GUSTAVO (ORGS.), *Darwinismo Social y Eugenesia en el mundo latino*. Buenos Aires: Siglo Veintiuno, 2005.

MOTA, ANDRÉ. *Tropeços da medicina bandeirante* – São Paulo, 1892-1920. Tese (Doutorado em História Econômica) - Faculdade de Filosofia, Letras e Ciências Humanas, Universidade de São Paulo, São Paulo, 2001.

MOURA, ESMERALDA B. B. DE. Crianças operárias na recém-industrializada São Paulo. In: PRIORI, Mary del (Org.). *História das crianças no Brasil*. São Paulo: Contexto, 2000.

MOURA, ESMERALDA B. B. DE. Higiene e Segurança do trabalho em São Paulo nas primeiras décadas republicanas: em torno da definição de acidente do trabalho. *Revista de História*, São Paulo, n. 127-128, p.163-179, ago-dez. 1992 a jan-jul. 1993.

MOURA, ESMERALDA B. B. DE. Meninos e meninas na rua: impasse e dissonância na construção da identidade da criança e do adolescente na República Velha. *Revista Brasileira de História*, São Paulo, v. 19, n. 37, p. 85-102, 1999.

PEREIRA, CARLOS ALBERTO MESSEDER. O direito de curar: homossexualidade e medicina legal no Brasil dos anos 30. In: Herschmann, N. M., Pereira, C. A. M. (Ed.), *A invenção do Brasil Moderno: medicina, educação e engenharia nos anos 20-30*, Rio de Janeiro: Rocco, 1994. p. 88-129.

PERES, MARIA FERNANDA P. A doença mental no direito penal brasileiro: inimputabilidade, irresponsabilidade, periculosidade e medida de segurança. *História, Ciências, Saúde: Manguinhos*, Rio de Janeiro, v. 9, n. 2, 335-55, mai.-ago. 2002.

PERROT, MICHELLE. *Os excluídos da história*: operários, mulheres, prisioneiros. 3. ed. São Paulo: Paz e Terra, 2001.

PESET, JOSE LUIS; PESET, MARIANO. *Lombroso y la Escuela Positivista italiana*. Madrid: CSIC, 1975.

REIS, JOSÉ. Possível gene da agressão. *Folha de S. Paulo*, São Paulo, 04 mar. 2003. Suplemento Mais!, p. 11.

RIBEIRO FILHO, CARLOS ANTONIO C. Clássicos e positivistas no moderno direito penal brasileiro: uma interpretação sociológica. In: Herschmann, Micael M.; Pereira, Carlos Alberto M. (Org.). *A invenção do Brasil moderno:* medicina, educação e engenharia nos anos 20-30. Rio de Janeiro: Rocco, 1994.

ROCQUE, LUCIA DE L.; TEIXEIRA, LUIZ A. Frankenstein, de Mary Shelley e Drácula, de Bram Stoker: Gênero e ciência na literatura. *História, Ciências, Saúde: Manguinhos*, Rio de Janeiro, v. 8, n. 1, p. 10-34, 2001.

ROTH, PHILIP. *A marca humana*. São Paulo: Cia. da Letras, 2002.

RUSSO, JANE. Raça, Psiquiatria e Medicina-legal: notas sobre a 'pré-história' da psicanálise no Brasil. *Horizontes Antropológicos – Corpo, Doença e Saúde*, Porto Alegre, ano 4, n. 9, p. 85-102, out. 1998.

SALLA, FERNANDO. *As prisões em São Paulo*: 1822 a 1940. São Paulo: Annablume, 1999.

SANTOS, MARCO ANTONIO C. dos. Criança e criminalidade no início do século. In: PRIORI, Mary del (Org.). *História das crianças no Brasil*. São Paulo: Contexto, 2000.

SCHWARCZ, LILIA MORITZ. *O espetáculo das raças*: cientistas, instituições e questão racial no Brasil (1870-1930). São Paulo: Cia das Letras, 2000.

SILVA, MÁRCIA R. B. O ensino médico em debate: São Paulo, 1890-1930. *História, Ciências, Saúde - Manguinhos*, Rio de Janeiro, v. 9, p. 139-59, 2002. Suplemento.

SILVA, MÁRCIA R. B. *O mundo transformado em laboratório: ensino médico e produção de conhecimento em São Paulo de 1881 a 1933*. Tese (Doutorado em História Social) - Faculdade de Filosofia, Letras e Ciências Humanas, Universidade de São Paulo, São Paulo, 2004.

SILVA, ZÉLIA L. da. *A domesticação dos trabalhadores nos anos 30*, São Paulo: Marco Zero, 1990.

SPITZER, STEVEN. The racionalization of crime control in capitalist society. In: Cohen, Stanley; Scull, Andrew (Ed.). *Social Control and the State*. Oxford: Basil Blackwell, 1986.

VALLEJO, G. El ojo del poder en el espacio del saber: los institutos de Biotipología. *Asclépio*, Madri, v. 56, n. 1, p. 219-244, 2004.

VILLACAÑAS, B. De doctores y monstruos: la ciencia como transgresión en Dr. Faustus, Frankstein y Dr. Jekyll and Mr. Hyde. *Asclepio*, Madri, v. 53, n. 1, p. 197-211, 2001.

WOOLF, MARIE. Londres vai monitorar filho de criminoso. *Folha de S. Paulo*, São Paulo, 17 ago. 2004. Folha Mundo, p. A11.

Anexo 1 – As diretorias da Sociedade de Medicina Legal e Criminologia de S. Paulo

Sócios fundadores:

Alcântara Machado, Roberto Moreira, Ernesto Pujol, Renato de Toledo e Silva, João Passos, Ayres Netto, Julio de Mesquita Filho, Raul Vieira de Carvalho, Oswaldo Portugal, Elpidio Veiga, Virgilio do Nascimento, Carlos Tolomony, Alexandrino Pedroso, Alvaro Britto, João Baptista de Souza, Paulo Americo, Pasalacqua, Marcio P. Munhóz, F. Dell'Ape, O. Pires de Campos, Cantidio de M. Campos, Francisco Lyra, Potyguar Medeiros, Adolpho Mello, Americo Braziliense, Bueno de Miranda, Franklin Piza, Maria Rennotte, A. de Paula Santos, Everardo B. de Mello, Accacio Nogueira, Francisco de Rezende, Pedro de Oliveira, Ribeiro, Armando F. Soares, Caiuby, Carlos Pimenta, Edmundo Xavier, Eduardo Maia Filho, J. Pereira Gomes, W. Belfort Mattos, Domingos Define, F. Borges Vieira, Macedo Forjaz, Emilio Ribas, Synesio Pestana, J. Borges Filho, Franklin Moura Campos, Flaminio Favero, Oscar Freire, Armando Rodrigues, Plinio Barreto, Plinio Bastos, Washington O. de Oliveira, Abelardo Vergueiro Cesar e Moyses Marx.

Mandaram adesão: Franco da Rocha, E. Vampré, Candido Motta, Amancio de Carvalho, Olympio Portugal, Sylvio Portugal, Ibrahim Nobre, Brito Bastos, Deodato Wertheimer, Renato Granadeiro Guimarães, Antonio Pereira Lima, Rebouças de Carvalho, Marrey Junior, Oscar Klotz.

Diretorias de 1921 a 1929:

Cargo	1921[1]	1927[2]	1927[3]	1928[4]	1929[5]
Presidente	Alcantara Machado	Alcantara Machado	Alcantara Machado	Alcantara Machado	Alcantara Machado
Vice-presidente	Franco da Rocha	Americo Brasiliense	Americo Brasiliense	Americo Brasiliense	Americo Brasiliense
Secretário geral	Oscar Freire	Flaminio Favero	Flaminio Favero	Flaminio Favero[6]	Flaminio Favero[7]
1º secretário	Roberto Moreira	Roberto Moreira	Alvaro Couto Britto	Alvaro Couto Britto	Alvaro Couto Britto
2º secretário	Armando Rodrigues	J. Rebello Netto	J. Rebello Netto	J. Rebello Netto	Moysés Marx
Tesoureiro	Plinio Barreto	Marcio Munhoz	Arnaldo Amado Ferreira	Arnaldo Amado Ferreira	Arnaldo Amado Ferreira
Redatores das revustas	João Baptista de Souza; Virgilio do Nascimento	João Baptista de Souza; José Soares de Mello	José Soares de Mello; Marcio Munhoz	Alcantara Machado; Flaminio Favero; Ulysses Coutinho; Marcio Munhos; José Soares de Mello[8]	Alcantara Machado; Flaminio Favero; Ulysses Coutinho; Marcio Munhos; José Soares de Mello[9]
Comissão de prêmios				Paulo Americo Passalacqua; A. C. Pacheco e Silva; A. Almeida Junior	Paulo Americo Passalacqua; A. C. Pacheco e Silva; A. Almeida Junior

Diretorias de 1932 a 1936:

Cargo	1932[10]	1933[11]	1934[12]	1935[13]	1936[14]
Presidente	Alcantara Machado	Alcantara Machado	Alcantara Machado	Alcantara Machado	Alcantara Machado
Vice-presidente	Alvaro Couto Britto	Alvaro Couto Britto	Alvaro Couto Britto	Alvaro Couto Britto	Alvaro Couto Britto
Secretário geral	Flaminio Favero	Flaminio Favero	Flaminio Favero	Flaminio Favero	Flaminio Favero
1º secretário	Boaventura Nogueira da Silva	Boaventura Nogueira da Silva	Boaventura Nogueira da Silva	Boaventura Nogueira da Silva	Moysés Marx
2º secretário	Milton Estanisláu do Amaral	Basileu Garcia	Manuel Pereira	Oscar Ribeiro de Godoy	Flavio Dias
Tesoureiro	Arnaldo Amado Ferreira	Arnaldo Amado Ferreira	Arnaldo Amado Ferreira	Manuel Pereira	Manuel Pereira
Redatores das revistas	Flaminio Favero; Vicente de Azevedo; Hilario Veiga de Carvalho	Synesio Rocha; Vicente de Azevedo	Flaminio Favero; Cesar Salgado; Elisa Novah	Vicente de Azevedo; Elisa Novah; Manuel Pereira	Basileu Garcia; Elisa Novah
Comissão de prêmios	José Soares de Mello[15]; José Rebello Neto; Percival de Oliveira[16]	André Teixeira Lima; José Soares de Mello[17]; A. Almeida Junior	José Rebello Neto; Milton do Amaral; A. Almeida Junior	Percival de Oliveira; Milton do Amaral; A. Almeida Junior	Rebello Netto; Vicente Azevedo; A. Almeida Junior
Comissão de patrimônio	Alcantara Machado; Flaminio Favero; Arnaldo Amado Ferreira; Americo Brasiliense; Marcio Munhoz[18]; Ataliba Nogueira	Mario Domingues de Campos; Astor Dias de Andrade; Americo Brasiliense	Joaquim Mamede da Silva; Paulo Américo Passalacqua; A.C. Pacheco e Silva	Joaquim Mamede da Silva; Paulo Américo Passalacqua; Manuel Carlos Figueiredo Ferraz	Pacheco e Silva; Mamede da Silva; Cesar Salgado

Seções[19]	1932	1933	1934	1935	1936
Criminologia	Cesar Salgado; Adriano Marrey	Cesar Salgado; José Ferreira da Rocha Filho	Vicente de Azevedo; Basileu Garcia	Cesar Salgado; Flavio Dias	Percival Oliveira; Boaventura Nogueira da Silva
Medicina legal	Almeida Junior; Azambuja Neves	J. Rebello Netto; J.B. Monteiro de Barros	Marcondes Machado; Fernando Fonseca	Arnaldo Amado Ferreira; Augusto Matuck	Arnaldo Amado Ferreira; Ernestino Lopes
Infortunística	Romeu Petrocchi; Renato Bomfim	Romeu Petrocchi; Renato Bomfim	Romeu Petrocchi; Renato Bomfim	Romeu Petrocchi; Renato Bomfim	Romeu Petrocchi; A. Matuck
Neuropsiquiatria	Pacheco e Silva; James Ferraz Alvim	Pacheco e Silva; James Ferraz Alvim			Pacheco e Silva; Ferraz Alvim
Polícia técnica	Moysés Marx; Iolando Mirra	Moysés Marx; Iolando Mirra	Moysés Marx; Oscar Ribeiro de Godoy	Moysés Marx; Luiz Silva	Ricardo Daunt; R. Thut
Toxicologia	Mario Domingues de Campos; Elisa Novah	Milton Estanisláu do Amaral; Elisa Novah	Virgilio Valentino; Edmundo Cirratti	Iolando Mirra; Edmundo Cirratti	E. Cirati; Iolando Mirra
Anatomia patológica	Lourival Santos; Constantino Mignone	Hilario Veiga de Carvalho; Constantino Mignone	Hilario Veiga de Carvalho; Ernestino Lopes Junior	Hilario Veiga de Carvalho; J. Vieira Filho	Hilario Veiga de Carvalho; J. Vieira
Antropologia					Oscar Godoy; Luiz Silva
Psicopatologia			James Ferraz Alvim; Durval Marcondes	James Ferraz Alvim; Durval Marcondes	James Ferraz Alvim; Edmur A. Whitaker

Diretorias de 1937 a 1941:

Cargo	1937[20]	1938[21]	1939[22]	1940[23]	1941[24]
Presidente de honra			José Alcantara Machado de Oliveira	José Alcantara Machado de Oliveira	
Presidente	Flaminio Favero	Flaminio Favero	Flaminio Favero	Flaminio Favero	Flaminio Favero
Vice-presidente	Alvaro Couto Britto	Alvaro Couto Britto	Alvaro Couto Britto	Alvaro Couto Britto	Alvaro Couto Britto
Secretário geral	Arnaldo Amado Ferreira	Arnaldo Amado Ferreira	Arnaldo Amado Ferreira	Arnaldo Amado Ferreira	Arnaldo Amado Ferreira
1° secretário	Moysés Marx	Moysés Marx	Moysés Marx	Moysés Marx	Moysés Marx
2° secretário	João Paulo Vieira	Antonio Miguel Leão Bruno	Antonio Miguel Leão Bruno	Augusto Matuck	Augusto Matuck
Tesoureiro	Manuel Pereira	Manuel Pereira	Elisa Novah	Elisa Novah	Elisa Novah
Redatores das revistas	Elisa Novah; Percival Oliveira	R. Rebello Netto; Elisa Novah	Hilario Veiga de Carvalho; José Taliberti	Leopoldo Figueiredo; Carlos Alberto da Costa Nunes	Carlos Alberto da Costa Nunes; Joaquim Vieira Filho
Comissão de prêmios	Rebello Netto; Mamede da Silva; Milton E. Amaral	Rebello Netto; Mamede da Silva; Milton E. Amaral	Almeida Jr; Mamede da Silva; Milton E. Amaral	Medicina legal: Antonio Carlos Pacheco e Silva, Almeida Jr, Milton Amaral; Criminologia: Mamede da Silva, Basileu Garcia e Vicente Paula Vicente de Azevedo	Medicina legal: Almeida Jr, Basileu Garcia e Milton Amaral; Criminologia: Antonio Carlos Pacheco e Silva, Joaquim Fernades Moreira e Vicente Paula Vicente de Azevedo
Comissão de patrimônio	Paulo Americo Passalacqua; Manuel Carlos Figueiredo Ferraz; Azambuja Neves	Paulo Americo Passalacqua; Manuel Carlos Figueiredo Ferraz; Romeu Petrocchi	Paulo Americo Passalacqua; Manuel Carlos Figueiredo Ferraz; Romeu Petrocchi	Paulo Americo Passalacqua; Manuel Carlos Figueiredo Ferraz; Romeu Petrocchi	Paulo Americo Passalacqua; Manuel Carlos Figueiredo Ferraz; J. Mamede da Silva

Seções	1937	1938	1939	1940	1941
Criminologia	Basileu Garcia; Raul Leme da Silva	Percival de Oliveira; Azambuja Neves	Percival de Oliveira; Arthur de Azambuja Neves	Plinio Cavalcanti; José Taliberti	Pedro Augusto da Silva; José Abolafio
Medicina legal	Hilario V. de Carvalho; Ernestino Lopes Jr	Hilario V. de Carvalho; O.C. Berenguer	Manuel Pereira; Rubens Azzi Leal	Manuel Pereira; Americo Marcondes	Manuel Pereira; Americo Marcondes
Infortunística	Romeu Petrocchi; Americo Marcondes	Renato Bomfim; Augusto Matuck	Augusto Matuck; José B. de M. Leme	Renato da C. Bomfim; Joaquim F. Moreira	Renato da C. Bomfim; Leopoldo Figueiredo
Polícia técnica	A. C. de Paula Lima; Oscar Baldijão		Carlos A. S. Vianna; Alvaro P. de Araujo	Octavio B. Alvarenga; José Del Picchia Filho	Oscar Godoy; Oscar Baldijão
Toxicologia	Virginio Valentino; Henrique Tastaldi	Edmundo Cirati; Iolando Mirra	Virginio Valentino; Demosthenes Orsini	Virginio Valentino; Oswaldo C. Berenguer	Virginio Valentino; Edmundo Cirati
Anatomia patológica	J. Vieira Filho; Augusto Matuck	J. Vieira Filho; Ernestino Lopes Jr	Joaquim Vieira Filho; Oswaldo C. Berenguer	Joaquim Vieira Filho; Ernestino L. da Silva Jr	Ernestino L. da Silva Jr; A. Cesar Berenguer
Antropologia	Oscar Godoy; Luiz Silva	Oscar Godoy; Pedro Moncau Jr	Oscar Godoy; Olavo Calazans	Oscar Godoy; Salvador Rocco	Salvador Rocco; Pedro Moncau Júnior
Identificação	Ricardo G. Daunt; Roberto Thut	Ricardo G. Daunt; Roberto Thut	Ricardo G. Daunt; Roberto Thut	Ricardo G. Daunt; Roberto Thut	Ricardo G. Daunt; Álvaro P. de Araujo
Psiquiatria	André Teixeira Lima; Edmur de A. Whitaker	Durval Marcondes; Edmur de A. Whitaker	A. C. Pacheco e Silva; Edmur de A. Whitaker	Pedro A. da Silva; Francisco Tancredi	Edmur de A. Whitaker; Francisco Tancredi
Polícia científica		Luiz Silva; Oscar Baldijão			
Direito criminal		Vicente de Azevedo; Basileu Garcia	Vicente de Azevedo; Basileu Garcia	Percival de Oliveira; Arthur de A. Neves	
Odontologia legal			Luiz Silva; Oscar Baldijão	Luiz Silva; Hercules V. de Campos	Luiz Silva; Hercules V. de Campos
Psicologia experimental				A. M. Leão Bruno; Darcy M. Uchoa	A. M. Leão Bruno; Darcy M. Uchoa
Direito penal					Smith de Vasconcelos; José Cretelli Taliberti

Diretorias de 1942 a 1945:

Cargo	1942[25]	1943[26]	1944[27]	1945[28]
Presidente	Flaminio Favero	Flaminio Favero	Flaminio Favero	Flaminio Favero
Vice-presidente	Alvaro Couto Britto	Alvaro Couto Britto	Alvaro Couto Britto	Alvaro Couto Britto
Secretário geral	Arnaldo Amado Ferreira	Arnaldo Amado Ferreira	Arnaldo Amado Ferreira	Arnaldo Amado Ferreira
1° secretário	Moysés Marx	Moysés Marx	Moysés Marx	Moysés Marx
2° secretário	Augusto Matuck	Carlos Prado	Carlos Prado	Carlos Prado
Tesoureiro	Elisa Novah	Elisa Novah	Elisa Novah	Elisa Novah
Redatores das revistas	F. Cesarino Júnior Carlos Prado	Carlos Alberto da Costa Nunes; Renato da Costa Bomfim	Augusto Matuck; Oscar Ribeiro de Godói	J.B. de Morais Leme; Carlos Alberto da Costa Nunes
Comissão de prêmios	Oscar Freire de Medicina legal: Almeida Jr, Benedito Siqueira Ferreira e Milton Estanislau do Amaral; Oscar Freire de Criminologia: Antonio Carlos Pacheco e Silva, Joaquim Fernandes Moreira e Vicente Paula Vicente de Azevedo; Alcântara Machado de direito penal: Percival de Oliveira, Noé de Azevedo e Basileu Garcia	Oscar Freire de Medicina legal: Almeida Jr, A.F. Cesarino Júnior e Milton Estanislau do Amaral; Oscar Freire de Criminologia: Antonio Carlos Pacheco e Silva, Joaquim Fernandes Moreira e Vicente Paula Vicente de Azevedo; Alcântara Machado de direito penal: Percival de Oliveira, Noé de Azevedo e Basileu Garcia	Oscar Freire de Medicina legal: Almeida Jr, Vicente Paula Vicente de Azevedo e Milton Estanislau do Amaral; Oscar Freire de Criminologia: Antonio Carlos Pacheco e Silva, Joaquim Fernandes Moreira e A.F. Cesarino Júnior; Alcântara Machado de direito penal: Percival de Oliveira, Noé de Azevedo e Basileu Garcia	Oscar Freire de Medicina legal: Almeida Jr, Vicente Paula Vicente de Azevedo e Rebêlo Neto; Oscar Freire de Criminologia: Antonio Carlos Pacheco e Silva, Joaquim Fernandes Moreira e A.F. Cesarino Júnior; Alcântara Machado de direito penal: Percival de Oliveira, Smith de Vasconcelos e Basileu Garcia
Comissão de patrimônio	Paulo Americo Passalacqua; Manuel Figueiredo Ferraz; Joaquim Mamede da Silva	Paulo Americo Passalacqua; Manuel Figueiredo Ferraz; Joaquim Mamede da Silva	Paulo Americo Passalacqua; Manuel Figueiredo Ferraz	Paulo Americo Passalacqua; Manuel Figueiredo Ferraz

Seções	1942	1943	1944	1945
Criminologia	Cesar Salgado; João C. da Silva Teles	Sílvio Portugal; João C. da Silva Teles	Hilário Veiga de Carvalho; João C. da Silva Teles	Hilário Veiga de Carvalho; Ernani Borges Carneiro
Medicina legal	Manuel Pereira; João Batista de Oliveira e Costa Júnior	Manuel Pereira; João Perrucci Júnior	Manuel Pereira; Geraldo Alves Pedroso	Manuel Pereira; Geraldo Alves Pedroso
Infortunística	Renato da C. Bomfim; Américo Marcondes	Augusto Matuck; J.B. de Morais Leme	Renato da C. Bomfim; Américo Marcondes	Augusto Matuck; J. Vieira Filho
Polícia técnica	Oscar Godoy; Oscar Baldijão	Oscar Godoy; Álvaro P. de Araújo	João Botelho Vieira; Álvaro P. de Araújo	Oscar Godoy; Álvaro P. de Araújo
Toxicologia	Virgínio Valentino; Edmundo Cirati	Edmundo Cirati; Américo Marcondes	Virgínio Valentino; Edmundo Cirati	Virgínio Valentino; Edmundo Cirati
Anatomia patológica	Carlos Alberto da Costa Nunes; Antônio D. F. do Amaral	João Batista de Oliveira e Costa Júnior; Darci Arruda de Miranda	João Batista de Oliveira e Costa Júnior; Carlos A. Costa Nunes	João Batista de Oliveira e Costa Júnior; Antônio D. F. do Amaral
Antropologia	Salvador Rocco; Pedro Moncau Júnior	Salvador Rocco; Geraldo Alves Pedroso	Salvador Rocco; Tomás de Aquino Collet e Silva Filho	Salvador Rocco; Pedro Moncau Júnior
Identificação	Ricardo G. Daunt; João P. Botelho Vieira	João P. Botelho Vieira; Oscar Baldijão	Ricardo G. Daunt; Joel Botto Nogueira	Ricardo G. Daunt; José Del Picchia Filho
Psiquiatria	Edmur de A. Whitaker; Durval Marcondes	Pedro Augusto da Silva; André Teixeira Lima	Durval Marcondes; Francisco Tancredi	André Teixeira Lima; Caetano Trapé
Odontologia legal	Luiz Silva; Luiz Moreira da Silva	Luiz Silva; Luiz Moreira da Silva	Luiz Silva; Luiz Moreira da Silva	Jorge Abdenour; Américo Marcondes
Psicologia experimental	Antonio M. Leão Bruno; Darcy Mendonça Uchoa	Antonio M. Leão Bruno; Francisco Tancredi	Antonio M. Leão Bruno; Darcy Mendonça Uchoa	Antonio M. Leão Bruno; Tarcizo Leonce P. Cintra
Direito penal	Vasco J. Smith de Vasconcelos; Alfredo Issa Ássaly	Benedito Siqueira Ferreira; Alfredo Issa Ássaly	Vasco J. Smith de Vasconcelos; José Cretelli Taliberti	Noé de Azevedo; Oto Cirilo Lehmann

Anexo 2 – Esquema de exame médico legal[29]

A. Exame antropopsiquiátrico.

   I. Generalidades. Identificação.
   II. Investigação social.
   III. Produtos da atividade do indivíduo. Grafologia.
   IV. Antecedentes criminais, registrados na polícia.
   V. Autobiografia.
   VI. Observação geral e especial direta do examinando. Estudo especial do comportamento.
      1. Observação durante a permanência no serviço.
      2. Interrogatório especial (pesquisa das principais queixas ou manifestações mórbidas eventuais presentes).
      3. Interrogatório especial (orgânico-funcional; antecedentes mentais mórbidos) (pesquisa de elementos mórbidos eventuais).
      4. Inspeção. Interrogatório. Linguagem.
      5. Estudo especial do comportamento.
      6. Interrogatório especial (psicomotilidade).
      7. Interrogatório especial (trabalho manual, intelectual, artístico)
      8. Interrogatório especial (cultura).
      9. Exame descritivo das tatuagens e interrogatório especial (eventuais).
   VII. Psicanálise.
   VIII. Métodos psicoergológicos.
      1. Conversação (psicanálise).
      2. Questionário do Instituto J. Jacques Rousseau.
      3. 'Test" de Morey Otero.
   IX. Métodos psicográficos.
      1. Questionário íntimo.
      2. "Test" psicológico de Rorschach.
   X. Desenhos.
   XI. Exame experimental ("tests").

XII. Método dos reflexos condicionados.
XIII. Exame morfofisiológico.
 1. Morfologia individual.
 2. Fisiologia individual.
 3. Provas especiais (eletroencefalograma, cronaxia).
XIV. Exame médico geral (complementar).
XV. Exame de sanidade mental (complementar).
XVI. Exames acessórios para a determinação da idade biopsíquica.

B. Súmula dos resultados.

C. Diagnóstico (do ponto de vista psicopatológico).

D. Exame caracterológico complementar, em conexão com o delito.

E. Psicologia ou psicopatologia do delito.

F. Parecer médico, médico-pedagógico e educacional.

G. Parecer criminológico.
 I. Classificação do delito.
 II. Classificação criminológica.
 III. Imputabilidade.
 IV. Periculosidade.

Notas referentes ao anexo 1

1. Archivos da Sociedade de Medicina Legal e Criminologia de São Paulo. São Paulo: ano 1, v. 1, n. 1, fev. 1922, p. 2 e 3.

2. Eleitos na sessão de reorganização de 25 de agosto de 1927 (Archivos Da Sociedade De Medicina Legal E Criminologia de São Paulo. São Paulo: ano 2, v. 2, n. 1, nov. 1927, p. 73).

3. Archivos da Sociedade de Medicina Legal e Criminologia de São Paulo. São Paulo: ano 2, v. 2, n. 2, jan. 1928, p. 154.

4. Revista de Criminologia e Medicina Legal. São Paulo: ano 1, v. 4, n. 1-2, jan.-fev. 1929, p. 212.

5. Revista de Criminologia e Medicina Legal. São Paulo: ano 2, v. 6 n. 7-12, jul.-dez. 1929, p. 157.

6. Eleito em 1927; mandato bianual.

7. Havia sido eleito por 3 anos e o mandato terminaria em 1930.

8. Não eleitos com a diretoria; nomes constam do expediente da Revista de Criminologia e Medicina Legal.

9. Não eleitos com a diretoria; nomes constam do expediente da Revista de Criminologia e Medicina Legal.

10. Archivos da Sociedade de Medicina Legal e Criminologia de São Paulo. São Paulo: ano 3, v. 3, n. 3, dez. 1932, p. 107 ; não constam das revistas pesquisadas os nomes referentes aos anos de 1930 e 1931. É possível que em 1930 não houvessem sido realizadas eleições.

11. Archivos da Sociedade de Medicina Legal e Criminologia de São Paulo. São Paulo: ano 4, v. 4, n. 4, 1933, p. 284.

12. Archivos da Sociedade de Medicina Legal e Criminologia de São Paulo. São Paulo: ano 5, v. 5, 1934, p. 160 e 161.

13. Archivos da Sociedade de Medicina Legal e Criminologia de São Paulo. São Paulo: ano 6, v. 6, n. 2, mai-ago. 1935, p. 107 e 108.

14. Archivos da Sociedade de Medicina Legal e Criminologia de São Paulo. São Paulo: ano 7, v. 7, n. 1, jan.-abr. 1936, p. 146.

15. Renunciou em 30/11/1932 (data da posse).

16. Renunciou em 30/11/1932 (data da posse).

17. Após a votação, renunciou, sendo substituído por Joaquim Mamede da Silva.

18. Renunciou em 30/11/1932 (data da posse).

19. Seções criadas em 14 de novembro de 1932: Medicina Legal, Criminologia, Neuro-psiquiatria, Infortunística, Polícia Técnica, Toxicologia, Anátomo-patologia (Archivos da Sociedade de Medicina Legal e Criminologia de São Paulo. São Paulo: ano 3, v. 3, n. 3, dez. 1932, p. 106).

20. Archivos da Sociedade de Medicina Legal e Criminologia de São Paulo. São Paulo: ano 8, v. 8, n. 1-3, 1937, p. 104.

21. Archivos da Sociedade de Medicina Legal e Criminologia de São Paulo. São Paulo: ano 9, v. 9, n. 1-3, 1938, p. 132.

22. Archivos da Sociedade de Medicina Legal e Criminologia de São Paulo. São Paulo: ano 10, v. 10, n. 1-3, 1939, p. 110.

23. Archivos da Sociedade de Medicina Legal e Criminologia de São Paulo. São Paulo: ano 11, v. 11, n. 1-3, 1940, p. 159.

24. Archivos da Sociedade de Medicina Legal e Criminologia de São Paulo. São Paulo: ano 12, v. 12, n. 1-3, 1941, p. 157.

25. Archivos da Sociedade de Medicina Legal e Criminologia de São Paulo. São Paulo: ano 13, v. 13, n. 1-3, 1942, p. 130.

26. Archivos da Sociedade de Medicina Legal e Criminologia de São Paulo. São Paulo: ano 14, v. 14, n. 1-3, 1943, p. 76.

27. Archivos da Sociedade de Medicina Legal e Criminologia de São Paulo. São Paulo: ano 15, v. 15, n. 1-3, 1944, p. 113.

28. Archivos da Sociedade de Medicina Legal e Criminologia de São Paulo. São Paulo: ano 16, v. 16, n. 1-3, 1945, p. 81.

29. Extraído de Whitaker, E. de A. O crime e os criminosos à luz da psicologia e da psiquiatria – estudo acerca de 50 delinqüentes – considerações sobre o problema da delinqüência em São Paulo. *Arquivos da Polícia Civil de São Paulo*, São Paulo, v. 3, 355-479, 1. sem. 1942, p. 364 e 365.

Agradecimentos

O que agora se torna um livro teve como fundamento uma tese de doutoramento no Departamento de História da Universidade de São Paulo, com defesa acontecida em abril de 2005. Naquela oportunidade, a banca em muito contribuiu na minoração dos problemas e das limitações da tese, ajudando a viabilizar o aparecimento do livro. Por isso, e pela generosidade intelectual demonstrada, agradeço a Fernando Salla, a Marcos Alvarez, a Maria Helena Capelato e a Tânia de Luca. A confiança que Esmeralda Moura depositou em meu projeto de pesquisa e com que me acolheu no programa de pós-graduação em História Econômica da Universidade de São Paulo foi o estímulo inicial decisivo para que eu levasse adiante com entusiasmo a empreitada. Desde então, pude contar com sua orientação atenciosa e responsável. O prefácio que escreveu para o presente livro só fez confirmar sua exagerada boa vontade para comigo e para com meu trabalho.

Denise Sant'Anna, que conheci na PUC e se tornou minha amiga ali e fora dali, solidária incansável, honrou o livro com belas orelhas. Creio que, por conta disso, o que há entre elas ficou mais atraente.

Ainda no que se refere à transformação da tese em livro, quero agradecer à FAPESP, à Alameda Editorial, e a Joana Monteleone e sua equipe, pela tradução da confiança intelectual no apoio material e profissional implicado, valioso e imprescindível.

O apoio da CAPES também me foi decisivo, tornando possível meu estágio em Madri e concedendo-me uma bolsa quando retornei, com a qual pude me dedicar com mais tempo e cuidado à redação final do texto. Num país onde a atividade do pesquisador é tão difícil e precária, pude ter esse privilégio importante, que atenuou minhas dificuldades e aumentou minhas responsabilidades.

Meu estágio no Departamento de Historia de la Ciencia do Consejo Superior de Investigaciones Científicas (CSIC) que essa bolsa possibilitou me deu uma oportunidade única e preciosa de enriquecer minha perspectiva na abordagem de meu objeto de estudo. Minha gratidão a todos aqueles que ajudaram de alguma forma na sua viabilização: Marta, Márcia, Marcos Cueto, Fernando Salla, Tereza Aline, Maria Amélia, Luiz Otávio, Esmeralda, Hélade, Graciela, Sônia, Paqui, Quinco e Arancha.

O respeito profissional e o carinho com que fui recebido no CSIC me marcaram profundamente. *Muchas gracias* a todos com quem convivi naqueles seis meses, em particular aos pesquisadores Andrés, Armando, Consuelo, Elda, Encarna, Gustavo, Juan, Lafuente, Leoncio, Mariza, Miguel Angel, Nuria, Peset, Rafael, Raquel e Ricardo. A Maricarmen devo agradecer por algo muito mais valioso que a eficiência de seu suporte administrativo: seu carinho e sua amizade.

Agradeço de forma especial a Rafael, não apenas pela sua incansável supervisão de meu estágio, pela rica bibliografia que me fez conhecer e pelas discussões com as quais muito aprendi. Mais que isso, quero dizer que seu solidarismo, seu humor, sua competência e, principalmente, sua sincera amizade, embarcaram comigo de volta ao Brasil. E, logo depois, seguiram-lhe as generosas e exageradas palavras que fecham esse livro.

Um obrigado muito especial a Pura, querida amiga, de um coração enorme, que desde logo me fez sentir tão pouco estrangeiro na Espanha.

A José e Nuria não tenho como agradecer aqui de forma satisfatória. Não quero ser injusto com a dívida afetiva e intelectual que tenho com eles. A generosidade com que se entregavam a tentar entender meus textos e digressões, às vezes com disposição para discuti-los até alta madrugada, era apenas um dos sintomas da amizade que construímos a partir daqueles dias.

Agradeço também a todos os demais amigos que fiz naquele país que aqui não mencionei, mas que ajudaram a fazer ainda maior minha *hispanofilia*.

Tenho uma dívida especial com os funcionários de bibliotecas e arquivos, tanto de Madri como de São Paulo, que foram, de uma forma geral, sempre muito solícitos e gentis. Prefiro não nomeá-los para não cometer injustiças. Sinto-me particularmente grato àqueles que trabalham nas bibliotecas do CSIC e na Biblioteca Nacional de España; nas bibliotecas das Faculdades de Saúde Pública, de Medicina, de Direito, de Filosofia, Letras e Ciências Humanas, do Instituto Oscar Freire, todas da Universidade de São Paulo; nas bibliotecas da Escola Paulista de Medicina e da Academia da Polícia Civil e no Arquivo do Estado. No Museu da Polícia Civil de São Paulo, encontrei a disponibilidade de Sérgio, pesquisador do tema que me auxiliou nos tempos iniciais e incertos da pesquisa. Os funcionários da Secretaria de Pós do Departamento de História e do Setor de Pós da Administração da FFLCH também sempre foram gentis, profissionais e solícitos a cada vez que deles precisei.

Tenho um grande débito com o Centro de História e Filosofia das Ciências da Saúde da UNIFESP e com seu pessoal, onde encontrei mais que um local de trabalho que ambientasse minha pesquisa, mas pares para discutir e aprender em conjunto.

Minha banca de qualificação contribuiu de forma decisiva no percurso da investigação. Porém a orientação e a ajuda que recebi de Salla e Maria Amélia não se restringiram àquele momento, bem sei, pelo que manifesto minha sincera gratidão.

Graciela, Andréa, Hélade, Mariana e Marina me ajudaram a transpor sem maiores percalços os terrenos às vezes traiçoeiros das línguas de outros países. Os erros que porventura persistiram são, evidentemente, de minha inteira responsabilidade.

A Flávio, pelas pesquisas em arquivos de jornais de época, devo muito de informação preciosa que utilizei. A Cícero, quero agradecer a sua ajuda de última hora, que, por isso mesmo, foi muito valiosa.

Tenho um débito especial com Márcia, que acompanhou toda a trajetória da pesquisa de um modo companheiro e participativo, discutindo minhas hipóteses, lendo meus textos, sugerindo-me bibliografias e revisando cuidadosamente o texto final.

Às amigas Claudinha, Circe e Mirza, quero agradecer o empréstimo de sua casa no Rio de Janeiro, onde encontrei um ambiente tranqüilo e agradável para me isolar e terminar de escrever o texto, com a vantagem de poder aliviar a tensão com algumas "olhadelas periódicas" ao horizonte do mar.

Hiro Okita, amigo de longuíssima data, por várias vezes, encontrou espaço em seu "atoleiro" de trabalho para demonstrar sua competência e generosidade.

De Rosângela, minha querida amiga, tenho um débito muito maior do que o trabalho insano de organizar as notas de rodapé e as leituras cuidadosas que fez tanto do texto final quanto dos intermináveis textos intermediários. Sua amizade forneceu parte da energia que me fez chegar ao final do percurso.

Aos amigos todos, mencionados e não mencionados, e à minha família, meu muito obrigado pela ajuda, pela torcida e pela companhia da viagem. Em especial, eu e minha mãe sabemos o quanto de minha vida profissional se deve à sua dedicação, aos seus sacrifícios e a seu incondicional apoio aos tresloucados projetos do filho engenheiro que virou historiador.

Por fim, minha gratidão a Dária, minha companheira. Além de tudo e de cada coisa que devo a ela nessa jornada, quero agradecer o seu companheirismo, no sentido mais rico da palavra, que aprendemos a conhecer em nossa história em comum.

Este livro foi impresso no outono de 2009 na gráfica
Vida&Consciência. No corpo do texto foi utilizada fonte Electra
com corpo 10,5 e entrelinha 14.